国家出版基金项目
NATIONAL PUBLICATION FOUNDATION

桑　兵　关晓红　主编

杨思机　著

近代中国国学编年史

第四卷

◎

1923
——
1924

北京师范大学出版集团
BEIJING NORMAL UNIVERSITY PUBLISHING GROUP
北京师范大学出版社

目　录

总序、凡例、总目、索引、参考文献
请扫二维码查看

1923年（民国十二年　癸亥）

1月7日　报载四川行政当局拟将省立国学专门学校归并入四川大学文科。

《申报》据新四川通信社消息，谓川省筹议设立大学，已历数年。年来政象不宁，迄未实行。上年春间，前省长刘湘为谋大学之成立，特于成都就前四川高等学堂内设立大学筹备处，委任骆公骕为筹备处长，令拨前四川高等学堂校址，与高小附近之公地菜园二百余亩，为建筑大学校址，而原有一切校具及各种仪器，亦拨作大学之用。骆公骕奉令后，曾计定开办经费四十万元，常年预算十四万元，并预定于本年秋季成立预科。当进行之际，适军事发生，拟办各事，因以停顿。前民政善后会议时，曾提出议案，交会讨论，经决议照原有计划继续进行。所有开办经费，由省教育经费收支处支拨，仍推骆公骕筹备。近刘成勋以川局平靖，推进筹设四川大学之事，邀集四川教育界人士讨论进行办法，筹备主任骆成骧亲往商议。决议第一步明年先将预科招足成立，暂设文理商矿四科。将来经费充裕，再行次第推广。至于学校组织，决依上年11月1日教育部所颁大学学制办理。

　　并闻刘成勋以川省教育经费不足，拟将省立国学专门、商业专门两校停办，并归大学，即将国学改为文科，商校改为商科，所有商校经费，即移充大学之用。惟川省目前财政竭蹶，各县肉税尚未完全交出，省立各校已苦不敷开支，此项大学经费，虽责成省教育经费收支处筹拨，而无米为炊，殊感困难。且骆氏思想陈腐，将来大学成立，有无成绩，尤属问题也。（《川省筹备大学近况》，《申报》，1923年1月7日，第3张第10版）

　　本年，四川省立国学专门学校改由骆成骧（字公骕）主持校政。聘请酉阳蔡锡保（字松佛，京师大学堂毕业）任教务，兼教心理学与哲学；秀山易铭生（字静仙，尊经书院高材生）教仪礼，资中邓宜贤（字辅相，存古学堂毕业）教经学，华阳李永庚（字榕庄）、资阳甘麟（字石甫）、仁寿尹端（字庄伯）教国文，简阳胡忠渊（字皋如，存古学堂毕业）教词章，成都盛世英（字璜书，尊经书院高材生）因耳失聪，专改诗课，资中骆孝驯讲《左传》，成都龚道耕（字向农）授《经学通论》，华阳徐炯（字子休，尊经书院高材生）教伦理学，阆中蒲殿钦（字宾虞，香港大学毕业）教论理学，饶焱之讲授小学，曾海敖讲授史学。学监为资阳林伯熙、简阳吴桂薰（字雪琴）。伙食由学生自办，组成若干伙食团。附设有补习班，以投考落第各生，或自愿补习者读之，以待明年再考。骆成骧主张："以宋学持身，汉学治经，求切于实用。"己则教毕业班国文，偶授诗学，课余教学生射箭、击拳，几成风尚。每年学生参加四川省国术馆春秋季比赛，获得金章银章，甚为自喜，毕业后任国术教师者亦不乏其人。（何域凡：《存古学堂嬗变记》，中国人民政治协商会议四川省委员会文史资料研究委员会编：《四川文史资料选辑》第33辑，四川人民出版社，1984年，第163—164页）

1月8日 吴虞在北京大学出版部购买曹聚仁记章太炎《国学概论》，次日读后，称"其言佛学为人信仰原因尤精"。（中国革命博物馆整理，荣孟源审校：《吴虞日记》下册，四川人民出版社，1984年，第78页）

1月9日 东南大学、南京高师国学研究会举行第十次学术演讲，邀请梁启超讲"治国学的两条大路"，"文献的学问"用客观的科学方法研究，"德性的学问"用内省躬行的方法研究。

本来预定讲演题目为"古书之真伪及其年代"，后因梁病不能履行原约，故在其即将离开南京之前，改成本题。分上下两篇，上篇由梁先期编定，下篇因梁讲学期间"应接少暇"，临时演讲，由李竞芳笔记。

"文献的学问"便是近人"整理国故"的事业，其中最浩博最繁难而且最有趣的，便是历史。中国是有五千年文化的民族，历史丰富。现存的正史、别史、杂史、编年、纪事本末、法典、政书、方志、谱牒，以至各种笔记、金石刻文等等，数量庞大。应抛弃土法，采用"西法"，即"科学方法"整理。具体参见所著《中国历史研究法》和前两月在东南大学、南京高师所讲《历史统计学》。此外，还有文字学、社会状态学、古典考释学、艺术鉴评学。文献的学问有求真、求博、求通三个标准。

近来国人对于知识方面，很是注意，整理国故的名词，我们也听得纯熟。诚然整理国故，我们是认为急务；不过若是谓除整理国故外，遂别无学问，那却不然。我们的祖宗遗予我们的文献宝藏，诚然足以傲世界各国而无愧色，但是我们最特出之点，仍不在此。其学为何？即人生哲学是。

欧洲哲学历史始终存在主智主义和反主智主义两派，互相起伏，前者主智，后者主情、主意。欧人特别注重主智和形而上学，知行分离，主情主意未能十分贴近人生，讲学始终未以人生为出发点。中国古代贤哲与之相反，注重"德性的学问"，知行合一，著述皆归纳于人生一途，宇宙原理、物质公理等并不视为首要。"此学应用内省及躬行的方法来研究，与文献学之应以客观的科学方法研究者绝不同。这可说是国学里最重要的一部份，人人应当领会的。必走通了这一条路，乃能走上那一条路。"

从内容上看，国学第一源泉是儒学，第二源泉是佛教。"儒佛所略不同的，就是一偏于现世的居多；一偏于出世的多，至于他的共同目的，都是愿世人精神方面，完全自由。"儒佛皆教人解尽外界的束缚、压迫，顶天立地，成为一个真正自由的人，"这点佛家弘发得更为深透，真可以说佛教是全世界文化的最高产品"。"诸君听了我这两夜的演讲，自然明白我们中国文化，比世界各国并无逊色。那一般沉醉西风，说中国一无所有的人，自属浅薄可笑。""这边的诸同学，从不对于国学轻下批评，这是很好的现象。固然，我也闻听有许多人讽刺南京的学生守旧，但是只要旧的是好，守旧又何足诟病？所以我很愿此次的演讲，更能够多多增进诸君以研究国学的兴味！"（梁启超：《治国学的两条大路》，东南大学、南京高师国学研究会编辑：《国学研究会演讲录》第一集，商务印书馆，1923年，第94—109页）

　　本月 13 日，梁启超在东南大学进行告别演讲，再次强调方法和精神都比知识重要，东方智慧足救西学之失。无论日德军队式，还是美国化的现代学校教育，都只注重教人知识，结果学生知识愈多，沉闷愈苦，精神无所寄托。中国青年界不是"知识饥荒"，而是"精神饥荒"，救济办法须求中国和印度为主的东方学问道德：

　　　　东方的学问，以精神为出发点；西方的学问，以物质为出发点。救知识饥荒，在西方找材料；救精神饥荒，在东方找材料。东方的人生观，无论中国印度，皆认物质生活为第二位；第一，就是精神生活。物质生活，仅视为补助精神生活的一种工具，求能保持肉体生存为已足；最要，在求精神生活的绝对自由。精神生活，贵能对物质界宣告独立；至少，要不受其牵制。（梁启超：《东南大学课毕告别辞》，张品兴主编：《梁启超全集》第十四卷，北京出版社，1999 年，第 4158—4162 页）

　　回到天津后，梁启超某次接受《清华周刊》记者采访说："人格教育就以教育者的人格为标准，'以身作则'是人格教育的唯一途径。若是先生天天躲懒而想学生用功，那是天下绝对不可能的事。东南大学的教授们非常热心，所以东大的学生都受他们的感化。"（《与梁任公先生谈话记》，《清华周刊》，第 271 期，1923 年 3 月 1 日）《治国学的两条大路》得到青年学生热烈响应。清华学生毕树棠认为："长篇大论，侃侃而谈，作一国学方法论大纲读，亦无不可也。"（《中文定期刊物中的论文》，《清华周刊·书报介绍副刊》，第 2 期，1923 年 3 月 30 日）

1月10日　清华学校成立校务协进委员会，戴梦松代表国学部参加。

清华校长曹云祥鉴于校内各部分之间平日只有会议活动，缺少联络互助精神，主张在各重要部分中选派代表一人，组织校务协进会。所有校务改良，均由协进会研究办法，以补校长之不及，仅有建议权，没有决定权。由曹云祥委派会员六人组成，余日宣代表各大学会，费孟福代表教职员会，黄桂菜代表职员会，魁格雷代表美教员会，戴梦松（元龄）代表国学部，王造时代表学生会。1月10日，召开第一次会议，议决每月最后一个星期一下午四时，在国学部开常会一次。（《校务协进委员会》，《清华周刊》，第271期，1923年3月1日）

△　日本学者大村西崖致函顾实，愿意努力共同推进东方学术。

《国学丛刊》创刊号书评栏录载大村西崖《古写一乘佛性究竟论跋》一文。函称："仆前年遣门下青年三浦秀之助于南海阇婆，留住年余，尽摄影其千佛坛雕像一千余图，赍归视之，正系初唐末所制作，而全成于印度人之手无疑。西欧学者，皆未知其为羯磨曼荼罗 Karma-mandald 也。仆今方研究之，草一论文，不日当寄以乞教。惟东方学术，待于贵国及敝邦学者之阐扬者何限，请互相切磋，以期不堕于欧洲学者后尘。仆今方编《图本丛刊》，今月已出其第一卷《萝轩变古笺谱》（翁嵩年画康熙板五采），二月当出《热河卅六景图诗》（沈崳画），三月将至上海，或访先生，相见谈古，何快如之。屈指待《国学丛刊》辱赐，临楮神驰。"（《大村归堂（西崖）自日本来讯》，南京《国学丛刊》，第1卷第2期，1923年8月）

1月12日—2月7日　清华学校国学课程委员会开会讨论九次，本轮国学课程及教学改革工作完成。（《学校方面一年来大事记》，《清华

周刊》，第九次增刊，1923 年 6 月）

本年 2 月 2 日，《清华周刊》记者询问"国文部聘请学识超卓之教员事"。清华校长曹云祥表示："国文部教员，现定薪水过少，殊难位置杰出之人才，以后增加聘金规定数目，当易设法。"（《与校长谈话记》，《清华周刊》，第 268 期，1923 年 2 月 9 日）

1月15日　北京大学研究所国学门通讯导师王国维致函何之谦等，指点从集部入手的办法。

五位学生前曾复函王国维，附姓名籍贯。内称："承示研究方略，爽若眉目，自无间言。唯四部材料，多寡各不相同，取径虽殊，兴会斯异，成效亦不易著。兹经商量结果，拟先由集部入手，以严可均《全上古三代秦汉三国六朝文》为本，《楚辞》《文选》《古文苑》及其他集部为辅，分段研习，俟有眉目，再及其余。盖集部材料较多，最感兴味故也。现已开始研阅，是否有当？"（《研究所国学门关于学术之通信》，《国学季刊》，第 1 卷第 3 号，1923 年 7 月）

王国维复函称："联绵字研究知已着手，甚为欣喜！先从集部入手，亦无不可。惟严氏《全上古三代秦汉三国六朝文》所收，亦颇杂以伪作，可以参考，而不可据为典要，是在观其所引据者出自何书分别之耳。前见《入学日刊》，知五君均尚在校三四年级，既有听讲功课，则于此事自不能从速进行。一切情形，弟在远无从悬揣，任诸兄自视便利为之耳。"（《研究所国学门关于学术之通信》，《国学季刊》，第 1 卷第 3 号，1923 年 7 月）

1月16日　吴稚晖与钱玄同一致主张今日国学应当缓讲，国文可以不学。

下午，钱玄同和黎锦熙前往教育部国语统一会见吴稚晖。吴去国两年，近始返国，此后行踪未定，应钱之请为《国语月刊》"汉字改革号"作文。吴稚晖称："此次到欧洲，觉景象甚凄惨，但回国以后，看看中国，更觉凄惨。在上海，见一堆遗老遗少们的恣睢猖狂，魑魅魍魉，白昼横行，因而觉得国学当缓讲，国文可不学。并且仇视汉字之心益切，真慨然言之。""始终觉得文字愈庞杂愈好，所以世界文字，以日本文为最好"。钱觉得"这话也很有道理"，和黎两人怂恿吴稚晖将其意思发表在"汉字改革号"上。（杨天石主编：《钱玄同日记（整理本）》中册，北京大学出版社，2014年，第498—499页）

1月17日　钱玄同已将准备三四年的《国故论著集要》初稿印齐，午后折叠备订，拟增刘知幾的疑古之作。

钱玄同在日记中写道：《国故论著集要》已印齐"，"即将它折叠备订。这是初稿，此次印了三四年才把它印全。""应增应删应换之文甚多"，即如李觏、费密、章学诚、龚自珍都应补入。《宋史》之《王安石传》《朱熹传》，必须改换。又如刘知幾之《疑古》前已选入，而《惑经》未选入，必须加入。《惑经》篇之功，更在《疑古》篇之上，因其根本攻击《春秋》之笔削，"真是有功国故之文"。（杨天石主编：《钱玄同日记（整理本）》中册，第499页）

1月26日　北京大学研究所国学门通告今西龙博士的特别讲演，上次因同学赴国会请愿未能开讲，改于本日下午四时半在第三院第四教室举行，讲题为"关于中国考古学之我见"。凡研究生及已报名之各系学生，务望准时到会听讲为要。（《研究所国学门通告》，《北京大学日刊》，第1165号，1923年1月26日，第1版。）

1月27日　署名"丐"者在《盛京时报》发表社论，认为国粹为一国精神领有物，比主权国家土地、人民、政权的三要素更重要。

民族不论文野，皆有保护国粹的思想。现今世界交通影响加剧，外来思想的同化力强烈，各民族必然极力保存本国国粹。如日本维新后，收受欧美文化，但日本终为日本人，日本国粹虽极简陋，亦莫不热心保护，此日本所以为日本，终不能强同于欧美。

盖一国固有之文化，固有之思想，乃一国精神的领有物，其重要之程度，较之土地、人民、政权三要素，尤为重要。譬之于人，国土其形骸，文化思想则其灵魂也。故人之形骸，可以去其一肢一体，而尚不妨为人，至于灵魂一去，则不复能为人矣。自国家学言之，一国之土地，未尝无变化，而一国之思想，由各民族之接触，亦未尝无变化之事。虽然，吸收外来文化，以资应用，此固无不可者。至若本国之文化之思想，竟置之于不顾，任其丧失而不恤，一味以吸收外来思想为能事，则其不利于国家，真有视丧失土地、国权为尤痛苦者。盖土地国权，虽不幸而有丧失之事，犹有珠还之一日，至于国粹一亡，则永无恢复时矣。真正爱国之士，岂可不殷殷为之保护维持，发挥光大之哉。

所指"国粹"，侧重文学。以英人克莱尔氏所著《英雄崇拜论》论莎士比亚为文学家英雄，价值胜于英伦三岛，为英国之魂为例，抨击中国如关汉卿、王实甫、高则诚、汤临川、李笠翁诸大家之作品，较莎士比亚亦不遑多让，中国人非但不如英人崇拜莎士比亚那样予以推尊，反而懵然感于邪说，极端崇拜外来者，百方破坏本国固有，惟

恐其不速亡。（丏：《爱护国粹》，《盛京时报》，1923年1月27日，第1版）

1月28日 顾实为东南大学、南京高师国学研究会演讲录第一集作序，指出"国学"名词表示对外中西空间的对抗和对内古今时间的包容，有其成立的理据。

序称通俗讲演和系统讲授可以互补，故肯定国学研究会的讲学活动，谓："国学研究会诸子以本会成立，甫四越月，而讲演之稿盈帙。在东大高师两校研究会林立之间，所未有也。"反驳周作人等否认"国学"正当性之举，强调"国学之由来远"，有其学术演变和学派争论的客观时空存在，不容抹杀或否定。孔子讲学截分夏商周的时间观念和划分南北的空间观念，可资认识中国学术演进脉络。截分时间观念方面，逊清中叶汉学宋学之争的公案，不容推翻。划分空间观念方面，如近代中国精神文明失其抗拒力，西方物质文明闯入横行，于是对外复有"中文""西文"，"中学""西学"相对抗，引发许多"国"字号事物。

> 最近国家观念普及于人人，凡若"国文""国语""国乐""国技""国粹""国故""国货"种种冠以国字之一类名词，不胫而走，有口皆碑。而"国学"一名词亦哇哇堕地以产生。国学专修馆之创设，几遍二十一行省。章君太炎复在苏省教育会讲演国学，为万流之所宗仰。是最高学府之国立大学，咸有"国学研究会"之揭橥，岂得已哉。今之人或复欲诋"国学"二字为不通，吾亦不知其所自以为通者，果通与否也。

至于国学研究方法，则以恢复先秦学术本来面目为前提，才有创造之望。"大抵国学以能了解先汉之书为大本，其余为汉为宋，了无轩轾，不过成功有难易先后已耳。世有作者，继长增高，踵曩代之成书，开未来之显学，则时贤项背相望，无烦吾人之喋喋矣。"

（顾实：《国学研究会演讲录第一集·序》，第1—6页，东南大学、南京高师国学研究会编辑：《国学研究会演讲录》第一集）

1月29日　胡适向清华学生建议办大学要注重文理科，文科以国学为最要紧，其方法便是历史的系统研究。

上午，胡适接受《清华周刊》记者采访，受询对于清华办大学的意见。胡适赞成清华改办大学，建议注重文理两科，节省留学经费。

欲办文科，则国学最为要紧。在中国办大学，国学是最主要的。聘请国学教授，又是极困难的问题。譬如"中国历史"一门，国中即无几个合格的教授人才。清华既有大学之议，现在便该开始罗致有名的学者，来充教授之职。清华现在的教授，国学部恐颇少合格者（至于西文部，如谭唐、罗伯森等则是研究有素，当可胜任）。要聘请好的国学教授，薪金必要同西文部教授薪金在同一比例之上。清华现在国文教员薪金很少很少，这是不对的，绝不宜因某人系教国学便少给他薪水。要聘好的国学教授，先要定一个标准。国学教授绝非只是什么"举人""进士""师爷""幕僚"便能担任的，请不到合格教授，大学终是办不好。

当记者请教"研究国学方法"时，胡适初步交代了《国学季刊》发刊宣言的基本观点：

> 现在一般青年，感到国学的重要，这是极可喜的事。国学本是过去的，所以又称国故学，译成英文就是National Heritage。但是国学浩如烟海，初学苦于无处下手。中国的国学又与西洋的不同，绝少门径书之类。所以我素来主张的研究国学方法，便是历史的系统的研究，各个时代还他一个各个时代的本来面目。顺次序的研究下去，每时代拣出几个代表作者，每作者拣出几部代表著作。然后综合之，比较之，考订之。治国学方法，不外乎此。清华有几位学生，告诉我，他们要迟一年出洋，预备利用此一年研究国学。我看大可不必，不若带几部书到美国去看。我已为一般有志于国学的青年们草就了一个书目，都是初学必读的书，载在下期《努力·读书杂志》，清华同学也可参考一下。

接着，胡适"又把他近作的《国学季刊》的《发刊宣言》翻出来，文中皆是治国学的详细方法，虽非为初学者所作，而有志国学者，亦未尝不可浏览一下"。（《与胡适之先生谈话记》，《清华周刊》，第268期，1923年2月9日）

1月　北京大学《国学季刊》创刊，由北京大学出版部发行。胡适起草的发刊宣言主张广义的国学研究必须借鉴西洋科学方法，即用历史的眼光来扩大国学研究的范围，用系统的整理来部勒国学研究的资料，用比较的研究来帮助国学材料的整理与解释。系统整理方法主要包括索引式、结账式和专史式三种，前两者是国学研究的预备工夫，后者才是国学研究的最终目的，即做成一部中国文化史。

《国学季刊》为北京大学议决发行的四种学术季刊之一，主旨是发表国内外学者研究"中国学"的结果。虽以"国学"为范围，但与之相关的各种科学，如东方古言语学、比较言语学、印度宗教及哲学等，亦给以相当地位。《国学季刊》编辑委员会担任编辑，同时极愿得各方面赞助，凡符合第一、二条所举性质的著述，皆极欢迎。文字不拘文言或白话，一律用新式标点符号，并用横行写印。投稿请寄交北京大学研究所国学门收转。原定每年1月、4月、7月、10月分季出版，后来时常脱期，变成不定期刊物。配有中英文标题及摘要。1925年出至第2卷第1期，曾经停刊。1929年复刊，全面抗战爆发后再次停刊，抗战胜利后续刊两期。前后二十多年，陆续出版了六卷又三期。该刊在全盛时期，对中国知识界具有"极大的影响"。

> 这本刊物是研究国学的；但是它却以新姿态出现。编排方式是自左向右的"横排"；文章也全部使用新式标点符号。就凭这一点，［在学术界］已经是个小小的革命了。这座［中国首屈一指的］国立大学出版的讨论国学的刊物，竟然用"蛮夷的"形式出现，当时真是使许多人震惊。（唐德刚译：《胡适口述自传》，华文出版社，1992年，第228页）

上年11月5—18日，胡适起草《国学季刊》的发刊宣言，曾给钱玄同看过，得其来函指出几点"毛病"，胡适有所更动。并称此事"颇费周折"，"这是代表全体的，不由我自由说话，故笔下颇费商量。我做的文章之中，要算这篇最慢了"。（曹伯言整理：《胡适全集》第29卷，安徽教育出版社，2003年，第829、833—834页；杨天石主编：《钱玄同日记（整理本）》上册，第474页）发刊宣言与同时期胡适的相关论述比较，明显回避了"疑古"的问题，甚至只字不提。这是照顾到其他同人的治学倾向，毕竟在章门弟子中，除了钱玄同另受康有为、崔适影响而背其师说外，多数都主张辨伪书，不赞成过分"疑古"。胡适特请钱玄同审核，无非因其观点相近，且深谙同门立场。（陈以爱：《中国现代学术研究机构的兴起——以北大研究所国学门为中心的探讨》，江西教育出版社，2002年，第182—185页；卢毅：《整理国故运动与中国现代学术转型》，中共中央党校出版社，2008年，第64—65页）从《国立北京大学研究所整理国学计划书》到《国学季刊》的发刊宣言，其间的关系并非一脉相承，不仅代表着两种不同的整理国故思路，而且是章门弟子在整理国故一事上的合作对象从马叙伦转向胡适的直接体现。（林辉锋：《马叙伦与民国教育界》，北京师范大学出版社，2020年，第116页）

宋育仁对发刊宣言有过通篇点评，批评胡适太过重视考据，忽略秦以前二千年学术源流及经术本身的系统。[1]宣言总结批评清代以降旧式治国学者研究方法的成绩和错误，阐述国学研究的成绩、弊端和前景。

　　近年来，古学的大师渐渐死完了，新起的学者还不曾有什么大成绩表现出来。在这个青黄不接的时期，只有三五个老辈

---

[1]　以下仅述大意，相关处征引原文并插入宋育仁的点评，以及胡适晚年的回忆，可资窥见国学门整理国学的主张及其反响。

在那里支撑门面。古学界表面上的寂寞，遂使许多人发生无限的悲观。所以有许多老辈遂说，"古学要沦亡了"，"古书不久要无人能读了"！

结果自然产生一种"没气力的反动的运动"：有些人以为"西洋学术思想的输入是古学沦亡的原因"，所以"至今还在那里抗拒那他们自己也莫名其妙的西洋学术"。有些人以为"孔教可以完全代表中国的古文化"，所以"至今还梦想孔教的复兴，甚至于有人竟想钞袭基督教的制度来光复孔教"。（评：此固可笑。）有些人以为"古文古诗的保存就是古学的保存"，所以"至今还想压语体文字的提倡与传播"。"至于那些静坐扶乩，逃向迷信里去自寻安慰的，更不用说了。"这些反动都只是旧式学者破产的铁证，结果不但不能挽救国学沦亡，反可以增加中国少年人对于古学的藐视。"如果这些举动可以代表国学，国学还是沦亡了更好！"（评：此数语是真正不错。）

若用科学的眼光来看，国学的将来远胜过去，前途无比乐观。（评：我亦云然，但非到底只是多读几卷线装书，能翻书本，便算学问。）首先，肯定近三百年学术的成绩，具体可分三个方面：一、整理古书。包括本子的校勘、文字的训诂、真伪的考订三门。校勘与训诂两方面的成绩，实在不少。考订真伪一层，乾嘉大师除了极少数学者如崔述等之外，都不很注意，只有清初与晚清学者肯研究，方法还不很精密，范围也不大，成绩最少。二、发现古书。清朝是古学复兴时期，古书发现和翻刻多。清代中央政府和各省书局都提倡刻书，私家刻书包括丛书与单行本、重刊本、精校本、摹刻本，近来影印本，更加重要。譬如，"近三十年内发现与刻行的宋元词集，给文学史家添了多少材料？"（评：就不关紧要。）三、发现古物。清朝学者好古的风气所被，遂使古物的发现、记载、收藏，都成了时髦的嗜好。（评：只能谓之嗜好，又只能谓之时髦嗜好，赝鼎甚多。）鼎彝、泉币、碑版、壁画、雕塑、古陶器之类，虽缺乏系统整理，材料确是不少。最近三十年来，甲骨文字的发现，竟使殷商一代的历史有了地底下的证据，（评：此件是真物，有裨研究古文。）并且给文字学添了无数的最古材料。①

同时，批评三百年来古学研究的三种缺陷：

一、研究范围太狭窄。一切古学都只是经学的丫头！内中固然也有婢作夫人的，如古韵学之自成一种专门学问，如子书的研究渐渐脱离经学的羁绊而独立。（评：韵乃备作有韵文与研究有韵文之用，本属婢，岂能学作夫人。可笑可笑，这叫专门。九家皆经传之分流。惟道家在前，除《老子》外，皆非本人自著之书。道家只有《老子》原是独立。《庄子》即是论列儒墨杨朱之书，故自题为别一家。儒家亦只有孟荀两家，此外皆抄撮剽袭之作，详在《古今指迷辨惑篇》。）但学者的聪明才力被几部经书笼罩了三百年，则是不可讳的事实。（评：再三百年，尽学者之聪明才力且看。）况且在这个狭小的围园里，还有许多更狭小的门户界限。有汉学和宋学、今文和古文的分家，甚至于治一部《诗经》还要舍弃东汉的郑笺而专取西汉的毛传。（评：郑乃笺毛传，而小有异同，东

---

① 　胡适晚年概括，第一项为版本学、训诂学、校勘学，作用是"足使许多古籍——不管是儒家的经典也好，儒家以外的典籍也好——显得更富智慧，[更容易读，] 也更接近现代的学术"。第二项为"发现古书和翻刻古书"，是"[中国的] '文艺复兴'"的表现。第三项则是"好古"的风气使然，"那时还没有什么科学的考古学；他们的研究也有欠科学性；也不太成系统；但是好古兴趣之浓，则是不可否认的"。（唐德刚译：《胡适口述自传》，第229—230页）

汉西汉，其说安在。）专攻本是学术进步的一个条件，但清儒狭小研究的范围，却不是没有成见的分功。（评：此言却是。）脱不了"儒书一尊"的成见，故用全力治经学，而只用余力去治他书。（评：儒是儒，经是经，此等处不怪著者［指明不同］，自来混误，比如佛是佛，法是法，僧是僧。）又脱不了"汉儒去古未远"的成见，故迷信汉人，而排除晚代的学者。（评：此其间界说，非去古未远四字，但其远胜后学处，相差甚巨。）不知道材料固是愈古愈可信，而见解则后人往往胜过前人；（评：却要分别识字不识字。）所以力排郑樵、朱熹而迷信毛公、郑玄。（评：比拟不伦。）今文家稍稍能有独立的见解，打倒了东汉，又落得回到西汉的圈子里去。（评：此语得半，似是而非，讲学不可断代，著者步步不离史。）三五部古书，无论怎样绞来挤去，只有那点精华和糟粕。（评：要须知经独不然，知此则知廿四史翻来覆去只有这点。）打倒宋朝的"道士《易》"固然是好事，打倒之后跳过了魏晋人的"道家《易》"，（评：并非道家《易》）却回到两汉的"方士《易》"，（评：硬安是染梁启超陋习。）那就很不幸。《诗》《书》《春秋》《三礼》的故事也是如此。（评：都不是故事。）总之，三百年的心思才力，始终不曾跳出狭小的圈子外去！（评：韩子云：坐井而观天，云天小者，非天小也，恰好安上著者此一卷作意。）①

---

①　胡适晚年说："因为那些学者对古韵、古义乃至古籍注疏的研究，都不是为这些资料的本身价值而研究的。他们的眼光和心力注射的焦点，只在注释儒家的几部经书。他们之中无疑是有第一流的学者，把这些'辅助'科学作为独立的学问来研究。例如对古代韵文的研究，就逐渐发展成古韵学。还有，在晚近数十年也有对经书以外的著作，例如对《墨子》的研究，也都独立成家。但是就大体来说他们都摆脱不了儒家一尊的成见，所以研究的范围也就大受限制了。"（唐德刚译：《胡适口述自传》，第230页）

二、太注重功力而忽略理解。学问的进步分为材料的积聚与剖解，和材料的组织与贯通两个方面，（评：贯通二字却是要言。）须靠精勤的功力和综合的理解。清儒有鉴于宋明学者专靠理解的危险，努力做朴实的功力而力避主观的见解。三百年之中，几乎只有经师，而无思想家；只有校史者，而无史家；只有校注，而无著作。除去戴震、章学诚、崔述几个人，不能不承认这三句话的真实。清朝学者只是天天一针一针地学绣，始终不肯绣鸳鸯。结果尽管辛苦殷勤，而在社会的生活思想上几乎全不发生影响。自以为打倒了宋学，全国学校读的书仍旧是朱熹的《四书集注》《诗集传》《易本义》等书。自以为打倒了伪《古文尚书》，全国村学堂里的学究仍旧继续用蔡沈的《书集传》。三百年第一流的精力，二千四百三十卷的《经解》，仍旧不能替换朱熹一个人的几部启蒙的小书。①

三、缺乏参考比较的材料。宋明理学家富于理解，全因六朝唐以后佛家与道士的学说弥漫空气中，（评：所富非本家的理解，恰是如下所说，家贫邻里富，富非其有也。）以为参考比较的资料。就像一个近视眼的人戴了近视眼镜一样。《大学》《中庸》被尊为"四书"，就是因为宋明的人戴了佛书的眼镜，觉得"明明德""诚""正心诚意""率性之谓道"等都有哲学的意义。（评：就如此譬，看见的是长几分的光，不是本光。）清朝学者深知戴眼镜的流弊，决意不配眼镜，却不知道近视而不戴眼镜，同瞎子相差有限。

---

① 胡适晚年说："清儒有鉴于宋明诸儒，专靠理解的危险，乃故意地反其道而行，专力从事训诂、校勘之研究，而避免作哲学性的诠释。""他们在细枝末节上用功甚勤，而对整个传统学术的趋势缺乏理解。"（唐德刚译：《胡适口述自传》，第230—231页）

（评：如此比喻，须要治眼病，如治近视自有插香法，不能靠眼镜明矣。）说《诗》的回到《诗序》，说《易》的回到"方士《易》"，说《春秋》的回到《公羊》，可谓"陋"之至。第一流才士陋到这步田地，原因就是没有高明的参考资料。（评：回到本位，就是治眼，原来近视，本光固在，即应由此循步而进，如治近视，移步插香，还须由本地本光本视线，移远再看再看，不可再觅显微镜把眼光弄坏，就不可医了。今人如是如是，此所谓资料，就是觅得西洋显微镜之比。）排斥"异端"，得着一部《一切经音义》，只认有保存古韵书古词典的用处；拿着一部子书，也只认有旁证经文古义的功用。（评：不为证古词典经文古义，试问用处何在，韵学是件甚么。子书不得统说，子书须问是某家者流。除道家并无完整之学说，道家之精华却又不存乎学说，若笼统说个子书，就是兜圈子，兜来兜去，不出咬文嚼字的圈子，你想陋不陋。）只向几部儒书里兜圈子，始终脱不了一个"陋"字！总之，打破"陋"字，没有别的法子，只有旁搜博采，多寻参考比较的材料。（评：这就是咬文嚼字，兜来兜去的圈子，就是在文字材料上打盘旋。）[1]

　　明了古学的成绩和失败，可以决定现在和将来研究国学的方针，即注意扩大研究的范围、注意系统的整理、博采参考比较的资料。（评：古学是书中有学，不是书就为学。所言皆是认书作学，真真庄子所笑的糟粕矣乎。今之自命学者流，多喜盘旋于咬文嚼字，所谓旁搜博采，亦

---

　　[1]　胡适晚年说："没有外界的资料来参考比较，而要对自己所学有真正的了解，那几乎是不可能的事。"例如对古音古韵的研究，清儒确有其科学的一面，但是主要研究资料只限于《诗经》。有时也把研究对象扩展到其他与音韵有关的著作，但是绝未想到那些也含有古音古韵的各地方言、口语，尤其是华南各地的方言，如广东话、福建话等等方面的研究。当然对外国语文，如朝鲜话、日本话、越南话等的比较研究，就更一无所知。（唐德刚译：《胡适口述自传》，第231页）

不过是类书目录的本领，尚不知学为何物。动即斥人以陋，殊不知自己即陋。纵使其所谓旁搜博采，非目录类书的本领，亦只可谓之书蠹而已。学者有大义，有微言，施之于一身，则立身行道，施之于世，则泽众教民。故子夏曰："贤贤易色，事父母能竭其力，事君能致其身，与朋友交，言而有信。虽曰未学，吾必谓之学矣。"今之人必欲盘旋于咬文嚼字者，其故何哉？盖即所谓古之学者为己，今之学者为人。此病种根二千年，于今而极。是以西人谓中国之学，多趋于美术，美术固不可不有，不过当行有余力乃以学文也。今之人不揣其本，而齐其末，不过欲逞其自炫之能力以成多，徒惑乱观听，既无益于众人，又无益于自己。凡盘旋于文字脚下者，适有如学道者之耽耽于法术，同是一盅众炫能的思想，乌足以言讲学学道，适足以致未来世之愚盲子孙之无所适从耳。吾甚为此辈惜之。）

以历史的眼光扩大研究范围，即破除独尊儒学的成见，主张学术平等。胡适发挥此前演讲已经阐明的"国学"即"国故学"，名词偏重中性意义的观点，指出：

"国学"在我们的心眼里，只是"国故学"的缩写。（评：国故二字要问何代何时。）中国的一切过去的文化历史，都是我们的"国故"；研究这一切过去的历史文化的学问，就是"国故学"，（评：历史完全只有材料，还说不到作工，更说不到制造的方术，何况原素、原质、化合种种学理，梦也想不到。）省称为"国学"。"国故"这个名词，最为妥当；因为他是一个中立的名词，不含褒贬的意义。"国故"包含"国粹"，但他又包含"国渣"。（评：昔梁星海云：尚有国糟，公等大概皆哺国糟，又未尝化渣，只在史料上盘旋是也。）我们若不了解"国渣"，如何懂得"国粹"？

所以我们现在要扩充国学的领域，包括上下三四千年的过去文化，打破一切的门户成见：拿历史的眼光来整统一切，认清了"国故学"的使命是整理中国一切文化历史，便可以把一切狭陋的门户之见都扫空了。

以经学为例，郑玄、王肃在历史上固然占一个位置，王弼、何晏也占一个位置，王安石、朱熹也占一个位置，戴震、惠栋也占一个位置，（评：昔湘绮常讥时流所谓经学家，乃是《皇清经解》之学，其源就从王肃、王弼、何晏，魏晋间转传义疏、钞纂、空衍三派而来，求其出此范围者，亦仅见罕得。说详《古今指迷辨惑篇》，所举前郑后戴，是一条门路，然戴已参杂三派之流滥，余皆不伦。王宋别有所长，若云治经，非当行为。）刘逢禄、康有为也占一个位置。并征引段玉裁之言："校经之法，必以贾还贾，以孔还孔，以陆还陆，以杜还杜，以郑还郑，各得其底本，而后判其义理之是非……不先正注、疏、释文之底本，则多诬古人。（评：解义由误本、错字、落字，而诬传者，千中不得一二。陆元朗即是俗学，靠此营生，到不诬古人，即冤死后人矣）不断其立说之是非，则多误今人。"（评：是非从何而断。庄子所云，未师成心，而已有是非，其犹殻音欤。）总论国学研究之方法：

整治国故，必须以汉还汉，以魏晋还魏晋，以唐还唐，以宋还宋，以明还明，以清还清；以古文还古文家，以今文还今文家；以程朱还程朱，以陆王还陆王，（评：就是在秦汉以下盘旋，可知在前还有偌大一段时代，偌大许多故事，说国故是不错，国故是断代到汉而止，自汉而始耶。古文今文家说的不是他自家的学理，如此头脑不清，如何可以论学。）……各还他一个本来面目，然后评判各代各家各人的义理的是非。不还他们的本来面目，则多诬古人。不评判他们的是非，则多误今人，（评：如此说来，又令庄子彀音之下段，师心自用，谁独且无师耶。各人身上带着一个老师，评断是非，就是西人科学家也评驳得着。所谓主观的，客观的。今人偏要崇拜科学，又偏不从科学的客观，到不诬古人，却误了自己，又要冤了后人。）但不先弄明白了他们的本来面目，我们决不配评判他们的是非。（评：明白了他们的本来面目，何以就配评判得他的是非。）

经学、哲学之外，文学同样不分庙堂文学和草野文学，而用历史的客观精神和科学方法来研究。在历史的眼光里，今日民间小儿女唱的歌谣和《诗经》三百篇有同等的位置，（评：三百篇外，与乐府歌谣可作同等位置者尚多。三百篇则已经孔子简出来，特别组合的《诗经》，不得相提并论。譬如佛经的偈，佛说的偈，六祖考中的是偈，今日僧道考试也是偈，但不得说是同等的位置。）民间流传的小说和高文典册有同等的位置，吴敬梓、曹霑和关汉卿、马东篱和杜甫、韩愈有同等的位置。故在文学方面，也应该把三百篇还给西周、东周之间的无名诗人，把《古乐府》还给汉魏六朝的无名诗人，把唐诗还给唐，把词还给五代两宋，把小曲杂剧还给元朝，把明清的小说还给明清。每一个时代，还给那个时代特长的文学，然后评判文学的价值。（评：世所谓文学，自汉以前，系此人有了学，学有所得，发挥出来的文话，后来就是握管操觚学做文，就此便是两样，如何叫同等价值。）不认明每一个时代的特殊文学，则多诬古人而多误今人。近来颇有人注意戏曲和小说，仍不能脱离古董家习气，只看得起宋人的小说，而不知道一本石印小字的《平妖传》和一部精刻的残本《五代史平话》有同样价值，正如《道藏》里极荒谬的道教经典，和《尚书》《周易》有同等研究价值一样。（评：普通肤浅人看得出来荒谬的，必定此书也与此人一样肤浅，隔一层就如隔山。《尚书》《周易》尚莫人讲得，如何就论起来。）总之，即是"用历史的眼光来扩大国学研究的范围"。（评：卿曹所欲，只是范晔以下二部史历史案，连《汉书》还不懂，莫说《史记》，再理经书。）①

系统整理国学共有三种方法。甲、索引式整理。古学没有条理，不便检寻，最能消磨学者的精神才力和阻碍学术进步。为了增加学问进步速度，一切大部书或不容易检查的书，一概编成索引，使人人能用古书，不再凭记忆力的苦功夫。引用章学诚《校雠通义》之言：

窃以典籍浩繁，闻见有限；在博雅者且不能悉究无遗，况其下乎？校雠之先，宜尽取四库之藏，中外之籍，择其中之人名、地名、官阶、书目，凡一切有名可治、有数可稽者，略仿《佩文韵府》之例，悉编为韵。乃于本韵之下，注明原书出处，及先后篇第；自一见再见，以至数千百，皆详注之；藏之馆中，以为群书之总类。至校书之时，遇有疑似之处，即名而求其编韵，因韵而检其本书，参互错综，即可得其至是。此则渊博之儒穷毕生年力而不可究殚者，今即中才校勘可坐收于几

---

① 胡适晚年概括说："这项历史方法［研究的范围］要包括儒家的群经，儒家以外的诸子，乃至于佛藏、道藏——不管他们是正统还是邪门；古诗词与俗歌俚语既同时并重，古文与通俗小说也一视同仁。换言之，凡在中国人民文化演进中占有历史地位的任何形式的［典籍］皆在我们研究之列。"（唐德刚译：《胡适口述自传》，第231—232页）

席之间，非校雠之良法欤？

批评当日学者如朱筠、戴震等，都有此种见解，惜不易做到。直到阮元得势，方才集合许多学者，合力做成一部空前的《经籍纂诂》。（评：此所谓《皇清经解》之学，阮此书毫无系统，只可备初学参考检字之用。）强调索引书功用："在于节省学者的功力，使学者不疲于功力之细碎，而省出精力来做更有用的事业。后来这一类的书被科场士子用作夹带的东西，用作钞窃的工具，所以有许多学者竟以用这种书为可耻的事，（评：须知如若所云，治学与操科场翻《策府统宗》无异。昔湘潭语我，文正之孙曾重伯，小时与谈，讶其博学多通，乃屏人问曰，记汝年，决看不了许多书，究竟从何袭来，乃认实云，看《策府统宗》来也。后交其人，只可供谈助，作诗钟耳。）这是大错的。""人人能用古书，是提倡国学的第一步。"①

乙、结账式整理。用处有两层：一是把这一种学术里已经不成问题的部分整理出来，交给社会。二是把那不能解决的部分特别提出来，引起学者注意，（评：说来说去，只是一件历史考据，充其量著一部《癸巳类稿》《陔余丛考》结了。）使学者知道何处有隙可乘，有功可立，有困难可以征服。结账是"结束从前的成绩"，"预备将来努力的新方向"，继长增高。古代结账的书，如李鼎祚《周易集解》，如陆德明《经典释文》，如唐、宋《十三经注疏》，如朱熹《四书集

---

① 胡适晚年概括说："我国古书向无索引，近乎现代索引方法的，如清嘉庆朝（一七九六——一八二〇）〔汪辉祖所编纂的〕《史姓韵编》（共六十四卷），便是重要的史籍索引之一。但除此编及少数类似的其他著作之外，中国古籍是没有索引可查的。所以我们主张多多编纂索引，庶几学者们不必专靠他们优越的记忆力去研究学问了。"（唐德刚译：《胡适口述自传》，第232页）

注》《诗集传》《易本义》等，（评：此等书，于经学直是外行，如初学治经用功时，自抄作揣摩本子尚可，然已落下乘，拿来作著作看，作经学看，则终身门外矣。《十三经注疏》，贾公彦优于孔颖达，注则除开何晏集解，唐明皇注《孝经》，伪孔传王弼易注之外，余均不错。疏则除《周礼》《礼记》外，均不足观。）都在后世发生很大影响，全是这个道理。三百年来，学者都不肯轻易做结账事业。二千四百多卷的《清经解》，除了极少数之外，都只是一堆流水烂账，没有条理，没有系统。（评：此都是的。）人人从"粤若稽古""关关雎鸠"说起，做的都是杂记式的稿本，怪不得学者"望洋兴叹"，国学有沦亡之忧。（评：此一段指乾嘉以来学者之病，是不错，但下段所说方法，是史家本色，非治经门路。）

现在学问途径日多，学者时间与精力更有经济的必要。例如《诗经》，二千年研究结果，究竟到了什么田地，很少人说得出的，（评：二语却说得不错。）只因为二千年的《诗经》烂账至今不曾有一次总结算，宋人驳了汉人，清人推翻了宋人，自以为回到汉人。音韵自音韵，训诂自训诂，异文自异文，序说自序说，各不相关连。（评：所以然者，就是著者所操的读书方法，以为学在是矣的结果。）少年学者想要研究《诗经》，伸头只见一屋子烂账簿，吓得吐舌缩不进去，只好叹气作罢。《诗经》在今日渐渐无人过问，不是少年人的罪过，而是《诗经》专家的罪过。（评：自然是经学家自误误人。）《诗经》总账里应该包括四大项：（A）异文的校勘。总结王应麟以来，直到陈乔枞、李富孙等校勘异文的账。（B）古韵的考究。总结吴棫、朱熹、陈第、顾炎武以来考证古音的账。（C）训诂。总结毛公、郑玄以来，直到胡承珙、马瑞辰、陈奂二千多年训诂的账。（D）见解序说。总结《诗序》《诗辨妄》《诗集传》《伪诗传》，姚际恒、崔述、龚橙、方玉润等二千年猜谜的账。（评：异文有异文的所以然，不究其所以然，只胪列异文来考据，是白用力。陈乔枞、陈奂晚出较优，尚未落地。古韵亦有其所以然，吴才老最陋，顾近是矣，然亦未寻得源头。训诂与异文音韵，互为消息。郑以前直接简单，却是心知其意，特未解剖出来，后人由此不明其故。如郝兰皋之疏《尔雅》，愈博愈纷，叙说是归宿统宗，诗无叙就成了无题诗。姚际恒妄揣，崔述乱说，总之是武断。龚橙、方玉润，我所不知。）然后可以使大多数学子容易踏进《诗经》研究之门，是为普及。入门之后，方才可以希望其中有人继续研究总账里未曾解决的悬账，是为提高。一切古书古学皆用如此研究方法。前清用全力治经学，而经学书不能流传，倒是几部用余力做的《墨子间诂》《荀子集解》《庄子集释》一类结账式的书流传最广，恰说明结账式整理的重要。①

　　丙、专史式整理。索引式、结账式整理都是国学的预备，而国学的根本使命更为远大。

　　　　国学的使命是要使大家懂得中国的过去的文化史，国学的方法是要用历史的眼光来整理一切过去文化的历史，国学的目的是要做成中国文化史。（评：此语有见。但就此文句所用的史字，是述文化于史，非以史为学，是将文化的成迹及其应用，载在史上，不

　　① 胡适晚年概括说："正如商人开店铺，到了年底总要把这一年的账目结算一次。就以研究《诗经》为例吧，从古代、中古直到近世，有关《诗经》的著作正不知有多少，但是很少经人有系统地整理过。所以有系统地整理《诗经》要从异文的校勘着手；从各种异文的版本里汇编出一个最佳的版本，从而开始对古音韵、古训诂的整理，把'三百篇'中每一首诗的各家研究的心得，都作出个有系统的总结……然后我们便可以照样地做，把所有古今的研究所得汇集起来，〔对每种古籍都〕编出一部最后的版本来。"（唐德刚译：《胡适口述自传》，第232页）

是将此史所载的，拿来作文化。要文化进化，就只要在经上讨生活。）
国学的系统的研究，要以此为归宿。一切国学的研究，无论时
代古今，无论问题大小，都要朝着这一个大方向走。只有这个
目的可以整统一切材料；只有这个任务可以容纳一切努力；只
有这种眼光可以破除一切门户畛域。

**国学研究总系统即中国文化史，具体包括民族史、语言文字
史、经济史、政治史、国际交通史、思想学术史、宗教史、文艺史、
风俗史、制度史。中国文化史须有充分准备才能从事，理由是：**

> 历史不是一件人人能做的事；历史家须要有两种必不可
> 少的能力：一是精密的功力，一是高远的想像。没有精密的功
> 力，不能做搜求和评判史料的工夫；没有高远的想像力，不能
> 构 [构] 造历史的系统。况且中国这么大，历史这么长，材料
> 这么多，除了分功合作之外，更无他种方法可以达到这个大目
> 的。（评：这是开局纂书的办法，此法盛兴于唐，最盛于清朝，仍旧充
> 其量著一部《续文献通考后案》。）……国故的材料太纷繁了，若
> 不先做一番历史的整理工夫，初学的人实在无从下手，无从入
> 门。后来的材料也无所统属；材料无所统属，（评：如此说来，纂
> 策府大全的学问最优，效曾重伯多看几本策本，便是博学通儒。）是国
> 学纷乱烦碎的重要原因。

步骤分为两步：其一，用现在力所能搜集考定的材料，因陋就
简地先做成各种专史，如经济史、文学史、哲学史、数学史、宗教

史之类。作为大间架，用处只是要使现在和将来的材料有一个附丽的地方。（评：凡说到学，不是纂成一部书，一看就了解便是如此，是不能入心的，所谓学而不思则罔。）其二，专史再分子目，如经济史分时代、区域，文学史、哲学史、宗教史可分时代、宗派、个人。"这种子目的研究是学问进步必不可少的条件。治国学的人应该各就'性之所近而力之所能勉者'，用历史的方法与眼光去担任一部分的研究。子目的研究是专史修正的唯一源头，也是通史修正的唯一源头。"①

　　所谓博采参考中外比较资料，宣言批评："向来的学者误认'国学'的'国'字是国界的表示，所以不承认'比较的研究'的功用。最浅陋的是用'附会'来代替'比较'。"如谓基督教是墨教的绪余，墨家的"巨子"即是"矩子"，而"矩子"即是十字架！"附会是我们应该排斥的，但比较的研究是我们应该提倡的。有许多现象，孤立的说来说去，总说不通，总说不明白；一有了比较，竟不须解释，自然明白了。"例如，古人说"之"字，总不明白，现在以西洋文法学看，知道"之"字或是内动词（"由是而之焉"），或是介词（"贼夫人之子"），或是指物形容词（"之子于归"），或是第三人称代词，用在目的位（"爱之能勿劳乎"）。（评：此段不错，但总是未寻得自家源头，所以要治古学，要治小学，要从纂文学研究古文学。内自动词，是训往的之。介系词，训斯训是的之，即俗语解作的之。指物形容，是训此的之。代名词，系训兹的之。能通纂文训诂，已得明了，再进而知古文，就无不澈地。法人铎尔孟语我，外国文如一间房，几间房有别名，中国只是一名，余谓曰非也。通《尔雅》便知原有大别小别，但后人不治古学，

────────────

　　① 胡适晚年补充说："这种专史式的研究，中国传统学者几乎全未做过。"（唐德刚译：《胡适口述自传》，第232—233页）

只知普通讲解耳。）又如封建制度，向来被方块分封说所欺骗，现在用欧洲中古封建制度和日本封建制度比较，就容易明白。（评：封建二字，从字就误解起头，所以不解其制度何若。封是封略，为之授图画界。建是建筑，为之筑室营都。郑康成先就说地形不得正方如图，后人连此句都不看见，如何明白。著者所比欧洲中古，仍是部落指界，日本封建，仍是汉唐食邑，与严幼陵《社会通诠》谬指图腾之制，为宗法之制相同。总之，后学治史而不知经，则眼光视线只到汉唐而止，于春秋以来三代时间二千余年皆茫然，所以错比。又因中外文字统系不同，致多错译。）

比较研究的意义非凡，对于音韵学最有功效。用广东音可以考"侵""覃"各韵古音，考古代入声各韵的区别。近时西洋学者如Karlgren，如Baron von Staël-Holstein，用梵文原本对照汉文译音文字，很可以帮助解决古音学上的许多困难问题。不但如此，日本语、朝鲜语、安南语都保存有中国古音，可供参考比较。西藏文自唐朝以来，音读虽变，而文字拼法不曾变，更可供参考比较，帮助发现中国古音许多奇怪的复辅音。比较研究对于制度史也极重要。懂得了西洋的议会制度史，更可以了解中国御史制度的性质与价值；（评：尚有汉之议郎，唐之拾遗补阙，凡称清班者，皆有此性质价值，但只选举与任命不同。）懂得了欧美高等教育制度史，更能了解中国近一千年来书院制度的性质与价值。比较研究对于哲学史已发生很大助力。《墨子》的《经上下》诸篇，若没有印度因明学和欧洲哲学作参考，恐怕至今还是无人能解。（评：这也是不错。）韩非、王莽、王安石、李贽等人，若没有西洋思想作比较，恐怕至今还是沉冤莫白。（评：王莽却没有什么沉冤。）看惯了近世国家注重财政的趋势，自然不觉得李觏、王安石的政治思想可怪。懂得近世社会主义的政策，自然不能不佩服王莽、王安石的见解和魄力。（评：又错了。王莽政策何尝有社会主义，试再取《食货》《刑法》志细看。）《易·系辞传》里"易者，象也"的理论，得柏拉图的"法象论"的比较而更明白。荀卿书里"类不悖，虽久同理"的理论，得亚里士多德的"类不变论"的参考而更易懂。文学史上，小说、戏曲近年忽然受学者看重，民间俗歌近年渐渐引起注意，都是和西洋文学接触比较的功效。此外，如宗教研究、民俗研究、美术研究，也都是不能不利用参考比较材料。总之，治国学必须要打破闭关孤立的态度，存比较研究的虚心。在方法上，西洋学者研究古学的方法早已影响日本学术界，中国还在冥行索途时期，应该虚心采用他们的科学方法，补救自己没有条理系统的习惯。在材料上，欧美日本学术界有无数成绩可以供参考比较，可开无数新法门，（评：通篇只此段统论与前后两段有相关处，吾亦表同情，虽有语病，只在太看重汉后二千年史料，未窥经术门径，故忽却秦前二千年史料。）可添无数借鉴镜子。"学术的大仇敌是孤陋寡闻，孤陋寡闻的唯一良药是博采参考比较的材料。"[1]（《发刊宣言》，《国学季刊》，第1卷第1号，1923年1月；问琴：《评胡适国学季刊宣言书》，《国学月刊》，第16、17期，1923年）

---

[1]　胡适晚年提示说："因为这一点是在狭隘的传统研究方法范围之外的。我们号召大学同仁尽量搜罗各式各样足资比较研究的文献。"传统学者用归纳的法则及触类旁通的比较研究，曾对古代文字作出许多正确的结论，但是由于汉文没有文法学，所以从没有试用文法分析来做研究。可是在清代末期，马建忠便利用对欧洲语文文法的研究写出第一部《马氏文通》的中国文法书，后人都可用来作参考和比较。在音韵研究上，瑞典学者高本汉（Bernard Karlgren）20世纪初期对"中国文字"研究的成绩，有清三百年中的中国音韵学者都不能望其项背。这就是因为他懂得一些欧洲语文，知道语言学上的规律，而用之于对中国音韵研究的缘故。他也利用了中国的南部方言，和日韩等邻国的语言来加以比较研究，所以仅仅只有数十年的功夫，成果则为清代学者数百年的成绩所不能及。（唐德刚译：《胡适口述自传》，第233页）

总而言之，再造文明是整理国故的归宿，也是北京大学同人"新国学的研究大纲"，努力和试验的目标。"这一运动已不限于少数大学教授来起带头作用。大学教授们（尤其是北大教授），定下心来，整理国故，对整部中国文化史作有系统的整理，正是这个时候了。"胡适稍后把其考证老子孔子先后、《淮南子》戴东原哲学、《红楼梦》、神会和尚等文章，都归入整理国故的范围。（唐德刚译：《胡适口述自传》，第234页）

胡适从新思潮运动转入整理国故，当时和事后引起许多人不解和责难。唐德刚分析说：

> 近六十年来，不论左右、前后或中间派的中国知识分子，对胡适都有一项共同的责难。那便是胡氏在"五四"前后搞"新"文学、"新"思想、"新"文化……最多不过六七年他就不再"新"了。相反的，他却钻进"旧"书堆里去，大搞其国"故"来。
>
> 激进派和国粹派对他的冷嘲热讽，固不必多提，而最为他惋惜的则是那所谓中间派自由主义知识分子。他们原是以适之先生马首是瞻的，大家正在追随他，鼓噪前进，他忽然"马首"一掉，跑进故纸堆里去了，怎不令人摇头叹息，不得其解！？

近代"启蒙大师"的专业，原是"输入学理"。途径主要有两种："欧洲大陆留学归国的，便传抄革命标语；美国庚款留学的，则'输入'一套套'美国教科书'。"胡适那一辈留美学生一旦学成归国之后，除了几箱教科书，也没有太多余粮可售。国内也没有足够的图书设备和研究环境，好让他们来对"西洋文学、史学"一类的科目作"超博士的继续进修"。于是，只有三条路可走："搞'实行学理'，组党干革命"，张君劢是显例；"人家'革命'，我来'建国'，"独立评论派"是显例；"誓不下海，死守山林，做个'纯学者'"，胡适是显例。

> 但是"输入学理"是搞不成了，洋教科书上的东西，毕竟有限，哪能搞得了许多？好在我们祖宗积德甚厚；千斯仓，万斯箱，遗产丰盛，是永远"整理"不清的；因此"马首"一掉，"整理国故"去者！这就是我们胡老师这位新文化运动的"逃将"，纸遁而去的全盘经纬！（唐德刚译：《胡适口述自传》，第248—250页）

除少数人外，青年学生大多对整理国故未必感兴趣。《清华周刊》的《书报介绍副刊》评论《国学季刊》内载中国古籍、音韵学、考据学、历史学等，文章很多，都是非常专门的。"非于国学有根底，颇不易看。"（《国学季刊》，《清华周刊·书报介绍副刊》，第12期，1924年6月6日）因此，胡适给清华留洋学生提出最低限度的国学书目引起许多反感和批判，绝非偶然。

△　《小说月报》编辑郑振铎开辟"整理国故与新文学运动"专栏，首期收入郑振铎《新文学之建设与国故之新研究》、顾颉刚《我们对于国故应取的态度》、王伯祥《国故的地位》、余祥森《整理国故与新文学运动》四篇文章，都强调整理国故是新文学运动的必要环节。

《小说月报》于1921年改由文学研究会的沈雁冰编辑，新设

"研究"栏目，专门以"介绍西洋文学变迁之过程"和"整理中国文学变迁之过程"为要归。《文学研究会章程》也宣布，"以研究介绍世界文学、整理中国旧文学、创造新文学为宗旨"。郑振铎在《文艺丛谈》中明确提出，"现在的中国文学家有两重的重大的责任：一是整理中国的文学；二是介绍世界的文学"。（振铎：《文艺丛谈》，《小说月报》，第 12 卷第 1 期，1921 年 1 月 10 日）皆以整理中国文学为新文学的主要目标之一，大致反映了整理国故风潮鼓荡之下文学研究会同人当时的愿望。后来《小说月报》实际仍以介绍外国文学为主，整理中国文学却基本未见实行。1922 年 5 月，陈德徵来信重提整理中国文学的必要，主张整理中国充满伟大国民性的文学作品，不赞成《学衡》派一样的复古。（《译名统一与整理旧籍》，《小说月报》，第 13 卷第 6 期，1922 年 6 月 10 日）沈雁冰一度有过回头整理中国旧书的想法，但为了与南京"提倡国粹的声浪"区别，短短几个月就改变初衷。于是提醒谨防假古董，加辟"故书新评"的栏目，兼做小规模的整理国故。仅出二期，只是侧重指明"国故"中"非粹"的成分。本年，《小说月报》改由郑振铎编辑，以"读书杂志"栏目刊登"朴社"同人更小规模的整理国故小文，基本不以甄别"非粹"为导向。1922 年 10 月，郑振铎在《文学旬刊》发表《整理中国文学的提议》，站在现代立场试图破旧立新，以整理旧文学为打破文以载道的框架和思想基础，从砂石中分析出金玉，期为新文学鸣锣开道。年底，读者润生来信认为，整理我国文学为今日切要急需之图，理由一是用科学的方法、实验的态度、现在的思想、平等的眼光整理旧文学的价值，二是分析其病症，以为输入欧洲文学的前提，借此强调整理国故刻不容缓。郑振铎表示赞同。

　　郑振铎本有计划刊行《中国文学研究号》，此次组织专栏文章，实为前期工作。自本期起，每期加入一个"讨论"，题目是"整理国故与新文学运动"。此事源于几个朋友担忧提倡国故的举动阻碍新文学，常常发生辩论，认为有必要公开探讨实际影响。可惜反对整理国故的同人并未投文，"希望读者们能够把他们的意见也告诉给我们知道，尤其欢迎的是反对的意见"。(《小说月报》，第14卷第1号，1923年1月）本来整理国故的具体活动明显更偏向史学，参与讨论的发言人大致为参与文学研究会活动的商务印书馆人士，多数以文学为主要兴趣，忽然对整理国故有如此兴趣，主动出面为之证明，很可能受到力主整理国故的北大研究所国学门助教顾颉刚影响。顾颉刚其时因家事请长假，暂居南方为商务印书馆编教材，颇参与文学研究会的活动，并与其中一些人组成"朴社"，提示其学术旨趣远超出文学的范围而更接近时人所说的国学（后来实际更多落实在史学）。钱玄同于本年3月致顾颉刚的一封信中也说，从胡适处得知"先生们将借商务来发表些'整理国故'的成绩，这是我想希望先生们干的事"。可知，文学研究会的确是有意识地参与整理国故。必须注意的是，顾颉刚是讨论诸人中唯一具体参与了胡适倡导的整理国故运动的人，所言较多反映了以北大为中心的整理国故运动的"内部"观念，而其余人更多属于"外部"的支持者。①

　　基于实践程度差异，郑振铎、顾颉刚、王伯祥、余祥森四人的态度同中有异。顾颉刚侧重阐述科学史学的理念及之于新文学运动

----

　　①　关于《小说月报》与整理国故关系的论析，参考罗志田：《国家与学术：清季民初关于"国学"的思想论争》，北京：生活·读书·新知三联书店，2003年，第312—333页。

的积极影响。《我们对于国故应取的态度》一文完成于上年 12 月 15 日，（顾颉刚：《顾颉刚日记》第一卷，联经出版事业股份有限公司，2007 年，第 302—303 页）发挥毛子水和胡适等人关于为学问而学问的精神，批评前人研究国故的门户观念，主张"立在家派之外，用平等的眼光去整理各家派或向来不入家派的思想学术"，态度是：

> 看出它们原有的地位，还给它们原有的价值。我们没有"善"与"不善"的分别，也没有"从"与"弃"的需要。我们现在应该走的路，自有现时代指示我们，无须向国故中讨教诲。所以要整理国故之故，完全是为了要满足历史上的兴趣，或是研究学问的人要把它当作一种职业，并不是向古人去学本领，请古人来收徒弟。

保存国粹和整理国故有"实行"和"研究"的区别，研究为实行提供基础，为此必须打消新旧对立的观念障碍。

> 他们以为新与旧的人截然两派，所用的材料也截然两种：研究了国故就不应再有新文学运动的气息，做新文学运动的也不应再去整理国故。所以加入新文学运动的人多了，大家就叹息痛恨于"国粹沦丧"了。他们不知道新文学与国故并不是冤仇对垒的两处军队，乃是一种学问上的两个阶段。生在现在的人，要说现在的话，所以要有新文学运动。生在现在的人，要知道过去的生活状况，与现在各种境界的由来，所以要有整理国故的要求。国故的范围很大，内容也很杂，所以要整理到科

学的境域，使得我们明白了解古人的生活状况，对于他们心力造成的成绩有确常的领会与处置。国故里的文学一部分整理了出来，可以使得研究文学的人明了从前人的文学价值的程度更增进，知道现在人所以应做新文学的缘故更清楚，此外没有别的效用。

整理国故的途径有收集、分类、批评、比较四个步骤，分别有一系列技术规范，看似手续"烦重"，但核心是围绕"国故中的文学与世界文学"不能"打成两截"，"传进世界文学"，创造新文学，需要"历史的观念"。至于整理国故与新文学运动的选择取决于性之所近，"但欢喜文学的人中，尽有专从艺术上着眼，不想做历史的研究的，也有不耐做整理的工夫的，这一班人只须欣赏艺术，不要一同整理国故。至于性情宜于整理国故的人，不可不及早努力。因为材料这么多，整理的事几乎尚未动手，已经追不上我们历史的要求了！"（顾颉刚：《我们对于国故应取的态度》，《小说月报》，第14卷第1号，1923年1月）

其他三人着重站在新文学立场，阐述对于整理国故方法和功能的承接。郑振铎认为，国故的必要性主要表现在两个方面。首先，改革旧文艺是提倡新文艺的前提。新文学运动既要把西方文学原理介绍进来，更要指出旧文学的真面目与弊病，一一打翻传统"文以载道"等信条。其次，"新文学运动并不是要完全推翻一切中国固有的文艺作品"，而是"一方面在建设我们的新文学观，创作新的作品，一方面却要重新估定或发现中国文学的价值，把金石从瓦砾堆中搜找出来，把传统的灰尘，从光润的镜子上拂拭下去"。打破正统派的文学作品观后，才能真正赋予正统不齿的杂剧、传奇、词集、小说等以平等的地位，促进文学运动的平民化。

　　　近来我在日报及杂志上看到许多谈论国故的文字，但能感得满意的，不过二三篇而已。他们的通病有三：一、没有新的见解；二、太空疏而无切实的研究态度；三、喜引欧美的言论以相附会。

国故新研究，只有矫正这种通病，才能有成功的希望。整理国故的新精神是"无征不信"，不说"无谓的空疏的言论"，"须有切实的研究"，"须以诚挚求真的态度，去发见没有人开发过的文学的旧园地。"我们应采用已公认的文学原理与关于文学批评的有力言论，来研究中国文学的源流与发展；但影响附会的论调，如所谓史格德的文笔似太史公，或以陶渊明为中国的托尔斯泰之类，我们必须绝对避免。"（郑振铎：《新文学之建设与国故之新研究》，《小说月报》，第 14 卷第 1 号，1923 年 1 月）

王伯祥批评文学界把"整理国故"和"新文学运动"看作毫无关系，甚至仇敌的观点，强调各有各的地位和价值，同等重要，尽可相互取证，相互助益。"我以为'整理国故'是历史的观念，'新文学运动'是现代的精神，这两件事在今日，都是不可偏废的。"现代人自然要过现代生活，决不应"高希皇古""游心太初"。但事物必有其历史过程，整理国故便是寻究来源，观察流变，决不致使生活倒向退步，回到从前老路。历来的文学精神都散附在所谓"国故"之中，只要承认中国文学还有一线可传的价值，就不能不先求真相的了解，下一番整理的工夫，唯方法必须讲究。

不过对于整理的态度，必需［须］要改换从前的老样。我们希望在一个范围内探讨出一个究竟，决不叫无论什么人都去做穷年莫殚、钻研故纸的勾当！若说研究新文学便不应究心国故，是明明自己先错，却不能怪那班抱着师承衣钵的人，自以为独得心传之秘，一定要关门自绝于世了。总之，各国自有各国的精神，也可说各国自有各国的国故，譬如研究法国、俄国文学的人，要想察出一个现在的法国、俄国来，便不能不略究法国、俄国的国故，那么要在中国民族头上建设一种新的文学，怎么可以仇视自己的国故呢！（王伯祥：《国故的地位》，《小说月报》，第14卷第1号，1923年1月）

余祥森也赞同国故须经理性观察才能判断价值的立场，认为许多青年愤于中国千年以来的思想桎梏，进步迟钝，对国故失去信心，怀疑乃至断定其没有文学价值，原因在于"只有笼统的感情作用而没有精确的理性观察"。

瀛秦以前的国故的确有完全文学的价值，瀛秦以后的国故虽然有些文学的价值，但大部分都是无谓的工作，严格上视之实算不得文学。因为当时作家只重字句不重思想，只重模仿不重创作，只拾前人的余唾去压服时人，不讲人生的真理，去感发人心。甚至利用文学的格式，去达个人的私欲。所以我国文学的精神，日渐销磨。所有的作品，多半是桎梏思想，摧残生机的。

"国故二字实含有善恶两种"，狭义上是指中国旧文学。新旧、中外文学实质一样，"同是普遍的真理表现"，都有永久价值，差别在范围广狭不同。"旧文学的范围是局于小部分的人民小部分的土地；新文学的范围是及于全人类，全世界。所以旧文学中思想有不适用于现时代；这并非旧文学自身错误，实因为范围太少［小］的缘故。这种的关系不单国故是这样，就是外国旧文学也是这样的。"新文学的基础必须建立在"外国旧文学和国故的混合物上面"。整理国故方法有搜集、选择、汇别三个步骤，具体则有消极和积极两种。消极就是"批评学"，积极就是介绍，包括古人的作品、今人的作品、各地的山水、各地的民情。"古人的作品"可分为"整理国故"和"翻译外国文学"二项。"介绍是立于仲［中］间的地位，务使文学家多得些良好的印象，以刺激他的灵感罢了。所以介绍者的任务，最要的不外精确，详细，不加以丝毫私见，务使原来的'真'，'善'，'美'表现到十三分方才可以。"总之，"整理国故，就是新文化运动当中一种任务，他的地位正和介绍外国文学相等。至于这些的任务要不要由一人兼任，抑或可由各人分任？这是各人能率上问题，我们所不能衡定出来的"。（余祥森：《整理国故与新文学运动》，《小说月报》，第14卷第1号，1923年1月）

△　博文女学修订学则，以"志在保存国故，增益新知，以陶冶德性，培养切实应用之智能，期得裨益家庭或服务社会，升学专门"为宗旨。

博文女学遵照新学制办理，校训为"诚敬勤朴"四字。章太炎在学则后附记曰："博文女学校校长黄绍兰，余弟子也。其通明国故，兼善文辞，在今世士夫中所不多觏。勤心校事，久而不倦。观其学则之缜密，则知其成绩之优矣。女子求学，当知所从。附识数言，以为绍介。"（《上海博文女学校学则》，《华国月刊》，第1卷第1期，1923年9月）

　　除原有文学专科、高初级小学照常进行外，为适应新学制发展，博文女学添设初级中学一班，敦请章太炎夫人为教务长。（《学务汇志》，《申报》，1923年7月18日，第5张第18版）到1924年8月，开办已届十载。"提倡国故，注重应用文字。所聘校董，如章太炎、章一山、高淞荃诸君，皆国学名宿，相予赞助，规画，故成绩斐然。本学期增设中学科，于文字源流、文学常识，尤加注重"。（《博文女学添设中学科》，《申报》，1924年8月8日，本埠增刊第2版）1926年2月，黄绍兰"决于今春起，添聘章太炎夫人汤国黎授诗词学，孙鹰若授文字学。并为灌输常识起见，特设特别讲座，已聘定者如金石书画家李仲乾、易经学蔡节孚等多人"。（《博文女学新辟讲座》，《申报》，1926年2月17日，第5张第19版）1928年，获得上海市教育局批准立案。1933年，国民党上海市党部借口"设备简陋"，取消立案。黄炎培有诗云："矫首苍躔见角张，惊心绛幔亦沧桑。廿年辛苦精禽石，正月繁忧小雅霜。至竟郊榛薶古道，未堪杯酒激愁肠。魑魑伏蔡千秋业，绝学传薪仗担当。"（黄炎培：《太炎弟子黄绍兰女士创博文女学于上海租界倡国学卒被禁闭》，《空江集》，上海生活书店，1937年，第265页）

　　2月6日　北京大学研究所开《国学季刊》编辑委员会，讨论第二期编辑事宜。

　　到会者有胡适、徐旭生、周作人、马裕藻、马衡、沈兼士、单不庵、钱玄同、郑奠。（杨天石主编：《钱玄同日记（整理本）》中册，第

510 页；鲁迅博物馆藏：《周作人日记（影印本）》中册，大象出版社，1996
年，第 295 页）

2 月 7 日　清华学校国学课程委员会将拟好的国学及教学改革
计划呈请校长处核夺，翌日得到批准，随即交付缮印。（《学校方面一
年来大事记》，《清华周刊》，第九次增刊，1923 年 6 月）

2 月 9 日　钱玄同致信顾颉刚，希望《国学季刊》多刊疑古辨
伪的材料。

钱玄同盛赞《小说月报》所载顾颉刚研究《诗经》的文章"最
为精辟"，极望好好整理一番，因"救《诗》于汉宋腐儒之手，剥
下它乔装的圣贤面具，归还它原来的文学真相，是很重要的工作"。
同时提出分稿给《国学季刊》。"很希望北大的《国学季刊》中多些
'离经叛道''非圣无法'之材料，免得它渐渐地'遗老化'。"一年来
蓄志搜集关于"群经"的辨伪文字，只有把"六经"与"孔丘"分
家，才能打倒"孔教"，只有把"经"中许多伪史说明清楚，周代及以
前的历史才能讲好。"此志愿实自先生前年冬天来书论尧、舜、夷、齐
事迹之伪造引起，我甚感谢先生。"（顾潮编著：《顾颉刚年谱（增订本）》，
中华书局，2011 年，第 82 页）

2 月 11 日　梁启超在天津接受《清华周刊》记者采访，提到有
关国学教员、国学常识、国学书目等问题，建议清华学生在出国之
前多读中国书，了解中国的人生观，担负融和东西文化的使命。

当记者问及"我们学校里现在只注重智育、体育，而于人格教
育，绝对不讲，有什么补救的方法没有？"时，梁启超强调人格教
育以教育者的人格为标准，以身作则是唯一途径。东南大学的教授们
非常热心，东大学生都受感化。至于"清华学生对于国学虽欲刻苦

研究，而苦无人指导。国内学者，对于国学深有研究，又能以所得授人者，依先生所见，大概有那几位？"，梁启超认为：

> 有学问的人不一定会教，教得好的人不一定都有学问。依我看来，又有学问又能教人的先生，现在在中国恐怕一个都寻不着。现在北京、东南两大学里的教授有深博学问的确很有几位，但是我不敢说他们教授都很得法。我近来筹备在天津办一个文化学院，供给这种人才也是我目的之一。我希望将来我们国学界里能多产几位人才。

国学常识"就是简简单单的两样东西：一、中国历史之大概；二、中国人的人生观。知道中国历史之大概，才知道中国社会组织的来历。中国人的人生观就指过去的人生观而言。人生观是社会结合的根本力，所以知道过去的人生观是常识的主要部分"。

针对"清华学生于留美之前，应该读完多少中国书籍？"和"赴美游学期间应否读中国书？"两个问题，梁启超主张出国之前多读中国书，并提供了"一个最低限度的书目"，"就怕你们清华学生中没有一个合格的"。具体包括《论语》《孟子》《左传》（约三分之一）、《礼记》（五分之一，主要是《大学》《中庸》《学记》《乐记》《王制》《礼运》《坊记》《表记》《祭义》《祭法》《射义》《乡饮酒义》《檀弓》）、《荀子》（三分之一）、《韩非子》（四分之一）、《墨子》（五分之一）、《庄子》（五分之一，头七篇、杂篇）、《老子》（全部）、《易》（《系辞》）、《史记》（五分之一）、《通鉴》全部。《诗经》和《书经》很难读，免掉。"其中所谓几分之几，乃是选读一书中的精华，使他在全书的量上，占几分之几的意思。你们读完这些，大概可以有个中国史的大略，可以略略明白中国人的人生观了。"在美期间则可不必读中国书，还是专心做功课好。"然而我很劝你们带几部文学的书去，如《楚辞》《文选》等等，在课暇可以拿中国东西来做你的娱乐。"美国实用主义过于注重物质，存在"将人做成一部分的人"之弊。希望清华学生贯通融洽，"应当融和东西文化，不要只代一面做宣传者"。（冠:《与梁任公先生谈话记》，《清华周刊》，第 271 期，1923 年 3 月 1 日）

中国文化学院核心宗旨是"文献的学问"和"德性的学问"相结合，尤以德性教育为重。梁启超《为创设文化学院事求助于国中同志》云:"确信我国儒家之人生哲学，为陶养人格至善之鹄，全世界无论何国无论何派之学说，未见其比，在今日有发挥光大之必要。""确信先秦诸子及宋明理学，皆能在世界学术上占重要位置，亟宜爬罗其宗别，磨洗其面目。""确信佛教为最崇贵最圆满之宗教；其大乘教理，尤为人类最高文化之产物。而现代阐明传播之责任，全在我中国人。""确信我国文学美术，在人类文化中有绝大价值；与泰西作品接触后，当发生异彩。今日则蜕变猛进之机运渐将成熟。""确信中国历史在人类文化中有绝大意义，其资料之丰，世界罕匹，实亘古未辟之无尽宝藏。今日已到不容局镉之时代；而开采之须用极大劳费。""确信欲创造新中国，非赋予国民以新元气不可。而新元气决非枝枝节节吸受外国物质文明新能养成，必须有内发的心力以为之主。以上五事，实为其芽种。""确信当现在全世界怀疑沉闷时代，我国人对于人类宜有精神的贡献。即智识方面，亦宜有所持以与人交换。以上五事之发明整理，实吾侪对世界应负之义务。""确信欲从事于发明整理，必须在旧学上积有丰富精勤的修养，而于外来文化亦有相当的了解，乃能胜任。今日正在人才绝续之交，过此以往，益难为力。""虽不敢自命为胜任，然确信我在今日，最少应为积极负责之一人；我若怠弃，无以谢天下。""确信兹事决非一手一足之烈所能为力，故亟宜有一机关以鸠集现在已有相当学力之同志，培养将来热心兹业之青年。""确信现行学校制度有种种缺点，欲培养多数青年共成兹业，其讲习指导之方法及机关之组织，皆当特别。"

按拟计划，梁启超自任院长，约定六七名同志任分科教导员。所收容学员种类主要有：本科班收容中学毕业学生；研究班收容大学及高等专门毕业学生，或经特别测验后由院许可者；补习班收容高师学生，专门教授国史、国文的教授法；函授班收容国内有志斯学而不能到院者。院舍在南开大学新校址中，一切学课与南开保持相当的联络关系。教导之外从事整理重要古籍校勘训释编订，令今人能读且乐读；将旧籍或新著翻译欧文；编定学校用之国史、国文及人生哲学教本；以定期出版物公布同人研究所得；巡回讲演。所需最低限度经费，包括建筑院舍费四万元，购置图书费二万元，头两年经费四万元。拟于1923年秋季开始。（《为创设文化学院事求助于国中同志》，《南开周刊》，第55期，1923年3月）

另据《清华周刊》载：

梁启超自南京东南大学讲学回津后，拟在津创设一文化学院，采用半学校半书院的组织。宗旨在研究儒家哲学，阐明宋明理学，播传大乘教理，开采中国历史，发扬中国文学美术。

除招生教导外，拟整理重要古籍，翻译中国旧籍或新著，编定国史国文及人生哲学教本，发刊出版物，及巡回讲演。梁氏自任院长，现正征求海内赞助，定于本年秋季始业云。(《文化学院》，《清华周刊》，第 268 期，1923 年 3 月 9 日)

此项计划未能实现的主要原因，大概仍是经费困难。如 2 月 2 日，梁启超致张东荪函称："文化学院简单之建筑终不可少，即此亦非三、四万不可，故小启内之数目实不能减，现所得者尚不及十之二也。此间有人建议，约二十人，每人认募五千，已函揆初、孝怀（周善培）属各认一分，望就近约同振飞（徐新六）一鼓厉之。"计划和征求赞助启事遍达各处后，名流中复书慨愿捐助者颇不乏人，学生中因仰望而致书愿来受教者也大有人在。2 月 6 日，张正禄致书梁启超，表示愿意追随前往中国文化学院受教，提出五条意见。要以民国肇造，大乱频仍，固为改革中必经之阶级，而以无强有力之学说为之主，致人心惶惑，无所依归，只骛功利，不尚名节，实乱因之最大者。忧时之士，鉴于泰西文明，盛倡物质救国之论，然不先正人心，图精神之改进，无异与虎添翼，其乱弥滋。

我国列圣相传之心法，阐明性理之学，至精至微，无远弗届，无物不赅，大莫能载，小莫能破，得之则蔬食饮水无以改其乐，颠沛造次无以易其节，富贵不能淫，贫贱不能移，威武不能屈，可久可大，能用能藏，诚世界之明星，人类之救主，不仅为国粹已也。生今之世，欲救今之俗，舍就固有之国学而

发辉光大之，其道莫由。（丁文江、赵丰田编：《梁启超年谱长编》，上海人民出版社，1989年，第983—988页）

不久，张君劢到东南办理自治学院，梁启超有意去清华任教。胡适在梁1929年去世后于日记评论道："他晚年的见解颇为一班天资低下的人所误，竟走上卫道的路上去，故他前六七年发起'中国文化学院'时，曾有'大乘佛教为人类最高的宗教；产生大乘佛教的文化为世界最高的文化'的谬论。此皆欧阳竟无、林宰平、张君劢一班庸人误了他。他毕竟是个聪明人，故不久即放弃此计划。"（曹伯言整理：《胡适全集》第31卷，第323页）

2月13日 徐志摩在《晨报副刊》刊文支持整理国故，同时提醒防止走向复古的极端。

文谓："'整理国故'我们不单这样主张，而且有很热烈的希望燃烧着，盼望月月有——或退一步说年年有——一部一部的有价值的著作出来，把这零碎而且纷乱的中国学术理出个头绪来，辟亘古未辟之无尽宝藏，与发现一颗恒星都是一大功绩。"同时也担心风气走向极端，"能否引导一般思想不健全，而且心理薄弱，体性又懒惰的，乌烟瘴气的中国青年入了歧途，渐渐对于欧化起了轻视，反科学，反外国文，走向复古的方面去，使现存的遗老遗少之外，又出来了后起之秀？"（摩：《小杂感》，《晨报副刊》，第40号，1923年2月13日，第3—4版）

2月18日 钱基博为自编《国学必读》作序，认为国文是通往国学的路径，非即国学。

《国学必读》是钱基博在江苏省立第三师范学校教授国文兼读

经科的教学总结，1924年出版。江苏省立三师学制预科一年，本科四年，教师规定随班递升，从一年级至四年级毕业后，再回任一年级。（钱穆：《八十忆双亲·师友杂忆》，生活·读书·新知三联书店，1998年，第132页）国文课课程分"必修科"和"选修科"两类，教学内容安排，"大约在预科则指导文字之意味多，而涵养文学兴趣之意味少；殆年级渐高，则涵养文学兴趣之教材亦随加增"，"必修科讲读作之教材，大抵指导学生以练习一种通用之文字技能；而在选科，则韩退之之所谓'沉浸浓郁，含英咀华'，涵养学生文学之兴趣，以渐引人入胜，俾底于欲罢不能之境，而知所自修。"必修科主要由读本和作文两大部分组成，再根据师范生的培养要求，本科第一学年增加"文字源流"课，本科第四学年增加"小学国文教学法"课。选修科自本科第二学年开始，主要由讲、看、作三大部分组成。此外附读经课，逐渐形成定规，预科读《论语》和《孟子》，本科第一年读《礼记》和《春秋左氏传》。必修、选修、读经课程，教师均各自编写讲义。（傅宏星编著：《钱基博年谱》，华中师范大学出版社，2007年，第42—43页）

　　"国学"由国文入手，落点在国故。序言聚焦讨论国文教学中读书与看书的关系，针对现代国文教学只看书而不籀读的弊病，指出古言诵诗读书有别，古所谓讽，即今人读，古所谓读，即今人看。讽诵同义，除了背文，还要吟咏声节。读指抽绎义蕴，玩赏文辞。古人所谓看即望，远视茫茫，不求甚解，不如读好学深思，籀绎义蕴，至于无穷。从曾国藩教子看读并重的经验看，今人讨论国文教学，只言读本，而无看本，是跛足的国文教学。

窃以为读之文宜主情，看之文宜主理。读之文宜有序，看之文宜有物。读之文宜短，而看者不宜过短。读之文宜美，而看者不必尽美。鼓之舞之之谓作，情文相生者读之文也。长篇大论，善启发人悟，而条达疏畅者，看之文也。余承乏此校，诸子劬学者多，乞正于余。余因最录五十四家文八十篇，杂记七十八则，言非一端，写成此编，而析为二部：曰文学通论。凡自魏文帝以下三十七家文四十四篇，杂记七十五则，读之而古今文章之利病，可以析焉。曰国故概论，凡自唐陆德明以下二十家文三十六篇，杂记三则，读之而古今学术之源流于是备焉。

先文学通论后国学概论的篇章安排，原因在于文学是通往国学的路径。"题之曰国学必读，而不曰国文者，盖国文不过国学之一，而国学可以赅国文言之也。曰必读者，谓非籀读此编，观其会通，未足与语于国学也。""而弁之以作者录，以时代先后为次，可以知人论世，觇学风之嬗变焉。其不知者，盖阙如也。"此为深造国学自得之结晶："余文质无底，然自计六岁授书，迄今三十年，所读钜细字本，亡虑三千册。四书五经之外，其中多有四五过者，少亦一再过，提要钩元，蘑乃得此！然则此一编也，即以为我中国数千年国学作品之统计簿也可！"（钱基博编：《国学必读·序言》上册，中华书局，1923年，第1—3页）

卷上文学通论，包括魏文帝《典论·论文》，梁昭明太子《〈文选〉序》，梁简文帝《与湘东王论文书》，宋苏子瞻《答谢民师论文书》，明苏平仲《瞽说》，明唐荆川《与茅鹿门主事论文书》，明顾亭林《〈日知录〉论诗文十一则》，清魏善伯《〈伯子论文〉九则》，清魏凝叔《〈日录论文〉七则》，清侯朝宗《与任王谷论文书》，清方望溪《〈古文约选〉序例》《书韩退之〈平淮西碑〉后》《与孙以宁作传体要书》，清刘海峰《〈论文偶记〉五则》，清姚惜抱《复鲁絜非论文分阴柔阳刚书》，清方植之《〈昭昧詹言〉论诗文二十二则》，清恽子居《〈大云山房文稿二集〉叙录》《上曹俪笙侍郎书》，清李申耆《〈骈体文钞〉序》，清阮芸台《文言说》，清梁茝林《〈退庵论文〉两则》，清包慎伯《文谱》《答张翰风论诗书》《与杨季子论文书》《再与杨季子论文书》，清章实斋《文集》《古文十弊》，清曾涤生《复李眉生论古文家用字之法书》《复陈右铭太守书》《〈求阙斋日记〉论文九则》，清张廉卿《答吴挚父论学古人之文在因声以求气书》《答刘生论文章之道莫要于雅健书》，清吴挚甫《与姚仲实论文书》《与严几道论译西书书》，清严几道《译〈天演论〉例言》，清马眉叔《〈文通〉序》《〈文通〉例言》，胡以鲁《论〈译名〉》，容挺公《致〈甲寅〉记者论〈译名〉》，章行严《答容挺公论〈译名〉》，梁任公《中学以上作文教学法》，胡适之《文学改良刍议》《谈新诗》《论短篇小说》《国语文法概论》，胡步曾《中国文学改良论》，陆步青《修辞学与语体文》，胡寄尘《新派诗说》，蔡观明《诗之研究》，愈之《文学批评其意义及方法》，西谛《整理中国文学的提议》，钱基博《我之中国文学的观察》。除胡以鲁、容挺公详情待访外，其余作者列入作者录。

卷下国故概论：一、通论。包括夏曾祐《孔子学说》，梁启超《治国学的两条大路》，章太炎《中国文学的根源和近代学问的发达》《教育的根本要从自国自心发出来》，胡适之《清代学者的治学方法》《研究国故的方法》，刘文典《怎样叫做中西学术之沟通》，陈蘧庵《东方文化与吾人之大任》，陈启天《中国古代名学论略》，抗父《最近二十年间中国旧学之进步》，江亢虎《中国文化及于西方之影响》，钱基博《某社存古小学教学意见书》。二、经。包括唐陆德明《〈经典释文〉叙录》，清龚自珍《〈六经〉正名》，清魏源《两汉经师今古文家法考序》，清胡竹村《〈诂经文钞〉序》，清陈恭甫《〈经郛〉条例》，钱基博《师范学校读经科教授进程说明书》。三、小学。包括清钱大昕《〈十驾斋养新录〉论古书音读三则》，清陈恭甫《汉读举例》，章太炎《中国文字略说》《古音娘日二纽归泥说》，梁启超《从发音上研究中国文字之源》，江易园《〈古今音异读表〉序》，金可庄《声音学听讲录》，钱基博《吴江沈颖若先生〈文字源流〉后序》。四、史。包括清龚自珍《古史钩沉论二》，梁启超《五千年史势鸟瞰》《历史统计学》，柳诒徵《正史之史料》。五、子。包括夏曾祐《周秦之际之学派》，章太炎《论诸子的大概》，胡适之《诸子不出于王官论》，柳诒徵《论近人讲诸子学者之失》，江山渊《论子部之沿革兴废》《论九流之名称》《论道家为百家所从出》。除刘文典、陈启天、抗父、金可庄详情待访外，其余作者列入作者录。

2月20—21日　清华学校先后向学生、教员宣布国学课程及教学改革试办方案。（《学校方面一年来大事记》，《清华周刊》，第九次增刊，1923年6月）

此次国学课程，酌量清华现状，改革之点极多。其最大者即取消必修制，一律代以分类选修制。中等科于国文阅书外，有名人纪传辑略、经济地理概略、本国法制诸选科。大学、高中选科，各门钟点稍有更动。其中改编或新添者，有哲学史一（上古至周秦），哲学史二（暂缺），哲学史三（宋元明清），哲学则仅留周秦一门。此外更有文化史、民国史，各二小时，群书概要及社会研究皆因教材一时难以编制，暂付缺如。文化史一科，大约由陆懋德担任。作文一门教授方针大变，教员但处辅导地位，课内指正描写、记述、报告议论之作，课外指正日记、笔记、信札（寻常信札之不须守秘密者）、稿件之作。（《校内各机关新闻》，《清华周刊》，第 269 期，1923 年2 月 15 日）

本次改革国学课程纲目，只见规划民国十二年至十三年（表1）。具体是：一、学时分配。1.中等科。三年级共十一时：国文科计七时，分国文必修科（目另列）三时、国文选修科（目另列）三时、作文（白话文言均可）一时；史地科计四时，分名人纪传辑略二时、经济地理概略二时。四年级共八时：国文科计七时，分国文必修科（目另列）三时、国文选修科（目另列）三时、作文（白话文言均可）一时；法制科计一时，即本国法制一时。2.高等科。一年级共七时：国文科计四时，分国文选修科（目另列）四时，作文，课外间一星期一次（白话文言均可）、选科（目另列）计三时。二年级共七时：国文科计四时，分国文选修科（目另列）四时，作文，课外间一星期一次（白话文言均可）；选科（目另列）计三时。三年级共五时：国文科计二时，分国文选修科（目另列）二时，作文，课外每月一次（白话文言均可）；选科（目另列）计三时。3.大学。一年级共五时：国文科计二时，即国文选修科（目另列）二时，作文，课外每月一次（白话文言均可）；选科（目另列）计三时。详见表1。

表1　清华学校"国学课程表"（民国十二年至十三年）

学科	中等科		高等科			大学科
	三年级	四年级	一年级	二年级	三年级	一年级
国文	7	7	4	4	2	2
历史	2					
地理	2					
法制		1				
选修科			3	3	3	3
合计	11	8	7	7	5	5

二、国文科目。1.中等科。国文必修科：国文一（中等文学○讲文），三年级学生必修。国文二（中等文学○讲文），四年级学生必修。此两目选授古今浅显文章，俾学生具有文字通顺之程度。国文选修科三时：国文三（阅书）：《论语》《孟子》、近人著作；国文四（阅书）：《礼记》《国策》、近人著作。2.高等科及大学一年级。国文选修科：高一高二两年级四时，高三大一两年级二时。国文一（高等文学○选本）或选篇，或用书，由教员酌定。国文二（高等文学○专集）用书由教员指定。此两目研究古今文学家专集或文学选本，在使学生略具文字优美之程度。国文三（阅书）：《左传》《吕氏春秋》、近人著作。国文四（阅书）：《荀子》《韩非子》、近人著作。国文五（阅书）：《管子》《庄子》、近人著作。国文六（阅书）：《毛诗》《楚辞》、近人著作。国文七（阅书）：《史记》《汉

书》、近人著作。国文八（阅书）：《郁离子》《唐子书》①、近人著作。选科科目：伦理学一时，文学史一时，文字学一时，诗词一时，骈文一时，论理学二时，文化学史二时，民国史二时，近世外交史二时，哲学史一（上古至周秦）二时，哲学史二（暂缺），哲学史三（宋元明清）二时，周秦哲学二时，群书概要（暂缺），社会研究（暂缺）。(《国学课程纲目》,《清华周刊》, 第 271 期, 1923 年 3 月 1 日)

1923—1924 年度清华国学教学实践开始贯彻新方针。教授分为讲师和教员，讲师由学校当局聘请海内名家，专任长期学术讲演，教员资格要求"有专门精深研究，而能胜任者"。凡能胜任大学及高等教授者，月薪百元，每年加十元。任教五年以上，而能调查外国教育，及作高深研究者，送美留学一年。其教法，分为教授："教员就各书估计，划为三十二段落，并将全书之主旨，各部之要点，富于文学趣味之各篇，分别揭出，用作提示，填学业概要表，每月以次授与学生。该表包括四个段落，一月之学程也。第一学程未修毕，不得授与第二学程。"指导："书之著作人小传，书之内容，书之作用，与夫研究此书应具之目的，预作具体之说明。其应加意研究之部分，以及参考与有关联之书籍，均须有相当之指导。教法以学生自习为主。"阅书限度："最多一年毕业两种，少亦须毕业一种。"阅书目的：文字分为文章之构造和文学之意义，思想分为文化之探讨和人生观察。教材分为古书和近人著作两种，具体临时由教员酌定。课程有别于上述纲目者，主要是高等科选科科目除伦理学、文学史、文字学、诗词、骈文、论理学、文化学史、

---

① 应为《潜书》。

民国史、近世外交史之外，还有哲学史一（上古至周秦）、哲学史二（暂缺）、哲学史三（宋元明清）、周秦哲学、群书概要、社会研究（暂缺）。成绩计算，采用等数计分法和合并成绩。［李惟果：《清华国学问题》，《清华周刊》，第303期（十周年纪念增刊），1924年3月1日］

清华学生吴景超批评"清华的国文问题，决不是换一个课程表就解决得了的"，主张"非有彻底的研究，根本的改革不可"。研究步骤一是"研究清华学生的国文程度，找出一个客观的标准来。现在批评清华学生国文的，有些说清华学生的国文大半不通，有些说清华学生的国文，比较的还算不差。这些话都是臆测，都是'想当然，还不出真凭实据来'"。"应该用科学的方法，作点统计的研究。看看清华学生有几分之几能写文法无误的文章，几分之几不写白字，几分之几不写错字，几分之几读过《论语》《孟子》，几分之几看过《史记》《汉书》"。二是"研究那种教材适合于清华学生的程度"。三是"研究教员的资格"。改革首先"便是根据第三步研究出来的资格聘请教员"，其次"便是请新聘的教员，用第二步研究出来的教材教授学生"，最后"便是诱导学生，使他们变更忽视国文的态度，在国文上切实做点工夫"。（景：《清华的国文问题》，《清华周刊》，第272期，1923年3月9日）

△　胡适在张伯苓家与张彭春等谈拟以整理国故为专职事业，不再在大学任教。

张彭春在日记写道："昨晚饭在B家。适之说将来不再教书，专作著作事业。整理国故渐渐的变为他的专职。国故自然是应当整理的，而适之又有这门研究的特长，所以他一点一点的觉悟出来他一身的大业。"（张彭春：《张彭春清华日记（1923—1924）》，台湾开源书局，

2020年，第8页）10月7日，顾颉刚在日记亦记载："适之先生回京后拟不就北大原职，独力办《读书杂志》，并大规模的整理国故。我觉得我不就研究所事亦好，因编纂书籍究竟比办事于己有益也。但到京之后恐不胜其逼迫耳。"（顾颉刚：《顾颉刚日记》第一卷，第403页）

当时北京的政治大环境及胡适个人在北大的小环境都有些不顺，所以胡放弃教书的打算或受到别的因素影响。（罗志田：《国家与学术：清季民初关于"国学"的思想论争》，第311页）10月9日，沪江大学副校长郑韦成访胡适，谈国文的教授。"沪江曾托经农转请我到那边去做国学主任，我婉辞谢了他。"胡适不得已，于12日"到杨树浦沪江大学讲演'对于国文的新兴趣'。只说了二十分钟"。（曹伯言整理：《胡适全集》第30卷，第65、67页）

2月22日　直隶同善社附设国学专修馆，由总社祝书元呈请省署备案和保护。

直隶同善社"以自欧风东渐，旧学浸失其真"，为"阐发文明，保存国粹起见"，特在天津南市华安大街南头兴隆里房屋内组织成立天津县同善社事务所，附设国学专修馆，以备讲习。"昨已由总社祝书元等拟具简章，呈请省署备案，并令教育厅及天津县查照保护云。"（《直隶同善社组织国学馆》，天津《益世报》，1923年2月23日，第3张第11版）

2月25日　胡适应清华学校学生胡敦元等四人请求，为留洋学生拟就最低限度的国学书目，分为工具之部、思想史之部、文学史之部三个部分，引起巨大争论，后来稍微有些补充。3月4日，初载于《努力周报·读书杂志》，《清华周刊》《东方杂志》《晨报副刊》等先后转载。

胡适明显意识到《国学季刊》的要求不适合即将留洋的清华学子，因而在《序言》中交代了两点开列最低限度国学书目的理由。一是"他们都是将要往外国留学的少年，很想在短时期中得着国故学的常识"，书目"并不为国学有根柢的人设想，只为普通青年人想得一点系统的国学知识的人设想"。二是书目为治学"法门"，即"历史的国学研究法"。

> 这四五年来，我不知收到多少青年朋友询问"治国学有何门径"的信。我起初也学着老前辈们的派头，劝人从"小学"入手，劝人先通音韵训诂。但我近来忏悔了！那种话是为专家说的，不是为初学人说的；是学者装门面的话，不是教育家引人入胜的法子。音韵训诂之学自身还不曾整理出个头绪系统来，如何可作初学人的入手工夫？十几年的经验使我不能不承认音韵训诂之学只可以作"学者"的工具，而不是"初学"的门径。老实说来，国学在今日还没有门径可说；那些国学有成绩的人大都是下死工夫笨干出来的。死工夫固是重要，但究竟不是初学的门径。对初学人说法，须先引起他的真兴趣，他然后肯下死工夫。在这个没有门径的时候，我曾想出一个下手方法来：就是用历史的线索做我们的天然系统，用这个天然继续演进的顺序做我们治国学的历程。这个书目便是依着这个观念做的。这个书目的顺序便是下手的法门。

考虑到"这个书目不单是为私人用的，还可以供一切中小学校图书馆及地方公共图书馆之用"，所以在"每部书之下，如有最易得的版本，皆为注出"。

一、工具之部。《书目举要》《书目答问》《四库全书总目提要附存目录》《汇刻书目》《续汇刻书目》《史姓韵编》《中国人名大辞典》《历代名人年谱》《世界大事年表》《历代地理韵编·清代舆地韵编》《历代纪元编》《经籍纂诂》《经传释词》《佛学大辞典》。

二、思想史之部。《中国哲学史大纲（上卷）》《二十二子》、"四书"、《墨子间诂》《庄子集释》《荀子集注》《淮南鸿烈集解》《春秋繁露义证》《周礼》《论衡》《抱朴子》《四十二章经》《佛遗教经》《异部宗轮论述记》《大方广佛华严经》《妙法莲华经》《般若纲要》《般若波罗蜜多心经》《金刚般若波罗密经》《阿弥陀经》《大方广圆觉了义经》《十二门论》《中论》《三论玄义》《大乘起信论》《大乘起信论考证》《小止观》《相宗八要直解》《因明入正理论疏》《大慈恩寺三藏法师传》《华严原人论》《坛经》《古尊宿语录》《弘明集》《韩昌黎集》《李文公集》《柳河东集》《宋元学案》《明儒学案》《直讲李先生集》《王临川集》《二程全书》《朱子全书》《朱子年谱》《陆象山全集》《陈龙川全集》《叶水心全集》《王文成公全书》《困知记》《王心斋先生全集》《罗文恭公全集》《胡子衡齐》《高子遗书》《学蔀通辨》《正谊堂全书》《清代学术概论》《日知录》《明夷待访录》《张子正蒙注》《思问录内外篇》《俟解》《噩梦》《颜李遗书》《费氏遗书》《孟子字义疏证》《章氏遗书》《章实斋年谱》《崔东壁遗书》《汉学商兑》《汉学师承记（附〈宋学师承记〉）》《新学伪经考》《史记探源》《章氏丛书》。

三、文学史之部。《诗经集传》《诗经通论》《诗本谊》《诗经原始》《诗毛氏传疏》《檀弓》《春秋左氏传》《战国策》《楚辞集注

（附辩证后语）》《全上古三代秦汉三国六朝文》《全汉三国晋南北朝
诗》《古文苑》《续古文苑》《文选》《文心雕龙》《乐府诗集》《唐文
粹》《唐文粹补遗》《全唐诗》《宋文鉴》《南宋文范》《南宋文录》①
《宋诗钞》《宋诗钞补》《宋六十［家］词》《四印斋王氏所刻宋元
人词》《彊邨所刻词》《太平乐府》《阳春白雪》《董解元弦索西厢》
《元曲选一百种》《金文最》《元文类》《宋元戏曲史》《京本通俗小
说》《宣和遗事》《五代史平话（残本）》《明文在》《列朝诗集》《明
诗综》《六十种曲》《盛明杂剧》《暖红室汇刻传奇》《笠翁十二种
曲》《九种曲》《桃花扇》《长生殿》《曲苑》《缀白裘》《曲录》《湖
海文传》《湖海诗传》《鲒埼亭集》《惜抱轩文集》《大云山房文稿》
《文史通义》《龚定盦全集》《曾文正公文集》《吴梅村诗》《梅村家
藏稿》《瓯北诗钞》《两当轩诗钞》《巢经巢诗钞》《秋蟪吟馆诗钞》
《人境庐诗钞》《水浒传》《西游记》《三国志》②《儒林外史》《红楼
梦》《今古奇观》《水浒后传》《镜花缘》《三侠五义》《儿女英雄传》
《九命奇冤》《恨海》《老残游记》《五十年来的中国文学》。文学史
一部，注重总集，无总集的时代或总集不能包括的文人，始举别
集。文集太多，不易收买，尤不易遍览，为初学人及小图书馆计，
皆宜先从总集下手。（胡适：《一个最低限度的国学书目》，《努力周报·读
书杂志》，第7期，1923年3月4日）

　　3月11日，《清华周刊》记者致信胡适，批评两个问题：一是
范围太窄。根据胡适《国学季刊》的发刊宣言所说"中国文化史的
研究，便是国学研究"，及所拟中国文化史的系统，建议在国学书

① 原文为《南宋文录录》，据《胡适文存》改正。
② 原文如此。

目文学史之部以后，加入民族史之部、语言文字史之部、经济史之部等；二是程度太深，不合于"最低限度"四字，建议顾到清华学生在校时间和地位这两种事实，确定清华学生的国学最低限度。清华学生从中等科一年起，到大学一年止，求学时间共八年。八年之内，一个普通学生，在必读的西文课程之外，如肯切实研究国学，可以达到一个什么程度。清华学生都有留美可能，国学书目体现的国学程度必须谨慎。"先生现在所拟的书目，我们是无论如何读不完的，因是书目太多，时间太少。而且做留学生的，如没有读过《大方广圆觉了义经》或《元曲选一百种》，当代的教育家，不见得会非难他们，以为未满足国学最低的限度。"希望另外拟"一个实在最低的国学书目"，"无论学机械工程的，学应用化学的，学哲学文学，学政治经济的，都应该念，都应该知道"。至少读过之后，"对于中国文化，能粗知大略"。现拟书目"似乎是为有志专攻哲学或文学的人作参考之用的，我们希望先生将来能继续发表民族史之部，制度史之部等的书目，让有志于该种学科的青年，有一个深造的途径"。（郑大华整理：《胡适全集》第 2 卷，第 124—125 页）

3 月 14 日，胡适复函解释所拟国学书目的限度和框架，理由是"暂认思想与文学两部为国学最低限度；其余民族史、经济史等等，此时更无从下手，连这样一个门径书目都无法可拟"。"这个书目动机虽是为清华的同学"，但"动手之后就不知不觉的放高了，放宽了"。其旨趣是"要用这书目的人，从这书目里自己去选择"，保留"伸缩的余地"。同时强调："正因为当代教育家不非难留学生的国学程度，所以留学生也太自菲薄，不肯多读点国学书，所以他们在国外既不能代表中国，回国后也没有多大影响。我们这个书目的意思，一部分也正是要一班留学生或候补留学生知道《元曲选》等是应该知道的书。"在"实在的最低限度的书目"中，在原书目加圈，有圈的约四十种书不可再少。即《书目答问》《中国人名大辞典》、"九种纪事本末"、《中国哲学史大纲》《老子》、"四书"、《墨子间诂》《荀子集注》《韩非子》《淮南鸿烈集解》《周礼》《论衡》《佛遗教经》《法华经》《阿弥陀经》《坛经》《宋元学案》《明儒学案》《王临川集》《朱子年谱》《王文成公全书》《清代学术概论》《章实斋年谱》《崔东壁遗书》《新学伪经考》《诗集传》《左传》《文选》《乐府诗集》《全唐诗》《宋诗钞》《宋六十家词》《元曲选一百种》《宋元戏曲史》《缀白裘》《水浒传》《西游记》《儒林外史》《红楼梦》。（原载《清华周刊·书报介绍副刊》，第2期，1923年3月30日，转引自郑大华整理：《胡适全集》第2卷，第126—127页）

　　△　顾颉刚复函钱玄同，总结提出"层累地造成的中国古史"的古史观，为整理国故中古史辨派的理论指导。

　　先是，顾颉刚编辑《辨伪丛刊》期间，提出"辨伪史"的三个计划，酝酿了古史研究的方法雏形。

　　　　第一，要一件一件地去考伪史中的事实是从哪里起来的，又是怎样地变迁的。第二，要一件一件地去考伪史中的事实，这人怎样说，那人又怎样说，把他们的话条列起来，比较看着，同审官司一样，使得他们的谎话无可逃遁。第三，造伪的人虽彼此说得不同，但终有他们共同遵守的方式，正如戏中的故事虽各各不同，但戏的规律却是一致的，我们也可以寻出他们的造伪的义例来。（顾颉刚：《古史辨自序》上册，河北教育出版

社，2000年，第59页）

1921年年底，顾颉刚在搜集材料过程中，比较考察历代关于尧舜、伯夷、叔齐等人事迹的记载，就已发现是后世逐渐"踵事增华"而成。（顾颉刚：《论孔子删述六经说及战国著作伪书书》，顾颉刚编著：《古史辨》第1册，上海古籍出版社，1981年，第42页）于是，决心"把古史分析开来，每一事列一表，每表分若干格，格上纪事以著书之时代为次，看他如何渐渐的转变，如何渐渐的放大"。（顾颉刚：《论尧舜伯夷书》，顾颉刚编著：《古史辨》第1册，第44页）此后，排列了两个表格。"一个是依了从前人的方法编排史目，看书上说的什么时代就放在什么时代。""一个是依了我们现在的眼光编排史目，看它们在什么时代起来的就放在什么时代。"比较发现："这两个表实在是平平无奇，但比较看时，便立刻显出冲突的剧烈和渐次增高的可惊了。"进而大胆断定，"以前人看古史是平面的，无论在哪个时候发生的故事，他们总一例的看待，所以会得愈积愈多；现在我们看古史是垂线的，起初一条线，后来分成几条，更后又分成若干条，高低错落，累累如贯珠垂旒，只要细心看去就分得出清楚的层次"。（顾颉刚：《古史辨自序》上册，第60—61页）

1922年春，顾颉刚经胡适介绍，为商务印书馆编纂《中学本国史教科书》，上古史内容必然要解决尧舜禹的地位问题，发现他们"越是起得后，越是排在前面"。最终建立了一个假设，"古史是层累地造成的，发生的次序和排列的系统恰是一个反背"。（顾颉刚：《古史辨自序》上册，第68页）

2月25日，钱玄同嘱为《国学季刊》作文，顾久有此意，遂将一年来所积的古史观写出大概，撰成《层累地造成的中国古史》寄去，并谓："时代越后，知道的古史越前；文籍越无征，知道的古史越多。"4月27、28两日，又将两月前两人论古史书抄出，寄给《努力周报·读书杂志》第九期刊出，解释三层意思："第一，可以说明'时代愈后，传说的古史期愈长。'""第二，可以说明'时代愈后，传说中的中心人物愈放愈大。'""第三，我们在这上，即不能知道某一件事的真确的状况，但可以知道某一件事在传说中的最早的状况。"（顾颉刚：《与钱玄同论古史书》，《古史辨自序》上册，第3—10页）

钱玄同前曾嘱顾颉刚为《国学季刊》撰文，本年3月22日收到顾颉刚寄来《小说月报》第三号顾氏《〈诗经〉的厄运和幸运》一文的样张，日记载："颉刚之疑古的精神极炽烈，而考证的眼光而〈又〉极敏锐，故每有论断，无不精当之至，尚在适之、任公之上。此等人材极不易得，若设法使其经济宽裕，生活安全，则以彼之天才，对于整理国故，必有绝大之贡献。"（杨天石主编：《钱玄同日记（整理本）》中册，第522页）

2月 无锡国学专修馆新学期开始上课。

唐文治记云："正月，开馆上课。余讲《周易》及《性理学大义》。"（唐文治著，唐庆诒补：《茹经先生自订年谱》，沈云龙主编：《近代中国史料丛刊》，第三编第9辑，文海出版社，1986年，第85页）

是年春 福建省长乐县律师林冠人创办长乐县九溪国学专修馆，自任馆长。1926年冬停办。

九溪国学专修馆招收高小毕业男生120余人，按程度分设甲、乙、丙三班。授《诗经》《书经》《孝经》《礼记》《左传》、"四书"、

《小学集注》《古文析义》等书。修业期限3年。结业不发证书。（福建省长乐县教育志编委会办公室编：《长乐县教育志（623—1990）》，内部印发，1990年，第113页）

3月2日　上海下虹口东唐家弄绍兴旅沪公学开学，采用新学制，增设初级国学科和国文专修科，添聘教员，业已招考足额。拟于本月16日举行开学礼，20日正式开课。（《开学在即之各校》，《申报》，1923年3月3日，第5张第18版）

3月6日　胡适为刘文典《淮南鸿烈集解》作序，再次简述索引式、总账式、专史式三种整理国故的办法，表彰该书为总账式整理杰作。[①]（郑大华整理：《胡适全集》第2卷，第186—193页）

3月7日　无锡国学专修馆在馆内进行招生考试，添招第二班插班生十四人。并聘请孙鹤卿为馆董，孙捐资增建宿舍三间。（《本校大事记》，《国专校友会集刊》，第1集，1931年6月）

报载无锡国学专修馆本不招插班生，经董事孙鹤卿协助，允添招二年级插班生10名，但程度极高，须根柢较深者，如读完四书五经，通晓大义，理学略有门径，能作各体文字，方可报名。学制二年毕业，倘不及格，降入丙班，则四年毕业。学生年龄十六岁

[①]　胡适与刘文典俱以考证学赢得北大文史学界尊重，心心相惜。刘虽是刘师培早年弟子，留学日本时也曾问学于章太炎，但为时甚短，似不被其他太炎弟子视为同门。刘进北大，靠的是陈独秀引荐，故与陈关系最为密切。1919年4月，陈独秀辞去北大文科学长一职，刘文典在章太炎门生为主和注重考证的北大文科中倍感吃力，翌年立即动手撰写《淮南鸿烈集解》，并迅即于1921年完成此书。选择《淮南子》来从事考证学上的校勘工夫，既顺应清末民初诸子学兴盛的潮流，也符合北大文科重考证的学风。这本书受到时流推重，且在1923年出版后翌年迅速再版，实非偶然。（陈以爱：《中国现代学术研究机构的兴起——以北大研究所国学门为中心的探讨》，第28—29页）

以上、二十五岁以下。每半年缴纳膳费25元（书费20元，余还缺找），均于入学时一次缴足。报名日期定阳历2月26日起至考期前止，阳历3月7日下午在馆考试。报名时须带大洋5角、照片一张，未取或不考者不予发还，来函请托一概无效，恕不答复。索函章程须附邮票一分。（《无锡国学专修馆添招插班生》，《新无锡》，1923年3月4日，第1版，转引自刘桂秋：《无锡国专编年事辑》，中国大百科全书出版社，2011年，第34页）本次插班生实招14人。（无锡国学专修学校编：《无锡国学专修学校十五周纪念册·校史概略》，1936年，第1页）

3月10日　张彭春受胡适开列最低限度国学书目启发，拟以问题为线索整理先秦教育史。[1]

先是，张彭春于3月9日看了胡适《一个最低限度的国学书目》，注意到"那些国学有成绩的人大都是下死工夫笨干出来的"之言，站在教育立场，评论道：

> 从这个书目里看不出什么求国学的法门。然而可以看出胡先生所谓国学的是从这些书中可以得来的。既说是历史的国学研究法，所以必须把这些书按胡先生的次序从头到尾读一周，这是他所提倡的。这还是一种"死工夫"，为少数人或可试办（专心研究思想同文学史的人，大学国学科必须有的两个学程）。为那些不能专心研究文科的人，应当如何可以得一点国学的知识，这是为大多数教育的问题。

---

[1]　本条解读，参考了罗志田教授的著作。

　　因为深知自己古书的底子不厚，只是想知悉"教育思想同教育制度的沿革"，所以决定"不拿全体所谓'国学'的来研究，用问题做线索，做一部分的搜集"。"先秦的名学，适之做过一度的整理。谁来做先秦教育的调查？这种事或者可以得任公的帮助。可惜我古书的底子太浅了！不过可以给将来的学生作一个试验，看看一个没读过古书的人能否作国学的研究。"（张彭春：《日程草案》，1923 年 3 月 10 日）本年 9 月 12 日，北京历史研究会假座南池子门神库政治研究会，邀请时任清华教务长张彭春演讲，题目即为"中国上古教育之观念"。（《历史研究会消息》，《顺天时报》，1923 年 9 月 9 日，第 7 版）

　　张彭春批评胡适的整理国故主张不能引领青年，曾在日记中批评说："（胡适）在北京这几年的经验所以使他发达的趋势改变，是很可以给我们一个观念：就是中国有才的人在社会上没有一个作'活事'的机会，所以要他们才力放在不被现时人生能迁移的古书古理上。活事是经营现时人与人发生关系的事业，如政治、学校事业、民族生活等。适之还没完全离开'活事'，他还编他的《努力》周刊，还时常发表与现时生活有关系的文章。然而一般青年要做活事是可引到真新生活上去，新文化是新生活的光彩，而新生活是非从'开辟经验'上入手不可。新思潮的意义不是批评，批评是新环境使然的，领青年们到新环境的经验上去，他们自然能发生批评的真精神。"（张彭春：《张彭春清华日记（1923—1924）》，第 8—9 页）

　　不过，张彭春毕竟是受过外国教育的，不研究国学的"全体"而"用问题做线索"，正是现代学术与传统学术的区别所在，也从一个侧面体现出治学方法上的时代转折。张后来继续关注国学研究方面的发展，到 8 月间阅读了《小说月报》上顾颉刚的《诗经的厄运与幸运》，认为"顾很可以作适之的高徒，写的是同适之一样的清楚明晰，有时也很能说笑话。所拟的假设有历史进化、时代分明的眼光，证据也非常充足"。如此看到胡适治学特长，可知眼光也不差。结果似准备放弃以外行研治国学的尝试，认为"整理古书的条则，适之可以算得汉学的真传。头脑真是灵活，读书也很博详。这样整理古书的学问，决不是半路出家的人所可望及的！"（张彭春：《张彭春清华日记（1923—1924）》，第105—106页）

　　3月14日　北京大学研究所国学门感谢周铁山惠赠《散氏盘铭楚风楼释文》、日本丸善株式会社惠赠《学灯》第27年第2号一册。（《研究所国学门通告》，《北京大学日刊》，第1188号，1923年3月15日，第1版）

　　3月20日　章太炎讲、曹聚仁编，上海泰东书局印行的《国学概论》出版第四版。

　　3月21日　清华学校学生国学课程选课完毕，国学课程委员会酌定班数，与教员接洽九次，将高中、大学两科"支配就绪"，29日将实施程序分发教员。（《学校方面一年来大事记》，《清华周刊》，第九次增刊，1923年6月）

　　△　蔡人龙报名北京大学研究所国学门哲学研究生经国学门委员会审查合格。

　　蔡人龙，湖南衡阳人，湖南高等师范文史科毕业，题目老子义证。（《研究所国学门通告》，《北京大学日刊》，第1194号，1923年3月22日，第1版）

　　△　北京大学研究所国学门通告新购书籍目录。

　　计有《六书例解》一册、《敦煌石室真迹录》四册、《六书存微》十二册、《交泰韵》二册、《礼器释名》二册、《说文古籀补》

二册、《汉石存目》一册、《山右北朝存目》一册、《四库简明目录》
八册、《从古堂款识学》十六册，共十种。（《研究所国学门通告》，《北
京大学日刊》，第1194号，1923年3月22日，第1版）

　　3月23日　署名"岫"者在《民国日报·觉悟》刊文，从西学
分科立场，批评章太炎演讲《国学概论》的分类失当，根源于未曾
破除尊经的观念。

　　讲演国学，有许多方法可取。或"横的研究，可把国学中所包
括的问题，一一分别列出，如哲学，政治学，教育学，论理学，文
学等都给彼等立为一项，再把各家讨论各项的学说一一讲明，或综
合批评一下"。或"纵的研究，也可把各代表学者依时代列成一线，
依次讲下去，把各人时代环境及关于各项的主张一一指出，以各人
为标准，加以总括的批评"。或"分段的研究，把中国学术分别得
最显著的时代列出来，春秋战国为诸子百家学说了［的］并起期，
两汉为经学之古今文异议期，两晋为佛学发展期，唐为诗文发达
期，宋明为理学期，清为朴学期，再把各期一一讲明"。或"家系
的讲明，也可将中国学术上所指称为巨大家系者，如道、儒、墨、
佛、法等，都列为一家一系，再将讲训诂的今古文家、朴学家和讲
义理的理学家附在儒家讲明"。"更简单的也可把各派的中心人物抬
出，就各个人讲论，以代表一时期或一派，亦是妥当的。"

　　"上列各方法，都有所长，任取其一，都可用以讲明国学。但
是章氏的分类，与之一无所合。"经学、哲学、文学三大派别的分
类，"有些像横的研究"，"又有些像家系的研究"，"根本毛病，就
是在经学独立一项之故"。经学史经过三次变迁。如章太炎证明，
春秋时期"六经是一个特殊的学问"，无一非史。汉代首变，经学

分为今古文，变成别项学问，已非本来面目，不可混讲。宋代再变，经学变成理学、心学、性命之学。清代三变，如章太炎在《检论》中说："清代理学之言竭而无余华，多忌，故歆文史，梏愚民，故经世先王之志衰。家有智慧，大凑于说经。"又如梁启超在《清代学术概论》中说："正统派则自固壁垒，将宋学置之不议不论之列，为考证而考证，为经学而治经学，其治学根 [本] 方法，在实事求是，无征不信。"问题各期不同，应如太炎分别哲学、文学一样，取横的态度。"就该把经学也分裂起来，将属于文学的归入文学，属于哲学的归入哲学，其他关于政治、伦理、教育等等的，也该一一分开。"具体而言，国学应取"横的研究"，可类别为哲学、文学、政治学、论理学、伦理学、教育学、物质科学和特别的训诂学、音韵学。"章氏说，经是一种线装书，自然是他的卓见。但是他的尊经的见解，依旧未抛弃，所以把经学也分成一项，自己做成一个大矛盾，可惜！我愿研究国学的，先要打破尊经的观念，才可免于荒谬。"（岫：《章氏类分国学之失当》，《民国日报·觉悟》，1923年3月23日，第1页）

　　△　顾颉刚致函胡适，商酌胡适所拟最低限度的国学书目。

　　建议两点：一是书目类别，"思想史、文学史之外，宜加社会史，则许多政事、风俗、制度的书可以得一着落"。二是书目本身，《礼记》最能代表汉人思想，过于《春秋繁露》，不应不举"。"自《唐文粹》以至《明文在》，许多断代的总集，并不足以代表时代文学，选的人只要求文体的完备，文品的雅正，朝代虽别而内容无别，似可不举。"（顾颉刚：《顾颉刚全集·顾颉刚书信集》卷一，中华书局，2011年，第389页）

3月25日　豫籍国会议员李载赓赴洛阳晋谒吴佩孚，谈论时局，吴批评"现在中国人只知抄袭外人皮毛，不知保存固有国粹，对学潮主张严厉取缔"。(《吴佩孚大放厥词》,《申报》, 1923 年 4 月 1 日，第 2 张第 7 版)

3月28日　吴虞向北京大学研究所国学门捐赵不扰之《中兴颂》、金冬心之《艺术》。(中国革命博物馆整理，荣孟源审校:《吴虞日记》下册，第 104 页)

3月30日　吴景超在《清华周刊》撰文介绍书目与读书的关系，其中包括国学书目，主张博闻广见和贡献社会国家，都要善于利用书目多读书。

清华学生吴景超担任周刊编辑，向读者介绍本期《清华周刊·书报介绍副刊》刊载的社会科学门径书籍和最低限度国学书目两种，以后要登的书目则有梁启超为清华学生所拟国学书目，谭唐为清华学生所拟文学书目，梅贻琦为清华学生所拟普通科学书目，希望借此养成学生嗜读习惯和勤学校风。读书时，我们首先要重新拿出中国人注重博闻广见的求学态度，精博结合，纠正清华过于强调分业专攻的偏蔽。"因为学问本是整个的，彼此相关的地方很多，分为若干科目，本是为研究的方便起见。"假如"太注重分业专攻"，那么"分科的方便"，反成"获得学问的障碍"。故应"打破分科的观念，于注意本科之外，还要博览群科"。其好处，见解"不致囿于一隅"，智识"不致偏于一部"，且"不致鄙薄那些所学不同的同学，不致与他们的中间，生出隔膜"。否则，必致"学问浅陋狭隘的结果"。假如"能多读一些别的学科的书籍，一切误解皆可除去"。

其次，我们应振作精神，坚定意志，从速补习国学。胡适所定"实在最低限度的国学书目"，只包括思想史与文学史两部，已差不多四十部书。"此外国学的内容，没有包括入的，不知凡几。"若不从速补习，将来必定导致胡适所说的"在国外既不能代表中国，回国后也没有多大影响"，既可耻且可悲。陈独秀曾批评说西洋留学生除马建忠、严复、王亮畴、章行严、胡适之几个人以外，和中国文化毫无关系，留学生对于"新文化运动"的成绩远在国内大学、中学学生之下，原因是做官热。这个理由"却不尽然"，因为"留学生回国不能发生影响的最大原因，在于国学没有根底"。中国有许多哲学博士、科学家，学问未尝不高深，见识未尝不广博，可惜拿起中国笔来，便重若千钧，不能下一字。于是他们的学问，便不能传给一般民众，便只能做自己的装饰品。"所以我们近来觉得别个学校的学生国学不讲还不碍事，而清华学生不研究国学，不筑一个很深的国学根底，实在对不住自己，对不住国家！"（景：《读书与书目》，《清华周刊》，第275期，1923年3月30日）

3月31日 北京大学研究所国学门公布登录室、编辑室、整理档案会、歌谣研究会事务进展。

登录室纪事。（一）本学年由所长添加北京大学总务长蒋梦麟、图书部主任皮宗石、图书部中文图书主任单不庵、图书部古物美术品主任马衡，以及周树人、徐旭生、张黄为国学门委员会委员。（二）添聘钢和泰博士、陈垣为导师，今西龙博士为通信员。（三）本学年国学门委员会审查合格之研究生，有陈锡襄、冯沅君、容庚、章维燮、蔡人龙五人。（四）上学年给与奖学金者二人：罗庸，成绩为《尹文子校释》一种；张煦，成绩有《公孙龙子注》《老子校注》二种，各给奖金五百元。

编辑室纪事。（一）《艺文类聚》。上年裁剪《太平御览》，粗告竣事。御览剪裁本，本用歙鲍崇城原刻本，现正以张海鹏本、明活字本及翻鲍刻本等，互校原引各书有无同异，以资订正。本年1月15日复经国学门委员会议决，继续裁剪《艺文类聚》，预定四个月告成。《艺文类聚》辑自唐初，其卷次虽不及《太平御览》，然以年代考之，其去汉、魏、六朝不远，则所征引之书自必较为近古。兹特依据其所征引者，逐条纂辑，分编成帙。可使现代已亡之书，借此搜罗佚失，其幸未散遗者，亦足资以校勘异同。且其书所载诗、文、赋、颂之属，自昔已称难得，与《太平御览》之偏于典实者，价值固各有不同。《艺文类聚》所征引各书，旧无目录。兹特逐条编辑，分别抄录，以备将来补编书目。此次剪裁所用之本，系明万历丁亥王孟起所刻。将来再以各种善本详加雠校，以期臻于完美。此项编辑事宜，由助教胡鸣盛，学生吴德远、连荫元共同办理。（二）《一切经音义》。是书称引宏富，凡唐以前音释古训，莫不网罗。如《仓颉篇》《通俗文》《埤苍》《广苍》《字林》《字统》《字指》《字典》《字书》《声类》《韵略》《纂韵》《韵诠》《韵英》《桂苑珠丛》《古今止字》《文字集略》《文字典说》《开元文字音义》等，今皆不传，足资补辑。又如所引《说文》《尔雅》《玉篇》，较今通行诸本亦有差异，均可互雠。昔唐释玄应撰《一切经音义》二十五卷，清孙星衍、任大椿、章宗源、陈鳣等，相继有所采集，然皆未见慧琳之一百卷《音义》。迨光绪以后，辑书家始略及于此，亦未尝理董其全书。国学门有见及此，特从事大规模之编辑，先事点校，再依书类辑，期以二年竣事。整理方法如下：1.标记。为编纂方便，拟按引用各书，凡书名记直画于旁，文尾记横画，字旁加圈。释名词及译名，则标以双直线表之。慧琳《一切经音义》每引书时，多羼入音训，亦用括弧标出。2.编目。是书所音注诸经无总目，唯在每卷之首列本卷所音注之经，今拟编一总目，以便摘查某经某卷音义所在之卷数。为方便辑抄各书，及读此书者之检查计，拟编一引用群书细目。为方便翻检某字或某词在该书何卷何经计，拟编一通检。3.纂辑。依引用群书细目，分别抄辑成书。又按字辑录慧琳音（反切及直音）、义。又依通检之词类编纂词典，以字为纲，则如《佛学大辞典》例，分类编制，则如翻译名义集例。4.校审。是书往往阑入其音义文句于引用书之文句中，勾点难免舛错，故勾点后必须一次审阅，而后辑抄。辑抄各书，恐有脱误，故抄写后又须校对一次，与原文仔细覆勘。研究所助教黄文弼、欧阳道达及北大学生魏建功、张鹏分别担任勾点及编目事宜，现已勾点三十余卷，编就书目一百五十余种。

整理档案会纪事。于上年冬北大二十五周年纪念日，曾将所发见之重要文件陈列展览，颇蒙观者之赞许。本学期又经北京大学史学系学生多数加入整理，作为实习功课。整理人数既多，将来所得成绩，必较前可观。今后一面仍旧将明末要件与顺治题本分别编号摘由，由北大日刊陆续公布。一面拟定大规模之整理方法：1.史学系各级学生韩树模、姚揖让、杨汝璋、陈友揆、张国威、张绍咏、张俊杰、张步武、卢植琦、李振郑、冯文启、赵维桢、魏江枫、秦志壬、刘濂、张爱松、赵仲滨、王祝庆、张庚乾、白启明、韦奋鹰、王鸿德、靳作梅、伍家宥、凌杏明、褚垠昌、梁佩衮、朱相尧、黎杰、许治、张松涛、王守梅、郭怀璋、舒传栻、常守信、聂开维、刘庆瑄、李丕让、袁庆清、汪荣荫、秦树棠、何尤、郭瑾、刘儒林、邢寿彭、吴鹤龄、黄金铭、吕书垒、夏德仪、郑振夏、郑宝临、李允宰、季道桓等，各自认定时间到会整理，每人每周二小时至四小时。再由助教胡鸣盛，毕业生王光玮、郭振唐，学生潘传霖、李开先、傅汝霖等专责照料，并摘录要件事由。教授沈兼士、朱希祖、单不庵、陈汉章、马衡、杨栋林、马裕藻、沈士远、张凤举、李革痴及导师陈垣等，亦皆认定时间，到会指导。2.整理时先将档案出晒去垢，铺平抑直，仍照前第一步办法，先分别种类及朝代，装架（大部分为题本、报销册），然后抽出某种若干件分交史学系诸生在整理室据文填表，并将各人排定之字号（用千字文编号）及数目，记在原件背面，以便查核。填表手续既完，乃按字号再行装架。复由照料指导者审查一通，如遇事由异常者，特别提出加以考证，或付装潢。若有错误遗漏，再付修改，俾归完善。然后搬至陈列室，依时代先后，事类异同，排比陈列。至个人所填之表，则录副登载北大日刊，底稿仍与原件并陈。各项档案，已整理者迫近万件，其中明题本约十分之一，清题本约十分之六，报销册、誊黄、贺表等约十分之三。其内容对于文化转移、制度变迁，与大国家之盛衰存亡，多有关系。已选择要目，登载前期《国学季刊》。

歌谣研究会纪事。上年2月19日第二次会议议决三事进展如下：（一）征集方面。已于去年登报征集，并刊印简章分寄各省教育厅，请其转嘱各县学校，并委托私人朋友及各同乡团体，代为收集。皆得极好之成绩。数月以来，每月平均收到歌谣约五百则以上；（二）整理方面。已将前所有之歌谣全行誊清，正为分省整理，以备印行选录。个人搜集较多的歌谣，已有两种能印单行本，拟先出版，作为"歌谣研究会丛书"之一部分。它们是白启明编辑的《豫宛民众艺术丛录》，中有歌谣、谜语、谚语等千余则；常惠编辑的《北京歌谣之一零》，分上下两册，上册为民歌、儿歌，下册为谜语，全书约千首。（三）发表方面。上年北大二十五周年成立纪念日发行一种《歌谣周刊》，专为会员研究讨论之机关，以期引起歌谣投稿者之兴味。由周作人、钱玄同、沈兼士、张凤举、常惠编辑。又附《北京大学日刊》发行，现已出版十数期。（《研究所国学门重要纪事》,《国学季刊》, 第1卷第2号，1923年4月）

3月　东南大学、南京高师国学研究会发行《国学丛刊》季刊创刊号，顾实撰写发刊辞。1926年出至第2卷第4期，改为不定期，第3卷第1期后改名为《国学辑林》。

《国学丛刊》为东南大学、南京高师国学研究会同人共同组织，以"整理国学，增进文化"为宗旨，竖排繁体，上海商务印书馆出版。栏目分插图、通论、专著、书评、文录、诗录、词录、通讯、记事等。撰著情形主要包括：同人国学论著，如通论、专著、诗文等，不拘篇幅长短，要求不背宗旨；海内外学者自由投稿，择要刊布；前人遗著，有裨国学者。每季刊行一次，于3、6、9、12月出版，必要时临时增刊。言论文字，不拘一式，作者自负。并向校内外学者征稿，计划组织专号。"本刊主在发扬国光，增进文化，凡当世鸿硕，宠赐篇章，及交换杂志等函件，请径寄南京东南大学《国学丛刊》编辑部可也。"（《本刊启事一》，南京《国学丛刊》，第1卷第1期，1923年3月）"本刊第一期蒙校内外诸君投稿至多，以限于字数，未能毕载，或刊而未竟。当于第二期，三期，次第续登，幸维

亮察！"（《本刊启事二》，南京《国学丛刊》，第 1 卷第 1 期，1923 年 3 月）
"本刊草创伊始，收稿甚富，拟自第二期以下，略加整理，陆续发
刊小学，经学，诸子，史学，文学……专号。并希投稿诸君加之意
焉！"（《本刊拟发刊专号正文特别启事一》，南京《国学丛刊》，第 1 卷第 1
期，1923 年 3 月）且征求遗书："海内先哲及当代鸿硕之士，潜德幽光，
等身著作；如有垂爱本刊，检举书名及叙目，或披示全书内容；不
论草稿刊本，惠赐本刊者，一经审定，无不乐为阐扬。且刊毕以
后，本归原主，绝不致于遗失也。"（《本刊征求遗书特别启事二》，南京
《国学丛刊》，第 1 卷第 1 期，1923 年 3 月）先拟刊盐城陈玉澍之《尔雅释
例》。（《尔雅释例广告》，南京《国学丛刊》，第 1 卷第 1 期，1923 年 3 月）

顾实撰《发刊辞》，揭橥"爱国"和"好学"之宗旨。

强邻当前而知宗国，童昏塞路而思圣学。语曰，"见兔顾
犬，亡羊补牢"，洵乎犹足以有为也。昔者，隋唐之隆也，华
化西被，方弘海涵地负之量。迨及逊清之季，外学内充，大有
喧宾夺主之概。曾几何时，事异势殊，自非陈叔宝太无心肝，
谁不俯仰增慨？则海宇之内血气心知之伦，咸莫不嚣然曰"国
学"。与夫本会同人，近且出其平素之研究，而有《国学丛刊》
之举行，岂有他哉？一言以蔽之曰，爱国也，好学也，人同此
心而已矣。念昔先民，周季分崩，天下大乱，九流乃兴。近世
似之，环球列强，群龙无首，百学炽昌，是曰自由之隆运。生
民懿德，曰惟正直，谁毁谁誉，自尽其力。幼学壮行，老教后
生，穷达以之，天下文明，是曰平等之极。本斯二者，以期孟
晋。夫学无畔岸，围国而小，然植基于是，推而远之，事半功倍。

次括举国学分类，及其方法大略。小学类："理董先典，非此莫属。近世王、俞，懋绩卓著。音韵训诂，最为奥远。发明形体，求古铭刻。"经学类："先审文字，后明义理。今文古文，汉氏师承。近世考证，曲畅旁通。专精一经，再及其余。"史学类："乙部记载，代有继增。大本《史》《汉》，暨今莫易。三通六续，稍详文化。益以《通鉴》，略观世变。"诸子类："儒墨近取，从周从夏。百家远征，乃言黄帝。二派较然，文质抗衡。下逮方技，一长足录。"佛典类："奘公以前，是曰旧译。从奘公起，是曰新译。一切声量，新译为审。旁及十宗，先难后获。"诗文类："上源风骚，下穷骈古。读书万卷，文章炳彪。优美而弱，壮美而强。毋曰末艺，邦家之光。""此六类也，统名曰国学。纲举目张，万端待理。初学循此，终身有序。盖始基既立，而后广求智识于世界，其积极之造诣不可量，而消极之获益可得而言者。"

此外，建议去除四弊。"唐行科举，百年而弊，中世毒发，爰有古文。自是而后，骈古分途，止争形式，不问思想。惟治国学者决不争此。""明清八比，锢蔽益深，今虽废绝，流毒未泯。高谈义理，力追八家，字尚未识，便诩发明。惟治国学者决不出此。""海禁既开，异学争鸣，截长补短，获益宏多。根柢浅薄，辄言沟通，岂无隔阂，遂至矛盾。惟治国学者盖可免焉。""复有金壬，谓他人父，果嬴速化，倡废汉字，甘作虎伥。抑何忍心，一切古书，拉杂摧烧。惟治国学者去之若浼。"提醒"国学"在今日，乃救世良药。"登高自卑，行远自迩。异时为学有本，则不忘己而循人，不随波而逐流，庶几学融中外，集五洲之圣于一堂，识穷古今，会亿祀之通于俄顷。"复系以辞曰："大道隐兮万化流，瞻四方兮欲何求。研坟典兮阐索丘，植遐基兮乐无忧。陈宝筏兮设慈航，欢众乘兮相徜徉。昭祖德兮辉国光，来无始兮大无疆。"（顾实：《发刊辞》，南京《国学丛刊》，第1卷第1期，1923年3月）

创刊号载陈钟凡《论读古书之旨趣》一文，指出中国古籍卷帙浩广，学者必先识其指归，明其封域，然后才能执简驭繁，循序渐进，由博返约。近人读古书旨趣主要有五种，各有弊端。

其一，籀绎古书，志在保存国粹。"使学诚精粹，则不保自存。说尽糟糠，虽存何益。试观往古文教之邦，迩有印度，远有希腊，其社稷丘墟久矣，其文教尚赫然光耀百世，知学术不随国土以摧陷，亦无俟空言而得长存。矧今之治国学者，将求其发挥光大，淬厉增长，非仅以抱守残缺为贵。"

其二，理董群言，志在证明新学。"中国学术之不能强类远西，犹之远西之难于强类中国也。若以不类为诟耻，而以皮傅为美谭，则必将先民之故言，尽托诸外人之宇下，是犹图周孔者施以毡裘革履，绘西施者饰以金发蓝睛，摹拟未似，徒失故形。"

其三，探研载籍，志在阐扬教宗。"诸夏素无国教，孔子亦未尝以设教为言。舜敷五典，司徒布有十二教，所以明彝伦，其事与神道殊科。孔子表章六艺，所以传先王之典籍，亦与宗教无涉。其平居'言仁''问政'，随时损益，因人设言，未尝特立一宗，建树教义以遗后世也。诚使如倡宗教者之说，则视古籍犹神话秘书，视仲尼犹神祇［祇］天帝，而奉其遗经者皆巫觋之流，混宗教学术为一谭，昧思审自由之精义。"

其四，考古之道，以求入德之方。"国学之封域至广，非伦理一尚所能尽。虽古人不乏嘉言懿行，足以垂范来者。然谓古籍之义蕴莫能外此，则庄周所谓'得一察以自好，譬耳目鼻口皆有所明，不能相通，不眩不偏，一曲之士'（《天下》），荀卿所谓'曲知之人观于道之一隅，而未之能识，故以为正而饰之，内以自乱，外以惑人'（《解蔽》）者也。"

其五，明经义，志在治事。"学以求是，术主致用，两者本不相谋。矧古籍所论列，与现世之情势多未可强合"，"若谓《禹贡》可以治水，则工程学科不必治；《春秋》可以折狱，则刑名家言为徒设。梦呓之谭，其谬孰甚。况借圣言以文奸慝，饰故说而惊愚蒙者，更妄恣怪迂之词，不求谊理之当，将因《洛书》而言符瑞，因'立极'而主君宪，黜学说谓之'横议'，锢群众谓之'朋比'，举凡假托名义，动摇国本之思，莫不凭古人载记为之城社，其祸又何可胜道"。

国学本质上是历史研究，不是保存国粹。

夫书之言著，所以详著古代之情况，政教之原流，与夫学术思想之变迁，制度典章之因革，载之竹帛者也。吾人寻研探讨，亦不过借以推知历代政俗之隆污，教学之兴废，及其影响于近世者何若耳。世界文化之发展，学术之勃兴，呈于吾人之目前者，则其灿然者矣。夷考其始，何一非历世先民，积日累月，辛勤缔造之所遗留？吾人诚欲原始察终，考其变迁，判其中失，加以抉择从违，期于发挥光大，安得不罔罗放失旧闻，整齐百家杂语，使之本末较然，条理密察，足以供世人之研究评判者哉？致于补苴罅隙，张皇幽邈，阐扬国华，葆存国粹诸说，则愿俟诸君子，非吾人所敢知矣。（陈钟凡：《论读古书之旨

趣》，南京《国学丛刊》，第 1 卷第 1 期，1923 年 3 月）

《清华周刊·书报介绍副刊》评称："此刊别开生面，实在替中国国学多放一线光明，为中国杂志开一条生路。"（德:《国学丛刊》，《清华周刊·书报介绍副刊》，第 10 期，1924 年 4 月 11 日）"里面通通是对于整理中国古籍的文章。惟大部分文字，都非常古雅，非国学有工夫者，读之颇不感兴会，留心国学的人，都不可不看。"（铨:《国学丛刊》，《清华周刊·书报介绍副刊》，第 12 期，1924 年 6 月 6 日）

4 月 2 日　北京大学研究所国学门请鲁迅校正《太平广记》八十册又别本九册。

国学门正在编辑《太平广记》，由魏建功请鲁迅帮助校对。（《鲁迅全集》第 11 卷，人民文学出版社，2005 年，第 531 页）

是日午后送来，鲁迅开始校阅，5 月 22 日校毕。复函称该书内容较全，别类清楚，适合研究者使用。"我以为《太平广记》的好处有二，一是从六朝到宋初的小说几乎全收在内，倘若大略的研究，即可以不必别买许多书。二是精怪，鬼神，和尚，道士，一类一类的分得很清楚，聚得很多，可以使我们看到厌而又厌，对于现在谈狐鬼的《太平广记》的子孙，再没有拜读的勇气。"（鲁迅博物馆、鲁迅研究室编:《鲁迅年谱（增订本）》第二卷，人民文学出版社，2000 年，第 97—98 页）

4 月 4 日　钱玄同与沈士远谈疑古辨伪为整理国故第一要紧事，目的在求历史真相。

下午三时，钱玄同与单不庵同访沈士远，对沈说："辨伪诚是整理国故中第一件要紧事，但辨伪的意思完全为求真相，就是对于大家都说是张三做的文章，我们觉得有些可疑，于是考证，考证的结果断定这是李四做的，不是张三做的，如是而已。至于张三、李四的好坏优劣，这是另一问题。李四的话也许简直是胡说，也许略有道理，也许和张三有同等的价值，也许过于张三远甚，决不可一概抹杀。"（杨天石主编：《钱玄同日记（整理本）》中册，第525—526页）

4月16日　报载金陵大学学生设有各种学会，包括"国学研究会"，"均各有精神"。（《金陵大学研究市政教育》，《申报》，1923年4月16日，第3张第10版）

4月17日　北京大学研究所国学门感谢胡适、马衡、可应聘赠书。

胡适赠予《西游记考证》，马衡赠《克钟拓片》，可应聘赠《魏李氏碑拓片》。（《研究所国学门布告》，《北京大学日刊》，第1216号，1923年4月18日，第1版）

4月18日　报载江苏常熟人柴栋等发起成立海虞国学社。

柴栋等"因慨国学沦亡，心焉忧之"，故而联合同志，发起海虞国学研究社，以"研究国学，保存国粹"为宗旨。日前宣告组织成立，并在县署立案。"连日以来，入社者已有百余人之多云。"（庞公懋：《海虞国学社成立》，《时报》，1923年4月18日，第4张第16版）

△　清逊帝溥仪派人整理同光御制诗，有舆论称为"保存国粹"。

清朝诸帝御制诗皆衮然成集，其中以康熙乾隆两朝为最富，惟同光两朝尚付阙如。"近日清帝饬人检出，拟令儒臣编辑付刊，以免散失，日前添派四人在南书房行走，闻系专为此事，亦不可再缓之举也。"（《清帝保存国粹可敬》，《顺天时报》，1923年4月18日，第7版）

4月20日 《申报》介绍张冥飞、严楠梁笔录的《章太炎国学讲演集》，由中华图书集成公司发行，"研究国学者，不可不人手一编"。(《章太炎国学讲演集出版》,《申报》,1923年4月20日，第4张第15版）

不久之后，张冥飞担任上海南方大学国文教授。(《南方大学新聘教员》,《申报》,1923年9月19日，第5张第18版）著有《国文百日通》一书。《申报》广告列有子目，包括文学通论、修辞学、文法概论、古今论文精华。并称："南方大学教授，当代国学专家，当代大文学家张冥飞编著。康有为题词，章太炎题词。"(《申报》,1928年9月3日，第5张第18版）实际内容仅文法概论（上下）、古今论文集要，中华国学研究会发行，上海中华图书集成公司印刷，1929年10月20日出至第三版。1934年，中华国学研究会曾经出版张冥飞编《国文百日通》增订七版，内容变为修辞学总论和古今论文集要及其增要两部分，张季鸿校阅。(张冥飞编辑：《国文百日通》增订七版，中华图书集成公司，1934年）

△ 清华学校下学年国学课程时间表，大学、高中两科已经编好并派发，中等科则尚未派出。(《国学时间表》,《清华周刊》,第278期，1923年4月20日）

4月23日 清华学校校长曹云祥主张中国教育宗旨在吸取西方文明，保存中华国粹。

曹云祥应《清华周刊》记者函请，谈清华学生生活与教育的关系问题，批评清华虽然享有特别权利，但未尝发明特色光彩，根源在于中国教育缺乏宗旨。日本教育尚武道，德国教育尚科学，均富有国家思想。英国教育重法律，抱持帝国主义。美国教育重商业，传播博爱主义。唯独中国教育，至今缺乏宗旨。"夫国家教育之目标，即吸取西方文明，保存中华国粹，以免与社会接触，多所隔阂。但就中国历史观之，素重家族思想，应进而为社会思想，更进而为大同思想，俾成国家教育，而为中国之模范，以应世界之需要。""清华固应有一种特殊之义务，所以有提倡国家教育之观念。"（《清华学生生活与教育》，《清华周刊》·清华12周年纪念刊·《清华生活》，1923年4月23日，转引自蔡德贵：《清华之父曹云祥·文献篇》，陕西师范大学出版社，2011年，第22—23页）

4月26日　梁启超应《清华周刊》邀请，写成《国学入门书要目及其读法》一文。5月11日刊载，并附录《最低限度之必读书目》《治国学杂话》《评胡适之的〈一个最低限度的国学书目〉》三文。

先是，《清华周刊》于本年2月间邀请撰此国学书目。梁启超"蹉跎久未报命，顷独居翠微山中，行箧无一书，而记者督责甚急，乃竭三日之力，专凭忆想所及草斯篇，漏略自所不免，且容有并书名篇名亦记忆错误者，他日当更补正"。（梁启超：《国学入门书要目及其读法》，《清华周刊·书报介绍副刊》，第3期，1923年5月11日）宋育仁曾有评点。

梁启超所提国学书目，包括五项如下。

（甲）修养应用及思想史关系书，共32类39种。1.先秦至汉晋间著作17类20种：《论语》《孟子》《易经》《礼记》《老子》《墨子》《庄子》《荀子》《尹文子》《慎子》《公孙龙子》《韩非子》《管子》《吕氏春秋》《淮南子》《春秋繁露》《盐铁论》《论衡》《抱扑子》《列子》。2.宋以后学术代表书15类19种：《近思录》《朱子年谱（附朱子〈论学要语〉）》《传习录》《明儒学案》《宋元学案》《日知录》《亭林文集》《明夷待访录》《思问录》《颜氏学记》《东原集》《雕菰楼集》《文史通义》《大同书》《国故论衡》《东西文化及其哲学》《中国哲学史大纲（上卷）》《先秦政治思想史》《清代学术概论》。

（乙）政治史及其他文献学书，共18类25种：《尚书》《逸周书》《竹书纪年》《国语》《春秋左氏传》《战国策》《周礼》《考信录》、《资治通鉴》（《读通鉴论》）、《续资治通鉴》、《文献通考》《续文献通考》《皇朝文献通考》（《两汉会要》《唐会要》《五代会要》）、《通志·二十略》、"二十四史"、《廿二史札记》《圣武记》《国朝先正事略》《读史方舆纪要》《史通》《中国历史研究法》。注意就书而摘，就事分类而摘读志，就人分类而摘读传。

（丙）韵文书，共8类36种：《诗经》《楚辞》《文选》，《乐府诗集》（魏、晋、六朝人诗，宜读曹子建、阮嗣宗、陶渊明、谢康乐、鲍明远、谢玄晖），唐宋人诗文集之《李太白集》《杜工部集》《王右丞集》《孟襄阳集》《韦苏州集》《高常侍集》《韩昌黎集》《柳河东集》《白香山集》《李义山集》、《王临川集》（诗宜用李璧注本）、《苏东坡集》《元遗山集》《陆放翁集》，唐宋诗选本之《唐百家诗选》《宋诗钞》，宋人词集之《清真词》《醉翁琴趣》《东坡乐府》《屯田集》《淮海词》《樵歌》《稼轩词》《后村词》《白石道人歌曲》《碧山词》《梦窗词》，元明清人曲本之《西厢记》《琵琶记》《牡丹亭》《桃花扇》《长生殿》。

（丁）小学书及文法书，共3类7种：《说文解字注》《说文通训定声》《说文释例》《经传释词》《古书疑义举例》《文通》《经籍籑诂》。

（戊）随意涉览书，共28类30种：《四库全书总目提要》《世说新语》《水经注》《文心雕龙》《大唐三藏慈恩法师传》《徐霞客游记》《梦溪笔谈》《困学纪闻》《通艺录》《癸巳类稿》《东塾读书记》《庸盦笔记》《张太岳集》《王心斋先生全书》《朱舜水遗集》《李恕谷文集》《鲒埼亭集》《潜研堂集》《述学》《洪北江集》《定盦文集》《曾文正公全集》《胡文忠公集》《苕溪渔隐丛话》《词苑丛谈》《语石》《书林清话》《广艺舟双楫》《剧说》《宋元戏曲史》。

上述五项书目倘能依法读去，则国学根柢略立，可为将来大成基础。青年学生校课既繁，所治专门不在国学，恐不能人人按表而读，故又拟《最低限度之必读书目》，计25种："四书"、《易经》《书经》《诗经》《礼记》《左传》《老子》《墨子》《庄子》《荀子》《韩非子》《战国策》《史记》《汉书》《后汉书》《三国志》、《资治通鉴》（或《通鉴纪事本末》）、《宋元明史纪事本末》《楚辞》《文选》《李太白集》《杜工部集》《韩昌黎集》《柳河东集》《白香山集》。其他词曲集，随所好选读数种。"以上各书，无论学矿学工程学……皆须一读。若并此未读，真不能认为中国学人矣。"（梁启超：《国学入门书要目及其读法》，《清华周刊·书报介绍副刊》，第3期，1923年5月11日）

学生做课外学问、读中国书对于养成学者和社会领袖，非常必要。"读书自然不限于读中国书。但中国人对于中国书，最少也该和外国书作平等待遇。"

中国书没有整理过，十分难读，这是人人公认的。但会做学问的人，觉得趣味就在这一点。吃现成饭，是最没有意思的事，是最没有出息的人才喜欢的。一种学问，被别人做完了，四平八正的编成教科书样子给我读，读去自然是毫不费力。但从这不费力上头，结果便令我的心思不细致不刻入，（评：此语不错，所以说不要教科书式的讲义。）专门喜欢读这类书的人，久而久之，会把自己创作的才能汨没哩。

"中国学问界，是千年未开的矿穴，矿苗异常丰富，但非我们亲自绞脑筋绞汗水，却开不出来。翻过来看，只要你绞一分脑筋一分汗水，当然还你一分成绩，所以有趣。"矿苗不专指书籍，自然界和社会实况，都极重要。但书籍为保存过去原料之一种宝库，且可为现在各实测方面之引线。就这点看来，应当感谢而不是厌恶中国的浩瀚书籍。因为国学研究，比方要开一工厂，原料供给越丰富越好。

> 读中国书，自然像披沙拣金，（评：读两汉以后书，才是要披沙，而且唐以前以后，有多少书并拣不出金来。若西汉以上，即非此说。且又须分别。如《吕览》《淮南》之类，却须一拣。《孙》《墨》《韩非》尚须再拣，有一目十行的书，有十目一行的书。有读百遍的书，有看不必满一遍的书，须分别是何等人的书。一句总话：圣人的书不比我们的书。）沙多金少，但我们若把他作原料看待，有时寻常人认为极无用的书籍和语句，也许有大功用。

根据多年读书经验，借鉴赵翼《廿二史札记》和陈澧《东塾读书记》的读书启示，梁启超认为抄录或记笔记是极陈旧极麻烦却又是极必要的读书方法。青年每日所读书分为精熟和涉览两种，有助养成读书心细和读书眼快的习惯。读中国书的坏处是，"未经整理，一读便是一个闷头棍，每每打断趣味"。好处是，"逼着你披荆斩棘，寻路来走，或者走许多冤枉路，（只要走路，断无冤枉，走错了回头，便是绝好教训）从甘苦阅历中磨练出智慧，得苦尽甘来的智慧，那智慧和趣味却最真切"。书目表中所谓"希望熟读成诵"字样，主要是最有价值的文学作品和有益身心的格言两种，原意并不是奖励人勉强记忆的。

> 我希望诸君对于国学的修养比旁的学校学生格外加功。诸君受社会恩惠，是比别人独优的。诸君将来在全社会上一定占势力，是眼看得见的。诸君回国之后对于中国文化有无贡献，便是诸君功罪的标准。任你学成一位天字第一号形神毕肖的美国学者，只怕于中国文化没有多少影响。若这样便有影响，我们把美国蓝眼睛的大博士抬一百几十位来便够了，又何必诸君呢？诸君须要牢牢记着你不是美国学生，是中国留学生。（梁启超：《国学入门书要目及其读法》，《清华周刊·书报介绍副刊》，第3期，1923年5月11日；问琴：《评梁启超国学入门书要目及其读法》，《国学月刊》，第16、17、19期，1923年）

4月26日，梁启超复函《清华周刊》记者谓：《国学入门书要目及其读法》一篇呈上，别属开留美应带书目，颇难著笔。各书内容，拙著中已简单论及。诸君一读后，可择所好者购携。大约普通重要诸书，各校图书馆多有，自不必带。所带者总是为自己随时讽诵或用功时任意批注而设。"

"最普通者"有14种：《四书集注》《相台本五经单注》、石印浙刻《二十二子》《墨子间诂》《荀子集解》、铅印"四史"、铅印正续《资治通鉴》、石印正续《文献通考》、石印《文选》《李太白集》《杜工部集》《白香山集》《柳柳州集》《东坡诗集》。欲带选本诗，则《古诗源》《唐诗别裁》，勉强可用。欲带选本词，则张皋文《词选》、周止庵《宋四家词选》、谭仲修《箧中词》，勉强可用。此五书国学入门目皆未列。其余涉览书类，择所喜者带数种亦可，因此等书外国图书馆或无有。(《附梁先生致〈清华周刊〉记者书》，《清华周刊·书报介绍副刊》，第3期，1923年5月11日)

至于胡适所列国学书目，梁启超并不赞成，因其"文不对题"，对象是"国学已略有根柢而知识绝无系统"的人，不适合"除却读商务印书馆教科书之外没有读过一部中国书"的青年。具体"致误"有三：一、"在不顾客观的事实，专凭自己主观为立脚点。胡君正在做《中国哲学史》《中国文学史》，这个书目正是表示他自己思想的路径和所凭藉的资料（对不对又另是一问题，现在且不讨论）。殊不知一般青年，并不是人人都要做哲学史家、文学史家。不是做哲学史家、文学史家，这里头的书什有七八可以不读。真要做哲学史文学史家，这些书却又不够了。"二、"在把应读书和应备书混为一谈，结果不是个人读书最低限度，却是私人及公共机关小图书馆之最低限度（但也不对，只好说是哲学史家、文学史家、私人小图书馆之最低限度）。殊不知青年学生（尤其清华），正苦于跑进图书馆里头不知读什么书才好，不知如何读法，你给他一张图书馆书目，有何用处？何况私人购书，谈何容易？这张书目，如何能人人购置？结果还不是一句空话吗？"三、"最诧异的"，"把史部书一概屏绝。""因为自己爱做文学史"，"便强一般青年"跟着你走？"若说《史》《汉》《通鉴》是要'为国学有根柢的人设想'才列举，恐无此理。若说不读《三侠五义》《九命奇冤》，便够不上国学最低限度，不瞒胡君说，区区小子便是没有读过这两部书的人。我虽自知学问浅陋，说我连国学最低限度都没有，我却不服。"

我的主张，很是平淡无奇。我认定史部书为国学最主要部分，除先秦几部经书几部子书之外，最要紧的便是读正史、通鉴、宋元明纪事本末和九通中之一部分，以及关系史学之笔记文集等，算是国学常识，凡属中国读书人都要读的。有了这种常识之人不自满足，想进一步做专门学者时，你若想做哲学史家，文学史家，你就请教胡君这张书目。你若想做别一项专门家，还有许多门我也可以勉强照胡君样子替你另开一张书目哩。

"还有一层：胡君忘却学生没有最普通的国学常识时，有许多书是不能读的。"如没读《史记》《尚书》《礼记》《国语》《汉书》，必然读不懂《史记探源》《考信录》《新学伪经考》。"总而言之，胡君这篇书目，从一方面，嫌他挂漏太多，从别方面看，嫌他博而寡要，我认为是不合用的。"（《评胡适之的〈一个最低限度的国学书目〉》，《清华周刊·书报介绍副刊》，第3期，1923年5月11日）

胡适、梁启超开列国学书目，影响推动清华的国学教学改革和学生注重国学的学风。清华学生李惟果曾说，"梁任公先生所拟之清华学生应读国学书籍，及真正国学最低限度书目，国学委员会亦多取焉"。［李惟果：《清华国学问题》，《清华周刊》，第303期（十周年纪念增刊），1924年3月1日］王造时回忆说："高等科的功课一般也是认真的。英语教学的课不用说，国文、汉学的功课也还差强人意。同学们的年龄大起来了，懂事多些了，逐渐体会到自己毕竟是中国人，将来留学回来之后，要为自己的国家做些事情，如果本国的东西一窍不通，不免要到处碰壁，寸步难行。并且在五四以后，在新文化运动冲击之下，各种各样的思想都出现了：或对旧的东西重新评价，或对新的东西进一步提倡，真是'百花齐放、百家争鸣'，而总的目标是在为中国找出路。在这种时代的大浪头中，清华的师生自然受到震动，清华重洋崇洋的风气不能不有很大的转变，转变到注意本国的东西和本国的问题。何况那时候梁启超的《欧游心影录》胡适的《中国哲学史大纲》和梁漱溟的《东西文化及其哲学》先后问世，大大地引起了研究国学的人的注意，清华再不能象以前那样视国学为无足轻重了。学校为适应这种新的形势，特邀请了梁启超一类有名人物来开些选修课，如'中国历史研究法''中国史鸟瞰''先秦政治思想史'等。清华学生办的《清华周刊》还请胡适开了'一个最低限度的国学书目'，梁启超开了一张'国学入门要目及其读法'。于是跑图书馆钻线装书的风气盛起来。我除经常看报纸杂志外，还用一段时间钻了《宋元学案》《明儒学案》，期望找到一些东西，结果并无收获。"（王造时：《清华学风和我》，全国政协文史资料委员会编：《中华文史资料文库》第 17 卷，中国文史出版社，1996 年，第 408 页）

4 月 29 日　上海孔圣堂筹备会拟附设国粹学校，以阐扬孔道、保存国粹为宗旨。

下午，孔圣堂筹备会借也是园之地开职员常会，到会者三十余人。由顾霖周主席，首先催缴会员储金，众无异词。后提议附设国粹学校，以"阐扬孔道，保存国粹"为宗旨。全体赞成，并举定顾霖周、凌小屏、王济川三人为起草员，所有办法俟下届常会再议。

（《孔圣堂筹备会常会纪》，《申报》，1923年4月30日，第4张第16版）

4月 东南大学国学研究会拟成立国学院，由国文系通过顾实拟定的《国立东南大学国学院整理国学计画书》，主张用中国语言文字记录的古书都在国学范围之列，分两观三支三部，即客观之"以科学理董国故"、客观之"以国故理董国故"，主观之诗文，并分别设立科学部、典籍部、诗文部，最终按照西学分科，撰成各种专门的学术史。

东南大学计划特设国学院，既为国文学系学生毕业后深造，专攻高深学问所必需，更是今日学术所必需。

> 自昔闭关一统之世，知有天下，而不知有国家。迨海禁既开，稍知西方，于是有中西对举之名词，如中文、西文，中学、西学，中医、西医之类是也。迩来国家观念，普及于人人，于是国民、国文、国语、国乐、国技、国粹、国故、国产种种冠以国字之一类名词，复触目皆是。今日学者间之有国学问题，甚嚣尘上，亦其一也。盖凡一国历史之绵远，尤必有其遗传之学识经验，内则为爱国之士所重视，外则为他邦学者所注意。远西学风，莫不尊重希腊学术、罗马学术及其本国学术，吾国亦何独不宜然。故今日整理国学，为当务之急，况夙号世界文明之一源，焉可稍自失其面目哉？

国学肇端于六艺百家，中有《七略》《别录》《七志》《七录》

的书籍分类，至唐为四部，别称四库。然清四库著录，本有非中国人之书，与柏兰陀马他"不问何一民族，凡用英语记录其生活者，皆为英国文学"之义吻合。"故今日国学之范围，当注目于用中国语言文字记录之书。不独中国旧有书籍遗落他邦者，亟当收回。凡他邦人如近则日本、朝鲜、越南，远则欧美诸国，有用中国语言文字记录之书，亦当在整理之列。"治学功效，在于练心积智，偏尚智识，非心量之全，故应摈弃智情意的旧心理学划分方法，简要分国学为主观、客观两方面。假定为两观三支：客观方面，"以科学理董国故"，设立"科学部"；"以国故理董国故"，设立"典籍部"。主观方面，即"客观化之主观"，设立"诗文部"。

具体方法和步骤，科学部主要按照西式分科研究，以长编方式撰成各学术史，以百科全书方式编成辞书。近世学术大概分为科学、哲学、文学三部，实则哲学、文学亦应以科学看待。中国学术本不分科，"近世他邦人士，往往掇拾中国故记，撰成科学书，如《中国文学史》《中国文明发达史》之类，然甚肤浅失当，鲜卓然可观者"。"非国学湛深之士，而贸然轻言以科学理董国故"，如同汉朝"章句鄙儒"，"非郢书燕说，贻讥方闻，则断章取义，哗众取宠"。以科学方法整理国故，必须以长编为基础。

且科学家言发明原理原则，多属假定而不尽为确定。是亦譬诸汉博士说经，张列科条，家法森严。而甲攻乙驳，前仆后继。浸淫博士官失，而家法科条亦靡有孑遗矣。是虽国学湛深之士，精通科学法则，理董国故，而造作种种科学书，犹不免见仁见智之谈。故本学院对此，拟主慎重。凡欲从本国无数乱

书中，抽列条理，成一有系统而发见原理原则之学术书，必先
为巨大之长编，不厌求详，而后期臻精密，庶克免于卤莽灭裂
以从事之讥焉。

中国古称左图右史，又称制器尚象，今日以科学方法理董国
故，约分学说、图谱、器物三端。此外，需要与国学院以外其他
学科联络。例如，图谱则入专家之范围，器物则取考古之方法，
或共同搜罗古图谱古器物，或仿造、改作。暂拟造作各种学术书
目有：《中国民族史》《中国语言文字史》《中国思想学术史》《中
国文学史》《中国诗史》《中国词史》《中国曲剧史》《中国美术史》
《中国天文数学史》《中国法制史》《中国经济学史》《中国交通及
国际交通史》《中国农业史》《中国商业史》《中国工业史》《中国
哲学史》《中国教育史》《中国宗教史》《中国佛教史》《中国风俗
史》《古今人名地名大词典》《国学大辞典》《文学大辞典》。"此
皆各为长编，期以十年，然后审正名实，陆续发表，供专门家之
采择。或仿外国百科全书，编纂类书，亦准此例。""此项著作家，
期诸本大学之教授助教及学生湛深于国学者。有必要时，须与他
国大学交换教授，及选派留学外国，为科学整理国学之发展。办
法另定之。"
　　以科学理董国故，尤应注意避免以外国系统条理中国的弊端。

　　天下事有一利，必有一弊。以科学理董国故，诚为今日之
大利，而弊亦即可立见。盖今日学子之大患，正在徒诵数册讲
义、报章、杂志，及奉某某学术书为神圣，而未尝根本课读古

书。即课读古书矣，亦以著有科学系统之色彩，狃于成见，信口开河。譬如戴西洋有色眼镜，视中国所有，无一不可变为西式。是其弊也，上焉者比诸魏晋玄风，程朱理学，皆戴印度有色眼镜，而读中国书。下焉者比诸唐宋八家，明清八比，亦尝劳精敝神于头项腹尾之系统，徒造成所谓投时利器，小试圣手也，岂不难哉。

以"科学本为不完全之学，今日学者间之所公认，尤必有以补其阙，故更进之以国故理董国故说"。设立典籍部，"以国故理董国故者，明澈过去之中国人，为古服华装，或血统纯粹之中国人者也。而以科学理董国故者，造成现在及未来之中国人，为变服西装或华洋合婚之中国人也。国学囊括古今，贯澈过去、现在、未来三大时代，故二者殊途而同归也"。方法主要是疏证、校理、纂修。借鉴段玉裁校经之法，在"以个人还个人"基础上，兼"以时代还时代"。申言之，

在乎以周秦人之书，疏证周秦人之书。以两汉人之书，疏证两汉人之书。以魏晋六朝唐人之书，疏证魏晋六朝唐人之书。以宋元明清人之书，疏证宋元明清人之书。要以何一时代人之书，即以何一时代人之书疏证之。以其字句疏证字句，以其篇章疏证篇章，以其义理疏证义理。其时代同，则其所用之字法、句法、章法、篇法、义理亦必同。一经疏证而奥隐自辟，真伪立见。一举两得，莫此为善。

此外，"最近又有用金石龟甲文字疏证之者"，"果能取证不谬，字比句栉，久久自见功效，无烦絮说"。

为配合撰述，国学院拟设国学图书调查会，由国文学系主稿办理。"凡用中国语言文字纪载之书，皆在国学图书被调查之列。"以东南大学、南京高师教职员学生为当然会员，征求当世名人学者赞助，调查结果摘要刊登于《国学丛刊》，编入校理文籍类。学生的调查，得并入学程成绩计算。步骤是，先讲求精本善本、搜罗遗书佚书，然后仿二刘校理。校理包括叙录，附随本书，以及别录，特著专要，对于清《四库提要》有所改订及续补。今日应当纂修的书包括两类：特纂之书，如上古、唐、虞、夏、商、周、秦俱无专史，亟宜仿二十五朝正史之例，而别编太古史、唐虞史、夏史、商史、周史、秦史。重修之书，如《晋书》浮艳失实，《元史》舛讹尤甚，故周济著《晋略》，屠寄作《蒙兀儿史》、柯劭忞作《新元史》。而《宋史》烦冗，几类簿领，《明史》失统，大背史体，亦均待修订。暂拟应当疏证或重修的古书有：《诗补疏》《尚书补疏》《礼记疏证》《大戴礼记疏证》《周礼补疏》《易补疏》《春秋左氏传疏证》《老子疏证》《庄子疏证》《墨子经上下经说上下大取小取疏证》《公孙龙子疏证》《吕氏春秋疏证》《淮南子疏证》《荀子疏证》《史记疏证》《重修宋史》《重修明史》《大乘起信论疏证》《楞严经疏证》。

诗文部非专以理董往籍，进而衡量现代作品，而在潜移默化，移风易俗。诗文尊者谓为天地之心，卑者讥为小道薄技，实则"文学为社会之反映，国民之心像"。章太炎《菿汉微言》所谓读文章辞赋，可知一代性情之说，确能发凡起例。以诗歌申言之，诗歌文词字里行间体现的"民族心理之强弱，足以支配国家社会"，"影响及于兴衰存亡"。"强者必有毅然决然杀身成仁之概，弱者必有索然愀然贪生乞怜之状。是知强者重视精神，弱者重视躯壳也。"诗文本质在于求美，不论是"优美"还是"壮美"，故诗文部宜采取乐天主义、成仁主义之分类。诗文类总分为韵文、散文，细分则如小说、戏曲之类。（顾实：《国立东南大学国学院整理国学计画书》，南京《国学丛刊》，第1卷第4期，1923年12月）

5月1日　北京华北大学国学研究会简章公布，下分经史学、文字学、词章学三系。

华北大学国学研究会以"研究国学"为宗旨，分设经史学、文字学、词章学三系。会员及特别会员均可任意选修一系，同时也可兼修他系。各系研究方法以教授讲演指导为主，会员互相研究观摩辅之。会员得出其著作请求教授改正，遇必要时由教授命题，会员及特别会员要从事著作。讲授时间在华北大学课外举行，由各系教授自行指定。设特别演讲，于讲授时间外，延请华北大学教授或当代名人演讲。（《华北大学国学研究会会章》，《华北大学旬刊》，第9、10期，1923年5月）

△　江西省长蔡成勋咨请北京政府教育部通令各省区广印国学图籍，维持文化。

江西省署咨请北京政府教育总长，通令各省区广印古书，维持文化。咨云："窃以教育为富强之本，图书为文化之原。我国时局日梦，兵氛不靖，官无法守，士有危言，凡此乱端，总由学废。昔者西秦说客，曾发愤以陈书，东汉军人，亦投戈而讲道，以今方古，此道遂微。加以西化东渐，日新月异，乞邻有征，大都道德立言。忘祖无识，譬若邦迷怀宝，环耳与人之诵，尤深文献之虞。本督理未尝学问，粗好诗书，以为居今之世，忧国忧民，莫急于忧学。近查江西白鹿洞所藏书籍，于旧岁完全焚毁。现已搜求书肆，照旧捐补齐全。此外江西贤哲，私家著述，及官局刊刻版本，亦经一并调查著录，捐资付印，设法流行。一俟印有成书，当陆续分送贵部暨各省，发给贮存，以为官家保古学府考文之一助。伏惟贵部崇文敷教，响应风从，应请通咨各省区搜存古书，印行纵览，则图书馆于焉推广，国学会藉以研求。发扬国光，化干戈以为礼乐，归宗学海，障百川而挽狂澜。"（《蔡成勋广印古籍之通咨》，天津《大公报》，1923 年 5 月 6 日，第 2 张第 2 页）

△　报载郑孝胥赞扬广肇公学提倡书艺，能引起社会注意国学之动机。

广肇公学临池组日前应郑孝胥之招，往海藏楼郑君之斋赏樱花。是日，郑就"书艺"作简单演讲，谓"该校提倡书艺，引起社会注意国学之动机，为有功于文化"。（《郑孝胥之书法演讲》，《申报》，1923 年 5 月 1 日，第 5 张第 18 版）

5 月 5 日　新南社以整理国学、引纳新潮为宗旨，并由胡朴安等创立国学研究社，发行《国学周刊》，1926 年出至第 97 期停刊。

先是，民国成立后南社内部的种种曲折和纠纷，使柳亚子意志消沉。五四运动、新文化运动风起云涌，文学革命的口号，顿时使其感奋。叶楚伧曾对柳亚子说："南社的基础可以利用，放弃很为可惜。"主张由柳亚子重振旗鼓，主办新南社。发起人有柳亚子、叶楚伧、胡朴安、余十眉、邵力子、陈望道、曹聚仁、陈德徵，半数是南社旧友，也加入了新生力量。叶楚伧撰写新南社发起宣言，内称："南社的发起在民族气节提倡的时代，新南社的孵化在世界潮流引纳的时代。南社里的一部分人，断不愿为时代落伍者。""南社是应和同盟会而起的文学研究机关。同盟会经几度改革以后，已有民众化的倾向。新南社当然要沿袭原来的使命，追随着时代与民众相见。""南社在民元以前，唯一使命，是提倡民族气节，因为要提倡民族气节，不知不觉形成了中国文字的交换机关。新南社是蜕化文字交换，而祈求进步到国学整理和思想介绍。"既要输送世界思潮，又要整理国学。

> 新南社对于国学，从今以后，愿一弃从前纤靡之习，先从整理入手。国学经几朝乡愿文妖等的捏造割裂，实在支离得令人生厌了，然而这是乡愿文妖的责任，与国学本身绝不相干。国学本身是否占有世界学术中相当位置，在未经整理以前，谁也不能下这断语。我们既不是神圣，怎敢代世界支配一切，所以第一步工夫只是整理。

所谓纤靡之习，指南社在民国后社员文人气息严重，日见颓废，需要重新振作。新南社组织大纲由柳亚子提出，故在旧南社"提倡人类的气节""发扬民族的精神"的宗旨基础上，加入"整理国学""引纳新潮"的新理念。（郑逸梅编著：《南社丛谈》，上海人民出版社，1981年，第56—58页）

国学研究社及其《国学周刊》，为贯彻新南社整理国学宗旨的内容。国学研究社以"研究国学"为范围，凡是国学有根柢，富有研究性质者，由社员介绍，皆得入社。发行《国学周刊》，发表社员研究文字。社员每月义务承担经常费一元，社员送阅《国学周刊》，且有互相询问学术，及答复学术之权利与义务。不设社长，设事务员一人，管理印刷、发行、会计等事，编辑员一人，管理编辑等事。事务员暂由叶楚伧担任，通信处为上海河南路《民国日报》。编辑员暂由胡朴安担任，通信地址为上海新闸路永德里十五号。发行经费，暂由发起人担任。(《国学研究社简章》,《民国日报·国学周刊》第2期,1923年5月16日)5月8日,《民国日报》连续登载广告:"《国学周刊》为国学研究社作品，每逢星期三出版一小张，凡订阅本报者，不论本埠外埠，一律送阅。零售每期铜元两枚，由本报发行部经售。"(《本报附送国学周刊》,《民国日报》,1925年5月10日，第1张第1版)

　　5月9日,《民国日报·国学周刊》发刊，胡朴安任主编，撰写宣言。内云:"近数年来，研究国学者，日少一日，其原因以国学乏有统系之书籍，用力稀而获益少。一般学者，无宽闲之岁月，以从事于国学。而国学较深者，又为旧思想所拘束，不能将国学寻出一个条理，以引起未经从事于国学者之兴味。"宣言提出研究方法有二:"一以客观的研究，为整理国学之方法。一以主观的研究，为发扬国学之方法。"其次第是，客观为先，主观为后。"盖吾国学者之弊，往往于各种学术，未经精密之考察，第凭一己之见，以从事于批评。"即贤者亦有不免，如孟子之辟杨墨，韩愈之辟老佛，均自信太过，不肯容纳异说，遂使学问之途，愈趋愈狭，诚为中国学术不发达之原因。后之学者，于主观的研究，不及孟子、韩愈万一，而武断之批评，过于孟子、韩愈倍蓰。其所指斥者，固不能确知其坏处，即其所崇拜者，亦不能确知其好处。尝见有一人，评论注音字母不如反切之善，扣以注音字母，不知也，扣以反切，亦不知也。今之评论学术者，大半类是。

> 吾人对于国学之研究，当力矫其弊。诸子百家，以及一切学术，先以客观之研究，寻绎其出发之点，以其归束之处，并视察当时环境之情形，与后日变迁之趋势，再与他种学说相参考。然后以主观的研究，分别其是非，比较其优劣。虽不能一无谬误，庶几旧籍以研究而得统系，新理以研究而日滋生。

（《国学周刊宣言》，《民国日报·国学周刊》，第 1 期，1923 年 5 月 9 日）

针对"国学之范围颇广，欲得详密之整理条例，必将国学分门别类，各定一精严之整理方法"，且"断非一人之方所能任。盖学非专门，必不能得其精细"。具体有二："一以结帐式之整理，以求国学之统系。"理由是"中国各种学问，皆是散漫无纪。自有书籍以来，未有一种书籍，可以包括一种学问而无遗"。以小学为例，段王朱桂之书比较稍有结束，然只是一家之学，距离小学之全，相去甚远。整理小学应当合各家小学著述，去其重复，合为一编。然后是非精粗可凭借而定，作为一度结束。"一以摘要式之整理，以求国学之精粹。"理由是"中国书籍，浩如烟海。然而一书之中，求其最精要者，往往十不获一，或且百不获一，而又糅杂纷乱。律以最近学问门类，鲜有一种书籍，专述一种学问者。若不为摘要式之整理，则精粹将埋没于糠秕之中而不显，读者亦苦其用力多而获益少"。办法是"将每一种书，摘其最精要之处，为之贯穿而条理之，但有最要之条件，须以各书还其本来面目，不可以私意乱之"。

（胡朴安：《客观的研究国学方法》，《民国日报·国学周刊》，第 2 期，1923 年 5 月 16 日）

主观的研究方法，必须坚持学问的独立性。

> 吾人确信中国旧有学问，有保存发挥之必要，于权利争竞剧烈之时，用之尤为适宜。欧战以后，欧美学者，感物质文明结果所受之痛苦，而有中国学问之倾向，如罗素所著《中国问题》是也，然吾人不必引此以自重。盖研究学问，当有独立之性质，诚恳之志，意不为外物所牵。近来吾国学问衰落之原因，即牵于外物，变独立之性质为依傍，无诚恳之志意而趋时。必明乎此，然后可以研究中国之学问。

中国学问之特点，在"能于精神界设一最高之境，举凡外界一切之权利而悉空之"。"所以数千年来，中国社会，常有一种沉静恬穆之状态。以国家主义而言，即为贫弱之根基。以大同主义而言，又为太平之极致。世界之将来，必趋于大同，吾人所负之责任，亦以促进世界大同为事。"（胡朴安：《论中国学问之特点》，《民国日报·国学周刊》，第 1 期，1923 年 5 月 9 日）

5 月 11 日 上海中国崇文会成立万年尊仓女会，以阐扬国粹为宗旨，推盛宣怀夫人庄德华为正会长。

下午二时，借上海市西门内关帝庙图书馆开女会成立会，女会员到会者为郑姚明安、郭姚传璞、薛崇贞、吴范熙煐、姚明珠、朱贞罩、张光健、张卓凡、姚费恭狄等数十人。公推姚费恭狄为主席，请该会办事员赵海珊报告开会宗旨，略谓："吾国自新文化发轫以来，道德沦落，是以同人等创设斯会，以阐扬国粹为宗旨。"
入会男会员已达七八百人，女会员亦有数十人。男会员已推定冯梦
华为正会长，孙玉仙、刘翰怡为副会长。现推定盛宣怀夫人庄氏太
太为女会员正会长，周妙乙女士为副会长。于二月间呈请浙江省长
咨部立案，制订春秋祀典，转行各省遵照。尚望同人随时提倡，人
人能知尊仓，万年不休。

次由来宾戈朋云演说，略谓："各国文字各有师授。我国文字
为仓颉古圣所创造，国人但知尊孔，而不知尊仓者，实缘无人提
倡。今幸贵会成立，发扬文字，教育前途，日益进步，而后人亦得
知仓圣之历史。女子须注重家庭教育，兼讲道德，以期养成儿童之
习惯，裨益社会，实非浅鲜云云。"（《尊仓女会成立纪》，《申报》，1923
年5月12日，第4张15版）

5月14日　北京大学研究所国学门风俗调查会开筹备会，由张
竞生提出《风俗调查表》讨论，经会众略加修改，议决采用。

风俗调查会议决筹备就绪后，在北大日刊登载启事，征求会
员。内云：

> 风俗为人类遗传性与习惯性之表现，可以觇民族文化程度
> 之高下；间接即为研究文学，史学，社会心理学之良好材料。[1]
> 晚近以来，欧西学者，于此极为重视。一八七八年，英国首设
> 民俗学会（Folk-lore）于伦敦。现美，法，德，意，瑞，土等

---

[1] 《国学季刊》第1卷第3号第571页所载《国立北京大学研究所国学门风俗调
查会启事》，则谓"风俗调查，为研究文学，史学，社会学，心理学，行为论，以及
法律，政治，经济等学不可少之材料"。

国，亦均设立团体，从事探讨。我国学者，记述民众事故，大抵偏重礼制；间论风俗，琐碎不全，能为有统系之研究者盖少。

先是，歌谣研究会会员常惠曾有组织民俗学会之议，而未果行。近顷张竞生亦提议及此，拟就《风俗调查表》，商定在国学门设立风俗调查会，先事文字上之调查，并约定歌谣研究会会员协力合作。风俗调查会已于本月14日在国学门开筹备会一次，议决：先自北京一隅试行调查；并征集关于风俗之器物，筹设风俗博物馆。兹以兹事体大，端赖群力，再订于本月24日（星期四）下午四时在国学门第二研究室开第二次会议，继续讨论进行方法，欢迎"校内外诸君有乐乎此者，届时惠临"。（《研究所国学门启事》，《北京大学日刊》，第1243号，1923年5月19日，第2版）

6月1日，风俗调查会调查表付印，发布启事称："顾兹事体大，必须众力合作，方能收效。尚望本会会员及校内外热心此事诸同志，毅力进行。需用表格，请即来会索取。倘能收集关于风俗之各种器物或图形照片之类赠送本会，除欢迎外，并酌予名誉上之报酬（报酬细则另行规定）。以后凡有关于风俗调查函件，请径寄至北京大学研究所国学门风俗调查会为荷。"（《风俗调查会启事》，《北京大学日刊》，第1254号，1923年6月1日，第1版）另据《国立北京大学研究所国学门风俗调查会启事》谓："本会自本年暑假前成立，决定调查方法三项：（一）书籍上之调查；（二）实地调查；（三）征集器物（筹设风俗博物馆）。实地调查一项，业经制成表格，分发会员及北大同学，暑假归里时，就地调查。惟兹事体大，须赖群力合作，方能收效。海内热心此事诸同志，如肯相助为理，调查之事，无论担任一村或一镇，均所欢迎；所需表格，请到本会索取（函索亦可）。"（《国立北京大学研究所国学门风俗调查会启事》，《国学季刊》，第 1 卷第 3 号，1923 年 7 月）

5 月 20 日　章太炎主讲、曹聚仁编辑，泰东书局出版的《国学概论》出版第五版，书前有曹聚仁序。

序谓《国学概论》仅六个月居然出了五版，"足证太炎先生这回讲演的价值。也因如此，或负着更重大的责任"。"书虽出版，我永如此担忧着。我曾期待江苏省教育会的文言本出版，或者会使我明白自己有什么缺点而使我得以修正。但是这期待到现在还只是期待。"记录稿"有时竟溢出讲的范围，因为我要完成太炎先生的论调，不能不采用他所著的《国故论衡》《检论》及其他。在当时也曾因困难发生，搁笔读《章氏丛书》去找出他所讲演的线索"。"泰东因为再版匆促，旧有错误不及校正，一直延到四版"，"这次附印一刊误表，才了却我一件心事"。章太炎的国学演讲很少引起积极回应和认真的批评讨论，令人失望，担心产生"退化的盲从"和"偶像独尊"。"太炎先生这次讲演有一种真精神，就是指导我们去怀疑，去自由发展，他说：'在思想不能自由发展环境之下，时势所趋，不能不有大变动。'""我们若是含糊地盲从地，奉他为偶像，他不但是要笑，还且是可恶呢！"（曹聚仁：《国学概论序》，第 1—3 页，章太炎演讲，曹聚仁编辑：《国学概论》，泰东图书局，1923 年）

5 月 23 日　胡朴安在《国学周刊》撰文，主张国学研究应当破除怪异之说与附会之谈两个大弊端，以及望文生义和博考细微两个小弊端。

近年国学研究弊病根源在于"不以忧悬之意研究国学，而以好奇之心研究国学"。

> 吾国古来研究学问之人，其智识有余而学力不足者，每喜作翻案之文章。盖平正通达之词，日用事物之理，不足以动人之听，于是一言一语，务必推翻前人之说，别出新奇。夫学问之道，诚不可依附前人，被前人之思想所囿，然不可先存一推翻前人之成见，而不辨别是非之所在。盖一有成见，即不能得学问之真象，与吾人研究国家之真相违背。

国学研究弊病表现有二：一是"怪异之说"。"学问之道，虽息息有新机，然所谓新机者，当由平正之途而来，有条例之可循，有事物之可证，反之为悠谬无根之说，皆怪异也。"例如，章太炎在国学演讲中，说汉高祖为雷雨中神龙附母所生，犹如奸夫装成龙形，其实也可能是假托神灵。又如，梁启超说屈原为情而死。二是"附会之谈"。"一代有一代之环境，引起一代之思想，以造成一代之学术。古人眼光虽远，不过见理明决事定。由古以知今，由今以知后，就事理而推论之，非果有先见之明也。故吾人研究国学，就个人而论，当存个人学问之真，就时代而论，当存时代学问之真。"近人往往喜附会西方学说，例如俞樾谓西学中光学、重学出于墨子，备梯备突备穴诸法，为泰西机器之权舆，刘古愚谓《尚书》的"立政"为宪法之鼻祖。不知"研究国学，只可取西方学说以证佐国学，不可取西方学说以附会国学。证佐者求其理合，附会者求其形似"。至廖季平谓诗经之西方美人，即指今日美国人，更不足言。"以上二者，为近人研究国学之通病，即著者以前亦未能尽免。"危害甚大：

> 好怪异者每务为奇论，无暇平心以求事理之真。好附会者每务为曲解，不肯平心以求事理之真。无暇平心以求事理之真者欺人，不肯平心以求事理之真者欺己。研究学问，为最忧恳之事，必也无好利心，无好名心，然后能见学问之深，能得学问之真。欺己欺人，皆为名利之心所驱使，为名利而研究学问，非浅即伪。苟有尽忠于学问者，当为学问而研究学问。

此外，尚当戒除二小弊：一是望文生义。如刘师培论小学，谓多田为富虏字从男之类。实为"自作聪明，以己见解古书，不问古义之是否适合"。一是考证无关重要之事。如朱竹垞之辨苏小墓，"博考细微之事，或冷僻之书，以自鸣博者"。此二类"皆无关于学问之事，然流俗颇为重视"。（胡朴安：《论研究国学当戒除之二弊》，《民国日报·国学周刊》，第3期，1923年5月23日）

5月24日　北京大学研究所国学门古迹古物调查会成立。

先是，北京大学研究所国学门考古学研究室自去年成立以来，因为经费有限，未能充分开展发掘活动。最困难的是自古董商人所购得的零杂材料，颇难施以考古学研究，而北京大学又无力实行探检（Exploration）、发掘（Excavation）。于是设古迹古物调查会，先从调查入手，一俟经费稍有余裕，再行组织发掘团。继以同志尚少，未能积极进行。

去年冬季，英国埃及考古学家嘉德（Howard Carter）掘得三千三百年以前之都丹喀门（Tutabkhamen）王陵，为考古学上空前之发见，其裨益于埃及史学甚巨。我国有最古之文明与悠久之历史，其尚待考古学上之发见，而后可以解决与证明之问题，亦至繁夥。现美国国立斯密苏尼恩（Smith-sonian）博物院代表毕士博（Bishop）来华调查古迹，闻其预定有七八年之长久计画。又美国芝加哥大学教授罗佛（Laufer），为有名之考古学家，亦于日前来华考查。本会当此时机，更应努力进行，以期对于世界有所贡献。[①]

外国考古学发展反衬传统金石学的不足，令马衡等认识到必须扩大范围，更新方法。

顾考古学之定义，为利用过去人类物质的遗物以研究人类过去之状况之学问。其范围甚广，其关系于他种科学者亦甚多，如化学，地质学，人类学，历史学，土俗学，金石学，文字学，美术史，宗教史等专家，均当有所借助。而会中之作业，如照象，摹拓，造型，图画，测量，记录，修理，保存，审鉴，分类，陈列，编目，出版……之类[②]，亦非有多数同志协力合作，难期共举。为此征求本校同人之对于此事富有兴趣者，敬祈将姓名、住址函示研究所国学门考古学研究室，以便

---

① 外国人、机构名称及其英文名称，据《国学季刊》第1卷第3号所载《国立北京大学研究所国学门重要纪事》补充、更正。

② 《国学季刊》第1卷第3号第552页所载《国立北京大学研究所国学门重要纪事》，未提分类、陈列、编目、出版。

共策进行。(《研究所国学门古迹古物调查会启事》，《北京大学日刊》，第 1271 号，1923 年 6 月 22 日)

古迹古物调查会宗旨为用考古学的方法调查研究中国过去人类之物质的遗迹及遗物，包括一切人类之意识的制作物，与无意识的遗迹遗物，以及人类间接所遗留之家畜或食用动物之骸骨、排泄物等。除考古学家外，还要网罗相关专门人才协力合作。资料搜集分为普通调查（General Investigation）、探检（Exploration）、发掘（Excavation），并全力注意发掘。资料处置，一是照相、摹拓、造型、图画、记录、修理、保护，二是鉴别、类集、陈列、编目、出版，应由组员分组担任。外国财团及私人捐款可以承受，但不得以输出发掘物品为条件，复出品不在此限。与外国发掘财团交换物品的规定极为重要，应定专章。与国内各大学的研究所及学会、博物馆互相提携，也应作出规定。(《国立北京大学研究所国学门重要纪事》，《国学季刊》，第 1 卷第 3 号，1923 年 7 月)

△ 曹聚仁在《民国日报·觉悟》发表《审定国学的名词和内涵》一文，提出"国学"概念含混，需要审订。朱宗熹维护孔孟圣道，与之驳论，引起诸多批评。

曹聚仁所谓"国学"，只是沿袭"公用名词暂司其职"。研究国学即"中国旧有学问"的倾向越来越明显，故有三个问题必须审订：一是命名。欧化东渐后和中国旧有学问对立，同光间有"中学"和"西学"、"旧学"和"新学"对立之名词。后来科学列入课程，有些人忧旧有学问沦亡，主张保存国粹，又有"国粹"一词。现在学者通行"国故""国学"两名词，沿用虽然未久，但靡然从风。此外，还有梁漱溟所用的"东文化"。故须讨论解决名词的合理、适用问题。二是内容。偏狭理解，国学以孔孟程朱陆王为主，此外皆异端邪说。混统理解，国学囊括堪舆、卜筮、麻雀牌九的旧书籍，急待厘清界限。三是书籍。现在古籍普通以《四库全书》或经史子集四部来搪塞，到底是过多还是太少，必须辨析。（曹聚仁：《审订国学底名词和内函》，《民国日报·觉悟》，1923 年 5 月 24 日，第 4 张）

夏历四月初十日（5 月 25 日），朱宗熹致信邵力子，强调国学就是儒学，无需"审订"，批评新派以欧美科学方法研究国学，实促使国学沦亡。函称：

> 晦盲否塞，世道日非。年轻寡学之徒，囿于功利之见，驰骛欧美之杂学，视科学及声光电磁等光怪陆离之学说为天经地义，势欲尽变吾中华以趋于夷狄而后已……迩者报章揭载，杂志印行，国学二字，杂见于篇什之间，友朋走告，某初闻而狂喜。取而读之，乃瞿然大惊。魔势日张，竟将与吾圣贤之道相混淆耶。若北京大学之《国学季刊》，若《努力周报》之《读书杂志》，若商务印书馆之《小说月报》，若北京《晨报》之附刊，若《时事新报》之《学灯》，若贵报之《觉悟》，或怀疑圣哲，或割裂圣经，或以杨墨与孔孟并列，或以科学栏拦入贤传圣经。肆意狂吠，皆吾道之大蟊贼也。夫清代狂儒，妄为训诂之考证，康梁穿凿圣经，立异好奇，已背隆经尊古之旨。今之所为，非圣无法，罪岂在清儒康梁下哉。况圣经自圣经，科学自科学。圣经乃大道，科学乃小慧，何得以小慧列于大道之林耶。夷考宵小之所为，名为研究国学，实则促国学于沦亡，名

为考订经传，实则沦经传于散佚。其心可诛，其肉可食。祖龙
而后，又遭浩劫，恨不能以禹鼎铸奸也。

　　曹聚仁"自命为研究国学，并国学之为何物，尚未之知，而有
待于审订，不亦大可哂乎"。国学是圣贤之学、孔孟之学、尧舜文
武周公之学，自有"亘万古而不变，历百世而尝新"的性质，无须
"审订"。诚如朱熹为《大学》《中庸》所作序，证明孔孟之道为国
学系统，老佛、杨墨、申韩不得为国学之"前例"，大声疾呼"国
学者孔孟之学也，程朱之学也，舍四书六经而外，更无所谓国学"。
（曹聚仁：《审订国学之反响》，《民国日报·觉悟》，1923 年 5 月 29 日，第 4 页）
　　曹聚仁以尚未读到一篇审订"国学"名词和内涵的文字，故
认为此"恶狠狠的骂声"，有助于认清一般知识阶级国学观念的名
教本色极端强盛。"'国学'一名词，虽流行于全国，实际上还含混
糊涂，没有明确的观念可得到呢！我们再不加以审订，这一回研究
国学又要为妖魔所鬼混了！我对于宗熹先生的来信还想作详细的讨
论，请同志们也来讨论讨论！"（曹聚仁：《审订国学之反响》，《民国日
报·觉悟》，1923 年 5 月 29 日，第 4 页）
　　5 月 31 日，曹聚仁在《民国日报·觉悟》发表《"国学"两字
难道是适用的吗》一文，提出"国学"名词本来有两种意义可以训
释，即"国家所建立的学校"和"一国固有的学问"。"申达'国
学'的本议 [义]，可以说是'中国固有的学问'。"一个名词成立
必须具备三个条件：笼罩本身应有的性质，而不牵涉额外的性质；
本身可以独立，而不与其他名词混淆；在时间上能通行过去、现
在、将来三个时期而没有障碍。据此可知，"国学"名词不通。就

名词本身而言，"由'中国固有的学问'节省而成'国学'一名词，一方面不能表示'国学'的'国'字，是含'中国'一性质，一方面又不能表示'国学'的'学'字，是含'固有的学问'一性质"。既可指英国、美国、法国、俄国及其他各国固有的学问，也可指任何一个时期研究孔老杨墨的学问。就学问分类而言，世界各国学问"虽各有各的特殊色彩"，也像胡适所言"文化是民族生活的样法，而民族生活的样法是根本大同小异的……因为生活只是生物对环境的适应，而人类的生理的构造根本上大致相同，故在大同小异的问题之下，解决的方法，也不出那大同小异的几种。——这个道理叫做'有限的可能说'"，因而"只能用类别（如文学哲学之类），决不能用国别的"。就国名限制而言，一切名词忌用地名或国名来做限制的形容词。否则，"国学"名词即使现在可用，将来必不可用。就内在矛盾而言，一些学术都要有系统有组织。中国固有学问"凌乱无序"，未经系统整理，称不上"学"，否则也没有"整理国故"运动。"即使说：所谓'国学'是指将来所整理的结果而言，那便不能称中国固有的学问为'国学'，只能称为'国学的资料'了。"（曹聚仁：《"国学"两字难道是适用的吗》，《民国日报·觉悟》，1923年5月31日，第4页）

　　6月8日，曹聚仁又在《民国日报·觉悟》提出，国内学者虽然注重国学，"日日谈'国学'"，却"很少有人能说出指出"其内涵。主张必须弄清楚四个问题。一是中国旧有学问的名称选择，包括"国学""国故""东文化""古学"等，都有人沿用。二是"国学"的范围。三是中国旧有学问的范围和分类。四是代表时代精神、各学派、旧有学问的书目。"《四库书目提要》和《书目答问》等书，不足指示国学所寄的书籍，是无待疑虑的；而胡适和梁启超所定的书目，也不过各就他们所见而举其要者，很难包括国学所寄的书籍。"（曹聚仁：《审订国学的讨论》，《民国日报·觉悟》，1923 年 6 月 8 日，第 4 页）

5月25日 清华学校国学课程委员会将国文选修课作法概略送《清华周刊》照登宣布。（《学校方面一年来大事记》，《清华周刊》，第九次增刊，1923 年 6 月）

5月30日 胡朴安解答《国学周刊》"国学"范围涵盖中国固有学问。

有读者"对于本刊国学二字之范围，颇为怀疑。盖见本刊仅有文学哲学等著作发表，遂疑本刊国学二字，专指文哲学而言，摈历史地理学于国学之外"。"不知本刊所谓国学者，指中国固有之学问而言。因现在有文哲学研究之著作，遂先将此种著作发表，将来有历史地理学研究之著作，亦为同样之发表。不仅历史地理，只须中国固有之学问，有研究之价值者，皆可在周刊里面发表。"（《通信》，《民国日报·国学周刊》，第 4 期，1923 年 5 月 30 日）

5月 范啙诲在《青年进步》发表《青年国学的需要》一文，分世界文化主流为东方文化和西方文化，国学"便是东方全部文化的代表"。发展东方旧义化，预备与西方文化调和融合，以期创造将来的新文化，是今日中国人的责任。国学研究门径，先通达国文，次分类研究，再以西方文化矫正国学太静、无科学化、无平民化的三大弊端。

世界文化为东西两大潮流，西方文化又分为希腊和希伯来两支，东方文化又分为印度和中华两支。西方自从文艺复兴之后，益益进步，希腊的科学哲学思想，和希伯来的宗教思想，既冲突又调和，显出西方全部的文化。东方自从魏晋六朝而后，中华伦理哲学接纳印度宗教哲学，各呈异相，合成东方全部的文化。海通以来，西方文化，侵入亚陆。中国拿出国民性中固有的容受量，竭诚欢迎。不到五十年，西方文化差不多已弥漫于中国知识界。由物理和历史的经验推测将来，西方文化和东方文化必能在东方文化里面产生一种异样的新文化。

　　国学是什么？便是东方全部文化的代表。我们要研究东方文化，自然还有其他种种，而必以国学为之总库。东方文化的精神，与其沿革变迁之迹，除掉国学，更往何处寻求。国学沦亡，即是东方文化的沦亡。我们生于东方，而且生于东方的中华，是东方文化荟萃之区。我们的先民，曾把这种文化，发扬光大，积累四千多年的久长岁月，在国学中留贻于后人。我们对于这些祖宗的遗产，不思整理，一任他烟飞灰灭，我们将何以自立于天地之间。我们艳羡西方文化，惊骇其学府的完备和优美，返观自己东方文化的国学，觉得不值一顾。岂知西方文化所以到这地步，为了他们的后人能够做忠心勤力的整理工夫，方才继长增高，蒸蒸日上。东方文化的本身，何讵不如西方，可惜我们的忠心勤力，不像他们，那就差得远了。从前西方人，不很知道东方文化是怎样，现在早已渐渐的觉得东方文化里头，自有天国了。欧战以后，他们的物质文明破产，所以渴望尤甚，要把我们的国学移译过去，作为他们研究东方文化的资料。若然我们不整理自己的，却待他们来整理好了，我们想凑现成，不晓得这时候还有我们存在吗？今天我们把自己所有的整理出来，做世界学术上的贡献，表显东方民族的光荣，在世界需要这种文化时，是一个最好的机会。

"现代青年，求现代的学问，尚且患日力的不足，顾此失彼。国学是古学，在现代为无用的，不急的，青年有限光阴，何苦要枉费在这种东西上面呢？"对此疑问，范皕诲认为，世界新学问皆从旧学问中来。"青年求学，倘然以学问为目的的，须知研究旧学问，就是要创造新学问。不论什么用不用，也没有什么急不急。"

国学浩如烟海，古人为学门径，现已不适用。研究国学，宜先从通达国文入手。再"分开为若干类，取其重大者列举之。如语言文字，如伦理哲学，如政治经济，如风俗制度，如文艺美术，等等，都有相传之系统，可考的书籍"，"普通应略知其大概，精研则都可成为专门"。就派别言，国学兼知兼行，即知即行，后分为两派，汉学家重知，宋学家重行。就本质言，国学宗旨不是主知，而是主行，中国哲学就是道德、伦理、做人的规范、处世的方法。"这种学说，在现代人心中，或者可以嫌他迂腐。但是中国数千年立国的根基，全靠着他陶融成一种和平忠厚，克己自修的国民心理，与世界人类以共见。"今日研究国学，应首先求知，按照汉学家所示大路登进，然后躬行，按照宋学家所示精神立身。

研究国学还须以西方文化为参照，明国学之缺点。"最大的有三样：一是静的，二是无科学化的，三是无平民化的。"第一样毛病，是和西方"动得太过"的弊病相反，应"两弊都去，两利全收", 保存"静的本来", 发挥"动的精神"。第二样毛病, 虽然在"国学里面", 时时发见古代科学的萌芽", 但却"不是科学"。"其故是由于自汉以后, 学者只求考古, 不屑知今, 只喜守旧, 不图开新", "把'述而不作, 信而好古'两句话, 奉为金科玉律。这种说法, 便与科学原理, 有最大的枘凿"。应从速注射"科学的血清", 即"怀疑""独创"精神。第三样毛病, 中国学问不但是"古人专制", 而且是"贵族专制"。"唯一的改良, 要谋教育的普及, 要把国学普及平民, 要变为平民化的国学。这是国家兴衰存亡的大关系, 也是国学兴衰亡存的大关系。"（丽诲:《青年国学的需要》,《青年进步》, 第63册, 1923年5月）

6月1日　清华学校校长曹云祥与《清华周刊》记者谈下学年计划及校务更动, 首论国学问题。

曹云祥谓:"校中现拟请梁任公先生为讲师, 演讲读书方法等, 同时并请任师为各教员演讲、指导。此外复拟多请国学素有研究之人来校演讲。"教员调动方面, "国学部叶醴文、张梦兰、苏少禾、祖吴椿四先生将离职, 新聘教员一时尚未有定"。（琇:《与曹校长谈话记》,《清华周刊》, 第285期, 1923年6月8日）

本年4月, 张彭春受曹云祥聘请, 出任清华教务长, "颇有志于办成一最完美之大学课程表",（琇:《与曹校长谈话记》,《清华周刊》, 第285期, 1923年6月8日）, 从而牵动国学课程改革。"自本刊鼓吹聘请胡适之或梁任公先生担任本校国学部主任, 进行改组, 戴梦松先生即力主请胡, 但一二国文教员竟明白反对。""叶醴文先生来校教授国学, 已近十年, 近忽提出辞职书, 我侪又少一良师矣。"（《国学改组》《辞职养老》,《清华周刊》, 第284期, 1923年6月1日）张彭春考虑到自己国学不好，且专注于新课程改革，决定下年国学部的事，还请戴梦松暂时担任。提醒"国文部自己一定不去争，好好的读书在前，不然要因为这一部分献丑。如果曹谈到，亦要力推戴留职"。"国学部如谈到，请他定。（既有前约，最好仍旧）"（张彭春：《张彭春清华日记（1923—1924）》，第66—68页）

6月2日　北京大学研究所国学门整理档案会议决三项整理手续。

依次一是逐渐打开麻袋，分别档案之种类和朝代。二是去年贮于第三院之杂件，请指导员选择重要之件特别保存。三是继续整理报销册等件。（《整理档案会启事》，《北京大学日刊》，第1279号，1923年7月14日，第1版）

6月5日　周予同在上海《学生杂志》"学习法专号"发表《中学国文学习法之商榷》一文，依据胡适《一个最低限度的国学书目》体例，大幅增减书目，变更排列次序，提出中学国文学系书目。

先是，沈仲九撰文描述中学国文教学的惨状，引起诸多共鸣和讨论。周予同根据中学国文教学的经验，主张"根据客观的科学的心理学"来改良中等学生国文学习法，即必须注重"书籍的选择""系统的研究""文艺的欣赏""札记或日记""讨究或辩论"，实质以国文为国学的基础。依照胡适《一个最低限度的国学书目》加以增减，稍稍变更排列次序，提出中学国文学系的书目。胡适所列书目对于旧制中学的一二年级学生与新制初级中学生，似乎稍嫌高深，但如工具方面的《国音字典》《康熙字典》《中国语法讲义》《中等国文典》《中国人名大辞典》等书，学术思想方面的《独秀文存》《胡适文存》《蔡孑民先生言行录》《大同书》《潜书》《明夷待访录》等书，及文艺方面的《隔膜》《爱罗先珂童话集》《一个青年的梦》《点滴》《易卜生集》《水浒传》《儒林外史》《曾文正文集》与各代总集中之一部分的文章，都还适宜，而且有阅读的必要。学术思想与文艺方面书籍的排列，依据时代逆溯，由现世而渐至古代。唐代中国学术思想可观的全在佛学，但佛学系专门研究，绝非初学所宜，故佛学书一概不录。近人文艺创作，大都短篇，而且汇成卷帙的不多，仅举叶绍钧《隔膜》一书。如对新文艺很感兴味，可阅《小说日［月］报》《晨报副刊》《文学旬刊》（《时事新报》附送）、《努力》等。

　　具体书目如下：（甲）关于工具方面的。《修正国音字典》《国语学讲义》《康熙字典》《经籍纂诂》《说文解字段氏注》《辞源》《中国语法讲义》《中等国文典》《马氏文通》《经传释词》《中国人名大辞典》《史姓韵编》《世界大事年表》《书目答问》《四库全书总目提要》《书目举要》《古今伪书考》。（乙）关于学术思想方面的。《独秀文存》《胡适文存》《蔡子民先生言行录》《东西文化及其哲学》《梁任公最近演讲录》《梁任公学术演讲集》《清代学术概论》《大同书》《检论》《太炎文录》《汉学师承记》《孟子字义疏证》《文史通义》《潜书》《颜李遗书》《思问录内外篇》《明夷待访录》《日知录集释》《明儒学案》《增补宋元学案》《抱朴子》《论衡》《中国哲学史大纲（上卷）》《国学蠡酌》《老子》《庄子集释》《论语》《孟子》《荀子集注》《墨子间诂》《韩非子集解》。（丙）关于文艺方面的。《隔膜》《爱罗先珂童话集》《工人绥惠略夫》《一个青年的梦》《点滴》《现代小说译丛》《域外小说集》《易卜生集》《少年维特之烦恼》《水浒传》《儒林外史》《红楼梦》《曾文正文集》《惜抱轩文集》《龚定庵全集》《述学》《鲒埼亭集》《湖海文传》《长生殿》《桃花扇》《明文在》《明诗综》《明词综》《盛明杂剧》《元文类》《元诗选》《元曲选》《宋元戏曲史》《宋文鉴》《南宋文范》《宋诗钞》《宋六十家词》《唐文粹》《全唐诗》《词综》《文选》《乐府诗集》《文心雕龙辑注》《全上古三代秦汉三国六朝文》《古诗纪》《楚辞集注》《战国策》《春氏［秋］左氏传》《诗经》。（周予同：《中学国文学习法之商榷》，《学生杂志》，第10卷第6号"学习法专号"，1923年6月）

6月10日　胡朴安在澄衷中学演讲"研究国学之方法"，提出国学分为哲理、礼教、史地、语言文字、文章、艺术六类，指示初步研究的书目。

先是，澄衷学校同学会励学部拟创立国学及英文学两个研究会，嗣以英文学已有圣经班，无庸兼办，乃先创国学研究会，以观后效。章程由会员公举李均、陈锺儒、鞠儒珍诸君起稿，选举正会长杨守余，副会长陈锺儒，干事许鼎、沈信尧，文书朱谦。经数次征求结果，会员共得四十二人。会员详见表2。

表2　澄衷学校国学研究会会员集会内容

系名	集会时间	系长	指导员	人数	研究书名
近著	星期一	许鼎、胡锦麒	曹慕管	19	《墨子间诂》《群学肄言》《国学概论》《梁任公近著（第一辑）》
史学	星期三	马保之、汪梧封	项远邨	11	《文史通义》《中国历史研究法》
韵文	星期四	陈锺儒、吴曾植	杨子永	9	《诗经旁训》《唐诗三百首》

续表

系名	集会时间	系长	指导员	人数	研究书名
古文	星期五	叶培樾、孙碧琦	葛锡祺	25	讲义
哲学				8	

会员报名研究系别，互有交集。计有史学系马保之、王显廷、叶培樾、张宏德、汪梧封、鞠儒珍、吴曾植、沈光第、程学程、陈锺儒、许鼎。近著系许鼎、沈光第、柏有常、程学枢、盛书全、董履常、朱谦、沈信尧、赵恒、宋子文、马保之、陈筱宗、叶培樾、杨守余、陈锺儒、方仁庸、沈光照、张琪、吴锦麒。哲学系马保之、王显廷、陈锺儒、许鼎、朱谦、顾秉中、赵恒、宋子文。韵文系汪梧封、张宏德、鞠儒珍、吴曾植、陈锺儒、沈信尧、宋子文、杨守余。古文系孙碧琦、周伦方、马保之、叶培樾、张宏德、吴曾植、许鼎、沈光第、陈锺儒、程学枢、柏有常、董履常、宋子文、陈森桂、沈光照、方仁庸、张琪、邱志明、陈炳辉、陈树棠、顾秉中、盛书全、沈渭初、朱志远、沈茂权。（汪梧封：《励学部纪事》,《澄衷》,第5期,1923年12月）

6月10日下午，胡朴安应上海市塘山路澄衷中学校长曹慕管邀请演讲"国学之门径"，陈楚才笔述，约一小时讲毕。（《澄衷之同乐会演讲及球战》,《申报》,1923年6月11日，第5张第18版）曹慕管本来嘱咐演讲国学概论或诸子平议，胡朴安"以此题太大，非短时间所能尽。且鄙人的学问亦不够，无已，其与诸君一商榷研究国学之方法"。指出："国学二字，作如何解释，即别于国外之输入学问而言，凡属于中国固有之学问范围之内者，皆曰国学。又此国学的名词，为概括的，通共的，非特指某专门学问也。"因其内容渊浩，研究的"第一步方法，须先将国学分类，然后在各种中，寻出一个门径来"。非为专门学者考虑的人手门径，可分六类，各有书目。

哲理类："凡属于思想一方面，皆为哲。"中国人思想发达极早，最初对于天皆有极端信仰，后来知识渐开，知道天不足支配一切，于是不以天为神灵，而以天为道理，验之于天，即验之于人。除儒家的荀子、法家的商子不言天外，可读《易》《论语》《孟子》、《礼记》之《大学》《中庸》、《二十二子》（浙江书局刊）、《宋儒学案》《明儒学案》《清学案小识》等书。

礼教类："礼者礼制，教者非宗教之教，亦非教育之教，盖含有伦理而兼政治者也。哲理属于思想一方面，礼教属于实行一方面。"书目主要有《周礼》《仪礼》《礼记》《荀子》等。

史地类："历史舆地，本有两类，但是研究中国历史者，宜借证于舆地，研究中国舆地者，断不可脱离历史，故合为一类。"求治乱兴衰之迹，须读《资治通鉴》和《资治通鉴后编》《明鉴》等书。欲明典章制度，须读九通或三通考。欲知史法，读《史通》《文史通义》。地理书以《水经注》和《读史方舆纪要》较好。

语言文字类："语言文字，自来未有另立一类者。清朝以前，附于经学。之［至］近人或归入文学，但此学确有独立一类之价值。"具体分形、声、义，形部可读《说文解字注》，声部可读《广韵》《音学五书》《古音标准》及《音学辨微》，义部可读《方言疏证》《尔雅义疏》等。

文章类："文章为讲学问之工具，可以发表自己之意思，而纪世界之事物者也。"可分有韵、无韵而优美、切实用三种。有韵当读《诗经》《后汉书》《淮南子》《文选》等，无韵而优美当读《左传》《史记》《新五代史》《唐宋八家集》等，切实用当读《礼记》《前汉书》《荀子》《管子》，陆宣公、陈同甫、顾亭林、包慎伯集等。

艺术类："艺术，如医、算、雕刻、书画等是。"医、算无须研究，雕刻不甚发达，只有书画在中国艺术界颇有重要价值。其技能方面另有专书，须得教师指授。欲知历代书画变迁大概，可以参考《佩文斋书画谱》。（胡朴安口讲、陈楚才笔述:《研究国学之方法》,《民国日报·国学周刊》,第6期,1923年6月13日）

6月11日 北京大学研究所国学门通告购入影片《千佛图》（敦煌石室壁画）和杂志等。

购入影片《千佛图》（敦煌石室壁画）四十八张。杂志则有:中文《国语月刊》第一卷第十一期一册,《国语月刊》特刊汉字改革号一册。日文《社会史研究》第九卷第六号,《历史地理》第四十一卷第六号。（《研究所国学门通告（一）》,《北京大学日刊》,第1263号,1923年6月12日,第1版）

6月18日 上海各团体发表对北京政变意见,全国工商协会主张公举中华民国总统,其人必须"国学湛深,熟悉国情"。

鉴于民初以来政争缘由在于国民争当总统,而共和国总统本为公仆,全国工商协会主张公举总统,其人必须符合五项条件:一是有道德学问,即品格纯洁无疵,人无间言;二是国学湛深,熟悉国情;三是新学优长,富于世界智识;四是众望允孚,为国内新旧人士及国际所信服;五是有行政才具,能采择众长,调和新旧。（《沪人士对于北京政变之表示（三）》,《申报》,1923年6月18日,第4张第13版）

6月20日　下午四时，北京大学《国学季刊》编辑委员会在第一院开第三期稿件审查会。钱玄同参加。（杨天石主编：《钱玄同日记（整理本）》中册，第539页）

6月27日　钱玄同撰成《研究国学应该知道的事》一文，主张要注意过去的辨伪成绩、要敢于疑古、研究古史不可存"考信于六艺"的成见。8月5日，刊载《读书杂志》。

顾颉刚形容"层累地造成古史"一文发表后，成了轰炸中国古史的"原子弹"。"多数人骂我，少数人赞成我。许多人照着传统的想法，说我着了魔，竟敢把一座圣庙一下子一拳打成一堆泥！于是南京大学的刘掞藜就依据了经典常识来反驳，说得有理有据的。我再给驳回，笔墨官司足足打了半年。我由于有三年的准备，也敢与挡驾。直到第二年我辞去了商务印书馆职务，回到北大，重理国学研究所的旧业，才暂行停战。"（顾颉刚：《我是怎样编写〈古史辨〉的》，顾颉刚编著：《古史辨》第1册，第18页）

钱玄同就是少数支持顾颉刚的人之一，暂时不参加讨论辩驳本身的学术问题，因为"对于这些问题还未曾子［仔］细研究"，但却很赞同其基本观点，提出三个建议：一、注意过去辨伪的成绩。由于中国伪书伪物很多，研究国学第一步便是辨伪。注意前人的成绩可以免被伪书伪物所欺和省却自己辨订的工夫。应先看胡应麟《四部正讹》、姚际恒《古今伪书考》、阎若璩《尚书古文疏证》、孙志祖《家语疏证》、崔述《考信录》、康有为《伪经考》、王国维《今本竹书纪年疏证》等辨伪名著。二、要有敢于疑古的精神。前人考订所未及或不敢认为伪造的书物还很不少，应该常持怀疑态度，对可疑之点不该轻信，更不应替它设法弥缝。三、不可存有

"考信于六艺"的成见。章学诚和章炳麟都主张"六经皆史"，说孔丘作六经是修史。暂且不论"这话本有许多讲不通的地方"，即便承认，也应当知道六经信史的价值远在《史记》和《新唐书》之下，因为孔子所得史料远不及司马迁、宋祁、欧阳修诸人，"夏礼殷礼不足征"之语便是铁证。（钱玄同：《研究国学应该知道的事》，《努力周报·读书杂志》，第12期，1923年8月5日）

6月29日 日本学者神田喜一郎致信顾实，感谢赠送《国学丛刊》。

神田喜一郎此前赠送《支那学杂志》二十余册，顾实回赠《国学丛刊》一部，并委托寻觅《管子纂诂》《韩非解诂全书》等"希觏"之书。神田函称："唯儿献吉郎《支那大文学史》、后藤浅太郎《文字之起原》，其著者学识谫陋，无足取者，是以未拜呈也，惟希垂谅。"知悉东南大学将印俞曲园《古书疑义举例》、刘申叔《左盦集》，请求惠赐。顾实以此私函"有关国学消息，故谨登录之"。

神田名信畅，号邕盦，京都帝国大学学生。"于去岁至吾国参观，在东南大学去后，来函具道企慕之诚，且以通讯雅事相约，而讫未一晤面也。承惠余《支那学杂志》，中多邕盦之作，直摩考订朴学之垒，不图吾国乾嘉诸老学风，今且盛衍于日本，以视吾国今之洋化派，方赤目喷沫，口诛笔伐，毒骂亭林而土苴戴、王、俞、孙，其君子小人之别，宁待辨耶？"（《神田喜一郎来书》，南京《国学丛刊》，第1卷第3期，1923年9月）后来神田来函，因有臧否他人之语，要求删去私函。顾实声明："窃维学术为天下公器，故《国学丛刊》载有私人函件之涉及论学者不一，但多未得发信人之许可，深为抱歉。兹接东友神田邕盦先生来书，至以为言，曷胜感谢。本丛刊第

三期所载神田先生来书，宜削除其全文，特此声明更正。"(《声名更正》，南京《国学丛刊》，第2卷第1期，1924年3月）

　　△　北京大学研究所国学门发布交换杂志、新购入图书目录。

　　国学门新收到交换杂志：中文《小说月报》《教育杂志》，日文《支那学》第三卷第五号。新购中文图书《南朝寺考》二册、《留真谱》二十册、《颜李丛书》三十二册、《□□古坛存》八册、《甘肃全省新通志》八十册、《韵学集成》十三册、《古乐经传》二册、《枯苍金石志补遗》二册、《汉书地理志校注》二册、《金石一隅录》四册、《复古编》四册、《古韵发明》四册、《古音谐》五册、《雷刻四种》四册、《说文引经考异》四册、《说文字辨》四册、《四声括韵》四册、《说文管见》一册、《怀小编》六册、《会稽徐氏述史楼丛书》十二册。法文书籍《图腾制度》(Totemism)。日本书籍《日本岁事史》,《风俗研究》第三十二、三十三、三十四、三十五、三十六、三十七期共六册。(《研究所国学门通告（一）（二）》,《北京大学日刊》，第1278号，1923年6月30日，第2版）

　　6月30日　北京大学研究所国学门古迹古物调查会号召会员暑假返乡就地调查考古学材料。

　　新入会人员有罗庸、韦奋鹰、范炳文、周新枏、阮德镈、王荣佳。(《国学门古迹古物调查会通告》,《北京大学日刊》，第1278号，1923年6月30日，第2版）调查范围大致可分为三类：古迹，如城市、宫室、关隘、营垒、坛庙、坟陵及其他一切之建筑物。古器物，如礼器、乐器、兵器、钱币、符印、简牍、碑刻及其他一切服用之器物。古美术品，如图画、雕刻、摹塑之品皆是。调查方法大致可分为文字记录、图画、照相、塑形、摹拓五种。"至于调查时之要点，地域不求其广博，而考察必期于精详。此事不惟于学术有裨益，仰［抑］亦暑假中之消遣良法也。倘同志诸君对于调查事项有所征询，请于下星期一、三、五上午来研究所国学门本会接洽，无任欢迎。"（《研究所国学门古迹古物调查会启事》，《北京大学日刊》，第1278号，1923年6月30日，第1版）

6月 无锡国学专修馆编选刊印《无锡国学专修馆文集初编》。

唐文治记云："选印《国学专修馆文集初编》，由教员选择甲班两年、乙班一年之成绩较优者，余为厘定之，著于篇。"（唐文治著，唐庆诒补：《茹经先生自订年谱》，沈云龙主编：《近代中国史料丛刊》第三编第9辑，第85页）

《无锡国学专修馆文集初编》由湘鄂印刷公司印刷，无锡国学专修馆发行，共四册。唐文治癸亥春月作序。分为经学、史学、理学、政治学、杂著、诗赋等六类，原则上收录甲班学生每课前三名课艺，未尽惬意的阙之，有佳卷的不止此数。甲班学生仅学两年，而理学、政治学等科均于第三年教授，所选两科之文较少。乙班学生虽然肄业仅及一年，但成绩不无可观，课艺一并选录，列于甲班之后。原本旁注良多，均经删削。间有简明而得体要，具存一二，以便阅者了然。经学、理学及杂著涉及小学部分，原本均依六书作古体字，因排印不便，一律更改。偶有未尽改之处，并非歧出。按所收作品多寡，排在前五位的学生是：王蘧常，二十五篇；毕寿颐，十六篇；蒋天枢，十三篇；唐兰，十一篇；蒋庭曜，十一篇。其中，蒋天枢为第二班学生。（刘桂秋：《无锡国专编年事辑》，第34—36页）

△ 陆懋德应清华学生之请，撰《评梁任公国学入门书目》一文，批评胡适、梁启超所拟国学书目均不适合清华学生。

该文连同梁启超《国学入门书及其读法》，及陆懋德《国学之分析》的演讲，曾收入《梁任公先生定国学入门书目》，署名陆懋德评。内称："民国十二年夏月，梁任公先生曾为清华学校学生代拟国学入门书目一篇。同时清华学校教授陆懋德先生本其教授经验之所得，又作评梁任公书目一篇，现因学界青年索阅者多，特为附印，以公同好。"

陆懋德开篇即点名批评胡适、梁启超所开书目不适合青年学生。

> 前此胡适之为清华开一"驴唇不对马嘴"之书目，而《清华周刊》反登一专论曰："有如此好的书目吾们还不发愤读吗？"余谓此论如能代表全体，则清华可谓无人，无怪为北大学生所笑。余既不愿打消周刊之狂热，又认胡氏书目无批评之价值，故默而不言。及梁任公书目发表后，同人多为满意。高等科彭君文应、马君杰询余有何意见？余对于任公书目，亦多半赞成，然有难表同意者，兹为评语数则如下，以备参考。

"为他人开一书目，非先就其地位代为设想不可"。"平心论之，习实科者除读中等国文中等国史外，并无研究国学之必要。即习文科者出洋以后，亦决无诵读华文之时间。然则此书目殆专为出洋以前之有志文科者而设，其虽习实科而兼嗜文艺者，自然亦在此列。"现时清华学生出洋以前，有六年时间预备，而课程繁重，除每日讲堂听讲及预备功课外，余暇固已无几。"而任公书目中乃有两通鉴（约六百卷）、三通考（约八百卷）、二十四史（约三千卷），此适足使学生望而却步。"原因在于"彼为政界前辈，未曾身历学校之困苦，宜其未能虑及"。

　　陆懋德仅肯定梁启超所拟书目的基本框架，谓："任公书目大体，余亦满意，其所谓（甲）类，实即哲学书，（乙）类实即史学书，（丙）（丁）二类实即文学书。不过其立名琐碎，不如直言哲学、史学、文学三门为便。"至于最低限度之必读国学书目二十七种，除"四书"、《易》《诗》外，《尚书》只可读二十八篇。《礼记》《左传》《国策》及诸子，均不必全读。《墨子》除《兼爱》一篇外，无甚可读。《荀子》为儒家支派，不读亦可。《史记》《汉书》不必全看，《后汉书》《三国》《通鉴》及宋元明纪事本末，可完全削去，代以李泰棻《中国史纲》（尚未出全）。《楚词》①《文选》及李杜韩柳白集亦可完全删去，而代以吴汝伦《古文读本》及通行本《古诗源》《唐诗三百首》。《楚词》《文选》二书为昔时文学上最重要的著作，今日通行文学，久非昔比，两书字眼笔调，全不适用。况且，《楚词》中屈、宋的精篇，《文选》中班、杨的名赋，皆已收入《古文读本》，曹、刘、陶、谢的古诗，又多收入《古诗源》，最低限度，知此已足。"无论学工学矿，皆须一读，若并此未读，不能认为中国之学人。"学人，即西文 learned man，名称甚不易当。"如谓凡人能读此二十七种书即谓之为学人，余实未敢信。又有人于此或医理高深，或法学精通，而因未读此二十七种书，即不谓之为学人，余亦未敢言。程伊川自谓生平不读《老子》《庄子》，是于二十七种中已少读两种。（通鉴及纪事本末，均出在程氏之后，更不待言）然则谓程氏为非学人，可乎不可？"（陆懋德：《评梁任公国学

---

　　① 《楚辞》，也作《楚词》。

入门书目》,《清华周刊》, 第九次增刊, 1923 年 6 月）

　　吴景超诘问陆懋德，"有如此好的书目吾们还不发愤读吗"一语何所据。本来对胡适的书目有两个意见，主旨与梁启超批评胡适的文章观点不约而同。"我们的见解固然不敢说是'代表全体'，但自己却相信得过，决不致见笑大方。然而陆先生却说：'清华可谓无人，无怪为北大学生所笑。'我不知道我们有什么可笑的地方，还请敝校哲学教授陆先生有以语我。"（陆懋德：《评梁任公国学入门书目》,《清华周刊》, 第九次增刊, 1923 年 6 月）

　　△　清华学校国学部发布本学年课程变通情形，制订下学年课程调查和改订计划。

　　本学年课程变通方面（课程表原略），包括：（甲）科目删改。删除清代史，文字源流改文字学，说文改小学。（乙）教本更换。历史原用共和国教科书，本国史换用新著本国史。地理原用共和国教科书，本国地理换用新制本国地理教本。哲学史原用哲学史大纲，改为自编讲义。（丙）教授通则。取教员、学生共动主义（自学诵导主义）。（丁）国文教授特别。主张从文言文入手，俾对于语体文及文学文有左宜右有之可能性。目的以养成读书能力，及发表思想能力为主。方法则用归纳法及演绎法。材料方面，中等科分纪事文、论说文、书翰文及文之比较渊源流别两阶段，诗则宋元明为一阶段，汉魏六朝为一阶段，高、大两科定书二十四种，每级六种，就中选用文字思想兼优之篇章为教材，避免从前重复之弊。练习分自作、助作，当堂缴卷、限期缴卷。国学课程委员会列表属于临时组织性质，会期自八月一日至二十五日。事前列表十三份，为会议时根据，以便处处能顾事实。就学生对于国学学习机会，及种种事实之限制加以考虑。有此变通，至年来明达。此项课程实施希望用杂志室设置（选购杂志十一种）及教授研究会组织（分国文、史地、哲学三组）两种办法。

下学年课程改订具体包括：（甲）考虑。前提是清华教育，一方面预备游美，一方面为国储才。本此前提，对于西学必须有适合程度，对于国学亦须有相当基础。实况则是下学年必修学科时，西学方面六个年级每周合计共159—160时数。国学方面六个年级，每周合计共43时数。学生精力用于西学者十之七而有余，用于国学者十之三而不足。另需教育原理揆度。（乙）原则。根据考虑所得，分必修科目，主简单以期与时力能力适合。选修科目，主丰富以适应个性之发展。学科内容，以使有本国文化上一般之基础为主。学科分量，以有伸缩余地为主等四个标准作为规定。（丙）步骤。分调查、拟订、呈核、宣布、教员支配、计划实施，调查广州执信、南高附中、北高附中、山东一中、江苏一中、中国公学中学、南开七校课程。国文科选修实施程序中，此前已完成分致教员，宣布选修课作法概略，在暑假前还须宣布学生应备书籍，以便暑假内备妥。（《学校方面一年来大事记》，《清华周刊》，第九次增刊，1923年6月）

夏　王治心发表章太炎讲、曹聚仁记《国学概论》之书评，称其为研究国学的指导。

王治心（1881—1968），浙江吴兴人。幼入私塾，习四书五经。1901年受洗为基督徒，相继在湖州东吴第三中学、华英学校（女塾）教授国文与历史。1921年，与范丽诲等在上海组建中国基督教监理会教友协会。是年秋，受聘南京金陵神学院，教授汉文与哲学。1922年冬，兼任金陵神学院院刊《神学志》编辑，发表耶佛、耶道、耶儒比较调和思想的多篇文章。（王兴：《王治心先生学术年表》，王治心：《中国宗教思想史大纲》（校订版），商务印书馆，2017年，第254—256页）

序称"住在内地"，没有机会当面听章太炎讲演，"很为怅然"。

> 因为章先生是我们中国讲国学的泰斗，他曾经著过几种有价值的书——《訄书》《国故论衡》《齐物论释》《新方言》《小学问答》《文始》等书。——没有一个人不佩服他。他曾经在东京、北京讲过二次学，现在又在上海把国学作有系统的讲明，自然是很有价值的。

《国学概论》"很可以做我们研究国学的指导"，然"也有不少可以批评的地方"，邵力子的批评"实在非常中肯"。希望读者"能够用批判的眼光去读他，而后可以得到他的益处。另外还有一本《章太炎白话文》，也是泰东书局出版的；他白话文的好坏，我们不去管他，而中间有几篇——《论诸子的大概》《中国文字略说》《经的大意》——等，也可以做研究国学者的向导"。

研究国学本是一个难问题，需要有人整理出一个系统，令人节省一锅冷水着底烧的工夫。现在"整理国故的人，一天多一天，国内几个大家，除章先生外，还有胡适之、蔡子民、梁任公等，都是很有贡献的"。而"我们也应当负一个宣传的责任"。"中国固有学术思想整理出来，实在可以自豪，叫世界上人知道中国的形上之学，与伦理政治上的种种优点，实在超过了世界各国。日本无论矣，即西洋人亦多有些觉悟，讲学的罗素，不也在中国学术上表示钦佩的么？不但如此，中国学术的势力，渐渐澎涨到西方去"。同时，还有许多糊里糊涂的中国人，不知道自己家里有宝贝，硬要到外面去找。那些带着隔膜的西方传教士在中国传道，以为中国学术一文不值，在教会学堂里请几个一知半解的国文教员充数就算了。我们大家则必须振奋民族精神，"到国学里掘矿"。（冶心：《国学概论》，《神学志》，第9卷第2期，1923年夏季）

△　上海南洋高级商业学校甲子级学生严履端等设立国学研究会，主要学习国文。

该校以商业命名，学生大抵以研究近代商学为职志，课程以商学居多。甲子级学生共五十余人，国文课每周不过数小时，仅凭一二课本，教师每期数小时讲授，不足以满足学生求知愿望，更难深入堂奥。"况乎中文乃吾中华数千年来之国粹，古代精华，国家文化，三千年来得以维系不坠者以此。吾人虽以未来之商人自命，然而祖国国粹，安得舍而不讲乎。"于是，本年夏季成立国学研究会，会员13人。成立以来，成绩斐然可观，会友虽仅十余人，而踊跃输将，各尽所能，供之群众，借收切磋观摩之效。如李重民、王文枢、傅麓泉、程秉湘、邱沈镛等，"尤为吾会之健者"。（严履端：《国学研究会小史》，《南洋高级商业学校季刊》，1924年）

7月1日　陈独秀批评国学的名词既笼统，内容又充满腐朽，整理国学无异于是在粪秽里寻找香水。

先是，陈独秀曾从方法论角度赞同用科学方法整理国故，以期创造新的文化。鉴于政治引领的需要和国学研究客观上导致复古思潮，此时转而表示反对。

国学是什么，我们实在不大明白。当今所谓国学大家：胡适之所长是哲学史，章太炎所长是历史和文字音韵学，罗叔蕴所长是金石考古学，王静庵所长是文学，除这些学问以外，我们实在不明白什么是国学？不得已还只有承认圣人之徒朱宗熹先生的话："国学者，圣贤之学也，仲尼孟轲之学也，尧舜文武周公之学也。"

现在中国社会思想上堆满了粪秽，急需香水来解除臭气，本应赶快制造香水要紧，可是胡适之、曹聚仁等妙想天开，要在粪秽里寻找香水。即令费尽牛力寻出少量香水，其质量最好也不过和别的香水一样，并不特别神奇，而且自身多少恐要染点臭气。出卖香水时还不肯舍去粪秽的商标，惹得想独得专利的圣人之徒朱宗熹愤慨和声讨，无异于胡曹诸君自寻烦恼。警告想要审订国学名词的曹聚仁说："我老实说，就是再审订一百年也未必能得到明确的观念，因为'国学'，本来是含混糊涂不成一个名词。"（陈独秀：《寸铁·国学》，《前锋》，第 1 期，1923 年 7 月）

7 月 4 日　钱玄同与沈士远、单不庵商量《国故概要》出版问题。

晚，沈士远、单不庵和钱玄同商量《中国学术论著集要》再版事宜，决议改为《国故概要》，以从简易，先由三人分别修正第一册之圈点以付印。（杨天石主编：《钱玄同日记（整理本）》中册，第 541 页）

7 月 6 日　报载江苏省扬州兴化县知事拟组织国学研究社，遭到当地教育界反对。

该社以策论、诗赋扃试儒生，每年甄录一次，录取者月试一次，并拟拨教育经费，或司法罚金，以备分等给奖。"闻教育界以此社仿佛科举性质，束缚学子，借名开支，实为教育前途障碍，刻正一致反

对云。"(《反对国学研究社》,《申报》,1923年7月6日,第3张第11版）

7月7日　北京大学研究所国学门风俗调查会致函各省教育厅、各省大学及专门学校,请求协助调查风俗。(《风俗调查会启事》,《北京大学日刊》,第1278号,1923年7月7日,第1版）

新闻舆论也关注此风俗调查表,有称:"北京大学现组成一风俗调查会,从事调查全国之风俗,诚为中国破天荒之盛举。"(《北大组织风俗调查会》,天津《益世报》,1923年8月8日,第3张第10版;《北京大学之风俗调查会》,《顺天时报》,1923年8月3日,第7版）

7月11日　金毓黻在日记中点评梁启超、胡适开列的国学书目。

肯定两人如张之洞《书目答问》指示读书要领,应该合观。具体有两个优点:一、综观标举各书,以梁氏之表为最备,分类亦善,承学之士可以依类而求。胡氏分类不如梁氏之精,如梁所评,未将"廿四史"、《通鉴》列入,反列《正谊堂全书》《全上古文》等书,似不免于疏漏。惟其所举各书,亦均切要,《正谊堂全书》为言程朱学派书之总集。《全上古三代秦汉三国六朝文》为唐以前文章之总集,果有志研究理学、文学,舍此难求。胡氏书目仿《书目答问》之例,于每种下必注某人撰或某人编,为原刊本或为通行本,板存何处,何本最佳,何本易求价廉,极便于学者之搜求。梁氏书目则未之及此。二、梁氏以胡氏不收"廿四史"、《通鉴》为非,然胡氏目中之书亦有不可废者,如《书目答问》能为初学指迷津,择善本,比《四库全书提要》尤为切要。《汇刻书目》《史姓韵编》《李申耆五种》《汉学师承记》亦启示学问途径切要之书。《大云山房集》《惜抱轩集》为阳湖、桐城两文派所从出,皆宜补入梁目各类之中。"故两氏之目皆足资学者求书之助,而以创作者较难,后出者为精，其功并不可灭也。梁氏盛讥胡氏之目为一己作哲学史、文学史资料而作，而不为多数学子设想，持论毋乃太苛。"（金毓黻著，《金毓黻文集》编辑整理组校点：《静晤室日记》第2册，辽沈书社，1993年，第842页）

各自通病。一、分际不明。"大氐学问之道，博则寡要，专则易精，大而哲理、政治，细而词、曲、小说，统曰国学。以中人之才，任择其一，穷年累月不能殚，欲言兼通，谈何易乎！两氏之目皆标曰国学，胡氏固未暇分疏，梁氏五类亦未明其断限。治某学者，入门宜读何书，精研宜读何书，似宜分晰标举，始能召示准绳。文襄所云分别条流，慎择约举，视其性之所近，各就其部求之，可谓得辨章学术之大齐矣。梁、胡两氏似皆不注意及此。"二、说明太略。《四库全书目录提要》于每书之下，撮举其要，加以断制，全书内容，犁然在目，此法最良。梁氏目下，注太简略，或竟无注。胡氏注加详矣，与辨章学术之旨，相去仍远，学者读之，但惊其采撷之富，而昧其别择之精，如入书城，转迷向往，五色令人目盲，其此之谓欤。谓宜于每书之下，首次撰人、卷数，次举内容，次举版本及出版处所，次注此书宜入何类，或兼入何类。于每类书目之后，加一总说明。言某学者宜先读何书，次读何书，条流既明，学者始易入手，学问乃望淹通，两氏之目既未之及。""虽然，二氏皆新学巨子，胡氏复究心西籍，于举世唾弃之国学，宜不屑言，乃不吝开示，委曲详尽至于如此，虽老师宿儒，有不能道其仿佛者。或有未备，正待后人之补苴，固不必以此斥言其短也。"（金毓黻著，《金毓黻文集》编辑整理组校点：《静晤室日记》第2册，第842—843页）

△　山东省长熊炳琦属下王鸿授命王石朋、吴秋辉等组织山东国学研究社。

熊炳琦深受曹锟的赏识和器重。先是，北京政府因总统黎元洪辞职，一度处于无政府状态，摄政内阁催促国会选举总统。在曹锟指示下，熊炳琦由济南专程进京联合同僚，为"曹锟贿选"奔走效劳。熊炳琦与不积极支持曹的山东省督军田中玉不睦，在临城劫车案的处理上又冰炭不容，早思"倒田运动"，但二者势均力敌，难以推倒对方。北上之前，熊炳琦在中和饭店召集许锺路、王鸿、王讷、王宗元、宋传典、唐仰杜、徐亮义等集议。"惟熊北上后，其一般党羽，颇呈现一种倒田运动，就中尤以王鸿为最。见［现］组织军政俱乐部（地址中和饭店），联络省议员，通过补助，徐亮义建设国学研究社（皆由省款补助六千元），皆王鸿之所为。盖军政俱乐部，为收买军人政客机关，而国学研竟［究］社，则以延揽旧派之可也。"（《大典筹备中之山东》，《晨报》，1923年7月11日，第5版）

山东国学研究社设在济南，具体由国学家王石朋、吴秋辉等人，"鉴于国粹之必须保存"而组织。"一时连袂而入者，络绎不绝，皆系鲁省当代文人。"本年底，"又鉴于省城各校学生之国文程度低浅"，设立国文补习夜校，校址暂借正谊中学教室，学费每月一元，每晚六点半至九点半上课。课程分经学、散文、诗及骈文，此外还有公文一门，以便养成此项常识。12月26日上课，各课分配：月曜经学（诗书），吴秋辉主讲。火曜经学（孟子），彭玉华、王石朋主讲。水曜散文（古文释义），丁准夫主讲。木曜散文（古文释义），蒋绍堂主讲。金曜诗（唐诗合解）及文（古文释义），前教育厅长王讷，及王莼生、张用宾担任。土曜公文，林茂泉担任。

（《国文补习夜校开学》，《时事新报》，1923 年 12 月 30 日，第 3 张第 4 版）

经过数月组织筹备，于 1924 年 1 月 14 日开选举会，投票选举丁麟年为正社长，彭兰琪、吴瑞洪为副社长。呈文山东省教育厅称："窃敝社承蒙钧座提倡，节经组织，诸凡就绪……当因国学深邃，又值绝续之交，恐非麟年等末学所能胜任。惟事关重大，未便坚辞，即于本日任事。除将筹备时所用钤记撤废外，兹特另刊钤记一颗，文曰：山东国学研究社之钤记，即于本日启用。"3 月 1 日，准予立案。（《山东国学研究社呈报正副社长丁麟年、彭兰琪、吴瑞洪任事暨启用钤记日期由》，《山东教育公报旬刊》，第 100 册，1924 年 3 月）

1924 年 2 月间，"山东全省人民代表何宗莲"呈请北京政府国务院和教育部，请明令全国读经，崇祀孟母。教育部议驳，称与事实不符，扞格难行。6 月，何宗莲又通过督理山东军务善后事宜郑士琦、山东省长熊炳琦转呈北京政府，再被教育部驳回。（《教部对于读经尊孟之意见》，《申报》，1924 年 6 月 23 日，第 3 张第 10 版）

△　报载江苏省吴江保赤局国学专修馆"大得社会信用，已向丝捐项下筹有的款，下半年将大加扩充"。（希天：《保存国粹因如是耶》，《吴江》，1923 年 7 月 11 日，第 3 版）

张廷灏批评吴江震泽镇同善社开设"不伦不类"的国学专修馆，为该地"学界不懂教育潮流"的表现。"提倡国学未尝不是一件好事情；可是叫七八岁的小孩子去专修国学，完全是瞎闹了。专修国学不是一件容易事情，七八岁的小孩，'之无'刚才识得，便叫他去读古文念唐诗，试问他能懂得书中的意义吗？放着人所应当知道的普通学识不去教，而教这许多天真烂漫的小孩子去学这些，不是急需的古文学，实在岂有此理！听说这所专修馆是同善社办的，该镇上负教育责任的先生们，不去禁止他们，反让这个同善社横行无忌，真是奇怪！"（廷灏：《呜呼震泽镇上的商学界！》，《民国日报·觉悟》，1923年5月15日，第4页）

7月12日 北京大学研究所国学门整理档案会号召师生暑假整理清代内阁档案。

除了刊载6月2日会议议决的三项整理手续，整理档案会发布启事云："现在本校既已放假，即应遵照上项议案着手进行。凡本校教职员及诸同学，对于此事，具有兴趣，情愿加入者，即请函知本会（通讯处第一院研究所国学门整理档案会），同人无任欢迎。"（《整理档案会启事》，《北京大学日刊》，第1279号，1923年7月14日，第1版）

7月13日 张彭春与曹云祥商量清华学校改大期间国学部的去向问题，曹云祥主张改为国文系，仍以戴梦松为主任。张彭春主张暂改为国文科，未有全盘计划。

围绕着国学部的去向，曹云祥、张彭春和戴梦松意见不一。7月13日下午，张彭春同曹谈，前半段时间有戴在，戴意要早解决国学部"有无的事"。张自称推戴仍旧，因若现在更换，名称难拟，并想酌量数日后再定。戴去后，张与曹谈教员分组办法。"他说这就许是解决国学部的方法，把国学部名称改为'国文系'，请戴为'代理国文系主任'。"曹意清华将来各科都要分系，现在已成系的只有国文系、英文系、体育系。张建议其余学科都可按组临时分配，如数学组、自然科学组、史地政治社会经济学组、其他外国语组。"现在国学部内的史地、法制课程归入第三组，然而哲学、论理、伦理等科，暂属国文系内。"张懊悔曾当着戴的面，说"主张不废国学部的话"。因为"名称同戴的态度"颇为难，最后倾向于用"科"的名义，同意下年请梁启超作"国文系顾问"。戴表示愿意亲自请梁来。7月14日，戴之职务改为"暂代国文科主任"，张见其对此"暂代"不太在意，目的是"副教务主任"。于是，张、戴两人发生矛盾，张决心"将来要请适之或别的有新旧学问的人来主持国文系"。而戴恰"是不能容纳胡适之一派的人"，"很愿意梁任公来作特别讲师，可以给他的主张上加力量"。（张彭春：《张彭春清华日记（1923—1924）》，第74—77、81—83、86—87页）

7月19日 报载湖北省新设国学馆，聘名宿王葆心任馆长，仿书院制度，设经、史、理、文四科，分内外两课。

王葆心，字季芗，号晦堂，湖北罗田人。两湖书院高材生，为张之洞、梁鼎芬、邓绎、周锡恩等人赏识。乡试中举后，曾任学部主事、礼学馆编纂。民国时期，历任湖北革命实录馆总纂、湖南官报书局总纂、北京图书馆编纂、湖北省立国学馆馆长、武汉大学教授、湖北通志馆总纂等职。博极群书，于经学、史学、文学都有系统研究。晚年致力于方志学，有继往开来之功。著述一百几十种，如《古文辞通义》《经学变迁史》《明季江淮七十二寨纪事》《方志学发微》《晦堂文集》等，并主持编纂《湖北文征》。据其后人忆称：

民国十一年，老人自京师图书馆总纂，改任武昌高等师范教授时，湖北宿儒如黄梅帅畏斋，沔阳黄翼生诸先生，以旧学久废，商请鄂督萧耀南创立国学馆，聘老人为馆长。开馆之日即定以经、史、文、理四科施教。各省好学青年纷纷来学。刚及三年，以时变停办，学界深为惋惜。民国十七年，国立武汉大学创立，聘老人为教授。他在任教时，总让学生知道什么是根底之学，而得到研究国学的途径。一时我省有"吾道复兴"之赞叹。（王延杰：《王葆心先生家传》，中国人民政治协商会议湖北省委员会文史资料委员会编：《湖北文史资料》，第40辑，1992年，第112页）

王葆心上任伊始，立即着手制定了一系列管理方案，如《国学馆馆章草案》《湖北国学馆学规课程》等，为国学馆发展指明方向。《国学馆馆章草案》提出，"昌明学术、内存国性、外美国风，促文化之进行为宗旨"。从现有文献看，湖北国学馆涵盖了高等教育的教学、学术研究、社会服务三大职能。教学方面，采用传统书院与近代大学相结合的教育制度，分内课生和外课生。学术研究方面，王葆心将湖北国学馆的责任分为两种：对湖北省的责任六项："一、赓成未编竟之本省通志；二、编成前此本省未有之文征、诗征；三、搜聚刊布吾乡先正未传世之遗书遗文；四、兼及外省人有关吾乡文献之著述；五、设储藏图书室，而以吾乡先民著述陈列为其中一部分收入；六、立国学研究会以倡导热心国学之士。""研究之程途有三种：区国学之科目；定国学之研究；招国学之馆员。"对全国的责任两项："一、编辑教科书暨讲义，以辅助教育界之进行。二、刊发国学杂志及演讲集，以普及国民尊重微言之思想。"社会服务方面，附设国文讲习班。（孙劲松：《晚清至民国时期的湖北国学教育》，武清海主编：《荆楚文化与"文明湖北"》，湖北人民出版社，2014年，第67—68页）王葆心在《国学馆附设国文讲习班招生简章》中写道：

本馆之设，最要在保存吾国道德；次则保存吾国文字。吾国道德宗旨散见群经，微言大义，炳若星日。而《论》《孟》实挈其纲领。在昔科举时代，以此命题，故学子靡不记诵。然重道轻艺，道德无所附丽以行，遂至流为空谈，迂疏无用。今则科举废而学校兴，科学昌明，讲求艺术，教学可以谋生活之知识、技能，似合于孔门道艺兼修之旨。然又重艺轻道，好奇者昌言废经，附和随声，《论》《孟》几束高阁，以致道德堕落，人心凉薄，风俗颓败，此则大可忧者一也。

且文字中西并授，学子往往厌故喜新，听西文则兴趣盎然，听中文则倦而思卧，不知国于天地，文字与国家共存亡，文字存则国存，文字亡则国亡。环球各国，未有不重本国文字者。兼肄西文以应时世需要则可，弁髦中文而数典忘祖则不可。试思吾辈既为中华国民，凡一切讼狱之判词，政事之布告，势不能改用西文，此定理也。近时高等专门学校毕业学生，文义且多扞格，况中小各校乎？循此以往，吾恐数十年后即公牍笔札之往返，求一理明词达文字，亦不易得。况笔划之缺略，字体之谬误，亥豕鲁鱼甚至传为笑柄。此则大可忧者二也。

基于上述情况，王葆心特别创办校外国文讲习班，讲义务，求浅近，使人知晓。学生不拘资格，不限年龄，不分籍贯，不需试验，但有志向学者，即可来馆报名学习。教学内容包括识字、读经、读文、作文。（叶贤恩：《王葆心传》，崇文书局，2009 年，第 126—128 页）王葆心在湖北国学馆章程上说明："有关吾国国性、国风之学术，直接对世界而讨论之，讲贯之，实即先圣前贤'温故知新''守先待后''以古持今'之旨。'知新''待后''持今'，必原于'温故''守先''以古'，然后乃可开拓宏基，有益于方来，宏扬于世界。"（谈瀛：《我所知道的徐复观先生——影响徐复观思想的家乡环境和几位前辈学者》，李维武编：《徐复观与中国文化》，湖北人民出版社，1997年，第613页）

具体研究程途中，区国学之科目：曰六艺学，曰九流学，曰六书学，曰九数学，曰汉学，曰宋学。通于今日者曰心理学、物理学、性理学，曰学术史、教育史、伦理史、宗教史。又有三礼学，九通学，正史学，通史学，政治学，地理学，金石谱录等学。通乎今日者曰法政学、经济学、社会学。又有骈散文学、诗词学、诗文评学。通乎今日者曰美术学、外国语学。其诸学科者，以我国材料为经，而以欧人哲学科学诸说为纬。定国学之研究：曰句读之研究，曰评校之研究，曰钞纂之研究，曰考订之研究。此四法连贯之进行，又须纬以观书之定程，疑问之笔札，定期之讲演，随时之条教，而研求之大略具是焉。招国学之馆员：凡入馆者，须有愿行研究学科之呈明，介绍人引之入馆，得为甲类之馆员；其各校诸生，该校长认为国文、国学等科程度不足者，送来补习，本馆亦可收入，由本生执取校长证由书，入馆研究，得为乙类之馆员，其补习条则依时定之。为完成责任，王葆心还在章程中，分别阐明组织问题、职员问题等。聘请经史文理四科有特长的人任教，决定经学聘请黄福，自己参与讲课；史学聘请姚晋圻；文学聘请黄侃；理学聘请帅畏斋。（叶贤恩：《王葆心传》，第119—121页）

舆论和教育界关注湖北国学馆成立消息。《申报》谓开办费四千元，月费千余元。（《国内专电》,《申报》，1923年7月19日，第1张第

4 版）《时事新报》则说湖北教育厅会议决定女子职业学校迁入甲农原址，所有女子职业学校址作国学馆址。"国学馆长一席，已请王葆心担任，月费四千元，在铁沙捐项下开支云。"（《湖北学务志》，《时事新报》，1923 年 9 月 8 日，第 3 张第 4 版）《时报》载：

> 鄂当道为保存国粹，特拟设立一国学馆，招生就学，专门研究经史词章。办法分内外课，均有奖金，略如前清书院，月给膏火之例。一般学究，大出风头，纷纷购买旧书，以备及锋而试。因有词章一门，《四声便览》一书，不可不备。奈各书肆，苦无多本，供不应求。有老学究某妙想天开，出其家藏旧本，租人传抄，每抄一份，索价一元，一时踵门求抄者，争先恐后。该老学究竟大得其利，逢人辄道斯文未丧云。（《武昌宏开国学馆》，《时报》，1923 年 9 月 10 日，第 4 张第 16 版）

《清华周刊》则称："湖北当道近为提倡国学研究起见，决设立一国学馆。已拨库款二千元为开办费。至该馆之成绩如何，吾人试拭目俟之。"（《湖北设立国学馆》，《清华周刊》，第 286 期，1923 年 9 月 20 日）

7月21日 曹聚仁致函胡适，附奉第五版《国学概论》。

先是，曹聚仁本拟今夏进北京大学研究所国学门，以故中变，恐人事相迫，又与胡适素昧平生，终无及门请益之机缘，因而致函胡适，请求晋谒。先行请教三个问题，一是："在目今聚仁所取以为研究者中国儒家之学说，愿以十年之功专注于此。然见闻固陋，未审欧美各家哲学，何者至可引为治儒家之借镜？"二是："研究端赖工具为之阶进，故研究方法之取择，乃入门第一步功夫。聚仁以为治中国古代学术，最宜专择一二重要典籍，究其义理，详其训诂，考其典则，然后舍而之他，则困难不生，一切可迎刃而解。而友朋多以为此法事苦而效鲜，不若遍加浏览，志其概略为上。歧途徘徊，何去何从？"三是："儒家学说盛行于鲁，至汉初而此风未熄，则其物质环境与社会组织，必与之有重大关系。私意以为治儒家者不当专注于政治状况，于鲁之民族性，于周公之学说，皆当详为考察。此浅陋之见解，未审有当于理否？"

附奉第五版《国学概论》，并谓："太炎先生此次讲演，聚仁终病其琐碎散漫，且意气过重，文、哲两章，更不能使人满意。"（杜春和、韩荣芳、狄来全编：《胡适论学往来书信选》下册，河北人民出版社，1998年，第1216—1217页）

7月22日　钱玄同认可吴稚晖对梁启超拟国学书目的批评。

先是，早在本年5月31日，钱玄同就拟作《读了胡、梁两先生的国学书目以后》，因心乱未成。（杨天石主编：《钱玄同日记（整理本）》中册，第537页）正式名为《胡适、梁启超两家最低限度国学书目的批评》，原拟刊载北京师范大学《国文学会丛刊》第一卷第二期，因"钱先生尚未脱稿，未能付印。一俟交来，当趁先披露"。（《编辑部启事二》，《国文学会丛刊》，第1卷第2期，1924年1月）

其时钱玄同在学术研究和现实生活中都坚持五四时期提倡的"西方化"和科学、民主的精神，反对保存国粹和"东方化"的复古倾向。7月1日，致周作人信称："我近来很动感情，觉得二千年来的国粹，不但科学没有，哲学也玄得利害，理智的方面毫无可满足之点，即感情方面的文学除了那颂圣、媚上，押韵、对伏、用典等等'非文学'以外，那在艺术上略有地位的总不出乎——a歌咏自然，b发牢骚，c怡情酒色，三种思想。"（周作人：《钱玄同的复古与反复古》，沈永宝编：《钱玄同印象》，学林出版社，1997年，第15—16页）7月9日的信中，又批评梅光迪诸人的怪论及许地山有提倡孔教之意，以为"中国古书确是受戒的书物"，"曾经过整理就绪（即将它们的妖怪化、超人化打倒）以前，简直是青年人读不得的东西"。"东方化"终于是"毒药"，"不但圣人道士等等应与之绝缘，即所有一切，总而言之，统而言之，总非青年人血气未定时所可研究者"。此外，批评《时事新报》所载徐志摩"忽然大倡废止标点符号之论，竟说什么'无辜的圣经贤传，《红楼》《水浒》，也教一班无事忙的先生，支离宰割'"，表彰梁启超壬寅年的《新民丛报》和陈独秀1915—1917年的《新青年》之议论，现在还是"救时圣药"，仍是应该积极去提倡"非圣"，"逆伦"，积极铲除"东方化"。"总而言之，非用全力来'用夷变夏'不可。我之烧毁中国书之偏谬精神又渐有复活之象，即张勋败后，我和你们兄弟两人在绍兴会馆的某院子中槐树底下所谈的偏激话的精神又渐有复活之象焉。"（周作人：《钱玄同的复古与反复古》，沈永宝编：《钱玄同印象》，第16—17页）

是日下午，钱玄同至公园晤孙伏园、吴稚晖。"伏园说吴有一信致蔡先生，又有一文名曰《箴洋八股化之理学》，系对于梁任公之《国学书目》、张君劢之《新宋学说》而痛诋者，均登明日《晨报附刊》。吴先生当面所说亦均此类之语。当兹之时，非有此等语言发聋振聩不可。我近来觉得民国五六年之时，《新青年》中之独秀其功实伟。"（杨天石主编：《钱玄同日记（整理本）》中册，第543—544页）

东西文化并非完全对立，故钱玄同4月6日写道："我最近觉得

'东方化'、'西方化'的说［法］实在不能成立。总之科学未兴以前的文化，都是博物院的材料，看到中国有宋之朱学和清之汉学，印度有因明学，这都是科学的精神的渐渐发舒。我更相信赛先生绝对不能〈是〉西洋人所私有，的的确确是全世界人类所公有之物，所以说这是'西方文化'，实在绝对不通，这分明是世界文化。"（杨天石主编：《钱玄同日记（整理本）》中册，第526页）

7月23日　吴稚晖在《晨报副刊》发表《箴洋八股化之理学》一文，主张中国目前以学习西方先进物质文明为急务，批评胡适、章太炎、梁启超等向青年提倡整理国故，是逆时代潮流的错误之举。梁实秋批评吴稚晖未曾了解梁启超开列国学书目的动机和内容，二人发生争论。

吴稚晖在致蔡元培函中，肯定其派遣蔡无忌（字柏龄）到比利时低级工校学习工艺为转移空疏的教育风气之举，附去此文。在《晨报副刊》发表此函时，加按语称：

> 恒感伤于年来国论之不定，教术之谬误，聚盈千累万政客式之学生，而行洋八股之教育。有道之士，更昧于孔子先富后教之次序，欲以空言挽世运，杂以孔学佛学理学，扬扇其毒波。呜呼，使伏见九凌湘波南下，就曲阜大学，文化学院，遣斋居静坐之人生观学者，坐长沙城楼上，左拥玄学林，右列创造队，可以对付者，吾可以无言。否则吾安能辞举世之唾骂，而不为号泣以谏耶。先取所复蔡先生书，以见吾意。或更将于此处彼处，多所反抗，以举吾说。（吴敬恒：《复蔡孑民先生书》，《晨报副刊》，第189号，1923年7月23日，第1版）

《篇洋八股化之理学》大致从两个方面阐述，首先厘清物质文明和精神文明及与欧战的关系。指出物质文明与精神文明是双方并进、互相促成的一体关系，不可割裂。欧战并非科学孕育的物质文明引起，时人尤其是科玄之争论战中的张君劢却将二者割裂对立。丁文江等人的主旨是反对张君劢的物质精神对立观，相信物质进步必然带来精神进步，两者相辅相成。其次，重点批评梁启超、胡适的国故研究不能解决现时代的中国问题。张君劢的"玄学鬼"，是梁启超的《欧游心影录》带回的。"最近梁先生上了胡适之的恶当，公然把他长兴学舍以前夹在书包里的一篇《书目答问摘要》，从西山送到清华园，又灾梨祸枣，费了许多报纸杂记的纸张传录了，真可发一笑。"梁在清末以来鼓吹舆论，在思想解放史上具有巨大作用，现在却误受胡适《中国哲学史大纲》的影响，忽发整理国故的兴会，先作《清代学术概论》《中国历史研究法》，后来又作许多学术讲演，大半是妖言惑众，《先秦政治思想》等与《西学古微》等都是一鼻孔出气。更组织中华文化学院，隐意自己若死，国故便没有人整理，结果无疑是要葬送青年，情愿"他早点死了"。此节不是学术问题，而是革命问题。"不是胡适之的《哲学史大纲》，便是好的，梁先生的《先秦政治思想》，便是谬的。现今有许多古学整理的著作，我都拜倒。然而或是考订，或是质疑的，或是撮录的，价值都大。惟有借了酒杯，浇着块垒，真叫做下作。"

胡适《中国哲学史大纲》本意是革命，结果引出梁漱溟的文化哲学和梁启超的学术讲演，革命效果还不够抵消。吴稚晖原本热烈赞同胡适看线装书，但是二十年前同陈颂平相约不看中国书，直到五四运动之后，遇见康白情、傅斯年诸位，才悟他们都是饱看书史，力以不空疏为尚。他们不是闹什么新文化，简直是复古。以为时机到了，古学有整理之必要，所以要请章太炎去里昂讲经。去年将国内国外的空气细细一检验，才发现上了大当，妖雾腾空，竟缩回到《时务报》出世以前。影响在政界，把最热烈的革命党都化为最腐臭的官僚，简单归罪，就是四六电报打出来的。

这国故的臭东西，他本同小老婆吸鸦片，相依为命。小老婆吸鸦片，又同升官发财相依为命。国学大盛，政治无不腐败。因为孔孟老墨便是春秋战国乱世的产物，非再把他丢在毛厕里三十年，现今鼓吹成一个干燥无味的物质文明，人家用机关枪打来，我也用机关枪对打，把中国站住了，再整理什么国故，毫不嫌迟。

究其实，国故只是一种应当保存的古董，埃及巴比伦的文字、希腊罗马的学术、因明惟识的佛经、周秦汉魏的汉学，都是世界公共有维护之责的东西。各国最高学院应该抽几个古董高等学者将其不断整理，但不能花费青年脑力，作为"现世界的教育品"。章太炎在江苏省教育会做国学讲演，现在讲演被书坊刻印，是"老年的污点"。而梁启超开具的国学书目，也实在是"灰色的书目"，于人大不利，于学无所明。正如张小浦所说："倘真正是国粹，何必急急去保？二千年以来，定孔孟为一尊，斥老墨为异端，排除无所不至，然而老墨之书至今光景长新。"因此，在三十年内姑且由梁启超等几个少数学者，抱残守缺，已经足够，"不必立什么文化学院，贻害多数青年。更不必叫出洋学生带了许多线装书出去，成一个废物而归。充其量都成了胡适之、胡先骕诸位先生，也不过做一个洋八股的创造人而已"。（吴稚晖：《箴洋八股化之理学》，《晨报副刊》，第189号，1923年7月23日，第2—3版）

同日，当时担任《清华周刊》编辑的梁实秋撰《"灰色的书目"》，肯定梁启超拟《国学入门书要目》有益于一般浅学青年，反驳吴稚晖的长文"简直令人捉不到他的思想的线索和辩驳的论点。里面文法错误欠妥的地方，不可计数"，因其不明梁启超的动机和内容，下了"糊涂、误解、孟浪"的断语。梁启超、胡适所拟书目都是应《清华周刊》记者请求，胡氏书目发表在先，梁氏书目附有批评，决非梁启超上了胡适之的恶当。"梁氏书目的主旨不是要造就一大批整理国故的人才，只是指示青年以研究国学的初步方法，——这是在梁氏书目的附录里已经写得明明白白，而吴先生不曾了解。"

解答国学的功用问题，必先明其性质。"国学便是一国独自形成的学问，国学便是所以别于舶来的学问的一名词。"学问本来不分国界，中国海禁未开以前，所有经天纬地的圣经贤传、祸国殃民的邪说异端，大半是本国土产，暂且撇开古今中外的学问的是非善恶问题不论，为命名清晰起见，未尝不可以叫作国学。如梁启超假定国学常识以中国历史之大概和中国人的人生观为主的观念，就很有研究价值，至少很有做书目的价值。假如吴稚晖没读过中国历史，不知道中国人的人生观，从小就同陈颂平相约不看中国书，就不能够说出"孔孟老墨便是春秋战国乱世的产物"的话，不能够写出《箴洋八股化之理学》的大文，没有能力看《晨报副刊》。总之，吴稚晖不能因为现在有些国学知识，反过来"过水拆桥"，讽刺一般青年"饱看书史"为复古，攻击开拟国学书目的为"妖言惑众"。

鉴于吴稚晖"误解"梁启超所拟书目全为出洋学生预备，梁实秋将梁启超为留洋学生预备的十四种书目重新列出，强调其中几乎一半是中国文学书，一半是经史子书，是要学习中国韵文散文，所必须读的"根基书"，也是打四六电报，写好白话文的基础。如果承认留学生的任务，除到外国学习"用机关枪对打"之外还有事可做，那么"出洋学生带了许多线装书出去"，倒未必"成一个废物而归"。以为国学便是古董遂相约不看中国书的思想，和以为什么都是我国古已有之的思想，同是"狗屁"。外国学问不必勉强附会是我国古代早有，我国古代确是早有的学问也不必秘而不宣。"自夸与自卑的思想都是该至少'丢在毛厕里三十年'的！"见人见智，不能尽人而同，然立言该有分寸。"譬如你主张先用机关枪对打，后整理国故，那么开设文化学院的人并不一定和你主张根本冲突，只是时间迟早之差罢了，那又何必小题大做把异己者骂得狗屁喷头！"（梁实秋：《"灰色的书目"》，《晨报副刊》，第260号，1923年10月15日，第1版，《梁实秋文集》编辑委员会编：《梁实秋文集》第六卷，鹭江出版社，2002年，第286—289页）

7月28日 湖南省教育司批准宁乡县劝学所所长喻士龙呈请，禁止赖敬吾、李得良以国学专修馆名义设立私塾。

湖南省教育司指令宁乡劝学所所长喻士龙，称该县第三学区赖敬吾设立私塾，自称"国学专修馆"，"实属巧立名目，破坏学制"。知事为一县教育行政长官，自应查照取缔私塾规程，切实取缔，以尽职责。乃反委任赖敬吾为国学专修馆教授，李得良为国学专修馆馆长，殊属不合。据陈前情，准予令行该县知事，将该赖敬吾等委任状，克日调销，并劝令学童送入各学校肄业，免误青年，而符定章。(《教育司取消国学专修馆》，长沙《大公报》，1923 年 7 月 29 日，第 7 版)

7 月 31 日　梁启超致函张元济、高梦旦，同意为商务印书馆拟刊国学讲义撰读书法。

函称："梦兄委撰读书法极愿从事，惟因一月来在南开演讲，带编讲义，日不暇给，故未着手。顷南开讲义将完，而教育改进社又将开会，须入京旬日，大约八月杪九月初始能属稿，不审太迟否。若尚可赶及，当暂阁置一切即成之。"(丁文江、赵丰田编：《梁启超年谱长编》，第 1001 页)

此后梁启超与商务方面不断有所商量。8 月 11 日，梁复函张元济、高梦旦称："国学讲义中《读书法》一种，顷已撰成一半，因恐全讲义出版期迫，谨先寄上。今夕到北戴河小憩，约五、六日便归，余半当在彼成之。"(丁文江、赵丰田编：《梁启超年谱长编》，第 1002 页) 9 月 15 日，致函张元济称："一月前寄上读书法前半篇，未得复书，不知有无失落，祈一见示。后半篇近数日始续成，因钞胥乏人，明日入京当先钞上。下半年在清华讲学，通信请寄彼处。"(丁文江、赵丰田编：《梁启超年谱长编》，第 1003 页)

△　上海竞雄女学暑期补习科开学，报载请陈去病、胡朴安、叶楚伧等演讲"国学"。

上海白克路竞雄女学暑期补习科除正课外，每日下午三时起六时止，"由陈佩忍君讲授文学，胡朴安君讲授文字学，叶楚伧君讲授诗学"。7 月 31 日起开讲，听讲者以各女校教员为多。听闻此项讲演，男女均可入席听讲，讲期为一星期，听讲员尚有余额可补。(《竞雄女学之国学讲演》，《申报》，1923 年 8 月 1 日，第 5 张第 18 版；《竞雄女

学国学讲演》,《民国日报》,1923年8月1日,第3张第10版）

7月 无锡中学聘定无锡国学专修馆教员陈柱尊为校务主任。

先是,唐文治的学生高践四所创办无锡中学,聘唐为校长。"唐君近以年迈事繁,且兼任国学专修馆,精力不能应付,日前特向高校主辞职,以便专任国学专修馆事。高君以一时无相当人续任,故已恳切慰留"。(《无锡中学校长辞职》,《时事新报·学灯》,1923年7月14日,第2版）唐文治允许复职后,高践四决计续办,下学年已聘定陈柱尊为校务主任。

> 陈君博学多才,于国学尤富研究,曾毕业于南洋公学铁路科,游学东瀛。返国后任广西省立梧州中学校长,声誉卓著。无何屡遭兵乱,省款缺乏,遂辞职来苏,应国学专修馆之聘。平日陈君亦常往该校讲学,颇获学生之敬爱。此次乐尽义务,洵属难得。闻唐校长与之商定,以振饬校风,注重国学,益增进英文科学程度为宗旨云。

唐文治更聘定朱叔子为无锡中学历史教员,"朱君历任太仓中学主任,南洋公学、国学专修馆教师"。(《无锡中学进行新计画》,《时事新报·学灯》,1923年7月31日,第5版）

8月1日 中央精武会发布星期国学班招生广告,专研国文,补助会友学业。罗伯夔、罗抱一为教员。

其广告曰:"五洲交通,吾国人士,因应潮流,罔不习泰西语言文字,视为急图。至于国文,则听其荒落,每有握管不能作一书启者,甚缺点也。前本会（中央精武会）既有英文班之设,兹同人复组织国学班，专研究国文，以为会友学业之补助。成立已有两月，男女同学，已达廿余人，现更广为招徕，以宏造就。"

精武会国学班每星期上课一次，名为星期国学班。课室在第一分会精武师范学校课堂。教员聘罗伯夔批评课卷，罗抱一讲授各艺。随时可加入，惟报名则在每星期日上午七时半至十时。学费每半年只收费一元，报名时纳交。上课时间为每星期日上午七时半至十时。课本有《才子古文》《小仓山房尺牍》《新选普通尺牍》。"夔师，文学淹薄［博］，斧削牒卷，更有点铁成金之妙术。抱一先生，循循善诱，于讲解文字，如生公说法，顽石点头。吾人既欲提倡新武化，不得不藉文字之宣传。现会中急需此项人材，深望诸同志，以余暇光阴，从事于文学，毋负此良师也。"（张俊庭：《上海一分会星期国学班招生》，《中央杂志》，第26期，1923年8月1日）

8月8日 胡朴安在《国学周刊》发表《论今人治学之弊》一文，批评新旧、文言白话之争毫无意义，讲学之风盛而研究之风衰，导致以中国隐僻之书附会西人新说和单文孤证翻案的流弊。

今天新旧互相攻击，不进反退，原因在于并无诚意，徒以利禄之心，标榜声名。其中，以文言、白话之争为甚。本来文字的真在于运用和优美两端，文言和白话皆有相当价值和不足，不应只知蹈敌罅隙，不知己之罅隙与敌同。文话不能满足人们的希望，白话试图取代，并无不可，然今日白话确实没有可以取代文话的价值，因其作品浅率而意不深，翻译作品繁多而辞不达。既然不能互相取代，就应互相争取自立之道。对于国学研究，须有志向和基础。

　　求学问上自立，必对于学问，先有坚忍之志，而下刻苦之功。基础既立，则运用斯宏。今之学者，不求所以自立，徒为虚愍之气所乘，以盗窃为能事，以标榜为名高。不仅文话白话然也，一切学问，莫不如是。于是不知算学而言罗素，不知生物学而言杜里舒，不知经史而言崔东壁，不知小学而言高邮王氏父子，无闭门读书之人，只有登坛演讲之人，无执卷问业之人，只有随众听讲之人。演讲与听讲，非不可行之事，然必演讲者对于所讲之学问，有澈底之了解，听讲者对于所讲之学问，有相当之根基。今演讲者自知学问之未了解也，于是好为新奇之说，以博听者之感情。而听讲者不仅无相当之根基，并无听讲之诚意。

　　教员和学生不问演讲者学问如何而欢迎讲学，只为可免上课劳苦。"然真正为学问之宣传而演讲，与为学问之研究而听讲者，可谓决无其人。"比较稍善者，也无具体研究，求得治学条理，或抽其一二，枝枝节节为之。此等学者，皆因中于"欲速之心"和"好奇之念"。"盖具体的研究，非穷年累月不为功，且无新奇可喜之说，足以动人之闻听。今撷拾一二事，彼此钩稽，甚且穿凿附会，为之者计日可成，听之者诧为未经人道。于是治学者，遂有二途，一曰求中国隐僻之书，以比附西方最新之说。一曰求单文孤证，以推翻前人久定之案。尤以翻案之学说，风行一时。"（胡朴安：《论今人治学之弊》，《民国日报·国学周刊》，第14期，1923年8月8日）

　　8月10日　北京大学研究所国学门通告感谢阿富汗王惠赠金币、小池奥吉赠送拓片等，及近期购入的中外文书籍目录。

阿富汗王惠赠金币一枚。小池奥吉惠赠云渊拓片二张（附大宋皇帝之云渊案内记一张）、会宁与间岛之景物印本一册。国学门近购：一、书籍。中文，《成都通览》八册。英文，《支那经济史论》（ *The Economic History of China* ）一册、《支那剧》（ *Chinese Theatre* ）。法文，《比国保存远东美术选粹》（ *Objets d'art d'ea xtrcme arient i* ）一册、《亚细亚美术会远东美术品汇目》（ *Catalogus der tentoon stelling Van oost-azia-tise he Runst/Catalogue de l'exposition d'art d'extreme orient* ）一册、《亚细亚美术》（ *srs asiation*[①] ）。日文，《日文风俗沿革图说》三册。二、古籍。铜鼎三件、铜敦一件、铜卣一件、铜尊一件、铜盘一件、铜匜一件、周钟一件、铜剑一件（四段）、铜剑（玉具剑）一件（三段）、铜戈一件、魏青泥男俑四件、唐披袍男俑一件、启女俑一件、隋红泥男俑一件、隋红泥女俑一件、黄釉侏儒一件、青瓦炉一件、黄釉骆驼一件、小碗一件、尚字犬一件、瓦井一件、武士一件、大长劳砖一块。三、拓片。武周泉公墓志铭拓片一张。近期收到各地寄来交换杂志：中文杂志有《东方杂志》《小说月报》《教育杂志》《民铎杂志》《地学杂志》《学艺》。日本杂志有《艺文》第十四年第七号一册、《考古学杂志》第十三卷第十一号一册、《东洋学报》第十三卷第二号一册。（《研究所国学门通告（一）（二）（三）》，《北京大学日刊》，第1283号，1923年8月11日，第2—3版）

8月12日　江苏溧阳人黄希杰在《时事新报》发表《国学的名称与范围》一义，批评曹聚仁怀疑"国学"二字，阐述其成立的理

---

① 原文如此。

由，指出其范围包括文字和文籍两部分。

"国学国学的声浪，闹得震天价响，已成为通常人的一种口头禅了。关于国学的杂志，亦如春笋般蓬发——近日已常见的：北京有《国学季刊》《努力》附刊《读书杂志》，南京有《国学丛刊》，上海有《民国日报》附刊《国学周刊》,《小说月报》里的《读书札记》……"。以前"无声无臭，沉默到了不得，现在忽然这样热闹"，原因"正是近代大家醉心外国学问，鄙弃本国固有的学问的反响"。"因为各国的学问，各有各的特长所在，不可完全拼［摈］弃。这便是现在整理国学的声浪所自起。"然而，还有许多人怀疑国学的名称和范围。如曹聚仁谓"国学二字根本不能成立"，"不能代表中国固有的学问；外国亦有他的固有的学问，亦可称为国学"。此言"实在莫明其妙"。曹聚仁才"谈了几天国学，忽而来怀疑国学二字"，"当初原没有知道国学二字作怎样解，只是同伪商店的冒牌在冒充懂得"。并且还是在省教育会里听了章太炎几天的国学讲演，"才自称能手而谈，更可显见他原没有真的懂得"。

"为一国确是有一国的国学，不过中国的国学，到了美国，美人断不会将中国的国学，当为美国的国学。这是极浅显的例。"名词不过某物符号代表，其存在和价值只在承认和引用。"现在国学二字，已成为通俗名词，大家已承认和引用了"，自然成立。有关国学的定义，有认四书五经，范围太狭，有认中国固有学问，太不着边际，都不适当。"要之：所谓国学不外乎文字，文籍两大部。文字属于小学的，是研究字的，内含有形，声，义三部，为国学的外质；文籍内包各时各派的学说的，为国学的本质。换句话说，文字为治国学的工具，文籍才是国学的本质。"（黄希杰：《国学的名称与

范围》,《时事新报·学灯》, 1923 年 8 月 12 日, 第 4 版）

8月15日　上海崇文学会召开四周年纪念大会, 报告各项成绩, 内含国学专科。

上海崇文学会除"恤嫠""惜字""施药""放生"各项善举照常办理外, 拟增设夜课、国学、英文、簿记、国语专科以及函授部, 并办有《崇文月刊》, 以期发展。(《崇文会之四周纪念会》,《申报》, 1923 年 8 月 16 日, 第 5 张第 18 版）

△　上海南方大学国学教授许指严因病去世。

许指严倾向以文言撰写小说, 有《许指严说集》存世。(《许指严说集》, 上海, 大东书局, 1927 年）刘显山作《哭许指严先生》云:"国学摧残正可哀, 东之喜有障川才。先生今赴修文诏, 一去黄泉永不回。天上人间共一途, 帝心想亦急才须。玉堂清净应多暇, 尚望先生作董狐。不向人间立庙廊, 山中铅椠日总忙。事功留得书多卷, 好导青年入室堂。"(刘显山:《哭许指严先生》,《文学研究社社刊》, 1923 年第 12 号）

8月16日　胡朴安复函程善之, 论及民国后整理国故偏向考据和哲理两端, 希望扩大《国学周刊》的影响。

先是, 程善之致函胡朴安称:"国故之整理, 一得之宜, 以为宜先从历史着手。"消极方面是澄清淘汰不可信的成分, 如崇奉圣主贤君过当, 迷信灾异果报之说等。积极方面是扩充史料。

　　近来五洲广通, 金石发掘, 远则墨西哥汉碑, 近则敦煌秘藏, 殷墟龟甲, 凡可以资考订者, 诸各此类, 材料极丰。又古代纪述, 以政府为中心, 故凡人民之生计, 社会之习惯, 限于体格，不能详述。而地图一项，简直无有。若以今日之眼光言之，其应搜罗增补者，不知凡几。倘能合群力将五千年历史重整一过，诚不朽之盛业。(《通信》,《民国日报·国学周刊》，第14期，1923年8月8日)

胡朴安寄上全份《国学周刊》，复函称："所论整理国故，实获我心。"论其旨趣云："考据之学，始于东汉，去古未远，信而有征。至于有清，参互钩稽，条理加密，论其方法，似出汉上。近年以来，地质开掘而未已，古物日出而不穷，律以科学之格式，加以猛进之精神，不仅敦煌之书，可校经史，殷墟之甲，可证文字已也。哲理之学，始于周秦，作者虽圣，思想未周，仅辟其端，未竟其绪。至于有宋，感于佛理，用之儒书，冥思默会，时有精言。只以门户太窄，未能包容，名教之观念过深，迂腐之积习难化。若略形式而论精神，思想之完密，似非周秦诸儒所能及。近今欧西哲学，源源而来，缕析条分，各有系统。吾国哲理，精深之处，虽常过之，若论周密，拟或未逞。假其方法，为吾董理，不仅人生之观，超出于世界，或者宇宙之论，亦远过于梵书也。区区之见，窃不自谅，欲持此为国学之整理，而学识未充，精力不继，仅能以初步之排比，为整理国学之门径。即本此意，发行《国学周刊》，为声气之应求。出板 [版] 以来，已届四月，既不闻嘤鸣之和，亦未有责难之加，或者比于敷浅之谈，列之无足重轻之数耶。"(胡朴安：《答程善之书》,《民国日报·国学周刊》，第16期，1923年8月22日)

8月20日 上海精勤学社注重国学，学生报名踊跃。

上海西门外斜桥西首精勤学社，系轮船招商局董事邵子愉创办，每教室人数仅限十至十五名，参用个别教授，各项功课随学生所缺，择要补习。此次在社补习学生，其中荣桢隆考取沪江中学三年级，刘霄、朱雄考取南洋公学附属二年级。三生补习仅半年，均能补足所缺，各遂所愿。"至补习课程，尤注重国学，本届新生报名，颇形踊跃，已定于阴历七月十六日开学云。"（《精勤学社之定期开学》，《申报》，1923年8月21日，第5张第17版）

8月22日　北京政府内务部批准上海商务印书馆呈送分次发行续出国学小丛书备案。

丛书包括《诗经研究》《楚词新论》《中国八大诗人》《中国古代婚姻史》《尚书论略》《儒教与现代教育思潮》《诗经之女性研究》《陶渊明》等八种。（《内务部批第六十三号》，《政府公报》，第3445号，1925年11月1日）

8月24日　报载上海中华尺牍函授学社筹备编行《国粹月刊》。

上海书记励志团于本年1月在七浦路余森里成立中华尺牍函授学社，到会职员二十人，公推高枕秋为主席，报告开会宗旨，略谓："本社为提倡一般失学青年求学起见，特设立免费尺牍函授学社，使学者得不出门户，不旷职业，而习成专门学术为主旨。"次由各职员讨论进行办法，并选举社长陈联庭，主任高枕秋，编辑史禹声、严质厂、乔谷声，文牍姚仲仙、徐子桢、姚亚生，阅课张浩然、程海峰、刘乃安，会计边翁侃，收发王醒民。（《中华尺牍学社之筹备》，《申报》，1923年1月24日，第5张第17版）《国粹月刊》第一期拟于9月20日出版，内容采选各学生国文论说及名家小说多种，每月一册。（《尺牍学社办国粹月刊》，《申报》，1923年8月24日，第5张第18版）

△　北京大学研究所国学门感谢丁福保、谷辑五赠书，又通告

近期收到的交换杂志目录。

丁福保惠赠《一切经音义汇编提要》一册，谷辑五惠赠《康熙间护戒牒》一件。交换杂志：中文《东方杂志》《小说月报》；日文《艺文》第十四年第八号一册，日本京都帝国大学文学部；日文《考古学杂志》第十三卷第十二号一册，日本考古学会。（《研究所国学门通告（一）（二）》，《北京大学日刊》，第1285号，1923年8月25日，第1版）

8月27日 舆论传闻教育部次长陈宝泉为应对部员索薪，拟以《四库全书》抵押日本借款，招致学界强烈反对。江庸等担忧国粹流失，致函劝阻。

《四库全书》原有三部，今仅存两部完全无缺，分藏北京文渊阁和杭州文澜阁。尚有一部残缺不全，由热河运来，今亦在京。日人窥伺已非一日，年来三菱、三井、大仓各大富豪，累次派人来京，运动有力，商以一部让之，卒以兹事关系重大，无人敢有冒此大不韪。乃日来都中盛传，教育次长陈宝泉以部员索薪甚急，如不设法敷衍，则自身地位必难保存。而日本某富豪得此消息，以为有机可乘，特秘密派人与陈磋商借款，以《四库全书》为抵押。名曰抵押，其实以五十万元购买无异。据传陈因急不暇择，已有承诺之意，北京爱护古物者，闻此极为愤慨。江庸于8月27日致函陈宝泉称："外间喧传大部拟向某国人借款五十万，以《四库全书》作抵，事之虚实，虽未敢臆断，然此书为全国人所注目之国粹，如失之于我兄代部之日，诚可痛惜。果有是议，望速力阻，若所闻非确，亦望赐覆，并登报宣布，以释群疑，无任庆幸。"（《陈宝泉有以〈四库全书〉押款说》，《申报》，1923年8月28日，第2张第7版）

8月29日，江苏省教育会武进会员于定一致函该会，主张："我江苏省教育会，有倡导文化，保存国学之责，岂能缄默不言。急应电呈大部，阻止出押，在陈代次长当守有则改之，无则加勉之义，尤应明白宣言，负永久保存之责。"为谋此书安全计，尤宜建议政府将京师一部运移中外通商要地、较无军事危险之虞的上海慎藏。

（《函请保留〈四库全书〉》，《申报》，1923 年 8 月 31 日，第 3 张第 11 版）

8月30日　罗家伦在美国纽约致信孙伏园，批评吴稚晖《箴洋八股化之理学》一文把科学狭隘地理解为应用科学，但赞同吴反对留学生带线装书出国留学的主张，强调留学生国学程度低下的根源在于国内教育方针的错误。

函称吴稚晖误以西洋文明等同于工业文明，以科学等同于部分应用科学。"把科学的本体和精神，可以说是一笔抹杀——至少他那种畸形的注重，也可以使人起一笔抹杀的感想。"不过，强烈支持吴"不赞成留学生带'线装书'出国的论调"，批评胡适和梁启超"'不惮烦'的造些'西装饭桶'回国。他们的书目表，若是说为开给北京大学国文门的学生（指胡表），或是预科第一部的学生（指梁表），我以为千应该，万应该，并且还嫌他们开少了。若是劝留学生带了出国去读，我以为他们有两种公同的错误"：

其一，"不问留学生在国外求学之情形"。留学生在国外看与自己研究课目有关系的书都来不及，此外还要过语言关，乃至看第二国及第三国语言的书籍，无暇阅读"圣经贤传"，无力理会"国糟国粹"。罗家伦三年前出国时候，也带了三五百本的"线装书"，如十三经，百子全书，《文选》，司马迁、班固、郑樵、刘知几、马骕、章实斋、戴东原、陈兰甫以至章太炎等的专著和全集等一大箱，并不是经人指定，而是自己平常喜欢看。"但是到美以后，除少数几种为特别目的被参考而外，其余大多数都放箱子底下不曾翻过。过些时候，又要'完璧归赵'了，徒然便宜了转运公司。"

其二，"不问留学生国文的程度"。一般留学生的平均国文程度差得"可怜"，阅读"线装书"存在生字成语太少、于文法的构造不明了、不曾习惯这三大困难，结果"看外国文十叶的时间，看中国文不能到一叶"。留学生不论国文根柢，只带十三经白文（除《诗经》《论语》《孟子》数种可读而外，其余亦不过备查）、曾国藩的《经史百家杂钞》和《十八家诗钞》三部书即可。若查考生字，则再带一部《康熙字典》。若是再要学作国语文，则添带《红楼梦》《水浒》各一部。

然而，胡适、梁启超却误认以自己的兴趣为留学生的兴趣。

> 胡先生恐怕忘了他在国外时，是在写《先秦名学史》，他《中国哲学史》上册的初稿。梁先生恐怕忘了他自己以前国学的根底和他自己在国外是［时］研究中国学问的情形。（老实话，梁先生看外国书的范围和了解程度，实在使我怀疑。我的怀疑或者错误，但是近来看他几种著作——如历史研究法——实使我增加这种印像。其实梁先生在中国学问方面，自有他的地位，不必有时带出博览西洋群籍的空气。并且有许多地方，若是他公认不曾看过西籍，我们只是佩服他的天才；若是说他看过此类的西籍，则我们不但以另一副眼光批评，而且许多遗误不合，或在西方早已更进一步之处，梁先生至今还"瑰宝"视之，则我们反而不免笑梁先生西洋学问之浅薄。这话或

者在梁先生是"逆耳之言"，只是我更希望我的感想之错误。）况且许多学工程或化学等科的人，如其所学而有心得，则当然有其独立自存的价值。正不必挟多少"线装书"以"国粹"自重呢！

总之，"留学生国学之糟"的根源在于国内教育使然。"要补救则当从根本上补救，不当在留学时代去补救，而且留学时也是万难补救的。"（《罗志希先生来信——留学生带线装书出国问题》，《晨报副刊》，第264号，1923年10月19日，第1—2版）

罗家伦晚年回应"卫道者"批评五四运动和新文化运动"毁灭中国固有的文化，毁灭中国固有的道德"，如"非孝"，"手打孔家店"，"把线装书丢到毛厕里"，从注重自然科学角度为吴稚晖辩护。"我有证据拿出来，告诉大家：当时提倡新文化运动主要的刊物里，从不曾提倡过'非孝'，讲'非孝'的只是浙江杭州经子渊先生办的师范学校里的一个学生施存统，在该校刊物里发表过这么一篇荒谬的文章，引起了当地的轩然大波。'手打孔家店'乃是四川一位老儒名叫吴虞的引以自豪的话。至于把'线装书丢到毛厕里'，乃是我们的党国元老吴稚晖先生，当年鉴于科学不受注重，复古气压高涨，慨然有感而说的话。不过他底下还有一句，大家忘记了引用，就是'三十年之后，中国科学昌明了，再把这些书捞起来读'。可见吴先生这种话，是有时代性的，并不是要毁灭中国文化的。吴老先生是思想界的革命家，他当时补弊救偏的议论，正足以表示他的革命精神，知时而后可以论事，现在又何必讳言。"（罗家伦：《对五四运动的一些感想》，台北《传记文学》，第10卷第5期，1967年5月）

8月31日　北京大学研究所国学门通告购入墓壁画砖六块，唐人写王仁昫刊谬补缺切韵影片四十一页。感谢朱希祖赠送拓片。（《研究所国学门通告（一）（二）》，《北京大学日刊》，第1286号，1923年9月1日，第1版）

8月　东南大学国学研究会出版《国学丛刊》第1卷第2期"小学专号"。

根据编辑体例，此期本应于1923年6月出版。据第3期《本刊启事一》解释延迟原因："本刊自第一期出版后，函索者踵至，惟因商务书馆印件繁忙，以致不能案期出版，殊深歉仄。兹已请商务书馆从速赶印矣！"（《本刊启事一》，南京《国学丛刊》，第1卷第3期，1923年9月）

△　东南大学、南京高师国学研究会编辑《国学研究会讲演录》第一集由商务印书馆出版。

国学研究会总干事李万育称，"成立的时候，原就定每星期请人演讲一次。当时有许多朋友替我担心，怕请不到这许些人。谁知到了年底，两个多月内，除按期演讲外，又添一个长期佛学演讲——佛学——真是意所不及料的。""现在这本《国学研究会演讲录》第一集总算出版了；向后去二集，三集……正多，实在不算回事——不过这一'破题儿第一遭'也自有他的可纪念价值。"讲期次序：蒋维乔原稿《法界一览》；吴梅原稿《词与曲之区别》；顾实原稿《治小学之目的与方法》；梁启超原稿《屈原研究》；陈廷杰原稿《现代诗学之趋势》；江亢虎讲、汪章才记《欧战与中国文化》；陈钟凡讲、王汉记《秦汉间中国之儒术与儒教》；陈去病原稿《论诗人当具历史地理两种之本领》；柳诒徵讲，赵万里、王汉记《汉学与宋学》；江亢虎讲、严洪江记《中国古哲学家之社会思想》；梁启超原稿《治国学的两条大路（上篇）》；梁启超讲、李竞芳记《治国学的两条大路（下篇）》；梁启超原稿《历史统计学》。（李万育：《国学研究会演讲录·小识》，第1—2页，东南大学、南京高师国学研究会编辑：《国学研究会演讲录》第一集）

　　△　宫廷璋在《民铎杂志》发表《以科学方法整理国故其步骤若何》一文，强调整理国故是因旧更新、改造社会的基础，希望政府奖励和培植国学人才。

　　自近世科学兴起，任何知识均必纳诸科学轨范。科学疆域不仅限于天然事物，也包括人类思想行为。"夫自然科学与人文科学，材料虽殊，精神固自一贯。今日研究中国古籍者，欲持此科学精神整理国故，俾成科学，如果克臻斯效，则中国学术条理明晰，尽善尽美，必足与泰西各国之学术抗衡。"治国故更难，原因一是"我国历史悠久，著述充斥，派别若是纷纠，而迄今无有系统纪载正确批评之书"；二是"历代社会之状况，政治之影响，师友之渊源，外力之震荡，无不与学说有密切相关。而此类知识，殊不易得佳著"；三是"《四库全书》，浩如烟海。国家既未特设学会，学者即欲从事搜讨，每苦途长日短"；四是"世变日亟，知新已难，欲收融合萃会之益，绝非得其零珠片玉即自可炫，亦非见其残羹剩汁遂以自馁，必有真知确见，然后可撷其菁华，采其华实，以一新面目。而如此之材，尚不多觏"。"虽然，文化乃民族特性之结晶，国故乃文化之所寄托。国故虽可融合萃会外来文化以成一新文化，而决不可尽弃国故。尽弃国故，则其民族非浸至衰灭，则必同化于人而自丧其特性。"

旧学方法多不完善，主要原因是逻辑不明。墨辩七法虽然大合于近代逻辑，可惜未尝用以治古，后且堙没失传。近代外国科学方法周密，逻辑学的演绎法和归纳法，两者互相为用，假设证验两不可少。我国古籍本多人文科学材料，首须先分科研究，本事实之类似点而立一假说，据此假说而多举例证，各种例证可用穆勒五细则分析之，分析而得结论须实验其当否，定律既得乃可慎重演绎。次注意效用，次与西学比较，末乃改造之。而比较有一定程序，先有无，次异同，再优劣。

注意实用，则不可拘泥；与西学比较，则不可挟成见。不拘泥，不挟成见，则察国故之得失长短，了然于胸，始可进而言改造。今日国中改造之声甚嚣尘上，所谓伦理、社会、政治、经济、文学、文字诸问题，大都有鉴于古，借镜于西，而不觉异议蜂起。夫中国家族制度不良，亲权夫权过重，妇女劳工久遭虐待，言婚姻则多怨耦，言政治则抑民权，古文艰涩，字体臃肿，诚无一不宜改革。然如何改革，则全国仍无一致主张。故一社会组织问题，倡新村者有之，倡小家庭者有之，倡大家庭者仍有之。一男女匹配问题，倡自由结婚者有之，倡自由恋爱者有之，倡性交自由者亦有之，倡父兄包办者仍有之。一政府组织问题，倡共和政府者有之，倡劳农政府者有之，倡无政府者亦有之，倡君主立宪者仍有之。一财产分配问题，倡基尔特社会主义者有之，倡国家社会主义者有之，倡共产主义者亦有之，倡资本主义者仍有之。一文学问题，倡通行语体者有之，倡用方言者亦有之，倡桐城、《文选》诸体者仍有之。

一汉字问题，倡用注音字母者有之，倡造简字者有之，倡废汉字者亦有之，反对注音字母者仍有之。议论纷纭，果谁是谁非耶？改造之道，贵以人益己而匪舍己从人，贵因旧更新而匪谋新弃旧。以己之旧文化为基础，而加以修理，其势顺而易；无旧基础而从新建筑，其势逆而难；倾灭己之旧基础，而强以新者代之，其势更逆而难。今之倡废汉字，废古文，倡性交自由，倡无政府者，其说果行，则旧文化固将再遭秦火之劫，世人亦将不免学邯郸步之诮，结果恐较法国第一次革命恐怖时代为尤恶。

国故整理须有取舍标准，关键是真理，而不是简单的中西调和。否则标榜中庸，依违两可之间，"惧用夷变夏之讥，防以新间旧之骂，不敢涤污秽，不敢去瑕疵，则其国故仍为国渣，而非国粹"。政府"为一国文化计，为世界文化计"，必须振兴培育人才。"盖国故尚散漫无纪，如欲使成科学，则必具旧学根柢，兼通近代科学，合古今中外为一炉而冶之。是类人才，良未易得，然其关系一国之文化甚大，关系世界之文化亦不小。如其有之，则宜重加奖励；如其无之，则宜多事培植。"（宫廷璋：《以科学方法整理国故其步骤若何》，《民铎杂志》，第 4 卷第 3 号，1923 年 8 月）

△ 释显教在《世界佛教居士林林刊》发表《佛学是否国学》一文，列举佛学是否国学争议的四种代表性言论，强调学问关键不在是否国学，而在于是否真理。

"佛学是否国学"是千百年来中国"读书种子争执甚烈"，"至无义味之一问题"。儒道以夷狄异端嫉视佛学，造成几次灭佛惨祸。

欧化东来，欲扫除中国一切故有文化，倡导国学者认为佛教来自印度，并非儒道本土固有可比，或视同欧化，起而抵制佛学。目前有四种代表性争论：一、佛学非国学，因其起源国外。"国人发明，谓之国学。他邦输入，则非国学。否则以世界之交通，有一学出，莫不传遍各国，应皆并为国学。既并为国学，则无复是否之辨，国学名义行且丧矣。"二、佛学是国学，因为国人信仰。"国学者，非必国人之所发明，凡为多数国人之所崇奉，而在一国历史上起重大变化之学也。"欧化在中国传播速度很快，实未普及，欧战后西人反而倡导东方文化。佛学则不然，信教者汉族过半，满蒙藏各族几乎全部。宋明道学阴取佛学，改装而成，道教也熏染佛法。禅宗语录影响了儒家语录，近世通用名词很多出自佛典。三大宗派只有法相宗为传习，天台、华严均属国人自创。三、佛学亦是亦非国学。"前之二门，各据一义，皆有由致。离之则取舍自在，合之亦并行不背。"即没有客观标准，完全在于主观看法。四、佛学非是非非国学。"国民""国土""国学"等名义，范围囿于国界。儒教侧重治国平天下，九流百家和欧化的哲学科学，也不出儒教八目。耶稣教提倡天国，稍通天人之故，而自罗马定为国教，与国政相为倚用，结果狼狈。只有佛法出三界、超十地、同古今，不得以现有为有或以未现为无，不能以国学衡量。

从佛学乃"无上真理"角度看，佛教徒有"无须简别"和"亦可简别"两种态度。"无须简别者，门虽四异，要皆归于佛法。所谓方便多门，归元无二也。既归元无二之法，尽可随其意乐，广开方便，引诱来机，恶用简别，致起诤执。亦可简别者，譬之佛说四教，虽同会入一乘，而仍藏异通别，通异别圆，展转不同，此亦如是。昔者，佛以神通说法，能使众生各谓唯与我说，增其欢喜。推斯意也，与其委之于他，或致膜视无关，胡宁收之于己，更为亲切有味。故次门之义有胜于前，非之与是，诤论所在，法非可执，安用起诤，则又不如三门之为融达自在也。佛学国学，通局有异，小大不同，惟四门乃能尽佛法之真量实相。夫佛法乃至不得以国学为拟议，况欲执非国学而妄施以惩膺抵制之说哉。"（显教：《佛学是否国学》，《世界佛教居士林林刊》，第 6 期，1923 年 8 月）

△ 无锡国学专修馆馆长唐文治编成《政治学大义》一书，作为该馆课本。（刘桂秋：《无锡国专编年事辑》，第 36—37 页）

暑假 北京大学学生谷源瑞与清华学生傅正通信讨论读国学书的先后次序问题，谷源瑞批评胡适、梁启超所开书目不适合中学生的需要，主张国学家编撰的国学通论和专门著作，就已足够中学生学习运用。

傅正称："此篇本系暑假时北京大学谷源瑞先生和我的私人通信，今所以发表于周刊者，厥有两种理由"："多数清华同学已有注重国学之倾向，此篇通信既系读国学书问题，多少或可给同学研求国学的一个参考。""通信内有谈及梁任公先生的书目之处，希望趁梁先生在清华的时候能给它一个解释。"

两人讨论了十六个具体问题，主要体现四个主题。

其一，读书次序。问："研究国学的先后次序如何？先读周秦诸子呢，抑先读史学呢？"答：读某书与研究某学，似有深浅之别。读书是研究的初步，研究进而以已读的材料抉择使之系统化，以期有所发明。"两者相较，宜先读诸子——子比史少而难。"问："周秦诸子宜怎样读去呢？"答："先求字句通解，道理明白，读之成诵。"问："按时代的先后，分系统去读呢，抑从难易入手呢？"答："均可"，"但分系统以宗派，不以时代"。问："如分系统宜如何分法呢？"答："孔孟荀（儒家）、老庄列韩（道家）、韩管晏（法家）、墨（墨家）——周秦诸子中，此数子为大宗。如通其说，其余可供参考。韩非兼两家。"问："分难易又如何分法呢？"答："难易之次序亦如上。孔孟是大家多读的，有好注解，可云易。其次老庄等以渐难。"

其二，读史方法。问："读史学书（四史、《通鉴》）宜如何读法呢？"答："预算页数，每日点读若干页。——此法最拙，但最老实。梁任公之就书而摘，云熟诵若干资学文，可不必。学文另有文学书当读。就事分类而摘，亦不易办。经济史财政史等当先学了外国人用科学方法研究出来的著作，知道它们的内容是什么，而后才能到中国史里来取材料。"问："研究教育史政治史社会史当读各史中之何志呢？"答："也是先明白了教育史等的内容，而后能取材。"问："全史名传，既不能遍读，则宜择伟大人物之传读之。（每史不过二三十篇，先生能否给我开一名单呢？）"答："摘读传记，固是可以。但所谓伟大人物，却没标准。而每史亦决不至二三十之多也。此似可凭各人主观而自选之。"问："未读史学前应有何种的预备呢？"答："可读史学研究法、中国史纲或中学以上的课本或讲义。"问："读史学时应用那些参考书？"答："这可不能胜说。"

不过要声明者，所答仍以"读"为标准，非说"研究"也。子中书亦不少，读之成诵非易，精细人可自定一家为主，而熟读使之成诵，以其余作参考，较为妥当。不然费时太多，恐不得读他书矣。若史之四史、《通鉴》，亦非两年不能读完，恐怕仍须再缩范围。任公所说摘史法及举例，乃重在研究，故与我说不合。又梁之摘，实在麻烦，自钞乎？无功夫。用"书记"乎？亦办不到。买书或可，然而买成好版的四史、《通鉴》，恐须五六十金或百金也。

"所答乃为读国学书的琐碎话"，与"所问为研究国学的先后次序"，"可谓文不对题"。尚要补充几句：

> 即国学依我们向来非科学的分法，大概总是分为经学、小学、史学、诸子学、文学。或者又有一种分法是：义理之学、考据之学、词章之学。这也是须知道的。（或者又可分为汉学、宋学、佛学）。这些说法，请读读章太炎的著作，便可分晓——《国学概论》中也有一点。

其三，国学书目。问："对于任公的《国学最低限度之必读书目》的意见如何？"答：经史子集都有，数量太多，很难读完。"想作国学大家，说不了是要读的，而且要研究的。不想作国学大家，却也不必听他这一套，若听了，必上了他的当。"问："对于陆懋德先生评梁先生《国学最低限度之必读书目》的意见如何？"答："梁忘《尚书》是不对的。陆说《礼记》等均不必全读也可以。《墨子》除《兼爱》外无可读，也只陆先生的偏见。《荀子》应该读。史汉全看并不难。后汉等删去而代以《中国史纲》，恐怕太简单。《楚词》等删去而代以吴氏古文读本也不可。即便是紧随清华同学（中等科）的情形的需要，也不应如此苟简——但陆先生的意思，或只是期望读了这些东西于学生的国文有益处，这也未可厚非。"而胡适、梁启超的最低限度国学书目，都不适用于清华同学（高中）。"希望他们或其他大国学家学问已成熟者，费点心力，编造一部较详一点的《国学通论》及《中国学术史》，较厚一点的《中国文读本》（应用文美术文等），加入学校功课内，教大家好好的读一读，读会了便晓得中国自古以来学术的大概，提起笔来也能写出很流利的文字，并且能用以著书和译书"，"比乱七八糟开列若干的古董书目，教人莫名其妙好的多"。

　　其四，札记方法。问："读书宜作札记，但如何作去？"因梁启超的摘抄法笼统，并未详言分类。是否"应该用零散的纸张，这种纸张日积月累满了一学年，可以把它分类装订成本，前面做个目录，后面做个索引，既便保存，又易检阅？"答：梁所言作札记的方法未尝不对，所谓无数小本子，就是分类。零散纸张固然好，最好是用外国卡片（Card），更为便利。问："读名人传记最激发人之志气，且于应事接物之智慧增长不少，但我们读名人传记，应当怎样读法呢？"所谓摘抄名人的特性，好的引作模范，坏的引为殷鉴，是否惟一方法。答："读名人传记，可以观感，但不必多读。检着稍微长的而且详细一点的，并且为主观上最最崇拜的数个人，常常读之，择其善而从之，不善改之，斯可以也。外国人之自叙传不少，可择几本读之。中国有所谓年谱者，以年月为纲，而分系其事迹；眉目清楚，甚便观览，凡其人一生行为及修德进学之次第，井井罗列，读之最为有益也。"（《论读国学书的一封信》，《清华周刊》，

第 300 期，1923 年 12 月 28 日）

9 月 1 日　吴宓感慨《学衡》稿件缺乏，国学部分尤其欠缺，向孙德谦求助。

吴宓以"《学衡》稿件缺乏，固须竭力筹备。惟国学一部，尤形欠缺，直无办法。日昨函上孙德谦益庵先生，请其以《亚洲学术》杂志停办后所留遗之稿见赐，并恳其全力扶助。顷得复书，全行允诺，甚为热心，且允撰《评今之治国学者》一文"。且"为《学衡》前途计，决即赴沪面谒孙先生，商定久后之办法"。（吴宓著，吴学昭整理注释：《吴宓日记 第 2 册：1917 ～ 1924》，生活・读书・新知三联书店，1998 年，第 248 页）

3 日上午，吴宓专门赴沪爱文义路 84 号刘求恕斋寓宅面谒孙德谦，相谈甚洽，十一时辞出。下午二时半，复至孙德谦处。孙德谦函约张尔田来，过顷即至。三人共谈，益欢畅，即在其处晚膳。晚十时，始别归。孙、张各赠吴及同社诸君书数种，且允竭力相助《学衡》以国学稿件。孙德谦已作成二三页之文，约定以后按月寄交。吴为《学衡》前途庆幸，而益增奋励图谋之志，对二人求取通贯古今义理之学大为倾服。

　　　且二先生确系学术湛深，议论通达，品志高卓，气味醇雅。其讲学大旨，在不事考据，不问今古文及汉宋门户之争，而注重义理。欲源本经史，合览古今，而求其一贯之精神哲理，以得吾中国文明之真际。其所言类皆条理分明，诂解精当，发人深省。不能一一记。予窃自念，昔恨不早十年遇白璧德师，则不至摸索彷徨，而西学早入正轨。今又恨不早二十年遇孙张二先生，则不至游嬉无事，虚度光阴，而国学早已小有成就。及今始知而悔之痛之，亦命也夫！然是日闻二先生之绪论，并谈宴之欢洽，中心极为喜慰。其乐乃为予半载以来所未曾有者云。

（吴宓著，吴学昭整理注释：《吴宓日记 第2册：1917～1924》，第250页）

11月，孙德谦在《学衡》杂志发表《评今之治国学者》一文，批评研究国学者有好古、风雅、游戏三类不良趋向。胡适等把国学局限于考据学，摒弃义理，殊属陋隘。考据学极难，非通小学，识其字方形声，洞悉六书假借之义，不能释解顺畅。"求之形声，而用假借之法，已不免穿凿而附会，乃又专辄臆断，不曰衍文，则曰脱文，无可如何，则归之传写者之误。审如是，读古人书一任我之所为，殆无难矣。"且仅考据学，不能得国学根本。

　　吾非欲废斥考据也，以此不过为学之初径耳。况其一字一句，或尚怡然理顺，而谛审上下，则不能贯澈，犹失之小焉者也。若务为新奇，而不守旧说，必与前人立异。于是春秋之邹氏，班孟坚言其无师者，可强合于战国之邹衍，而阴阳五行，一若有口说之流传矣。作大篆之史籀，或不信其为字体，谓当从本义说，训为讽诵，而许叔重籀文之言，从此可破矣。《鲁论》所云多闻阙疑，慎言寡尤之道，则无人能明之。不特此也，为考据者，必取于征引之富，治群经也，孔子已删之诗书，未修之春秋，势所不可得者，而思有以见之。以史部之材料，不足供我甄采，注意于地下之发掘，期其有如炖煌[①]石室

---

① 炖煌，也称为"敦煌"。

者，再显出于世，读所未见，则彼心为之始快。窃尝譬之，吾国良田充积，苟天时无愆，人力勤于耕种，蒸民粒食，取给无虞。今必舍而不芸，悬想荒土而重谋开垦，且无论事之难易，万一成熟无期，岂非劳而少功乎。

对于胡适等推崇的乾嘉考据家，孙德谦表彰其实事求是精神，诂经而外，兼及子史，音韵校雠，确有心得，洵可与宋学之迂疏，别树一帜。然批评如极敬爱之戴东原，于《书》"光被四表"，必易"光"为"横"，王怀祖于《老子》"夫佳兵者，不祥之器"，必改"佳"为"佳"，表面持之有故，言之成理，实则"光被四表"是甚言其德之远播，"佳兵者，不祥之器"是欲人不可以黩武，其义皆皦然易知，不待一辞之赘。可见，"凡有志于学者，当探索其义理，而寻章摘句，繁称博引，要为不贤识小"。"乃世之崇尚考据者，奉高邮为大师，如既得其门，不必升堂而入室，侈然号于众曰，国学之止境，在于是矣。夫国学而仅以考据当之，陋孰甚焉。今夫学亦求其有用耳，宣圣赞述六经，为万世治术之本。即周秦道墨诸家，亦何尝空言无用，不足见之行事哉。"今日天下大乱至极，非圣无法者日出奇谬学说，隳弃纲常，铲灭轨物，世风愈趋愈下，不知何时为止，果于国学深造有得，好古三者之失，应力戒而弗为，支离破碎之考据，亦无事疲耗精神，有可得时则驾。"惟本此经世之志，以措之事业，倘终其身穷老在下，守先待后，砥柱中流，庶几于名教有所裨益。若徒硁硁自好，处此儒术既绌，而不能为孟荀之润色，纵使著书立说，未始非潜心国学者，而识量褊隘矣。"（孙德谦：《评今之治国学者》，《学衡》，第23期，1923年11月）

9月5日　国学研究社《国学周刊》出至第十八期，拟出汇编。"本刊发行以来，已周四月。所印单张，第十期以前，皆已售罄。各地来函，订购全份者颇多，本社无以应命，兹拟满六周月，印一汇编，详加校对，改正错误，每篇首尾衔接，既易浏览，又便收藏。全书二十余万言，二百数十页，纸张洁白，版本宽大，合订一巨册，定价大洋一元五角，预约八角，外埠邮费加一成。预约十二月底截止，十三年一月出售。预约处：上海东新桥国光书局，上海山东路民国日报馆，上海新闸路永德里十五号胡朴安。"（《本刊汇编预约广告》，《民国日报·国学周刊》，第18期，1923年9月5日）

9月6日　清华学生会为了解国学常识，决议请梁启超讲完近三百年学术史之后，继续在清华讲演，题目即后来之《要籍解题及其读法》。

先是，梁启超在清华讲演中国近三百年学术史，目的"是要说明清朝一代学术变迁之大势及其在文化上所贡献的分量和价值"。[①]题目不叫"清代学术"，"因为晚明的二十多年，已经开清学的先河；民国的十来年，也可以算清学的结束和蜕化。把最近三百年认做学术史上一个时代的单位，似还适当。"这部讲义，"上溯三百年前至1623年为明天启三年"，"也可以说是17、18、19三个世纪的中国学术史"。材料和组织参考《清代学术概论》。（梁启超：《中国近三百年学术史》，张品兴主编：《梁启超全集》第十五卷，第4428页）

[①]　学生听讲情形似较《国学小史》大有好转。"梁任公先生担任教授之史学，可于下星期开班。上课时间，暂定为每星期一，星期二，星期三，星期四，晚间八时至九时，及星期三下午三时至三〔四？〕时。这班人数超过一百，点名甚形不便，故教务处决计采用名誉制 Honor System，由各同学自签名，而以班长二人维持其事。"（《志史学》，《清华周刊》，第236期，1922年2月17日）

　　本日，清华学生会通过议案，请求学校当局敦请梁启超继续讲学，"没有指定讲甚么学"。学生彭光钦提议讲中国学术史，理由有三：一是："学术史对于古代的政治社会很有关系，我们要想知道中国古代的政治和社会情形，不可不知道中国学术史。"二是："现在刚讲近三百年学术史，要是讲完之后，又继续讲近三百年以前的学术史，那末，我们更易明了近三百年学风的因果，学派的来源，和政治，社会及其他方面所受的影响。我们对于近三百年学术史可得加倍的心得。"三是："将来新学制实行，高中文科方面教材很缺乏。我们请梁先生讲中国学术史，就可请他编为教本，作为将来文科方面的教材。况且将新学制试办，关于文科方面的设施要请教梁先生的地方恐怕还不少呢。"（彭光钦：《请梁任公先生讲中国学术史》，《清华周刊》，第 299 期，1923 年 12 月 21 日）

　　1925 年 11 月 17 日，梁启超为《要籍解题及其读法》作序，称："这部讲义是两年前在清华学校讲的。清华当局指定十来部有永久价值的古书，令学生们每学期选读一部或两部，想令他们得些国学常识而且养成自动的读书能力。这种办法，我原是很赞成的。当局因请我把这十几部书的大概和学生们讲讲。我答应了。"每隔一星期来讲一次。一学期从《论语》讲到《礼记》。"本来下学期还打算续讲，不幸亡妻抱病，跟着出了丧事，我什么功课都做不下去。因此向学校辞职，足足休讲了一年。现在虽再来学校，也没有续讲的机会。"（梁启超：《要籍解题及其读法》自序，张品兴主编：《梁启超全集》第十六卷，第 4617 页）

　　9 月 7 日　北京大学研究所国学门通告近期购入书籍、影片、印片目录。

包括：中文书籍"抱经堂丛书"一百册。日文书籍《京都名家坟墓录》二册、《日本风俗史纲》一册、《印度佛教之研究》一册、《日本古代思想史》一册、《印度佛教思想史》一册、《佛教心理之研究》一册、《支那经济史研究》一册、《日本阳明学》三册、《通论考古学》一册、《近畿墓迹考》一册、《佛教大辞汇》三册、《佛教大辞书》一册、《原始时代号》一册、《西藏文世亲造唯识论》一册、《西藏语文法》一册。影片《支那佛教艺术写真集第一·天龙山石窟》八十张。印片《法隆寺壁画集》十五张、《古瓦集》六十张、《京都帝国大学文学部陈列馆考古图录》七十张。(《研究所国学门通告》,《北京大学日刊》, 第1289号, 1923年9月13日, 第2版)

9月10日 清华学校举行秋季开学礼，国学部暂改国学科，曹云祥拟将来改国文系，以符办理大学中西文并重之意。

校长曹云祥演说，提及清华进行的六项计划，第一项是审定大学课程。此为清华唯一大问题，以期逐渐提高程度。现在正从事预备工作，以期明年能加办大二，改中四为中一，以符合教育部新定三三学制。去年学校课程委员会及教育方针委员会因民国十八年大预算未获批准，不知大学到底何时可办，为暂时维持计，只能稍改课程，以备将来。修改课程的宗旨："（一）不抄袭外国课程，使清华自行发展而有活泼之生气。（二）中西文并重，无所偏倚；现已将国学部改为国文科，即是此意。且将来各科更当改名为系，以符并重之意。（三）以适合中国社会之大学课程为目的，俾所学能适合所用；且后此演讲亦不分中西。"

第二项为改良中文课程。"本年中文课程现正事积极改良，以补救往日不尽善处。现已聘定梁任公先生为讲师，演讲《近三百年之学术史》及《群书概要》。诸生如有疑问可缮函请问；一方面可使校众周知，一方面讲师亦可加以考虑，易于答复；如将来问题答案甚多，国文科亦可汇集成刊，以备日后存查。"（《曹校长演说辞》，《清华周刊》，第286期，1923年9月20日，转引自蔡德贵：《清华之父曹云祥·文献篇》，第24—25页）

10月3日，清华学生梅汝璈为引起各方注意国学，撰文欢迎学校聘请梁启超为国学讲师，望其协助根本扭转清华的"国学实用论"。梅汝璈不是欢迎政治家，而是欢迎学者梁启超，以其有"国学大师""史学大师"之称，"社会所公认"之"我国有数之国学者"。梁先生与清华学生关系素夙，先于民国五年有"短时伦理讲演"，后于民国十年有"长期国学讲演"，现第三次光临讲学，诚属清华之"'老'师"，因而对他提出希望。"比较的重大者，即关系清华国学之生命者，厥为二端"。一是"改变本校重视国学之动机"。清华改良提高国文的言论，皆本当局改良国学之号召，教师持以勉诫学生，结果产生三派人物："迫之愈促，则其反动愈烈""并弃及仇视一切祖国文化学术"的"反动派"；"觉将来处世应用国文机会鲜，咸生侥幸之心，遂以为永可逍遥于国学之外"的"侥幸派"；只知"八行书扎，几句烂调"，不知"中国文化"为何物，将"中国国情"置之"九霄云外"的"应酬大观派"。希望梁"讲谈著述之间，能尽力将本校注重狭义的国文之观念扩充为注重广义的国学及国情之观念，将本校注重国学之实用的动机改变为情感的或理性的动机"，"质言之，即为国学而求国学也"。"国"之为物，包含感性和理性两重因素。感性方面"实一不可理议，一不得已而生存之物"，因吾人生长歌哭于斯，祖先葬于斯，父母居于斯，无形生成感情，于"中国文化学术必须敬爱之，领解之"。理性方面则"深信中国文化之价值而敬重之研究之"。二是"审改本校国学课程"。梁此次讲学预定期限不过半年，每周讲演亦只二次。纵使教者谆谆，听者唯唯，而同学直接所得恐亦有限，对清华国学之补益，殆亦甚微。为免除"人去教废"之叹，建设国学永久基础，极盼梁能尽力协同清华当道，将清华国学课程详细审查，加以根本改革，施以彻底刷新。"百孔千疮之国学课程，固立需良医之妙手；而飘荡无向之清华教育，尤亟待航家之南针。教育方针既未决定，国学改良更不易谈。此本校国学虽经历年改良而终鲜进步之原因也。"总之，清华国学改良"非独宜注意内部之设备整顿，且应力事外界阻物之排除。在教育目的未决定以前之清华学校而求国学彻底之改革，处西文功课高压下之清华学生而欲求若何之国学进步，殆皆梦狂耳"。（梅汝璈：《欢迎梁任公先生》，《清华周刊》，第288期，1923年10月5日）

9月17日　报载圣约翰大学整顿"国学部"，给中文未合大学程度者补习机会。

上海圣约翰大学本年扩充校舍，增设学额，气象一新。内部尚多革新，首为"国学部厉行新章"，规定凡华侨或由他校转学，中文尚未得有适当程度入大学者，专门开设补习班，学生每学期须纳补习费三十元，自一九二八年级（即现初级）实行。"闻补习者已达四十余人之夥。"（《约翰大学之锐意革新》，《申报》，1923年9月17日，第5张第18版）除原有英文周刊、中英文季刊与年刊外，今拟发行一种中文半月刊，定名为《约翰新声》，以鼓励思潮，暂附在英文周刊中。业由国文部商定卜济舫校长选定学生陈樾、裴复恒、陈恕训、程中行、翁之达、沈调民、陈仁懋、谢元范组织编辑部。于10月23日举行第一次会议，推定陈樾为编辑主任。(《出版界消息》,《申报》,1923年10月28日,第5张第18版)

9月19日　北京大学研究所国学门购入白石片五百九十七片、见日之光镜一件、残铜器一作。(《研究所国学门通告》,《北京大学日刊》,第1296号,1923年9月21日,第2版)

9月20日　北京大学研究所国学门派马衡往河南孟津、新郑调查上月发现的古物。

先是,新郑县城内东南隅李锐在宅旁园圃中凿井灌园,凿地深至三丈,8月25日发见鼎甗等数种器物,以三鼎售诸许昌,得银八百余元。县知事姚延锦闻之,出面干涉。李以地在私宅范围,外人不得过问,彼此互相争执。适逢驻军巡防至此,派员监视,继续发掘。先后开井四口,略有所得。其后划定范围(南北长三丈五尺,东西宽四丈五尺),层层发掘。深至三丈,所有古器物遂完全呈露。马衡至新郑时,古器物搬运殆尽,复在上述范围以北发掘新坑。鉴于出土以黍稷器、酒器等未经发见者甚多,已经发见位置多在西北,怀疑西北两方发掘未尽,故请在范围以西同时发掘。结果仅得陶器砖瓦等,此外更无铜器。此次新郑所出古物,虽未能以科学方法发掘,但能全数保存,没有散佚(后存开封第一学生图书馆,李锐售出部分已经追回)。马衡到时距离发见时间已将匝月,没有目睹发掘过程,仅在发见地点详加审度,并从监工人员询得梗概。(马衡:《新郑古物出土调查记》,《凡将斋金石丛稿》,中华书局,1977年,第303—304页)9月21日,马衡致信沈兼士报告近况。23—24日,再函沈兼士，报告河南孟津、新郑考察经过。此次所出古物归属省有国有，发生争议。靳云鹏建议国学门设法，由中央政府电请曹锟、吴佩孚，将此次所出古物拨归中央陈列。（《研究所国学门通告》，《北京大学日刊》，第1302号，1923年9月28日，第2版）

新郑发现器物种类及数量大致情形为：镈钟四件、编钟十八件、鼎八件、鼎三件（耳在唇上）、鼎二件（附耳有盖）、鼎三件（附耳有盖）、破鼎四件、鉴一件、方甗一件、大壶二件（通盖高三尺）、大壶二件（通盖高二尺七寸五分）、罍一件（高一尺二寸六分）、罍二件（通盖高一尺一寸九分）、盘三件、匜二件、兕觥一件、尊二件、敦八件、簋六件、簠六件、卢一件、鬲九件、舟五件、盦一件、瓦豆一件、戈一件、矛一件、镦二件、车辖一件、马勒四件、凫二件、玉三件。（马衡：《新郑古物出土调查记》，《凡将斋金石丛稿》，第304—309页）10月22日，北京大学研究所国学门公布马衡在洛阳购得孟津出土古物目录，计有铜衔勒十五件、铜銮七件、铜和一件、铜□一件、铜辖三件、铜矢镞二十件、铜车饰四百零八件。（《研究所国学门通告》，《北京大学日刊》，第1321号，1923年10月23日，第1版）

9月21日　北京大学研究所国学门感谢张中孚惠赠《魏正始石经残卷景本附跋》一册。（《研究所国学门通告》，《北京大学日刊》，第1297号，1923年9月22日，第2版）

9月26日　北京大学国学门委员会函请北京政府国务院禁止清室盗卖古物。

先是，国学门委员会据9月12日《晨报》报道，获悉清室因经费拖欠数年不发，陆续将宫内保藏古董暗售外商，溥仪复拟拍卖一大批古董宝物，以资救济，日前特电招上海各大洋商来京议价，日来到京者已大有其人，定13日由某华人带领洋商进宫观览，以便估价，指出溥仪预定售价为三百万元左右，足见原价至少当在一千五百万元。以上如果价能议妥，则此一大批古董又将浮海而西。现时清室所保藏古董，多为珍品，若任其随意售卖，似非保存古物之道，呼吁政府当局与社会上爱惜美术品者，设法防止。最好能将清室古物一概封存，或暂寄古物陈列所，以备将来建筑博物馆时，一律收藏，供国人鉴赏，或研究美术之资。倘听其散失，则诚为国家大损失。国学门委员会特别强调故宫古物的国家属性，函称：

据理而言，故宫所有之古物，多系历代相传之宝器，国体变更以来，早应由民国收回，公开陈列，决非私家什物得以任意售卖者可比。且世界先进各国，对于本国古代之遗迹古物，莫不由国家定有保护之法律，由学者加以系统的研究，其成绩斐然，有裨于世界文化者甚大。而我国于此，尚不能脱离古董家玩好之习，私相授受，视为固然，其可耻孰甚。况日本经此次之大地震，遗迹古物之损失极多，我国于此担负保存，及整理关于东方考古学的材料之责任，亦因之愈加重大。北京大学对于此事，似不能坐视不问，为此函请将此事提出国务会议，派员澈底清查，务须将盗卖主名者，向法厅提起诉讼，科以应得之罪。并速设法将故宫所藏之器物，悉数由民国收回，公开陈列，以供众览，庶不致以此有限之国宝，填彼无厌之欲壑，国家文献，实利赖之。（《研究所国学门委员会致内阁公函》，《北京大学日刊》，第1299号，1923年9月26日，第2—3版；《北大请禁清室盗卖古物》，《申报》，1923年9月26日，第2张第7版）

11月10日，北京政府教育部会议决定拍卖该部公产，将善本、孤本书、《四库全书》，暨一切与国粹有关的文物移交历史博物馆。（《教育部定期拍卖》，《申报》，1923年11月13日，第1张第4版）

△　钱玄同往北京高师监考预科国文考试，试题内容为整理国学。

上午九时至十一时，钱玄同赴北京高师监考，复试各省送来的学生。预科国文试题"我们现在用怎样的眼光去研究国学？"，为钱玄同所出。（杨天石主编：《钱玄同日记（整理本）》中册，第552页）

9月29日　集美学生陈问涛撰成《国学之"遗老化"》一文，主张审慎提倡"真国学"，大张挞伐"伪国学"，真伪之分仅在研究态度与方法。10月16日，发表于《学灯》。

文谓吴稚晖、陈独秀、胡适有关国学的批评，反映了国学的"遗老化"现象：抗拒西洋学术、图谋光复孔教、压制语体文提倡和传播。即使是胡适、梁启超，也没有免俗。胡适"总算是现在新式的科学的国学家"，可在《国学季刊》上，除掉《科学的古史家崔述》外，"只看到述皇一类古香古色的文字"。又在《中学的国文教授》里，"竟要学生读四史、《通鉴》"一类"大学生不必人人要读的书"。最近手定《高级中学国语纲要》，"竟要学生大做其古文"。梁启超"更是我们钦仰的国学老辈"，其评胡适《中国哲学史大纲》"时髦气未免重些，有时投合社会浅薄心理，顺嘴说句俏皮话"等，劝其"少讲""专打孔家店的话"，无异"对古人要拿出一副道学面孔，不许嬉笑怒骂"。梁启超的《国学入门书要目及其读法》，说"《论语》《孟子》《易经》是有益道德的书，要摘记先圣先哲身心践履之言以资修养"，无异与"圣人之徒，开口夫子，闭口先师"者一个鼻孔出气。结果对于国学本身减损价值，对于政治社会学术思想产生不少恶劣影响。

可是现在的国学界乌烟瘴气，瞎闹到十二分，他们的头脑一提及国学，马上就联想到保存国粹；一提及研究国学，马上就联想到古诗古文。某报《国学周刊》上，不上三百字的孔子之成人说、孔子之君子说，也算是整理国学了。某校的《国学概要》，把唐朝刘知幾所斥为不可信！——学者公认为不可信的史料，也采来充做国学了。上海文丐所做的鸳鸯蝴蝶派小说，军阀政客们打出来的四六电报，无非是国学。上海某校教员统计今年招生考卷，做文言的，占了十分之九。无锡某校至今还不准学生做语体文。

"真国学，要审慎提倡。伪国学，要大张挞伐。"真伪之分，只在研究的态度与方法。国学本如胡适所说，只是研究一切过去的历史文化，使命在于懂得中国的文化史，方法是要用历史的眼光来整理，目的是要做成中国文化史。"国学不过是古董"，只需要真正懂得国学的"极少数的考古家历史家"玩赏。如梁启超的《中国历史研究法》《历史统计学》，胡适的《中国哲学史大纲》三万多字的导言，《胡适文存》里关于学术思想方法的文章。而梁启超"粗疏地编成的国学书目"，胡适"借了酒杯，浇着块垒的文章，或是全凭主观，定出来的国学化的国语纲要"，则是"不甚赞成的"。吴稚晖挞伐"伪国学"，应该帮其出力，强调只需要少数胡适之整理国故，也"很中肯"，所谓"孔孟老墨便是乱世产物，非再把他丢在毛厕里三十年，现今鼓吹成一个干燥无味的物质文明，人家用机关枪打来，我也用机关枪打去，把中国站住了，再整理什么国故，毫不嫌迟"这话，则"太偏激"。根本上，"国学两字，实在误人不浅"。虽然有人说是国故学的缩写，但没有几人明白本义，故"还是用章太炎所定的，叫做国故学罢。因为这个名词，是中立无所偏倚的；并且表明这种学问，是以研究中国历史上文化为对象，与现今的世界及我们的生活，是没有多大关系的"。（陈问涛：《国学之"遗老化"》，《时事新报·学灯》，1923年10月16日，第1版）

　　△　署名"渐"者在《申报》载文论国学门径，主张从《汉书·艺文志》和《四库全书总目提要》入手。

　　内称："生于数千年之古国，而不治国学，专治西学，决非真学者。"国学不易治，因数千年来典籍浩如烟海，初学者无从骤得门径。欲知源流，当先读《汉书·艺文志》，次观《四库全书总目提要》。国学以群经及诸子为本。"然苟不治群经及周秦诸子，无由窥见国学之根本。治经而不学《易》，无由窥见根本之根本。不习《说文解字》，则读书而不识字，虽窥见国学之根本，而其学仍为浮而不实之学。"（渐：《国学之门径》，《申报》，1923年9月29日，申报常识第1版）

　　9月30日　北京大学研究所国学门在龙树寺抱冰堂举行恳亲会。

　　7月，北京大学研究所国学门发布年度单行本工作报告，分研究生、编辑室、考古学研究室、古迹古物调查会、风俗调查会、歌谣研究会、档案整理委员会七项各述进展。

　　研究生项进展。国学门委员会审查合格的研究生四人，分别是：《陶渊明研究》，提出人杨定宇，江苏江宁，安徽省立第六师范学校教员；《殷墟甲骨文字》，提出人商承祚，广东番禺；《中国刑罚思想之变迁》，提出人周怡然，浙江平阳，北大法律系四年级；《历代名人生卒年表》，提出人董作宾，河南南阳，北大旁听生。本届研究生报告成绩者仅段颐一人，题目是《黄河变迁考》。

编辑室项进展。一、《太平御览》去年已剪辑完，现正着手整理。兹先就其中篇幅多而比较重要者，进行校勘，即以裁剪之鲍刻原本，与明活字本、日本刻本、张刻本、汪刻本、翻鲍刻本等互校，再以现存原书对校。其有原书已失者，则以前人所辑佚书校之，各作校勘记。再予排比，所引书今有存者，即按其原书之篇第段落，依次列出。至其原书已亡，而前人曾有辑本者，则照各家辑本之次序排之。二、《艺文类聚》自本年1月15日起，至5月15日剪辑完毕。此书征引之博，约及一千三百余种。旧无征引书目，兹将全书引用各种书名，按笔画多寡，依次排比，辑成《艺文类聚引用书目录》。三、《太平广记》纂于宋太平兴国二年，公历977年，李昉等十二人奉勅撰进。当时宋已平一宇内，广搜诸国图籍，而降王臣僚，又皆海内名士，遂招之馆阁，使修群籍，先后成《太平御览》《文苑英华》各千卷。复以野史、传记、小说编成五百卷。分部二十五，赐名《太平广记》，诏镂版颁行。既而言者谓非后学所急，乃收版付太清楼。于是《御览》传而《广记》则北宋人或未多睹，故以郑樵之博，《通志·校雠略》且误谓《广记》为《御览》别出，足知其亦未尝得见。是书所采多汉唐以来轶闻、琐事、秘笈、佚文，兹据卷首引用书目所载，其所列者，凡341种，而《四库总目》作345种。今按《河洛记》《妖乱志》两书重见，而韩愈《欧阳詹哀辞序》下阙落一种。其余一种，无从查知。此次编辑时，发见其未经列入此目者，尚不下数十种。俟编竣时，当另定详目。其搜讨所及，可谓宏富。故自宋以前之小说家，其原书佚亡不可考见者，独赖此书之传，尚留什一，良可贵矣。且借此可以窥晋、唐、五代小说家言蜕变之迹，与其演进之程，而直接间接亦可审知各时代之人情风尚、社会习惯。此次裁剪，用乾隆十八年黄晟校刊袖珍小字本。其有缺文缺卷处，则以明长洲许自昌校刊大字本补之。至若各本间有不明注出处的，无可归附，只得另列一编。预计四个月可以竣事。四、《一切经音义》整理方法，共分标记、编目、纂辑、校审四项。现全书勾点已毕，总目编就过半，暑假期内谅可告竣，次即着手纂辑。慧琳《一切经音义》包含玄应《一切经音义》，今为翻检便利计，编《慧琳一切经音义众经目录》，下注明卷页及音义人名，以备考察。玄应《一切经音义》藏本与孙校本分卷不同，今据孙校本，在下注明藏本卷数，编《玄应一切经音义众经目录》。以上二书均已编成，缮录成册，以为整理《一切经音义》之一助。五、《说文古本考》十四卷，嘉兴沈涛纂，其戚吴县潘祖荫从缪荃孙抄得，付梓行世。沈书意在参考旧说，折中己意，惜刊本欠精，颇多夺、衍、误字，且缺版多页。国学门近借得盛伯羲校旧抄本，仅十三卷，佚卷十二，以与潘刊互雠，半月竣事。据抄本补夺，删衍，正误者，计三百四十余条。卷三上，卷四下，卷五下，卷十一下缺版，均照抄补。间有刊、抄同夺、同衍、同误之字，则证以本书通例，或参检他书为补正之，计二百六十余条。今本《说文》所固有之字，沈书误为补纂者计一条。汇录一册，成《校勘记》。六、译书。三种如下：《回疆考古纪事》，孙芳译；《古满洲民族考》，陈政译;《晚明西洋画记》，孙芳译。

考古学研究室项进展。一、古器物之增益。计增益金二十四件，石刻九件，石器三百件，骨一件，陶一百二十四件，共四百五十八件。内购入金二十二件，石刻九件，骨一件，陶一百二十四件，共一百五十七件，捐赠金二件，石器三百件。最重要者:1.石环、石刀、石斧、石棒、砥石及陶器残片等共三百件，日本小池奥吉赠，朝鲜图们江沿岸出土。2.卢编钟一件，购入，郑沅旧藏。3.铜鼎三件，敦、尊、卣、盘、匜各一件，共八件，购入，洛阳最近出土。4.弩机一件，购入，时代:汉昭帝始元四年。5.黄肠石七块，购入，洛阳最近出土。时代:汉顺帝永建二、三年。6.穆绍墓志一块，购入，时代:北魏节闵帝普泰元年。7.泉男产墓志一块，购入，洛阳最近出土。时代:武周长安二年。二、拓片、影片及印片，计增益拓片二百三十七张，影片八十二张，印片二千一百余张，共二千四百余张。内购入拓片九十三张，影片七十三张，印片二千一百余张，共二千二百余张。捐赠拓片一百四十四张，影片九张，印片一张，共一百五十四张。三、外人参观。计有毕士博（Bishop），美国政府斯密苏尼恩博物院调查古迹代表;罗佛（Laufer），美国芝加哥博物馆东洋人种学部长。

占迹古物调查会项进展。成立后布告进行计划，暑假前通告征集考古学材料。

风俗调查会项进展。发布启事，征求会员。书籍调查、实地调查、征集器物等三项调查方法，均已积极进行。书籍调查方面，由研究所征集关于风俗之载籍，分别研究、整理，更选购各国关于斯学之书籍及杂志，以供参考。实地调查方面，我国幅员辽阔，而调查者尤当以其人之生长地为标准，风俗调查会因是特将调查表函寄各省教育厅、各省大学及专门学校，托为分发热心同志。复在《北京大学日刊》登载启事，请会员、校内同学及校外同志来取表格，同力协助进行。八月以来，计发出调查表两千份。其中京外千余份，京内五百余份，校内外同志自来索取者达五百份以上。一俟各地调查竣事，将来寄还，当汇辑发表。征集器物方面，关于风俗之各种服、饰、器用及其模型、图画、照片等类，亦已附带征求各方赠助，一俟经费有着，再当广行收买，以期风俗博物馆之早日成立，与考古学陈列室纵横相辅，而为大学完备的历史博物馆。

歌谣研究会项进展。数月以来，平均每月收到歌谣约在五百则以上，除东三省、新疆、热河外，虽远若云、贵，均有热心同志陆续寄来。自去年12月至本年6月，收到歌谣总数已达三千八百四十五则。白启明之《豫宛民众艺术丛录》，现今业已编就，开会讨论议决将书中"歌谣"一部分印行，"谜语"诸部分以后续出。并公推陈大齐、徐旭生、张竞生、钱玄同、周作人、沈尹默、沈兼士诸先生担任审查，俟审查完毕，即可付印。尚有二书方在预备中。一为直隶歌谣，歌谣研究会存有歌谣二千首，较他省独夥，故拟先行出版。一为南省山歌，山歌乃南省特色，且材料较多，亦拟刊单行本。

整理档案会项进展。自本年3月中旬史学系学生加入实习之后，每日由照料人取出案件若干，分交诸生摘由，有北大教授导师，到会指导。因学生人数不多，于是再行通告本校学生，凡愿意整理者，皆可加入。至于照料诸人，除料理事物之外，继续摘编明末题本、行稿等件，以登载于《北京大学日刊》。如此工作者数月，至 6 月杪作一结束。统计所得，编摘明题本、行稿共四百五十余件，编摘报销册四百三十余件。暑假期内，仍继续整理，办法依 6 月 2 日之会议议决，分三项进行。（1）此项档案，原以麻袋与木箱杂载。前次整理，每开一袋或箱，必待分类摘由完毕，方行再开。今以此法迂缓，改变办法，将所有麻袋木箱搬至第三院大礼堂逐渐开拆，按照案件原名，分为题本、报销册、揭帖、贺表、誊黄等类。再区别朝代先后，插架陈列。每日由午前七时半至十一时半，以三十余人分组工作。大约暑假期内可以完毕。至于摘由一层，则拟俟此项手续完了后，再行着手。（2）去年第一次整理时，将各种无类可归之文件，收庋一室，各为杂件。其中重要者亦颇不少，今拟于暑假期间，请少数教员学生清理，期于暑假内整理竣事。（3）暑假期内，仍将未整理完毕之明末要件，摘由报告。其经过第一项手续之报销册，则按各件内容性质，分为财政、军政、工程、宗教等类。摘由之人，得就其性质所近，任选其中之一类，编号摘由。以上三项，业已分别进行。又以档案中特别名辞颇多，拟分类札记，以备史学辞典之材料。（《国立北京大学研究所国学门重要纪事》，《国学季刊》，第 1 卷第 3 号，1923 年 7 月；《国立北京大学研究所国学门报告》，1923 年 4 月 1 日—7 月 31 日）

9 月 30 日午后一时，举行恳亲会。与会者有研究所所长，国学门主任、委员、导师、通信员、编辑员，计蒋梦麟、沈兼士、马裕藻、周作人、张竞生、郑奠、谭熙鸿、陈垣、李泰棻、沈尹默、铎尔孟、今西龙、伊凤阁等，及国学门助教、书记、研究生，与古迹古物调查会、歌谣研究会、风俗调查会、档案整理会等学术团体的会员及新闻记者孙伏园，共三十余人。

先由主任沈兼士致开会词，魏建功记录，略谓："原来我们开这个会，有两个用意：一来是过去的一年之中同人不曾有个大聚会，所以趁这个很好的秋天择一个胜地，请大家到此茶会。二来是本学门上学年所办各种事业经过情形，及本学年之豫定各种计划，想在这个会里报告给大家听听。"

编辑室：分为辑，编，译三层：（一）辑。《太平御览》《艺文类聚》《太平广记》均已剪辑完毕，现正编定《引用书目》（原有书目者增订）及分书校勘。慧琳《一切经音义》，虽然上海丁福保亦有编辑的计划，但内容似偏重《说文》一书（尚未出版，序文则公布），国学门宗旨"重在各种佚书及音义之搜讨，固不妨各行其是"。整理手续用表式抄写，故稍觉迟缓，然总想一年内赶完。再有《文选注》，亦已着手辑抄。

（二）编。"国学门开办只有年余，又因限于人力，迫于经济，所以未能积极进行，然大概也有一个计划，想于本学年着手次第进行。"1.《分类书目》。"现在想研究国学的人，大家都苦于没有一些指示国学系统和内容的门径书。"指示门径第一步，"须先要有一部精详的书目"。张之洞《书目答问》"大家虽然都不很满意，然而当起头研究国学的时候，却恐怕没有一个人不直接或间接得到不少的益处。即此可见书目的功用"。张氏书目截至光绪元年为止，须把近五十年来的重要书籍作一个详细著录。至于体例，当然也得重新改订，最重要的有两点："一是每目之下须加简明的提要；二是各家文集笔记中有关于学术之重要论文，亦须择尤标举。"2.《学术年表》。"我国旧有各年表，如郑樵《通志年谱》，则记一朝大事及正闰始末；万斯同《历代史表》，则记王侯将相公卿大臣兴废拜罢之由；齐召南《历代帝王年表》，则记国家治乱兴亡之事；至于中国数千年来文化演进与夫学术风尚升降异同之迹，却没有人搜寻可以表现这些的材料，把他依次排比，作一个以文化学术为主体的年表。"国学门现在想做这个工作，即"豫备作一个文化史的长编，（学者生卒年月及重要著作之出版年月亦须并载）这种工作，取材的范围不可不广，不但一部《资治通鉴》是不够用，就是各正史所载关于艺文，儒林，文苑……的材料也还嫌不足；大约历代学者文人的专集笔记，均须涉猎采取，方能完成这件工作。这个事业虽然困难，我们却不应该畏难不做。"3.《诸子所用哲学名词索引》。"研究学问的要件，材料与方法必须并重，而搜集材料的方法尤须精密，盖不如此则不能得真确完备的材料；没有真确完备的材料，则研究所得的结果决计是不能美满的。"例如，研究中国古代哲学，重要的材料就是诸子书中所用的各种学术专门名词，譬如"天""道""性""理"等，不但诸子各家解释互有异同，就是一家的书里面也有前后所说广狭之义的不同，也有自己本身的冲突。研究者于此，倘是不观其全，仅取一端立说，则陷于偏而不全的毛病；或虽然通观其全，然弊于主观成见，或急欲己说之成立，称举其同于己者而弃置其异于己者，则失却研究学问之忠实的道德，而陷于自欺欺人的毛病。"现拟仿外国书籍索引的办法，搜取周秦以及宋明诸子书中所用学术专门名词及其解释，分类汇纂。（原文不加删节）其目的：（A）与后人以分析研究的便利。（B）各家所用以解释各种学术专门名词的说话［法］，归纳之便可定其名词之界说。（C）有此完备真确的客观材料，后世研究古代哲学者可以减少许多为人暗中蒙蔽的苦处，一切学者所惯弄的主观武断或断章取义的毛病可以一扫而空。戴震所谓'不以人蔽己，不以己自蔽'，非如此办法，不能达到这个目的。"以上各种计划，已请顾颉刚来校帮忙办理。

（三）译。只有一点零星成绩，没有积极进行，原因也与编的方面相同。此次蔡元培赴法，途次遇李宗侗，谈及译书事业。李建议"把中国各种名著翻译成各国文字"，并主张"以石印的各种丛书或善本书交换外国关于东方学的书籍和杂志"。蔡嘱李来京后与沈兼士商办，沈主张译书可请李帮忙，"总须于最短的时期中立定一个基础才好"。

考古学研究室乃国学门一年来着力较多的领域，而成绩却还不甚佳。

中国之考古学向无系统，古物之为用，仅供古董家之抚玩而已。我们现在虽然确已逃出这个传统的恶习范围之外，知道用科学方法去研究，但为财力所限，未能做到自行发掘，实地考证的地步。研究室所用的材料，均由市侩辗转购得，器物之出土地点及其相互联属之关系均不易知，故进步甚难。惟吾决不因此而遂消极，于是组织一古迹古物调查会，希望与考古学有关系的各种专门学者多数加入，以便进行考古学上的一切事宜。经济方面，尤望学校与以格外帮助。

今年河南孟津、新郑掘获周代古器甚多，为宋以来最大之发现，于考古学上贡献极巨。前商请蒋梦麟代校长拨款派马衡前往考察，不久当有报告来校。"此项地点时代及共存遗物均能明确知道的古物，实为考古学上第一等的材料。我们建议移归中央，交本校保存；尚望诸先生一致主张，于中外报纸上多多鼓吹。倘此事成功，则大学考古学陈列馆之基础已立，将来续长增高，发展自易，不但本学门之幸，即大学之地位亦可因之增高。"

歌谣研究会自并入国学门后，仍归周作人主持，另辟一歌谣研究室。去年北大纪念日发行周刊，常惠担任编辑。上学年本附《北京大学日刊》分送，现为便于销行计，已改单行。《歌谣周刊》发行以后，所得材料较前增多，近复得伊凤阁对于研究方法及材料分类等有所指教，将来深望海内外同志共起对于歌谣作各方面种种之研究。再有现拟在《歌谣周刊》中另辟一栏，专载古代记录或研究谣谚之书的目录及其内容之提要，以为歌谣历史的研究。此外，搜集一地方之歌谣已成专书者，拟编成丛刊，自北大二十五周年纪念起陆续出版。计脱稿者已有常惠《京兆歌谣之一零》，白启明《豫宛民众艺术丛录》，顾颉刚《吴歌集录》三部。"采集歌谣时，最困难之点为各地歌谣中之方言标音问题。标音倘不正确，则歌谣中之意思，情趣，音节，至少也有一部分之损失。然此项标音之工具，注音字母和罗马字母均不够用；至于新音标之选用，亦非集思广益，未易遽定。现因方音方言之调查有急须实行之必要，拟另组织一会，音标问题将来即在此会中解决。"

风俗调查会自上学年由张竞生发起调查风俗，遂成立风俗调查会，印发表格，分出各同学假中分头调查。现在陆续缴回者甚多，其中有价值者，亦颇不少。将来亦须如歌谣的办法，发行一种刊物，方能引起多数调查人的兴味。关于风俗之实物征集，应采取朱希祖由近及远之提议，先筹设京兆风俗陈列馆，以示模范。另据报载："今张氏已由蒙古回京，所发图表，亦已有填就送来者，虽尚不甚多，然中有甚有价值者。"（《研究所国学门亲会纪事》，《国学季刊》，第1卷第4号，1923年12月；《北大研究所国学门之恳亲会》，《晨报》，1923年10月1日，第6版）

整理档案会本为"临时性质"，"自去年罗叔言先生购得八千余麻袋破碎档案之后，我们才要求教育部把整理内阁大库档案的责任交给我们；当时承陈援庵先生的斡旋，此项档案得归大学"。档案之归北大者，以题本、报销册为大宗。其杂件中发现之珍贵史料亦颇不少。自去年暑假整理至今，未尝间断，北大同学亦多利用假期帮同整理。助教胡文玉于此事尤为热心，即假期中间及罢工时期亦均从事料理，不曾休息。现在第一步分列朝代的手续大致完了。第二步摘由，已将明季关于关东边事及流寇之题稿千余件摘录公布。现拟再行依年的先后顺序复编一道，排印单行。此外，清题本及报销册之摘由，自当继此进行。第三步内容整理，当由政治、经济、法律、历史、风俗各专门学者分类去研究，此层却须借助于全校同人的力量。"总之，国学门搜集及整理所得之各种材料，（当然不限于档案）完全系公开的供献于全校，全国以至于全世界的学者，可以随意的作各种的研究，绝对无畛域之限制，这是应该请大家特别注意的。"

《国学季刊》已出三期，第三期有须特别制版铸字者，故印刷甚为迟缓。近以清代学者戴震二百年的纪念（戴氏生于雍正元年十二月二十六日，即公历1724年2月14日），拟以第五期为《戴东原专号》，现在发征文广告。"戴氏所治学术，方面极多，如小学，经学，算学，招［哲］学，地理，校勘等，均可就其一门从事论述。此外或泛言其治学方法，或综考皖学流派，或订正段著《年谱》之疏失，用新方法再作一部《戴氏年谱》，均未尝不可。"

沈兼士报告过去一年情形和将来计划大略后，说："不过照现在每月只有很少的经费之研究所国学门看来，纵使有多少计划，也恐是徒然。这一年来，同人因为张罗经费和房屋等种种庶务事，以致未能专力多做整理学术的事业；以后倘承学校当局及诸位先生的注意和指导，使现在已有之各种事业能够继续发展，不遭夭折，这是同人所热烈希望的。"而孙伏园则记沈兼士谓："国学门虽每月仅得学校五百元经费，而办理事业如此其多，前途大可乐观云云。"（《研究所国学门恳亲会纪事》，《国学季刊》，第 1 卷第 4 号，1923 年 12 月；《北大研究所国学门之恳亲会》，《晨报》，1923 年 10 月 1 日，第 6 版）

次由代校长兼所长蒋梦麟致词，表达了将来增加经费，鼓励在经济困顿之下学人的精神奋斗。略谓："今日得与此会，欣快之至！各种集会，余向畏列席，皆以其报告事业索然无味，往往令人厌烦。余于国学素无研究，今日听沈先生报告，非常有趣，宛如坐在国学门听讲，可惜蔡先生未能亲到此会！蔡先生对沈先生办事热心，异常开怀，此次赴欧航途中，即来书相嘱，研究所经费应当增加，俾利发展。我们学校公费年仅七十万，各处皆欲发展而不能，但余甚喜北大各机关均具一种精神，即各部欲发展自己局部事业，同时亦顾及其他局部事业之发展。沈先生亦尝以此意告余。总之无论如何，关于经济方面，将来一定有相当的增加。沈先生适言未能做学问上工夫而奔走于庶务杂事；学校行政方面对此深为抱歉。我今谨代表学校感谢沈先生的热心，及办事同人的勤劳职务！今后更当竭力免除沈先生庶务事务的奔走，好多做埋头整理的工夫！我们在这种经济困顿状况之下，尤在精神上奋斗，事业才可有成。我希望我们都能有如此的精神［上］的奋斗。"

最后茶会，摄影，至五时始散。（《研究所国学门恳亲会纪事》，《国学季刊》，第1卷第4号，1923年12月；魏建功记：《研究所国学门恳亲会记事》，《北京大学日刊》，第1337号，1923年11月10日，第1—2版）

9月　汪东在上海创办《华国月刊》，以甄明学术，发扬国光为宗旨。章太炎为社长，撰写发刊辞，主张以学术挽救世道人心。

该刊分为图画、通论、学术、文苑、小说、杂著、记事、通讯、公布、余兴等类别。社长章炳麟，编辑兼撰述汪东，撰述还有黄侃、孙世扬、钟歆、但焘、李健、孙镜、田桓。编辑方海客、汪景熙。章太炎撰写发刊辞，表达了晚周中国学术兴于衰势，流风余烈，润泽百世，而晚近世乱学术却不兴的担忧。他批评执政懵不知学，以学为迂阔无当。学界稗贩泰西，不是忘其所自，自贱家珍，就是心知其非，不惜曲学阿世，萦情利禄。浮薄少年，心无所主，追求及时行乐。治乱相寻，本无足患，亡国都不可怕，只要精英维持学术不息，国家精神就不会消灭。否则，国粹沦亡，国将不存。

往者息肩东夷，讲学不辍，恢廓鸿业，卒收其效。民国既建，丧乱娄更，栖栖南北，席不暇暖。睹异说之昌披，惧斯文之将坠，尝欲有所补救，终己未遑。吴县汪东，尝从余学问，其行事不随流俗。今鸠集同志，创为《华国月刊》，志在甄明学术，发扬国光。选材则慎，而体例至宽。举凡七略所录，分科所肄，以及艺术之微，稗官之说，靡不兼收并容，意使览者有所歆动鼓舞，然后法语庄论得假之以行而其道不惫。商榷粗定，请余总持其事。余嘉其独于举世不为之秋，思卓然有以树立。且与频年所怀，亦相冥契，故乐从其请。搜集既勤，刊行有日矣。党国故之未终丧，迷者之有复，驰骛者之喻所止，谓兹编之行，速于置邮，宜若可以操券，其或不然，岂惟学阨哉，懿人心世道之忧也。（章炳麟：《发刊辞》，《华国月刊》，第 1 卷第 1 期，1923 年 9 月）

黄侃门人孙世扬撰《国学通论》一文，发扬章太炎的国学理念，强调学术出于风俗，亦能转移风俗。又有地域之分，如晋以前北方之学胜于南方，晋以后则南方之学胜于北方，证明一地文野兴衰完全取决于人。三代以前，学术在上，政教合一。后世学术在下，与政抗拒，政治虽衰，学术反盛，若为政治附庸，反不足观。

是故立博士以明经，而经学衰；设官局以修史，而史学坏；以理学阿时君，而理学替；以诗赋取士，而文章滥。然则草偃风从之说，非所论于豪杰之士明矣！嗟乎，君子观于学术兴废之由，而知国政衰微，无害于学，知设社讲学，为不可缓。不然，国乱俗坏，邪说横行，六经之道，既坠于地，而炎黄姬汉之裔，亦终沦为冥蛮而已。（孙世扬：《国学通论》，《华国月刊》，第 1 卷第 1 期，1923 年 9 月）

10 月 3 日，金毓黻在日记中写道："吴县汪东（旭初）在沪上主办《华国月刊》，请章太炎总持其事，撰述有黄季刚师，余有孙君世扬、钟歆，皆余之北京大学同学。""孙君有《国学通论》《文学管窥》二首，文笔矜慎，议论精湛，如其为人，特患其意竭于言，不能驰聘上下，则为美中不足耳。"（金毓黻著，《金毓黻文集》编辑整理组校点：《静晤室日记》第 2 册，第 905 页）

《华国月刊》出至第 1 卷第 8 期时，《清华周刊·书报介绍副刊》评论说："最有价值的，还是算通论，学术两栏，里面很有些精深研究的文章，有好些为众人所不注意的事情的搜讨，治国学的人，总得看一看。"（《华国》,《清华周刊·书报介绍副刊》，第 12 期，1924 年6 月 6 日）

△　东南大学国学研究会《国学丛刊》第 1 卷第 3 期出版，因校内外投稿至多，材料丰富，第 4 期拟出史学专号。

△　国学社印刷发行钱通明编辑《清史纪事本末》，蔡元培题写书名。

10 月 1 日　李笠为自编《国学用书撰要》一文撰写叙例，解释国学书目分为哲学、史学、文学、小学、类书辞典诸部及内部安置的原因。

叙例述其宗旨云：

书经名儒理董，披荆斩棘，后学读之，事半功倍。但青年读书，无良师友指导，则良否不知，取舍失当，徘徊歧路，终成陋学。故本编于周秦汉魏古书，必首举注释之最善者，苟未有极惬意注本，则诸家考释，东鳞西爪，罗列散材，使读者一则有所遵循，无向隅之恨；一则整理诠次，引起著书之趣。若世之刊印古书者，本此意而行之，每刊一书，备求各家考订而附缀之，则前功不弃，后效自彰，国学昌明，期岂在远？

近人著述，及前人遗著，确有价值者，虽未刊行，亦为著录。盖真能好学者，流通传写，岂仅守此区区通行册子而已乎？……近虽印刷术日精，而学者专门书籍，往往难以流行，不有传抄，安保不失乎？近日治国学者能以此意连络同好，邮换有无，何患秘籍不出哉？兹编为普通门径，故亦聊以引其绪耳。

1926年11月23日，李笠为《三订国学用书撰要》叙例，分目录为三科，一是"簿记式"。"著录图书，以一时或一地为标准，不辨良窳，悉为网罗"，"修史者之事也"。二是"索引式"。"以一问题或一种学科为标准，依类捃摭，或抽取其卷，或裁去其篇"，"著作家所急也"。三是"配剂式"。"不限时间空间，不专一类，采撷精纯，去其繁复"，"修学之士，所藉以问途者也"。前人书目，自《七略》《别录》以来，皆偏于"簿记式"。清儒整理古籍，渐重"索引式"，如孙星衍《续古文苑目录》。自龙启瑞撰《经籍举要》，张之洞撰《书目答问》，学者始注意"配剂式"，而钱遵王《读书敏求记》，纪昀《四库全书简明目录》，已引其端。惟龙书疏陋，张书繁杂，并不足饫学者之望，因是胡适、梁启超复有《国学书目》之纂定。唯"配剂式"之书目，便自学之士，示以应读之书，而不示以关系与旁通之籍，是犹假人以舟，而不助以楫。故梁、胡撰录，仍未适用。《国学用书撰要》"以索引精神行乎'配剂式'之间，所以济龙张梁胡之缺点，蕲成一'新配剂式'之目录"。

分哲学、史学、文学、小学、类书辞典五部。"国学范围，本极博泛，近人所谓，只此而已。正名之事，别当具论。兹姑从俗，取便省览耳。近人以技艺为国技，则似以艺学分标，所谓国学，当属狭义。然词章、小说，亦艺而非学，混入国学，始终未谛。"

哲学部包括群经哲学、诸子哲学、释氏哲学、哲学史，史学部包括别史、通史、史志、史论，文学部包括总集、专集、小说、文评，小学部包括形义、声韵。哲学部中，以经的名称迂腐，将经书子书散入诸部，同时将群经名目列入哲学门。原因一则《易》《礼记》《论语》《孟子》诸书，是儒家伦理观所在，经学中坚部分，一则存经名义，以便稽讨。诸子哲学同样处理。古籍种类烦猥，以近世应用科程来划分，颇费踌躇。有些全书在此类，而局部属于彼类。例如，郑樵《通志》原属史志，其中《六书》《七音》二略，又属于小学，故斟酌重列，以便探求。又如，别史《汉书》中的《艺文志》，典制《通考》的《经籍》，属于书目同门，不复沓出。考订书分隶各目，每类不厌叠举，示人应读书籍方法，与目录家专为整理不同。每目除一二最要书籍外，其余仅作取法乎上希望。近时古籍渐少，书籍异常昂贵，多列书目，旨在供人就便购求，因宜采择，不在尽求完备。文学派别甚多，名著亦多，学者各就性情所近而求书籍，不能预定，故文学类书虽繁，约而求之。史志虽繁，只是供人浏览或备考。小学与类书，亦多资检核，非尽循诵，列目繁多，实践甚易。（李笠：《国学用书撰要》叙例，《东方杂志》，第21卷第9号，1924年1月；李笠：《三订国学用书撰要》，朴社出版，1927年，叙例，第3—4页）

5月10日，李笠撰《国学用书撰要》刊载于《东方杂志》。先大字列书名，次小字叙撰著者及注解，再写按语。末附评胡适、梁启超所拟国学书目。

甲、哲学部。（一）群经哲学。《易经》《大戴礼记》《礼记》《白虎通义》《孝经》《论语》《孟子》《春秋繁露》。（二）诸子哲学。《老子》《文子》《关尹子》《庄子》《列子》《墨子》《荀子》《子思子》《管子》《商君书》《晏子春秋》《慎子》《尸子》《尹文子》《公孙龙子》《孙子》《吴子》《古军礼司马法》《鬼谷子》《邓析子》《鹖冠子》《黄帝内经》《韩非子》《吕氏春秋》《淮南子》《孔子家语》《孔子集语》《孔丛子》《盐铁论》《潜夫论》《论衡》《新语》《贾子新书》《桓子新论》《申鉴》《太玄经》《扬子法言》《中论》《物理论》《傅子》《抱朴子》《金楼子》《颜氏家训》《新论》《文中子》《因论》《张子全书》《周子通书》《二程全书》《朱子大全集》《象山语录》《陈龙川集》《叶水心集》《习学记言》《郁离子》《读书录》《王守仁语录》《文录》《胡子衡齐》《呻吟语》《李氏焚书》《日知录》《明夷待访录》《思问录》《颜李遗书》《孟子字义疏证》《二林居集》《国故论衡》《东西文化及其哲学》。（三）释氏哲学。《华严经》《楞严经》《莲华经》《观世音经》《圆觉经》《阿弥陀经》《心经》《金刚经》《大乘起信论》《六祖坛经》《佛遗教经》《成唯识论》。（四）哲学史。《宋元学案》《明儒学案》《汉学师承记》《清代学术概论》《中国哲学史大纲（上卷）》《先秦政治思想史》。

乙、史学部。（一）别史。《尚书》《尚书大传》《逸周书》《春秋左传》《公羊传》《穀梁传》《国语》《战国策》《吴越春秋》《越绝书》《新序》《说苑》《列女传》《史记》《汉书》《后汉书》《三国志》《晋书》《明史》《圣武记》《东华录》。（二）通史。《竹书纪年》《路史》《马氏绎史》《资治通鉴》《续资治通鉴》。（三）史志。子、典制。《仪礼》《周礼》《通典》《通志》《文献通考》。丑、地志。《山海经》《水经注》《洛阳伽蓝记》《三辅黄图》《荆楚岁时记》《太平寰宇记》《读史方舆纪要》《李氏五种》。寅、书目。《汉书·艺文志》《后汉书·艺文志》《三国艺文志》《补晋书·艺文志》《隋书·经籍志》《经典释文叙例》《旧唐书·经籍志》《新唐书·艺文志》《宋史·艺文志》《郡斋读书志》《直斋书录解题》《四库全书总目提要》《郑堂读书志》《经义考》《小学考》《读书敏求记》《汇刻书目》《书目答问》《书目举要》《古今伪书考》《七录序》《百宋一厘赋》。卯、谱录。《元和姓纂》《姓氏急就篇》《史姓韵编》《万姓统谱》。（四）史论。《史通》《文史通义》《十七史商榷》《廿二史札记》《读通鉴论》《宋论》《中国历史研究法》。（《东方杂志》，第21卷第9号，1924年5月）

丙、文学部。（一）总集。《诗经》《全上古三代秦汉三国六朝文》《全汉三国晋南北朝诗》《文选》《玉台新咏》《古文苑》《续古文苑》《乐府诗集》《唐文粹》《文苑英华》《全唐诗》《宋文鉴》《南宋文苑》《宋诗钞》《金文最》《元文类》《元诗选》《明文在》《明诗综》《彊邨丛书》《历代赋汇》《古文辞类纂》《续古文辞类纂》《骈体文钞》《湖海文传》《近代诗钞》。（二）专集。《楚辞》《蔡中郎集》《曹子建集》《嵇中散集》《陶渊明集》《谢康乐集》《谢宣城集》《鲍参军集》《江文通集》《庾子山集》《徐孝穆集》《李太白集》《杜工部集》《王右丞集》《孟襄阳集》《韦苏州集》《李文公集》《柳河东集》《李长吉歌诗》《韩昌黎集》《玉溪生诗集》《温飞卿集》《苏东坡诗集》《王荆公诗集》《断肠词》《剑南诗稿》《元遗山诗集》《铁崖古乐府》《高青邱诗集》《空同诗集》《吴梅村诗集》《王渔阳诗集》《精华录训纂》《船山诗草》《述学》《卷施阁乙集》《更生斋乙集》《仪郑堂骈体文》《白华绛跗阁诗集》《湖塘林馆骈文》《石笥山房文集》《校礼堂文集》《问字堂外集》《烟霞万古楼集》《瓶水斋诗集》《桴华馆骈文》《湘绮楼全集》《于湖小集》《安般簃诗钞》《渐西村人集》《曝书亭词》《茗柯词》。（三）小说。《穆天子传》《汉武内传》《列仙传》《西京杂记》《世说新语》《续世说》《国史补》《异苑》《教坊记》《明皇杂录》《酉阳杂俎》《宣和遗事》《归田录》《候鲭录》《癸辛杂识》《太平广记》《辍耕录》《山居新语》《何氏语林》《水浒传》《西游记》《儒林外史》《金玉缘》《镜花缘》《元曲选》《缀白裘》《盛明杂剧》《董解元西厢记》《琵琶记》《燕子笺》《桃花扇》《长生殿》《江东白苎》《玉茗堂四梦》《红雪楼九种传奇》《笠翁十种曲》。（四）文评。《文心雕龙》《诗品》《文章缘起》《苕溪渔隐丛话》《诗人玉屑》《剧说》《词律》《钦定曲谱》《中古文学史》《宋元戏曲史》。

　　丁、小学部。（一）形义。《尔雅》《说文解字》《说文解字注》《说文古籀补》《古籀拾遗》《方言》《方言疏证》《方言笺疏》《续方言》《新方言》《释名》《释名疏证》《续释名》《广释名》《小尔雅》《小尔雅义证》《广雅》《广雅疏证》《仓颉篇》《字林考逸》《玉篇》《类编》《复古编》《续复古编》《字鉴》《六书故》《薛氏钟鼎款识》《积古斋钟鼎款识》《隶释隶续》《金石文字辨异》《名原》《契文举例》《殷商贞卜文字考》《殷墟书契考释》《古书疑义举例》《经传释词》《助字辨略》《马氏文通》《小学答问》《经籍纂诂》。（二）声韵。《广韵》《集韵》《唐韵》《韵补》《七音略》《切韵指掌图》《古音表》《音论》《古今通韵》《古韵标准四声切韵表》《音学辨微》《声韵考》《六书音韵表》《声类》《古音二十部说》《古韵发明》《说文通训定声》《说文声系》《汉学谐声古音论》《汉魏音》《古音合》《文始》《古今韵略》《词林韵释》《词韵》《中原音韵》。

戊、类书辞典部。《北堂书钞》《艺文类聚》《初学记》《太平御览》《事文类聚》《白孔六帖》《订伪类编》《读书记数略》《佩文韵府》《骈字类编》《佛学大辞典》。（《东方杂志》第21卷第10号）

李笠所列国学书目，远超胡适、梁启超等为清华留洋学生出国备读的初衷，故其批评重在指出两人的国学分类和书目内容、读法讲究，对于高深研究的矛盾之处。胡适区分国学为工具、思想史、文学史三部，所列书目不无矛盾。例如，思想史所列《章氏遗书》内，如《小学》《答问》《新方言》《文始》都与工具部的《经传释词》性质相同。《清儒学案》没有善本，全祖望的《鲒琦集》记载清初宏儒学术，是《清儒学案》绝好原料。胡适以《宋元明学案》为宋明哲学最重要书，列入思想史部，却唯独摈斥全祖望文集，而列于文学史部，仅取其文词，无异于买椟还珠。《韩愈集》《柳宗元集》当以文为主，不宜列入思想史部。文学史部列《全上古三代秦汉三国六朝文》，复列《古文苑》《文选》，或由于后二书名盛，诵习者众，而又注校不同，可资稽核。思想史部既列《墨子间诂》《庄子集释》《荀子集解》，复列浙江局出版的《墨子》《庄子》《荀子》，重复累赘。若以为浙江局出版的《廿二子》必须齐备，以便校勘，其他要书又不循例处理。况且，《间诂》《荀解》等，校对已极精详，纵然要重校，也必须取宋元秘本或经训堂与嘉善谢氏原刊本。浙局仿刊，多有误字，无益于孙王校注。汪辉祖《史姓韵编》的作用在于供人检查《二十四史》人物，不载正史，却列此于工具部，正如有斧斤而无材木，工师无所施巧。对于《墨子》《庄子》

《荀子》《春秋繁露》，取孙郭王苏的注，对于《周礼》不取孙诒让的《周礼正义》，诚属疏陋。若谓《周礼正义》卷帙太繁而不取，对于陈奂的《毛诗传疏》《正谊堂全书》以及一切卑琐的小说如《九命奇冤》《恨海》等，却不畏繁，则是不知轻重。章学诚《文史通义》既非寻常文集，又非如《文心雕龙》专论文学，既列《章氏遗书》于思想史部，知章学诚非文人，却列《文史通义》入文学史部。清代诸儒，李颜大师，不取年谱，而列入胡适自著《实斋年谱》，配《章氏遗书》，太过偏颇。若谓颜李《年谱》撰述不佳，则胡适自己在实斋年谱序里都承认最好的年谱，如钱德等《王阳明先生年谱》，同样也不载。若谓王阳明事实已有《学案》可稽，可以不必列年谱，则王懋竑的《朱子年谱》却又列入，令人不解。邵懿辰在《四库简明目录标注》曾说，王阳明年谱事实太略，李默所编五卷本，不可废。胡适单取王谱，亦未为得。《诗经》的毛《传》郑《笺》，自当并重，朱熹《集传》不读也可。胡适在陈奂《传疏》之外，广采《诗经集传》《诗经通论》《诗经原始》等，唯独遗漏《注疏》的郑《笺》，及说《诗》最有精采的马瑞辰《传笺》《通释》，全未探究经籍源流，使青年很难得到系统的国学智识。

　　小学是读书的工具，诸家目录不过指导门径。古书待考订而明，如卢文弨的《群书拾补》，王念孙父子的《读书杂志》《经义述闻》，俞樾的《群经诸子平议》，孙诒让的《札迻》，都是治书最好的工具，胡适一概不取。孙诒让的《间诂》，治《墨子》的工具，王先谦的《集解》，治《荀子》的工具，胡适不并入工具部，可见对于工具部欠通。至于梁启超批评文学史部的《全上古三代秦汉三国六朝文》《全汉三国晋南北朝诗》《古文苑》等，总数在一千册以上，叫人不知何处读起，则不足为胡适病。因为文学书不必尽读，性情所近，甲乙互异，兴会所在，父子不传。或本无意读诗文，偶睹篇目，遂惬意朗诵，因此不能预为节删，强人所好。《古文关键》《六朝文絜》等书虽极简约，却非深嗜词章的人所愿读。所以，文学书不怕册子繁多，只惧书本简陋。如《古文观止》《古文释义》等制义式的文学书，卷帙厚薄得当，但却无用。梁启超曾在政治史类举《文献通考》目下注说，各人因其所嗜择读，同样适用于文学书。能读三代六朝文，当然已有选择能力。

同理，李笠首先指出梁启超所拟国学书目的三大矛盾。一是标准问题。赞成研究国学，原料越丰富越好，无所谓有用无用的观点，而所谓某些宜熟读成诵，某些宜精读，某些宜浏览，对于《礼记》《韩子》《左传》《国策》诸古籍则选读若干，似乎能为学者预定种类及其有用无用。二是摘抄问题。既是选读，删去部分，大意尚且不能知，遑论摘取资料。若断言不入选者尽属无用，又与金沙之说不合。梁所选篇目，未必符合如善用摘抄资料的赵翼、陈澧的原料。学者各有个性，造就互异，不能强人所好。三是精读问题。梁主张诸经、诸子、四史、《通鉴》，以及《礼记》《韩子》《左传》《国策》等书，都要精读，读时一字不能放过。《礼记》《韩子》《左传》《国策》等书是否有经和子的资格，却未说明。连篇删削，必然不止一字，致使《礼记》等书的许多篇章不如他经一字。

其次，梁与胡适一样同有以文学为主体的偏颇。梁希望熟读成诵的包括最有价值的文学作品和有益身心的格言两类，可知其书目专为修养与文学而设。所谓有益身心所以熟读成诵，则是欺人之谈。《宋元明学案》《近思录》《传习录》等书，都包括有益身心的格言。梁深慕古代文学之优美，而又曲询新文学家之意，以致有此转折。故其书目丙称韵文，不曰文学，以此缘饰其文学范围。梁所主张的精读熟读，也是专为文学所言。梁批评胡适自己在做《中国哲学史》《中国文学史》，不顾客观事实，专凭自己主观作为立脚点，表示出其思想路径和凭借资料，实则梁本人亦正中此病。

再次，精读、涉览的分类并不清晰，效果与宗旨相背。甲乙丙丁每部既有部分的精读和涉览，戊部则全需随时涉览，不知前后两处涉览的分别。若性质相同，则涉览书已有多种，不必复立专目。若后处涉览旨在补前处涉览不足，则应散入四部目中。若说性质不同，则不知涉览何义。梁将涉览宗旨定为博搜资料，所谓读书愉快，实亦著述愉快。果真如此，涉览书籍，更宜依类分配，使有兴趣治某种学者，多阅某类涉览书，方能博搜材料，引入佳境。《国学用书撰要》于每目之下，多列有价值的关系书籍，宗旨即在此。梁泛立涉览之名，令人若取戊部书籍尽阅，即非涉览；若任取一二种书籍，与所治学科了无关系，所谓愉快必然和戏看无谓小说等同。若说看戊部目录，自能选择有关系书籍而读则已，否则如此囫囵涉览书目，实有愧于"老马识途"对于青年学生有关读书先后次序问题的虚心请教。（《东方杂志》，第 21 卷第 10 号，1924 年 5 月）

△　福建泉州文学丛报馆刊行，曾文英总纂的《文学丛报》开设"国学问答"（舫西题写）栏，曾文英主持，以四部书籍为国学，以儒学为圣教。

曾文英，字恨吾，福建泉州人。1921 年间，在泉州成立兢社，以"保存国粹，娱乐性灵"为宗旨，含有提倡文学之性质，出版

《朝曦》等刊物。（徐天胎等著：《福建民国史稿》，福建人民出版社，2009 年，第627页）又于1922年8月组织华南文学研究社，以"研究文学、保存国粹、选就人才、促进文化"为宗旨。职员有曾文英、黄桂华（孙哲）、黄祖泽（贻斋）、黄孙逵（继曾）、吴东来（璧秋）、黄尊节（庭樨）、黄潜（悔轩）、黄卷（潜修）、曾经海（济川）、吴吴（紫函）。（《曾文英为创办华南文学研究社请立案呈暨批》，中国第二历史档案馆等编：《民国时期泉州地区档案资料选编》，华侨大学印刷厂，1995年，第227—232页）

《文学丛报》为华南文学研究社所办刊物。"国学问答"刊载曾文英编纂的《经学问答》第一编《诗经》，内容未完。"论坛"栏刊载曾文英《释国学》云："国学者，明世道正人心之学也。"而其义在经史子集四部书籍，学者皆宜守其范围，不可有毫厘之悖。"夫国学为立国之大本也，国学盛，则人才出，人才出，则国家兴。故国家未亡，独赖国学之存耳，使国学而亡也，则国劳［家］将不复振，人才亦将不复出矣。"数千年来硕儒博士出而维持圣教，国学赖以维系，独清末以来，邪说盛行，正学掩蔽。老师厌世，佻傺横行。文日以敝，道日以衰。五千年来之国学，有江河日下之势。"然而今之所谓国学之书者，求其是则寡，非则多。微言大义，经史子集，不当于薪，亦束于阁。彼背道而驰者，天下皆是也，而犹且名之为国学。"甚且"彼自命为保存国粹之通儒者，竟近异端趋曲学，而不知耻，以图阉然媚世，保其权利之久长，而使我国学之真，反为之不明于世"。"夫正学自有正学之宗旨，曲学自有曲学之伎俩。曲学之不能为正学，犹非国学之不能为国学也。"（《文学丛报》，第2期，1923年9月）

又载黄桂华《外地之国学当比内地更急》一文批评以往国学仅在国内传播的局限，阐明华侨在海外推广国学的意义。一是有利沟通中外，以期用夏变夷，最终志合道同，在外交上事事不与我为难。"乃今之侨居外地者，顾目前之利，而不计异日之害，辄谓吾国文字，不可以使他人或识，知我文字，必知我国学。国学既悉，则智识必开，智识既开，拨云雾，见青天，必不能如前此之可得而欺，可得而昧。此其所由不特秘，吾国之国学，并吾国之言语，亦不使知也。"二是保存中国文化。"不知国学非一时之需，而实万世之赖，缺焉不讲，不知我文字，并亦不知我风俗。凡吾所谓天经地义者，彼不知也。所谓父父子子兄兄弟弟夫夫妇妇者，彼亦不计也。甚而所娶之妻，所生之子，亦令其异言异服，而或莫之恤。"最终必至互相歧视，"无怪乎外地之华种，视祖国而莫（漠）不关心，视吾侪而直等路人"。（《文学丛报》，第 2 期，1923 年 9 月）

10 月 3 日　何方良在《申报》发表《我对于整理国故的意见》一文。文章以精神文明为国故，提出以科学方法整理、辨别书籍真伪、具备时代眼光三个方法。文章得到该报征文乙种报酬。

内称："我国自欧化东渐，学者群醉心于欧化，崇拜物质文明，而于中国数千年之国粹，咸视为陈腐，不屑一顾，不惜置数千年国故，一旦弃之如敝屣。于是一般头脑较旧之宿学，忧世悯人，辄有斯文道丧之叹，或主中学为体、西学为用之说，究之皆无当于事理，于是整理国故之说甚嚣尘上。顾空言者多，而实行者少，实行而获良好之成绩者更少，其故何哉？要皆对于整理之法，或有未尽适合故欤。"为此，提出要有科学方法、辨别著述真伪、须有时代眼光三点。"中国古时代之学术思想，其精湛独到之处甚多，独惜其多为平行的记载，缺乏系统的记述，以故研究者非心灵手敏，恒不能获其奥窍。"采用科学方法，即："探考其立论之异同，先后有无矛盾之处，以及时势之变迁，用比较的研究、扼要的手段，以抽出有系统之思想学术，然后成为整块的文化。"（何方良：《我对于整理国故的意见》，《申报》，1923 年 10 月 3 日，第 3 张第 11 版）

是年孔诞　钱基博在圣约翰大学孔子圣诞纪年会上演说，主张国学运动关键在于国民自觉，既深研中国国学，又比较世界各国国学各自优劣，融合为"世界之学"。

谓纪念孔子最好的方式是努力于"国学运动"，因孔子既未以教育家自负，亦不是宗教家，而是自居学者，为"国学运动家"。"虽然，吾人须知孔子当日之所谓国学，即周公之学。易言之，即鲁国之学。因孔子之努力整理宣传，而于是周公之学一变而为孔子之学；鲁国之学，一扩充而为中国之学。皆孔子之努力，有以致之然也。"其功夫分三步："（一）诵百二十国宝书。（二）周游列国。（三）整理国学。"圣约翰大学学生精研欧西文字，虽不出国门一步，亦可继承孔子之国学运动，"俾中国之学更扩而充之，以成世界之学"。

> 当知今日之国学运动，非中国问题，而全世界问题。盖欧洲大战以还，学者之论调一变，德国人特请印度诗人台莪儿讲森林哲学，鼓吹东方之精神生活。举国青年，欢迎若狂！而于中国之老易，尤研治不遗余力。法国班乐尉从中国归，亦组织中国学院，以推广中国文化自任。美国哈佛大学至以二十五万

美金求一汉学讲师而不可得！梁任公《欧洲心影录》载一西方学者谈话，谓："此次欧洲大战，实足以醒西方科学万能之迷梦！而今以往，欧洲非努力输入中国文明，不足以起衰救敝。"

当前的国学运动，有三点值得注意。一是国学定义。与其如章太炎称"国故"，不如称"国学"妥适。"故"有"旧"，陈腐须革，或"诂"，古今翻译之意。而"学"为"觉悟"，包含明心见性、耻不若人之意。"国学者，国人自觉之谓。而所谓国学运动云者，质言之曰国人自觉之运动云尔！"二是国学运动。与新派称国学为僵死腐烂的不同，"运动者，运转亡已，推陈出新之谓。有运动而后国学有生气。国学之在国史，三四千年来，时时蜕转，未尝间断"。春秋战国以来百家争鸣，两汉黄老学与孔学、孔学中的古文学与今文学，魏晋之际老庄之学与孔学、南学与北学，隋唐佛学、老庄与孔学，宋明理学中的程朱与陆王相争相抗等例子，皆能说明国学运动生生不息的历史事实。三是今日之国学运动。"今日之国学运动，在历史殊少先例。历史之国学运动，咸为内部之对抗，而今日之国学运动，则以欧化之反感。是历史之国学运动，由于内竞，而今日之国学运动，缘于外感也。"具体到研究者，则有个人和机构之别，各有特色，圣约翰大学的国学运动必先从中选择。

今日之国学运动，在海外，吾不知。若在国内：有以个人努力于国学运动者，曰章太炎，曰梁任公。然二人之努力国学运动同，而所以努力者不同。章太炎之治国学，文理密察，足以有别，可字之曰理智的国学家。梁任公之谈国学，意趣洋溢，足以感兴，可字之曰情感的国学家。有以学校努力于国学运动者，曰北京大学，曰东南大学。然二大学之所以努力者亦不同。盖北京大学以不肯轻信古人之态度，整理国学。而东大则以不许轻疑古人之态度，研治国学。是北大为怀疑的国学运动，而东大则反之，而为宗信的国学运动。宗风各倡，然而重考据，尚证佐，则一世所谓新汉学者是也。有以柏格森、倭伊铿诸哲学说之东渐，而正在蕴酿发酵中者，曰新宋学，张君劢之伦所倡者也。

"国学运动"即"国民自觉运动"，关键在于国民。"第一，不可不极深研几国学之内容，此非于国学先切实下一番工夫不可。第二，须觉悟国学之不如欧美之学者何在？其胜于欧美之学者又何在？而因以考见欧美今日需要国学之所以然，此又非综合世界各国之国学以参伍比较不可。"（钱基博：《圣约翰大学孔子圣诞演说》，《无锡新报·思潮月刊》，第14号，1923年10月16日）

圣约翰大学学生对钱基博的国学主张及爱国情怀，印象深刻。如蒋翼振受其启发，将平日向钱基博问答的答案写出，商榷国学研究方法，名为《国学叙略》。此书以小学为国学基本学问，然后次第述及形制、音韵、训诂、五经、诸子、集部、史部、古书源流。有关小学、形制、音韵、训诂、易经述略诸篇答案，得到张功懋帮助。（《青年友》，第6卷第4期，1926年4月1日）另据1923—1925年在圣约翰大学就读的周有光回忆，校园语言用英语。一进学校，犹如到了外国，布告都用英文。课程如自然科学和社会科学，是外国学问，用外国的英文课本，教师大都是美国人，讲授用英语。只有中国课程如中国古文和中国历史，由中国教师讲授。中国教师自成团体，五卅惨案之前的领导是有名的教育家孟宪承。"古文教师是经学家钱基博先生。学生用钢笔写作业，他大骂！中国人不会用中国笔！用钢笔的作业一概退还重写，用毛笔！学生私下嘀咕：笔还分国籍呢！"（徐以骅主编：《上海圣约翰大学（1879—1952）》，上海人民出版社，2009 年，第 219 页）

10 月 8 日　北京大学研究所国学门致函北京政府国务院及曹锟、吴佩孚，请求将河南新郑、孟津出土的古物由河南省拨归中央，悉归北大保存研究。①

先是，靳云鹏建议国学门致电曹锟、吴佩孚，将河南新发现的古物拨归中央，由北大整理研究。函谓"我国号称世界古物最富之国家，而考古学之成绩反视欧美各国相差远甚"，原因有两端：一是"自来金石商估于古物出土之际，多半任情去取，随意拆卖，因函界［卤莽］灭裂之处置，遂致损失其学术上之价值"。二是"文人雅士得一古董，矜为珍秘之玩好，莫肯公开以研究，因秘密爱赏之结习，遂致隐其学术上之价值"。

敝校有鉴于此，特于研究所国学门延揽中外考古学家组织古迹古物调查会，以搜罗考古学之材料，设博物馆，以为系统之陈列，立研究室，以行科学之研究。然于此尚月［有］至大之难点在焉，缘考古学之材料，分为四等。第一等为考古学者所自发掘，其发现地点与共存遗物，均能明了者。第二等为仅

① 原文为"曾巡阅使吴巡阅使"，结合本年 9 月靳云鹏建议国学门致电曹锟、吴佩孚，可知"曾"为"曹"之误。

知发见之地点，其他状态则不明悉者。第三等为发见地虽不明悉，而确为真物者。第四等为真伪不明者。厂市贩卖之品，多系第三四等材料，而一二等则稀如星凤，我国考古学不能进步之重要原因，殆在乎此。而本校考古学研究室之最大障碍，亦在于此。

河南新郑、孟津两处所发见之古物，一坑之中竟有数十、数百件之多，自宋以来古物发见之见于著录，未有若是其多。目前孟津古物稍有分散，新郑古物则完全未曾缺失。古物保管研究，尤宜审慎选择。私人保存，固非妥善办法。此等历史上稀有国宝，必须置诸全国观瞻所系的首都学术机关整理、陈列、考证、著录，以贡献于世界，其价值才能得到表现。与其公之于一省，不如公之于全国；与其陈之玩赏机关，不如陈之万国学者得以研究之学府。北大为世界及全国学界所注视，有专门组织与专门人才，请求电令将两处发见古物全数运交中央，并由北大负责保管研究。(《本校研究 [所] 国学门致国务院呈文及曾 [曹] 巡阅使吴巡阅使公函》，《北京大学日刊》，第1309号，1923年10月8日，第2版)

10月13日，靳云鹏复函国学门称："承示以豫省出土古物运送中央，用供贵校学术上之研究，见解高瞻，至堪钦佩。查孟津发见古物，敝处并未与闻。至新郑出土各件，已呈准运汴交教育厅妥为保存矣。敝处已交代清楚，无权办理。贵校既分函院署，应候复示，遵行可也。"(《陆军第十四师来函》，《北京大学日刊》，第1321号，1923年10月23日，第2版)

10月31日，国学门公布靳云鹏惠赠新郑出土周代古物影片，有周蟠虺镈钟影片四张、周蟠虺编钟影片五张、周夔纹鼎影片九张、周蟠虺鼎影片七张、周素鼎影片一张、周蟠虺壶影片二张、周蟠龙壶影片二张、周兕觥影片一张、周云龙罍影片一张、周雷纹罍影片一张、周罍影片一张、周鉴影片一张、周蟠虺方甗影片一张、周素匜影片二张、周螭首兕觥影片一张、周虺纹尊影片一张、周夔纹敦影片四张、周夔纹簠周环文簠影片合二张、周虺耳舟（？）影片周素舟（？）影片合二张、周王子卢影片一张、周蟠夔鬲影片三张、周兽耳盘影片一张、周夔耳盘影片一张、人身兽面形（疑鼎足）影片一张、周仪饰影片一张、周瓻座（？）影片一张、玉玦文玉陶质小星影片一张、残周铜器影片二张、碎周铜片影片三张、蔡哲夫惠赠西汉木刻拓片一张。国学门"在郑州、洛阳拓，影新郑、孟津出土之古物"，有□卢拓片七张、方甗拓片五张；有车饰影片六张、车饰断戈合影片二张、鼎影片二张。（《研究所国学门通告（一）（二）》，《北京大学日刊》，第1329号，1923年11月1日，第1—2版）

10月10日　国学研究社出版《国学周刊》国庆日增刊，胡朴安撰文总结民国以来国学研究趋势，声称该社代表国学群众运动组织的发展方向。

中国国学进步历史，可分考据之学和哲理之学两个方面。至乾嘉时代极盛，道咸迄于光宣之际，日即衰微。然而未尝绝，其矫矫可数者，瑞安孙诒让、德清俞樾、寻汇戴之坠绪，群经而外，兼及诸子、参互钩稽，时有精言。四川廖季平、广东康有为，沿刘庄之辙迹，变而加厉，掊击东汉，独尊西京，罢黜百家，仅存公羊。大同三世之说，比附《礼运》，先进后进之说，比附《论语》。时多怪诞之言，好为新奇之论，然而持之有故，言之成理，虽非通才，足树一帜。长沙王先谦，搜讨颇勤，见闻亦富，注史笺子，简明有法，最便初学。湘潭王闿运，文笔健洁，纪湘军尤可观，诗亦优长，惜无独到，所注墨子，浅陋无足论已。吴县吴大澂，奔走潘氏之门，颇见三代之器，耳目既广，知识遂多，校其文字，为之排比，虽鲜发明，可资参考。上虞罗振玉、海宁王静安，获殷墟文字，识其音义，证之许书，发千古未有之奇，校六书违背之旨。骨甲出土，有造于罗王二氏多也。杭州张尔田、孙德谦，守实斋之成法，兼治史子，亦可以观。长沙叶德辉、吴县曹元弼，一则杂不名家，一则拘未宏览。要之一时之好，有足多者，其他诗文词曲卓然成家者，颇亦有之。数先生虽未足当启发学术之任，亦翘然异于众人。唯世界息息推移，学术亦时时递变，诸先生之学术，仅足结清室之终，未足开民国之始，其著作之精粹，可供吾人诵读，其治学之方法，不能为吾人之楷式。梁启超自著《清代学术概论》，自诩为今文学运动员之一，在学术界上却不能占有相当之位置。其人言辨记博，能利用各种学说，以为猎取功名之具，拟之诸子，至多不过等于纵横之流，辨而无理，博而不精。论其学术，与杨慎、胡应麟相上下。论其文词，与侯方域、袁枚相上下。论其品格，反对共和于民国未缔造之先，竞争官吏于民国既成立之后。因今人惑于梁启超者颇众，恐联想及彼，论国学趋势首先斥之。

顷岁以来，隐忧之士，鉴于国学之衰落，以为国学将绝也，而不知国学已动复兴之几。一种学术，必有他种学术，与之接触，始能发生新学术之径途。因欧洲哲学之影响，研究诸子学者日多；因欧洲言语学之影响，研究六书学者日多；因欧洲美术学之影响，研究诗画学者日多；因欧洲历史学之影响，研究群经古史学者日多。不过草茅初辟，而□径未分，孚甲已萌，而灿烂未现。苟努力不已，则民国之学术，必能迈前世而上之。

民国"学术之群众运动"较前进步，清季国学保存会和南社已开先河。

国学保存会，抱光复汉族主义，阐发亭林船山之学说，发行《国粹学报》，一时撰述之士，如章太炎、刘申叔、黄晦闻、陈巢南、黄季刚等，鄙人亦为撰述员之一，一时影响所及，学术界勃然有生气焉。南社抱民主主义，以诗文播革命之种子，与海外之《民报》相应，以慷慨激昂痛哭流涕之文字，感发人民之志意，指示平等自由之径途，发行《南社社集》。一时撰述之士，湖南则宋渔父、宁太一、傅屯艮等；湖北则田子琴、居觉生等；四川则雷铁崖、曾孝谷等；云南则吕天民等；广东则汪精卫、胡汉民、苏曼殊等；广西则马君武、邓孟硕等；陕西则于右任等；山西则景耀月等；直隶则张溥泉、李息霜等；福建则林亮奇、林秋叶、邱荷公、陈勒生等；浙江则邵仲辉、邵元冲、戴季陶等；江西则陶小柳等；江苏则周仲穆、陈蜕庵、高吹万、高天梅、姚石子、姚雄伯、陈巢南、柳亚子、叶楚伧、萧蜕公等；安徽则范鸿轩、王无生、汪子实、程善之、黄宾虹等。鄙人与舍弟寄尘亦随其后焉，声气之广，过于复社。上海新闻界，执笔政者，十之八九皆南社人。辛亥起义，收功于南社之鼓吹者尤多。

　　民国成立后，国学保存会和南社对于国学的影响路径有别。国学保存会的影响主要在大学社会：

　　　　民国成立，《国粹学报》停刊，然而东南学者，皆受太炎之影响，《国粹》虽停，太炎之学说独盛。北京大学者，学术汇萃之区也，为姚永概、马通伯、林琴南所占据，不学无术，奄奄一息焉。自刘申叔、黄季刚、田北湖、黄晦闻，应大学之聘，据皋比而讲太炎之学，流风所播，感应斯宏。自申叔贬节，媚于袁氏，而有《中国学报》之刊，国师之讥，学术大受打击，所幸太炎受袁氏之拘禁，始终不屈，而士子信仰其学者，至今不绝。《国故》与《华国》及东南大学之《国学丛刊》，皆《国粹学报》之一脉，而为太炎学说所左右者也。

　　南社影响主要在文字结社，辛亥后无复有用文字鼓吹之地。南社文字实近肤浅之旨，向之以文字鼓吹革命者，或改而趋于小说之一途，故当时各报之小说及小品杂俎，悉彬彬可诵。二年以后，死者死，逃者逃，背盟以去，亦复大有人在，风流云散，无复向时之观。然今江浙湘粤之间，文字结社，所在而是，皆南社之一脉。

　　从大趋势看，《国粹学报》和《南社社集》只是"学术群众运动之先声"，还谈不上"具有整理之精神，为有统系之撰述"。"北京大学《国学季刊》，除一二篇稍含有此种之趋向外，其他尚未足以当之也。""南社同人，鉴于十二年来国学之趋势，知南社鼓吹之文字，必不足以为振兴国学之器具，于是有新南社之组织。南社同人，加入者若干人，非南社同人，加入者若干人，于十月十日成立。其组织之宗旨，一以收吸新潮，一以整理国学。此团体成立，若能运之以精心，持之以毅力，易激越之音，而为平正之言，述精深之理，而作明显之语。国学复兴，庶有望乎。"（胡朴安：《民国十二年国学之趋势》，《民国日报·国学周刊》，国庆日增刊，1923 年 10 月 10 日）

10 月 14 日，新南社举行成立大会，社长柳亚子在成立布告中阐述新南社的宗旨说："新南社的精神，是鼓吹三民主义，提倡民众文学，而归结到社会主义的实行。对于妇女问题、劳动问题，更情愿加以忠实的研究。"在解释从文言文转向白话文，新南社便是与反对白话文的旧南社"分家"，另行组织而成的之后，新南社对"整理国学"一事有所保留。

新南社宗旨的条文，是几个发起人共同拟定的，但是对于第一条整理国学，我现在却有一点怀疑，国学有整理的价值吗？整理好了，能有好影响给思想界吗？我很赞成某先生"牛粪里寻香水"的一句话，觉得恐怕徒劳而无所获呢。但学问是尝试的，我们社里，有多少喜欢研究国学的人，让他们去尝试一下子也好。至于整理国学，并不是甚么主张华化，迷信国学万能，那是我要郑重声明的。

新南社发起人中，喜欢研究国学的人有胡朴安、曹聚仁、陈德徵，对于白话文的态度不一，但皆主张通过整理国学，发扬三民主义中的民族主义和固有文化中的国民性。郑逸梅说："亚子这篇文章，的确不象团体的宣言，作为布告，也有些不伦不类，但分析南社社友的品性和类别，以及他自己的思想过程，却有他独到之处，

是可喜而耐人寻味的。"（郑逸梅编著：《南社丛谈》，第58—63页）

10月14日 北京大学研究所国学门通告新购书籍和各处寄来交换的杂志书籍的目录。

购入书籍《李氏音鉴》四册、《独笑斋金石考略》二册、《七家后汉书》六册、《华严经音义》四册、《古玉图谱》十六册、《三史同名录》六册、《宋本说文解字》四册、《学津讨源》二百册。各处寄来交换的杂志、书籍有：中文《学艺》《东方杂志》《教育杂志》《清华周刊》。日文《艺文》（日本京都帝国大学文学部）第十四年第十号一册、西念寺本《类聚名义抄考》（下）。（《研究所国学门通告》，《北京大学日刊》，第1314号，1923年10月15日，第1版）

10月16日 顾颉刚抄顾实《国学丛刊》序。并致函胡适，请其作《研究国故的方法》一篇入《国语教科书》。（顾颉刚：《顾颉刚日记》第一卷，第406页）

10月21日 山西大学学生组织成立国学研究社，聘请江翰、李亮工、郭允叔、黄侃、黄节诸人为导师。

山西大学学生邱某、张某等，鉴于"欧风澎湃，国故垂沦"，山西为古学策源地，大学学生尤应独任其责，遂组织国学研究社，共事研习。校内曾聘请江叔海、李亮工诸人为导师，省内曾聘请郭允叔为导师，海内名宿曾聘请黄侃、黄节诸人为导师。国学研究社附设山西大学内，以"整理国故，发扬文化"为宗旨，暂分经学、小学、历史学、诸子学、诗文学五门。该校同学赞成宗旨，经二人以上介绍，得为社员。职员分总务、编辑二部。凡海内宿彦及该校教授，赞成该社宗旨，乐为指导者，得请为导师。开会分三类：讲演类，每周请导师讲演一次；研究类每周每门开职员会一次；每二周日曜日开常会一次，具体方法由各门量情分订。每年每人纳会费洋一元。经常费以社员所纳为定款，出版费及特别费用则临时捐募。拟刊行一种《国学社刊》，发表宣言称：

> 晚近变乱，道术沦裂，殊学西逝，国闻逾衰。狂狷者流，矜驱血气，奉新异为瑰宝，斥旧贯为瘠残，挺而走险，扬其虐焰，败政诬俗，祸莫巨焉。间有嗜学之士，复多屈于时会，鄙弃师承，独骋巧思，巧用寡矣。侈言钩通，或抽精义而得其糟粕，或董故书而误解音训，或别流派而淆杂失绪，或讲大体而湫隘贻诮。条贯既昧，区围谁察，游说无根，终焉晦塞，盖未辩学术之津途，而不明大道之筌蹄也。吾侪不幸，际兹昏乱，伤国故之遭厄，痛微言之蒙谇，闵时流之行述，慨神州之陆沈，故联集同志，组织学社。且复远求大师，庶访硕彦，冀以通文学之正轨，知传授之渊源。穷岁月以寻擘，互策属以孟晋，务期得其真宰，解彼纷蔽，咨非标榜以要誉，将起古籍于一缀焉。华夏虽微，典型未坏，苟能弘道，斯文可兴，邦人君子，盍来甄勖。（《国学研究社成立》，《来复》，第 271 期，1923 年 10 月 21 日）

有舆论提醒该社"莫要附合洗心社"。（《山西大学之国学谈》，《京报》，1923 年 10 月 23 日，第 5 版）黄侃曾于 1921 年 10 月应山西大学之聘，短暂任教一月余，即从太原返回武昌。11 月 19 日，又得山西大学文科诸生书及邱宗丹转来黄文弼自北京来书；12 月 26 日，收到山西大学文科第五班学生全体及黄文弼来函，敦请回校。（《黄侃日记》，中华书局，2007 年，第 33、38 页）黄侃虽未再去山西大学任教，但学生成立国学研究社，仍有其影响在内。1921年，山西督军阎锡山以章太炎推荐，聘黄节出任山西教育厅长，黄节不就。本年，黄节辞去广州大元帅府秘书长职务，仍任北京大学教授。(《黄节年表简编》，刘斯奋选注：《黄节诗选》，广东人民出版社，1993年，第319页）

江翰（1857—1935），福建长汀人，字叔海，号石翁。曾任重庆东川书院山长，致用书院主讲，江苏高等学堂监督兼总教习，代理两级师范学堂监督，署京师大学堂师范馆监督兼教务提调，京师大学分科经学教授兼女子师范学堂总理，京师图书馆馆长，故宫博物院维持会会长，京师大学校文科学长等职。1922年，阎锡山礼聘为山西大学《毛诗》教授。太原《来复》杂志称："国立山西大学文科教授江叔海先生，为海内国学大师，近将其已成著作，整理付梓，计分诗集、文集、礼记、诗三家异文考补、孔学发微五种八大本，阴历本月底出版，承学之士，想必以先睹为快云。"(《国学名著出版之先声》，《来复》，第276期，1923年11月25日）"现闻是书业已出版，纯用上等连史纸印刷，装订精良，定价四元，由大学文科及图书馆代售云。"(《国学名著出版》，《来复》，第291期，1924年4月6日）

△　沪江大学学生徐剑缘从教育心理学角度，撰文批评胡适、梁启超所拟国学书目不适合普通青年学生，提出一份哲学、文学、历史三类"基本书"名单。

胡梁二人所拟国学书目，目的不明确，程度太高，对多数青年学生而言，是削足适履。首先，最大错误是"太不懂得教育心理学"。

> 他们只知自己读书能力的神速，而不知我们读书能力的薄弱；他们只知自己家庭教育的深厚，而不知我们家庭教育的空

洞。他们要拿我们同他们自己比——至少同他们次一等的学者比——简直不承认教育上有这个 Rormal［Normal］Curve。我们平常的正功课，大概一年不过读十余本书。然而，若是教员稍许严一些，我们就忙到要死了。何况自修国学的时间不及预备正功课的时间远甚，何况应读国学的卷帙繁于正功课十倍，何况古书的文字难于今文与西文。

建议"要替我们定标准，应该先把全国中等以上学生，举行两种测验，国文常识测验与智力测验或读书能力测验，就测验所得的结果，把学生约分做上中下三等，然后再依着这三等学生，定三个标准较为近于科学的方法"。

其次，范围博而不专。

国学里面也包含西洋人所谓哲学，也包含着西洋人所谓文学，也包含西洋人所谓政治学与社会学等等。我们研究西洋学术，分门别类，惟恐不细，而研究国学，则文哲政社，都须包括在内。（梁先生虽说这是普通常识，研究专门学问尚须再开书单，我以为他所举的历史一类，可谓已入于专门，若在西学，能够读得完这须［许］多历史书，至少可以得硕士的学位了）而且这些书籍，以为只须于闲暇时旁及之，即可成事，这未免太看轻国学了。我以为在这个庞杂零乱而急待整理的国学界中，应该实行分工主义，研究文学的，专门精研文学的书，研究哲学的，专门精研哲学的书，其他与所研究的专门学没有关系的书，任凭他是一部名著，我不读他，也可不以为耻。

我们要养成精攻一门的精神，要打破"一物不知，儒者之耻"的耻。

再次，错误估计自修功效。自修只能补助精研的专门学问，提供互相参证比较的事例，不能在专门研究的功课以外再立私的专门研究学问，否则"非特没有兴趣，没有功效，而且是无意识"。因此，国学书目可分基本书或必读书、专门研究书两类。基本书必须排在中等学校以上的课程中，提供基本智识，引起读古书兴趣，养成读古书能力。书目包括：（一）哲学。"四书"、《老子》《庄子》《墨子》《荀子》《韩非子》《论衡》《宋元明学案选读》。（二）文学。《诗经》《楚辞》《文选》《古诗源》《李太白集》《杜工部集》《韩昌黎集》《柳河东集》《白香山集》《元曲选选读》《红楼梦》《水浒》《儒林外史》，或这三部中任何一部。（三）历史。《左传》《史记》《资治通鉴》（或《通鉴纪事本末》）、"宋元明纪事本末"、《清朝全史》。古书读法由教员指定功课，许多可以不读的地方，指定时越过，由学生自读，在教室上课时，学生提出疑难问题，由教员讲解或由学生讨论。在开始讲解或讨论前，教员必须每次给学生五分钟时间笔试，询问指定功课大意，以防学生不预备。"若是这个计划能够实行，则我们每一个青年学生都能真正有一些最低限度的国学知识，不致空悬标准，徒使学生（普通学生）望洋兴叹。若是智力较高，或家庭教育根底稍厚的学生，得了这个基本智识，及读古书之能力，然后可以更进一层，请教胡、梁二先生的书目。若再有余力，便可再请教他们另开一张。"（徐剑缘：《评胡梁二先生所拟国学书目》，《时事新报·学灯》，1923年11月2日，第1版）

10月28日　胡适在杭州西湖草拟了一份整理国故计划，提出校勘、注释、标点、分段、考证或批判的方法，标准是使古书可读，邀请参与者有俞平伯、马裕藻、郑奠、刘文典、朱希祖、顾颉刚、沈尹默、沈兼士等。

胡适以为"不曾整理的古书是不容易读的"，"没有这一番整理的工夫，就不能责备少年人不读古书"，因而"发起邀集一班朋友，要想把最有价值的古书整理出来，每一种成为可读的单本"。整理古书含有五个最低限度条件，即校勘、必不可少的注释、标点、分段、考证或批判的引论，此外还有索引。校勘为便于阅读起见，采最妥适的读法，另作校勘记，注明逐条所据校本，并附载他种不同的读法。注释以"必不可少"为标准，且要有根据。

至于整理的国学书目约37种，包括：1.《诗经》（俞平伯）；2.《书经》（马裕藻）；3.《春秋左氏传》；*4.《论语》（郑奠）、《孟子》《荀子》；*5.《诸子文粹》（刘文典）；*6.古史家文粹；*7.《论衡》（刘文典）；*8.《史通》（朱希祖）；*9.《韩愈》（郑奠）；*10.欧阳修（单不庵）；*11.王安石；*12.苏轼；*13.朱熹；*14.王守仁；*15.崔述（顾颉刚）；*16.《清代经学大师文选》（沈兼士）；*17.姚鼐；*18.曾国藩；19.《周礼》；20.《楚辞》；*21.唐以前诗（沈尹默）；*22.唐诗（沈尹默）；*24[①]词选（胡适）；*25.戏曲选（顾颉刚）；26.陶潜（沈尹默），27.杜甫（沈尹默），28.李白（沈尹默），29.白居易（沈尹默）；30.陆游（沈兼士）；31.杨万里；32.辛弃疾；33.《礼记》（节本）；34.柳宗元；35.章学诚；36.戴震（胡适）；37.《秦汉儒

---

① 　原文"23."缺失。

家文选》。有*记号的，为新学制高级中学用书，故列为第一批。上述书目不过举例，整理时不必拘泥。现由商务印书馆提出出版报酬办法：商务愿收买整理过的书，以整理功夫的难易为标准，约分三种。第一种每部二百元，第二种每部三百元，第三种每部四百元。大部或特别困难之书，酬报另议。酬报含整理的五事。出版之后，版权归商务所有。（季维龙整理：《胡适全集》第13卷，第35—38页）

10月 吴稚晖致信孙伏园，回应梁实秋的批评，强调胡适可做国学书目，而推倒旧八股、首倡白话文的思想先驱和舆论领袖梁启超则不能，重申反对留学生带线装书出国。

函称梁实秋一文最主要的观点，即"梁卓如先生那个书目，于青年很有用"。《箴洋八股化之理学》一文"隐隐有书目止许胡适之做，不许梁卓如做的意思"。"我可以简单回答，倘使梁卓如先生那个书目，是梁实秋先生做的，那可以说更比胡适之先生做的妥当。我还热诚的说是很好的一个书目，简直万万不配我来发什么不通的疑问。所以便是梁实秋先生此番一篇大作，我也说梁实秋先生所说句句十二分确当。"然而，反对梁启超做国学书目，根源于其具有引领青年的舆论领袖地位和巨大作用。

> 梁卓如先生在二十年前，对了张之洞的书目，虽不曾做有刚刚反对的文章，却有着不言而喻反对的精神。这是现面盎背，当时自命新人物者，个个把那精神呼之欲出，自命旧国粹派者，个个把那精神衔之刺骨。骂他"捉不到他的思想的线路和辩驳的论点"的，所在皆是。想来梁实秋先生不曾看见梁卓如式的梁任公，止看见张之洞式的梁任公，遂把二十年后吴稚

晖的老生常谈，看做莫名其妙。我那篇不通文章，是贡献梁卓如先生的，不是骚扰梁实秋先生的。梁卓如先生是推到［倒］旧八股的魁首，拿口气看，梁实秋先生似乎也不屑做建设洋八股的健者。

"洋八股"本质上是"当行出色的新国粹"，范源濂"别国人止习自己文学，我国留学生却留意别国文学"的担忧，知其一不知其二。"我国近来却极留意自己文学，但恐旧国粹气太重，所以载了许多线装书出去，与别国文字配合起来，如是乃化合为洋八股"。如此做法三十年后再做，"我固乐观其盛"，却不是福国利民的当前时代所急需。而梁启超对中国的大贡献主要有二："一是唤醒国人来维新，一是确助白话文成功。"希望如张君劢所说，梁启超继续完成"未竟之志愿"，多提倡科学，对于国故只能消遣，不能用以引导青年，否则就是阻碍教育的"祸国殃民"。最后奉劝梁实秋，"识几个中国字，作几句不通的中国文章，晓得中国一点中国古代历史，在制造机关枪的暇日，看看报章杂志，读读梁卓如先生的历史讲义，也就够了"。（《吴稚晖先生来信》，《晨报副刊》，第260号，1923年10月15日，第1—3版）

　　△　无锡国学专修馆馆长唐文治派遣馆生到刘翰臣家抄写《朱集签注》。

　　唐文治"派遣高材生五人赴宝应刘氏，抄朱止泉先生的《朱子全集校注》，并由学生王蘧常重加辑录，定名《朱子全集校释》"。（《本校大事记》，《国专校友会集刊》，第1集，1931年6月）

　　王蘧常、唐兰、吴其昌、吴宝凌、戴恩溥五人受命赴宝应刘翰

臣家，分抄清代学者王懋竑（字予中，号白田，1668—1714）、朱泽
沄（字湘陶，号止泉，1666—1732）的《朱集签注》，七日而成。回
无锡后，唐文治又嘱王蘧常，悉心编纂，厘为四卷，得十余万言，
草创凡例，定名为《朱子全集校释》。（唐文治著，唐庆诒补：《茹经先
生自订年谱》，沈云龙主编：《近代中国史料丛刊》第三编第9辑，第86页）
《朱子全集校释》似未刊行。王运天将其列为王蘧常"成书未付印"
的著作，并云"据柳诒徵日记，南京国学图书馆有抄本"。（王运天编
著：《王蘧常教授学谱》，上海书画出版社，2000年，第151页）

　　11月2日　报载林岳威等成立的中社专门"研究国学"，征求
社员。

　　上海闸北的林岳威，邀集李锡禔、何庆元、罗伯夔、潘天龙、
陈蘧、潘飞声、林樾、张孝友、周廷劢、刘铁、罗抱一等数十人，
创办中社，以为"研究国学"之机关，社址暂设老靶子路来安里57
号，社员已有百人。曾于本年春间成立时开课，讲义有经、史、文
学各科，由各科主任编纂，按社员程度，分志道、据德、依仁、游
艺四组讲习，月出课题二次。今为扩充计，已分仁、义、礼、智、
信五队，征求社员，更设函授部，征求期内入社者，年费收四元。
现拟发行杂志。（《中社成立后积极征求社员》，《申报》，1923年11月2日，
第5张第18版）

　　11月5日　北京大学研究所国学门感谢陈垣、容肇祖赠书，通
告新购书籍、拓片目录。

　　陈垣惠赠《元西域人华化考》二册。容肇祖惠赠资福寺镇象经
幢八张、光孝寺铁塔铭十五张、马二十四娘墓券一张。新购书籍有
《石鼓文》一册、《泰山石刻》一册、《琅琊刻石》一册、《礼器碑》

一册、《礼器碑阴》一册、《礼器碑侧》一册、《乙瑛碑》一册、《白石神君碑》一册、《孔宙碑》一册、《衡方碑》一册、《景君铭》一册、《裴岑纪功刻石》一册、《韩仁铭》一册、《尹宙铭》一册、《安阳汉刻四种》一册、《西狭颂》一册、《郑固碑》一册、《石门颂》一册、《杨淮表记》一册、《开母石阙》一册、《少室石阙》一册、《樊敏碑》一册、《张寿碑》一册、《张表碑》一册、《戬寿堂所藏殷墟文字》一册、《戬寿堂所藏殷墟文字考释》一册、《郑斋汉刻集存》一册、《周金文存卷三》二册、《旧拓汉杨伯起碑》一册、《曹景完碑》一册、《宋拓夏承碑》一册。拓片有隋宁□碑一张、大宝经幢八张、九曜石刻七张、九曜石歌九张。（《研究所国学门通告》,《北京大学日刊》, 第 1333 号, 1923 年 11 月 6 日, 第 1 版;《研究所国学门通告》,《北京大学日刊》, 第 1332 号, 1923 年 11 月 5 日, 第 1 版）

11 月 7 日　胡朴安在《国学周刊》发表《整理国学刍议》一文, 提出整理国学的步骤方法, 先分门别类, 后按类编辑书目和再分子目, 每类详列古籍, 按年代顺序, 条贯总说。

　　著者尝抱整理国学之心, 发行《国学周刊》, 欲以整理国学之意见, 与全国士君子相商, 惟著者学殖荒落, 不敢当整理之责任, 不过以此启发其先机耳。当周刊发行之始, 友人咸以为兹事体大, 恐非少数人所能胜其重任。著者以为整理国学, 国人当具有同心, 苟倡其始, 国人必有起而相应者。于是即自矢曰, 兹刊之发行, 多则期之一年, 至少亦必期之半年, 以为国人整理国学之先导。现发行已届半年矣, 周刊上所发表之文字, 以著者之浅陋, 曾不足整理国学于万一。全国士君子, 亦未闻有起而纠正之者，则斯刊之无影响于国学，可推想而知也。惟是愚公移山，锲而不舍，行虽可怜，志实足悯。著者具此整理国学之决心，自忘其陋，草此刍议，以具体之整理方法，与全国士君子一商榷之也。

首须将书籍分门别类。中国书籍统括于经史子集四部，国学按其大纲区分为经学、史学、子学、文学（即集部）四类。经学、子学名称不能成立，二部极费商量，经部尤难。往昔主张以七略分类，子部按照九流分别，《易》《诗》《书》《礼》《春秋》是否成为一种学术名词，尚待研究。汉儒治学虽然以所业名家，似不宜称某为易学家、诗学家、书学家、礼学家、春秋学家，以其拘于古而不通于今。今日学者划分中国学术为文史哲三类，不足以包括中国一切学术。此前分哲理类、礼教类、史地类、语言文字类、文章类、艺术类七类，今增添博物类，以考见古代名物，共成八类。其次，分类编辑书目。方法本以经归经，以子归子。既然经子之名不能成立，则应当重新详细研究。例如，大的方面来说，《易》入哲理类，《书》《春秋》入史地类，《诗》入文章类，《礼》入礼教类。再细分，《书·洪范》入哲理类，《五子歌》入文章类。更详分，《易》讲求卜筮，入艺术类，讲求诗之音韵，入语言文字类，讲求诗之草木鸟兽鱼虫，入博物类。依此类推，有的一书可分为数类，有的数书可合成一类。再次，按类再分子目，每类详列古籍，按年代顺序，以总说条贯。

在未用此种方法整理以前，当先知旧式学术门径，通其大略。"今之自谓整理国学者，目未见四五种之书，耳未闻各家之说，或凭一己之思想，而为凿空之言，或搜隐僻之书籍，自诩独获之解，或假西方之说以文饰之，或窃四库之说以点缀之。凡此皆于国学无根基上之功夫，有整理国学之雄心，无整理国学之实力。""世之国学根基深者，每为旧思想所囿，不肯从事于整理。从事于国学之整理者，又无实力以赴之"，故"甚愿与国学较深之君子，相与讨论而从事"。"更甚愿心有余而力不足者，先从事于国学根基上之功夫，毋遽言整理。"（胡朴安：《整理国学刍议》，《民国日报·国学周刊》，第 27 期，1923 年 11 月 1 日）

11 月 8 日 安徽省教育会提出的"函请教育部通咨各省搜集古籍以保存国粹案"，在云南省召开的第九届全国教育会联合会得到通过。（《教联会在滇开会纪（二）》，《申报》，1923 年 11 月 8 日，第 2 张第 7 版；抱一：《第九届全国教育会联合会一览》，《申报》，1923 年 11 月 20 日，第 2 张第 7 版）

11 月 9 日 美国西雅图中国会图书部委员会致函上海各团体，征求英文中国国学书籍日报，以便美国人研究中国文化。

函称："西雅图中国会成立于西历一千九百十六年，由亚鲁先生 Julean Arnold，现驻贵国美公使馆参赞所发起，以连络中美邦交，增进两国商业上之发达为宗旨。迩来会务进行，异常顺利，中美会员已有三百余人。每念欲达本会宗旨，非使诸会员详悉贵国之民情风土历史地理及实业状况不可。此间图书馆虽有一二书籍著述贵国情形，然均为时已久，且失实之处极多，既不能使读者得中国之真文化，反易入于误会之途，而生隔膜，致减两国人民之感情，是以本会有创设图书部之建议。该委员会已开会数次，一切已有头绪。惟此间书坊，发行关系于中国之书籍极少，且均不详细。故同人以为欲图书部早日告成，必须征求贵国同志，予本会以扶助之精神，乐捐英文本之中国国学书籍、中西日报等，赠与本会，则直接方面，美邦人民得以研究中国真正文化之机会，间接得使中美邦交益笃，是则本会之志愿焉。如蒙惠赠贵国之美术画品，以资装潢本会，本会使此间人士得以赏鉴，则尤无任欢迎之至。"（《西雅图中国会征求中国书报》，《申报》，1923年11月10日，第4张第13版）

△ 王有德报名北京大学研究所国学门文学研究生经审查合格。

王有德，云南阿迷人，北大德文系毕业，题目是元曲发达史。（《研究所国学门通告》，《北京大学日刊》，第1337号，1923年11月10日，第1版）

11月13日 成仿吾撰成《国学运动之我见》一文，强调国学研究者必须具有批评态度，维持对科学的信仰。本月刊载《创造周报》。

是文从学术思潮演变趋势立论，批判国学研究热潮中的群体混杂和方法落后。"新文化运动"以来，中国学术界经历了"国语运动""学术运动"和"国学运动"三个大阶段的变迁，各自影响不同。"国语运动"总算成功了，"学术运动"产生许多社会经济与哲学的书籍，内容却实空虚，国学运动则是"奇怪"和"无聊的"。

国学运动！这是怎样好听的一个名词！不但国粹派听了要油然心喜，即一般的人听了，少不了也要点头称是。然而他们这种运动的神髓可惜只不过是要在死灰中寻出火烬来满足他们那"美好的昔日"的情绪，他们是想利用盲目的爱国的心理实行他们倒行逆施的狂妄。所以假使国粹派称新文化运动为清谈，我们当称这种国学运动为清谈中之清谈，遗害更加百倍的清谈。

国学运动参与者主要是"学者名人而所学有限，乃不得不据国学为孤城者"，"老儒宿学及除国学外，别无能事乃乘机倡和者"，"盲从派，这是一切运动所必需之物"这三种人。"性质虽稍不同，然而他们纯袭古人的非科学的旧法，思用以显耀一时"，"欠少科学的素养"，"方法与态度，不外是承袭清时的考据家"，却是一样的。结果徒增一些"无益的考据"，既与生活毫无相干，"即于国学的研究，亦无何等的益处"。只有保持批评态度和科学精神，不能盲从，国学才有研究价值。

这三种人中颇有因为外国人近来喜欢研究我们的国学而沾然自喜的。这种外国 Exotics 不满意于科学（实是因为他们不知道什么是科学），妙想天开，以为极东的苍天之下有一块常青的乐土；他们不再想起做过他们的幻想之背景的，和在科学上做过他们的先生的阿拉伯或印度，却更很远很远地画出一个这样的 Paradise 来，虽不免出人意外，然他们这样满足他们的幻想，是谁也不能干涉的，不过我们在这极东的苍天之下的人若偏信以为真，那却是非狂即盲了。不懂什么是科学的人，我们尽可任他们胡说，然而我们当知数千年来的疲弊之后，科学不仅为我们的素养最紧要的命脉，而且是恢复我们的生命力之唯一的源泉，我们当对于科学维持我们的信仰。

科学不仅在方法，而且还在对象。"近代的精神是就事物去考究，不闻是就死字去考究。我愿从事这种运动的人能够反省，我尤切愿他们不再勾诱青年学子去狂舐这数千年的枯骨，好好让他们暂且把根基打稳。"（成仿吾：《国学运动的我见》，《创造周报》，第28号，1923年11月18日）

△ 北京大学研究所国学门感谢王毓生赠书和通告近期收到各处寄来交换的杂志目录。

王毓生惠赠《说文通检》二册。交换杂志中，中文有《东方杂志》《教育杂志》《小说月报》《清华周刊》，日文有《考古学杂志》第十四卷第一号一册。（《研究所国学门通告》，《北京大学日刊》，第1339号，1923年11月14日，第2版）

△ 北京大学研究所国学门档案整理会通告发现元代大德本《前汉书》（残本）117页。（《整理档案会通告》，《北京大学日刊》，第1339号，1923年11月14日，第1版）

11月15—16日 湖北国学馆分试内课生，甄录各科试题极难，学生多有不知从何处着笔。

长沙《大公报》据国闻通信社消息云："国学馆定于十五十六两日分试内课生。兹悉十五日早五时余，各生即已集齐。六时入场，教育厅长宗藻生到馆监场点名，省署特派秘书熊蓝田到场监试。至晚七时始考毕。十六日情形亦同。惟两日所出之各科试题极难，学生中甚有不知从何着笔者。"15日试题：（甲）经学题：1.述而不作说。2.民劳则思思则善心生说。（乙）史学题：1.周公相业论。2.王应麟谓祖宗之制不以武人为大帅，专制一道，必以文臣为经略以总制之。举以较明季专重武臣唐道姜、左孟庚、金声桓、李成栋之流，终为反复之降虏，大乱因之不止，与宋制正可作一反证。然则欲海宇承平，于宋明往事，宜何从焉，试扬榷其利弊而除之。此题拟而未用。3. 近日江汉道令所属续辑各县之志，并颁发修志通则，诚知收拾文献必首此事也。诸生能言所隶道县旧日郡县志之源流得失乎？修志义例所宜，能略举一二否？此亦可觇平日留心文献之浅深也，试发抒所见言之。（丙）理学题。1. 叶水心谓衰周不复取士，孔孟不以其不取而不教，孔孟之徒不以其不取而不学，道在故也。今学校废经不读，其为一时法令，而非古今通义明矣。然而吾侪姑从时制乎，抑援水心之旨，俾斯道不终坠地乎，试究论之。2. 近日北人主张立四存学会，南人相与鸠立道德学社，皆各本其地方先进之学说，欲以易天下，而孔教会又乘时与之骖靳，究竟此三者于世道人心果有挽救之功乎，抑或不免流弊，别有善法起而代之手［乎］，试按切时势，推测言之。（丁）文学题。1. 奢者富不足，俭者贫有余说。（见谭子《化书》）2. 荀子谓乱代之征，文章匿采。今日之语体文，与和欧译述混杂之文，可谓无复采色矣，欲救此后匿采之病，以永保此纯正之国文，其道何由，试各抒所见言之。3. 新修《湖北通志》书后。4. 拟两湖巡阅使谢大总统呈文。5. 咏怀三书院诗。（不拘体韵，或仿杜工部咏怀古迹七律亦可）以作一艺为完卷，文学能作诗者更佳。

　　16 日试题：（甲）经学题。1. 学而时习之解。2. 子夏丧明之年略考。3. 伏生、辕固生以秦人至汉文景时，年九十余尚存。窦公以魏文侯时人，至汉文时百八十岁尚存。卜子夏为定哀时人，至魏文侯时年百余岁尚存。或谓天存伏生以存书，存辕固以存诗，存窦公以存乐，存卜子以存举经，圣道固非。战国之乱，暴秦之威所得息也，此中果天意乎，抑亦借人事起而争延一线欤？试抒所见以对。（乙）史学题。1.伊尹论。2.《抱朴子》尝诘鲍生无君之论，《通典》载大秦国皆简立贤人以为君，《南州异物志》称察牢国选耆老有德者为王，三岁一更，是吾国前代及四裔皆有主张民主及实行民主者矣，何以今日甫立此制，而危乱乱法，无所不至，试确指其病源所在而畅论之。（丙）理学题。1.陈烈静坐百余日，然后读书，遂一览无遗说。2.《尸子》引孔子之言曰，诵诗读书，孟子亦为是言，荀子亦曰其数始乎诵经，又曰诵数以贯之，《吕览》则曰孔丘墨翟昼日讽诵习业，可见古人为学，必资诵读，始有入处。今之教育，专尚听讲，故书雅纪一切不读，此岂孔孟荀以来教人之法乎。然则今日求学，应规复诵读之法乎，抑别有善法乎？试略陈之。（丁）文学题。1.寡廉鲜耻而俗不长厚说。2.近阅湖北文献馆，将以网罗湖北有清一代之文，夫征文贵历代并收，今但以清代为断限，诸生能言其故乎？抑将来必须推广，以通征列代之文，始可辅通志以行乎？诸生能于所隶之郡县，略举清代文家及历代文家而详其姓名字爵著述欤？试各本所见以对。3.蒲圻张氏新辑《湖北书征存目题跋》（此书有油印本）。4.沔阳卢氏哀刻四库所收湖北先正书纪事诗。（不拘体韵）题黄冈万氏新刊本《万氏十三经证异》诗。（不拘体韵）

每占一科，但作一艺，即为完卷。文学中能兼作一诗尤佳。文学题第一、三、四、五各题附有题解。寡廉鲜耻而俗不长厚，题解："司马相如谕巴蜀檄中语。"蒲圻张氏新辑湖北书征题跋，题解："张君国淦初编此书，名曰《湖北先正书目》，旋改今名，其书但列各郡县先正书目，前有简明小传。宋元以前，分府列之。明清分县列之，诚有关文献之作也。书凡十册，壬戌在都门，以油印分致数县，征求订讹补缺，当有见之者。"沔阳卢氏衷刻四库所收湖北先正书纪事诗，题解："吾省自赵翼之学使捐刻《湖北丛书》后，近旅京人士，相约分刻，以广所未尽。惟沔阳卢氏拟出巨资，取《四库全书》所收湖北先正书刻之，愿力之宏，亦艺林佳话也，为诗以美之宜矣。"题黄冈万氏新刊本《万氏十三经证异》诗，题解："黄冈万蔚廷先生希槐所著《困学纪闻集注》之外，其《十三经证异》一书，凡七十九卷最有名，皆胪举十三经中白文各之异同，援引赅洽，为治经者不可少之书。赵翼之学使刻《湖北丛书》时，求其稿于万氏子孙不得，今经萧省长捐廉印行，此为吾鄂经学家不可多得之书，一旦问世诚快事也，诗以美之宜矣。"（《湖北国学馆甄录之试题》，长沙《大公报》，1923年11月20日，第1张第3版）

又据鄂讯称："国学馆招生，曾于日前将内课生分门考毕。昨该馆考试外课生，入场应试者四百余名。早七时半由宗厅长藻生点名给卷入场，省长特委陈子荫、朱星台、范龙光、黄福等为监试委员。各生试卷悉用弥缝。点名毕，宗厅长亲自命题，以一艺完卷。"试题分经史理文四科，经科试题为"思无邪说""民为贵说"，史科试题为"太公论""保存古物方法论"，理科试题为"张文襄《辎轩语》《书目答问》提要"，文科试题为"乱世之音怨以怒说""拟崔颢黄鹤楼诗"。"场内备面点一餐，然与考者均携带场食。交卷早者，出题后两点钟即缮就出场，犹有多作至三四艺者。是夜十二点钟，尚有人交卷。闻有一七十余叟之朱某，系张文襄时所取之门生，亦在与考，殊属有趣得很。"（《湖北国学馆之外课生甄录》，长沙《大公报》，1923年11月22日，第1张第3版）

或谓民国初年，湖北教育界新旧两派斗争激烈。旧派以前清举贡及两湖师范学堂和存古学堂的学生为主，新派以武昌高等师范学校、北京高等师范学校和北京大学的学生为主，两派互相倾轧。教育当局无法应付这种局面，便怂恿"肖耀南"（萧耀南）创设国学馆，聘请罗田王葆心为馆长。馆中有内课生和外课生之分。内课生又分预科和本科，预科二年毕业，本科三年毕业，本科又分经、史、理、文四科；外课生被甄录者，按月应课，以一年为限，次年另行甄录。"其实，国学馆之办法不伦不类，本不合学校编制系统，之所以设立者，乃为苟且调停而已，由此足见当时湖北教育界用人之昏庸。"（余紫牛：《湖北国学馆》，政协武汉市委员会文史资料研究委员会：《武汉文史资料》第2辑，1986年，第103页）

△ 方勇报名北京大学研究所国学门文字学研究生，经审查合格。

经国学门委员会审查，方勇报名文字学研究生合格。方勇，安徽寿县人，安徽省立第五中学校教员，题目是《说文读若考》。（《研究所国学门通告（一）》，《北京大学日刊》，第1341号，1923年11月16日，第1版）

△ 北京大学研究所国学门布告感谢马衡赠书。

马衡惠赠《汉魏石经残字拓片》十二种，二十二张；《清代官印集存印本》一册。（《研究所国学门通告（二）》，《北京大学日刊》，第1341号，1923年11月16日，第1版）

11月22日 宋育仁发表《国学学制改进联合会宣言书》《国学研究社讲习专门学科》，主张改进国学根本途径在于改良本国学制，建立自成体系的国学专科大学。

自清末以来，国学研究的理念大多采用西学分科办法，重新条理，采用西方学校体制，建立教学和治学的系统。宋育仁则与之相反，主张只有在本国学术理路的基础上重塑学制体系，才能容纳西学，进而改善国学的教育与学术。在他主持下，四川国学会拟组学制改良会，经会员集议，先成立国学联合会，取得旧学界多数同意，揭橥"改进国学者，即系根本改良学制"的宗旨。

我国设学校十二年，糜学费千万计，而新学界未出人才，旧学界反日形消灭。查各国学校皆由其国学之根本而改进，惟我国学校，乃舍其国学之根本而外求，甚至于欲用白话以破灭国文，别求哲学以破坏伦理。旧人亦只认国学为别科，而仅欲保存其原有。不知"国学"二字，乃对于所采西学学科之主名（犹云对他国之学），为学校之主体。譬如欧人采中国之学，则标以东方之目，不得于本国学制教科，标国学之名。

学校教育与学术体系互相配合，各国互有异同，不能强行统一。学制改革必须坚持的思路和步骤是：

第一须知学校之类别（今言种类）。第二须知各种学校各于其类有其学校之统系。第三须知同类别类学校之统系，各有其同等异等学程之阶级。第四须知同等异等学程阶级，各有其学科之支配。第五然后就各等各门支配之学科，据以规定学期之长短，学龄之限度，与学班之分合，经费之审计，其精神所注重，专在学程与学科。

遵此改进国学学制，建设国学专门大学的直接统系，不仅可以保存国学，还能"发皇国学之进步"。以往国学预备的弊病来源，是知经史子集四部、性理考据词章三门不是学科之后，将相关内容和资料支配于国文、历史主课，参入伦理、修身两科之中，再附属于各类学校，结果不成统系，不能发达。而清末建立学制，有文科、实科之分，文科又分三类，第二类为国学专门，却没有直接学级，配备必要学科，表现出以西学格义中学的误植。

> 经史子集乃系书之分类，不得为学之分科，性理考据词章为国学必要经历之程，而非人才教育专门学科所主，但国学离此不得。旧学能多读书已是学有根柢，其已达到研究性理考据词章有一长可称者，便属国学优美之程度，但分之为三门之人才，则偏枯而不足，合之为专门之预备，则增进而有余。但只须由此互加研究，理而董之，归纳于伦理学、政治学、哲学、教育学四科，分别参合，支配为国学某科专门之预备。既储专门之预备，即树国学大学之先声。只将满屋散钱，穿成一贯，所谓少加以理便可奴仆命骚，以之教授初级普通，更绰有余裕。（芸子：《国学学制改进联合会宣言书》，《国学月刊》，第17期，1923年）

自成体系的国学专门课程核心问题，是分科的处理，最艰难的是中国经史的通很难用西方学科的专来衡量，在新式学科系统中难以体现和协调。

北京大学，立经学专科。外国学校，有历史分科。讲求国学者，因此遂以经史子集四部之名，分配为教科。孔经为欧美所无，而彼中大学五科，有道科，以其教经为主课。日本大学立哲学，以孔经立为哲学教科。夫四部乃分部书类之名，非支配学科之目。外域教经，专修宗教。所谓历史，专载事迹。犹且教经不标为专门之科，历史亦只为预科之助。日本支配孔经为哲学大科研究书，知其一端，推例可悟。中国经史，组合专门各学而成，今立学会为研究专门，自应以专门学业标名，而指定某经某史及子家某家书为研究所占之专课。

具体讲习，细分有八专科：一、伦理学，含中国宗教。以《诗经》《礼记》《孝经》《孟子》为主课，附各家经注经说、宋育仁著《群经大义·诗经义》;《论语》（附《荀子》《说苑》《新序》《韩诗外传》)、《仪礼》（附《司马书仪》《朱子家礼》)、《白虎通义》为参考书。二、哲学。四书为主课（附理学家书),《老子》《关尹子》《孟子》《荀子》《陆贾新语》《董子》《扬子》《论衡》《昌言》《潜夫论》《文中子》为参考书。三、政治学。《尚书》《周礼》《礼记·曲礼下》《王制》为主课，附诸家注说、宋育仁著《尚书古今文分编》《周官古义举例》《周礼表》;《管子》《孟子》《司马法》《董子》《贾子》《昌言》《潜夫论》《国语》《史记》《汉书》为参考书，附《采风记》《时务论》。四、法律学，含公理公法。以《周礼·秋官》《春秋·公羊传》《汉书·刑法志》《唐律疏议》、孟德斯鸠《法意》为主课，附宋育仁著《经术公理学》《采风记·公法篇》《礼律根本解决论》;《律例统宗》《罗马法典》《英律全书》《法国律例》、伯伦知理《政治学》《日本刑法志》《法规大全·民事门》《公法会通》《通商条约》《出使指明》为参考研究书，附那特硜、斯宾塞尔、市岛谦吉《法政学法制大意》。五、财政学。《周礼》"天官""地官"、《史记》"平准书""货殖传"、《汉书·食货志》、司密·亚丹《原富》《富国策》《续富国策》《各国币制纂要》为主课，附宋育仁著《经世财政学》;《列国岁计纂要》《交涉税则》《中国海关税则》《公司章程》《铁路章程》《工商业史》《农业史》《生利分利之别》《海关税册价值》为参考书。六、教育学。《周礼》"地官""春官"、《礼记》"王制""学记""文王世子""曲礼小仪"、《师范讲义》为主课，附《群经大义》《采风记·学校篇》《经术公理学》。朱子《小学》、四礼仪、五种遗规、学校统系、教育原理为参考书。七、训诂学，即古教科六书，汉以来称小学，演为名学，亦即东瀛论理学。标名六书小学，则嫌限于狭，题为论理名学，又嫌于偏。《尔雅》《夏小正》《说文解字》为主课，附《尔雅讲义》《夏小正文法今释说》《文部首笺正》。《说文释例》《说文句读》《段氏说文注》《小学汇函》《汉简笺正》《尹文子》《经传释词》、穆勒《名学》为参考研究书，附宋育仁著《同文解字》。八、文史学。含纪事文、无韵文、有韵文。"如以孔门之文学立科，则范围过大，以晚近之词章标目，则界说太狭。系新学界之国文为称，又与六书训诂论理各学名实相混，宾主不分。文之古谊，专属于字诂，史之通义，兼统夫文词。欧人著书，多名之曰史，即谓修辞学家也。修辞二字，本出自易落之文，即称为修词学，亦得今以文史代修词之目，并史学亦属此科。"《诗经》《国语》《左传》《孟子》《庄子》《楚词》《史记》《汉书》《史通》《文心雕龙》《昭明文选》《古诗选》《八代诗选》《七十家赋钞》《唐宋文醇》《唐宋诗醇》为主课，附宋育仁著《唐诗品》。《礼记》"檀弓""文王世子""学记"、《吕览》《淮南子》《贾子》《国策》《后汉书》《三国志》《通鉴》《三通》《八代文萃》《古文词类纂》《全唐诗》为研究参考书。

此外，女学教科书目录则有《诗经·国风·正风》"周南""召南"（《豳风之什》读本），《礼记》"曲礼"上下、"内则""昏义"，刘向《列女传》古本（有绣像佳，宋本最佳），明解缙《列女传》坊本（附《幼学订正》）、"女四书"坊本（《女诫》《女训》《女论语》，《女范》附《列女传》）、读史及幼编（重加订正刊行），《古诗源》《玉台新咏》《唐诗三百首》（合刊）、《古文苑》、《汉书·列女传序》《六朝文绣》（合刊），附《华阳国志》《士女志序》。（芸子：《国学研究社讲习专门学科》，《国学月刊》，第17期，1923年）

四川国学学制改进联合会曾致函北京政府国务院和四川省长，请求以四川省立国学专修学校办成四川国学改进模范学校，同时加入改良新学制，成为全国国学学制模范。内称：

窃查四川原设国学专修学校，系由尊经书院改为存古学院，初以经史子集列科，相沿数载，宗旨固属不良，办法亦不甚善，无可讳言。嗣后改为专修学校，又多杂揉支配，新旧教科，分班招生，考选无一定程度，学程既参差不齐，教科又名实不副。原定有预科、正科、研究三级，此系国学，原重在研究，而招生入学，尤须注重国学根底。既无，取中学毕业之多门，亦不能以高小之比较充数。拟就原有规制，略加修正，以备全省国学学制改进之模范，即以为国学学制改进之模范学校。现今贵总理领袖学界，全国具瞻。现值改良学制，敝学会研讲国学，既有所见，相应发言，有所贡献。拟请加入改良新学制议为正案，国学学制改进简章为附案，即就原有专修学校改组，斟酌推行，改名不符实之专修学校，而办实事求是之改进模范学校，庶款不虚糜，而人材可望成就。

北京政府国务院令教育部核议。1924年6月24日，教育部答以"查该会所设国学改进模范学校不在本部学校系统范围之内，无从察核"。且教育部学制会议，曾于1922年举行，11月公布学校系统改革案。"原函所称现值改良学制，部中并无其事。该会拟请加入改良新学制议一节，应毋庸议。"（《咨呈国务院四川国学改进模范学校请加入改良新学制核议一节应毋庸议文》，《教育公报》，第11年第7期，1924年8月30日）

11月24日 北京大学研究所国学门迁至北大第三院，一切事务，请到新址接洽。（《研究所国学门通告》，《北京大学日刊》，第1352号，1923年11月29日，第1版）

11月28日 张鹏翱报名北京大学研究所国学门美学研究生经审查合格。

张鹏翱，陕西朝邑人，北大哲学系毕业，题目是《古琴曲谱系统的研究》。（《研究所国学门通告（一）》，《北京大学日刊》，第1352号，1923年11月29日，第1版）

△ 国学门通告感谢冈田正之惠赠《秘府略》一卷。（《研究所国学门通告（二）》，《北京大学日刊》，第1352号，1923年11月29日，第1版）

11月 陈钟凡《古书读校法》一书由商务印书馆出版，主张读

古书即研究历史。并按四库全书总目提要之例，附《治国学书目》
以知国学门径。

陈钟凡认为，古书读校法即广义的国学研究途辙。《叙例》云：
"校读之术虽殊，并以古书为其对象。故本篇首言古书之体制，次
述古书之类别，次述读书之要旨，读书之方法，终论校书之途径。"
（陈钟凡编述：《古书读校法》，商务印书馆，1923 年，第 5 页）

研治古书的九个方法："一曰别真伪（书籍真伪），二曰识途
径，三曰明诂训，四曰辨章句，五曰考故实，六曰通条理，七曰
治经宜知家法（古今之学），八曰治史应详察事实，九曰治诸子应
知流别。"（陈钟凡编述：《古书读校法》，第 36 页）其中，识途径是指
读《四库全书总目提要》以知学问门径，并附学术流别及目录学、
文字学及词例、经学类、史学类、诸子学类、文学类等各学书目，
在附国学书目中则增加汇书及札记一类，总共为七类，"尤要者以
规识之"。至于不同规识符号的差别意义，则并未明言。正文"略
举治经史诸子词章必修之书"与书末所附《治国学书目》有出入。
以所附为框架，补以正文（小括号标识）书目，可见调整。具体
如下：

学术流别及目录学书目：○《汉书·艺文志》，○《隋书·经
籍志》《七略》《别录》《七录叙目》《经典释文序录》、《文选注引群
书目录》（正文为《文选注引书目》）、《三国志注引书目》、《太平御
览引经史图书纲目》（正文为《太平御览引书目》）、《旧唐书·经
籍志》《新唐书·艺文志》《宋史·艺文志》《元史·艺文志》《明
史·艺文志》《补续汉书艺文志》《补后汉书艺文志》《补三国志艺
文志》《补晋书艺文志》《补元史艺文志》《宋史艺文志补》《补辽金

元三史艺文志》、《补三史艺文志》（正文）、《补后汉书艺文志》《补五代史艺文志》《崇文总目》，〇《郡斋读书志》，〇《直斋书录解题》《通志·艺文略》《文献通考·经籍考》，〇《四库全书总目提要》，〇《四库全书简明目录》《四库未收书目提要》，〇《书目答问》《丛书举要》（正文），〇《校雠通义》，〇《古今伪书考》《日知录》（正文）、《十驾斋养新录》（正文）、《东塾读书记》（正文）、《无邪堂答问》（正文）、《书目举要》。

文字学及文法书目：〇《说文解字》《说文系传》，〇《说文解字注》，〇《说文释例》，〇《说文通训定声》，〇《说文建首句读》，〇《说文古籀补》，〇《古籀拾遗》《契文举例》，〇《名原》，〇《殷虚书契考释》，〇《殷商贞卜文字考》《戬寿堂龟文考释》，〇《小学答问》，〇《古本字考》，〇《广韵》《韵镜》（正文）、《四声等子》（正文）、《切韵指掌图》（正文）、《切韵考》《切韵考外编》《音学五书》，〇《古韵标准》《四声切韵表》，〇《音学辨微》，〇《声韵考》《声类表》，〇《六书音韵表》《说文声类》《诗声类》《成均图》《文始》《尔雅正义》，〇《尔雅义疏》，〇《尔雅释例》，〇《广雅疏证》《方言疏证》《释名疏证》《骈雅训纂》《新方言》，〇《经籍纂诂》《小学考》《助字辨略》《经传释词》《经义述闻通论》，〇《古书疑义举例》，〇《古书疑义举例补》《马氏文通》。

经学类书目：〇《经典释文叙录》，〇《汉学师承记》《经义考》，〇《经学历史》，〇《古今学考》，〇《经义述闻》，〇《白虎通疏证》，〇《十三经注疏》《十三经注疏校勘记》、李鼎祚《周易集解》、孙星衍《周易集解》（正文）、《易例》（正文）、《易汉学》（正文）、《周易述》（正文）、《易微言》（正文）、《周易述补》（正

文 ）、《周易虞氏义》(正文)、《虞氏消息》(正文)、《虞氏易礼》(正文)、《虞氏易事》(正文)、《易言》(正文)、《易候》(正文)、《易图明辨》《易图条辨》、《周易补疏》(正文)、《周易姚氏易》(正文)、《周易述》《周易述补》，○《易章句》《易通释》《易图略》《古文尚书疏证》《古文尚书考》《尚书余论》，○《尚书集注音疏》，○《尚书后案》《古文尚书撰异》《尚书古今文注疏》《尚书大传辑校》《今文尚书经说考》《今文尚书疏证》《毛诗传笺通释》，○《毛诗后笺》、《毛诗稽古篇》(正文)，○《毛诗传疏》《三家诗遗说考》《四家诗异文考》《毛诗异文笺》，○《周礼正义》《仪礼图》《群经宫室图》，○《仪礼正义》《仪礼古今文疏义》(正文)、《仪礼汉读考》(正文)，○《礼经释例》《仪礼郑注句读》《大戴礼记补注》、《礼笺》(正文)，《礼记补疏》，○《五礼通考》，《读礼通考》，○《周礼书通故》《左传贾服注辑述》《左传旧疏考证》《春秋左氏传略例》《春秋公羊通义》《春秋正辞》，○《公羊何氏释例》《公羊何氏解诂笺》《春秋例表》《穀梁释例》《穀梁古义疏》、《论语正义》(正文)、《孟子正义》(正文)、《周书集训校释》(正文)、《国语韦昭注》(正文)。

史学书目：二十四史，○《汉书补注》，○《后汉书补注》，○《资治通鉴》《续资治通鉴》，○《通鉴纲目》《逸周书》，○《国语》，○《国策》《竹书纪年》《世本》《汉纪》《后汉纪》《晋记》，○《绎史》《左传纪事本末》《通鉴纪事本末》《宋史纪事本末》《元史纪事本末》《明史纪事本末》《三潘纪事本末》《圣武记》《通典》，○《通志》，○《文献通考》《续三通》，○《史通》(正文为《史通通释》)、《史略》，○《廿二史札记》《十七史商榷》《廿二史考异》，

◎《文史通义》，○《考信录》，○《水经注》《天下郡国利病书》《读史方舆纪要》《水道提纲》《万山纲目》、《李氏五种》（正文），○《历代地理沿革图》，○《中国历史战争形势图》，○《五种合刻》《廿四史姓氏韵编》。

　　诸子学术思想书目：○《老子》，○《庄子》，○《老子翼》《庄子翼》，○《庄子集解》，○《庄子集释》、《管子余义》（正文），○《论语》，○《孟子》，○《荀子》《论语正义》，○《孟子正义》，○《荀子集解》，○《墨子》，○《墨子间诂》，○《管子》，○《韩非子》，○《韩非子解集》、《商子》（正文为《商君书》)、《尹文子》《公孙龙子》《尸子》《邓析子》《孙子》《吴子》，○《吕氏春秋》，○《淮南子》《扬子法言》，○《论衡》《潜夫论》《新论》《人物志》，○《列子》《抱朴子》《颜氏家训》《世说新语》，○《金楼子》，○《大方广佛华严经》，○《大方广圆觉了义经》，○《妙法莲华经》，○《大佛顶首楞严经》《楞伽经会译》《般若波罗密多心经》《金刚般若波罗蜜经》《阿弥陀经》，○《因明入正理詥》，○《成唯识詥》，○《相宗八要》，○《瑜伽师地论释》，○《中论》，○《百论》，○《十二门论》，○《大乘起信论》《小止观》，○《宏明集》《广弘明集》《释迦应化事迹》《大唐西域记》《释氏稽古略》《高僧传》《三藏法师传》、元应《一切经音义》、慧琳《一切经音义》、《翻译名义集》，○《宋元学案》，○《明儒学案》《理学宗传》《学案小识》《正谊堂全书》，○《二程全书》，○《朱子全集》《续集》《别集》，○《朱子语类》、《传习录》（正文)、《颜氏学记》（正文），○《象山集》，○《王文成公全书》《颜李遗书》，○《孟子字义疏证》，○《原善》，○《国故论衡》下卷，○《检论》《子略》，○《读书杂志》，○《诸子平议》，○《札迻》。

文学书目：○《楚辞》，○《文选》，○《古文苑》，○《续古文苑》，○《全上古三代秦汉三国六朝文》，○《八代文粹》，○《唐文粹》《宋文鉴》《元文类》《明文衡》《清文汇》，○《古文辞类纂》，○《经史百家杂钞》，○《骈体文钞》，○《七十家赋钞》《骈体正宗》，○《历代赋汇》，○《玉台新咏》，○《乐府诗集》《诗纪》《全唐诗》《宋诗钞》《中州集》《全金诗》《元诗选》《明诗集》《七十家诗钞》（正文），○《八代诗选》，○《十八家诗钞》《词综》《国朝词综》《宋六十名家词》，○《彊邨丛书》，○《花间集》，○《唐五代词选》，○《尊前集》，○《草堂诗余》，○《花草粹编》，○《绝妙好词》《声调谱》（正文）、《谈艺录》（正文）、《乐府指迷》（正文）、《曲品》（正文）、《传奇品》（正文）、《宋七家词选》《词选》《续词选》《箧中集》《元曲选》《太平乐府》《暖红室汇刻传奇》，○《渊明集》，○《鲍氏集》，○《宣城集》《文通集》，○《子山集》《孝穆集》，○《太白集》，○《工部集》，○《右丞集》，○《襄阳集》《高常侍集》《苏州集》，○《东野诗集》《长江集》，○《长吉集》，元稹《长庆集》，○白居易《长庆集》，○《昌黎集》，○《河东集》《樊川集》《玉溪生诗集》《飞卿集》，○《宛陵集》《文忠集》，○《临川集》，○《东坡集》，○《山谷集》《后山集》，○《简斋集》《诚斋集》，○《放翁集》，○《遗山集》，○《道园集》，○《铁崖乐府》，○《诚意伯集》《文宪集》，○《青丘集》，○《怀丽堂集》，○《空同集》《大复集》《沧溟集》，○《梅村集》，○《渔洋精华录》，○《经巢诗》《白香亭诗》《人境庐诗钞》，○《湘绮楼诗》，○《珠玉词》《小山词》《六一词》《东坡词》《屯田词》《淮海词》，○《清真词》《稼轩词》《漱玉词》，○《白石道人词》，○《碧山词》，○《梦窗词》《山中白云词》《苹洲渔笛谱》，○《饮水词》，○《曝书亭词》，○《乌丝词》《樊榭山房词》，○《忆云词》，○《水云楼词》，○《樵风乐府》，○《鹜音集》，○《弦索西厢》，○《西厢记》，○《琵琶记》《荆钗记》《幽闺记》《白兔记》《杀狗记》，○《春灯谜》，○《燕子笺》，○《长生殿》，○《桃花扇》。元明以来名家小说：○《水浒传》《西游记》《三国志》[①]，○《红楼梦》《儒林外史》。○《诗品》，○《沧浪诗话》，○《诗人玉屑》，○《词原》《词苑丛谈》，○《词律》，○《白雨斋词话》，○《曲苑》，○《纳书楹曲谱》，○《宋元戏曲史》，○《唐诗纪事》，○《宋诗纪事》，○《元诗纪事》《明诗纪事》《国朝诗人微略》，○《词林纪事》，○《文心雕龙》《文则》《文史通义》《四六丛话》《艺概》《赋话》。

汇书及札记书目：○《北堂书钞》《艺文类聚》《初学记》《白孔六帖》，○《太平御览》，○《玉海》《天中记》《唐类函》《渊鉴类函》《图书集成》，○《容斋五笔》，○《困学纪闻》，○《东发日钞》，○《梦溪笔谈》，○《弇州说部稿》，○《丹铅录》，○《笔乘》，○《说略》，○《少室山房笔丛》，○《日知录》《癸巳类稿》《癸巳存稿》，○《十驾斋养新录》，○《东塾读书记》，○《无邪堂答问》，○《籀庼述林》，○《越缦堂日记》。（陈钟凡编述：《古书读校法》，附治国学书目）

12月1日　《晨报五周年纪念增刊》发表林语堂《科学与经

书》、钱玄同《汉字革命与国故》两文。林语堂指出广义的科学包括自然科学和精神科学，科学关键在其方法与精神，不在研究对象，借此驳斥吴稚晖反国学研究的理念。钱玄同批评国故是僵死腐烂的旧文化、广义的历史，赞同吴稚晖将国故束之高阁的主张，强调采用世界通用的国际音标做国语拼音字母，故汉字革命无碍于广义的中国历史文化流传。

林语堂认为，广义的科学是指一切以求真理为目标的系统学术，因系由外传来，非本国固有，"今日国中的人有一种普通的误会，以为今日知识界的天下是为科学家所霸有的，是不容经书家混吃饭的"。于是，科学与经书的关系"正是今日智识界的一大问题，最应当商量研究的"。此前胡适《清代学者的治学方法》《国学季刊发刊宣言》和梁启超的《清代学术概论》，虽然都涉及中国经学与科学精神的问题，同属历史反省的性质，但都未曾切实厘清两者的内在关系，未曾讨论"此去治经学将受科学何等的影响，及科学对于中国的经书将有何等的贡献"。胡适《国学季刊发刊宣言》是讨论该问题的"第一著作"，"开新学界的一个新纪元"，"已经说了许多我要说的话，也有许多很应当说的话还不曾说过"。回应吴稚晖等"科学救国"论仅指物质文明，抨击国学研究，指出广义的科学分为自然科学和精神科学两个范畴，关键在其方法与精神，用科学方法和科学精神整理国学材料，就是"科学的国学"。如此，国学与科学可以相互促进，且只有与科学联系合作，把科学精神落实到自主的国学研究中夫，国学才有前途，科学才能生根。从社会功能分析，科学又可分为应用和考证（基础研究）两个部分，任何高明的应用都必须以艰苦研究为基础，为学术而研究的精神，比为实用而学习的精神，对于学问的进步来说更重要。所以，实事求是的考证不是无聊的文字游戏，而是一种创造性学问，也是科学的生命所在。具体到学生出国留学，自然要学会创造机关枪等工程科学，同时也要学习精神科学，从本国历史传承和发挥知识界的原动力等方面，去推动本国学术发展，否则只会做贩卖西学的"饭碗的学问"。

　　大凡号称西学专门家而不看诗书子史的人三个毛病之中必有一个：第一是西洋学问读的不好，第二是不会读中国书或是不曾看过中国书，第三是简直"不会读书"。这第三种的毛病最多，第二种固然是有，而第一种的毛病正复不少，就是西学"读的不好"。凡"读的好"的人，他自然而然会想法子去探考中国古书中所有关于该学的材料以去第二种毛病——他看中国书不看中国书只是早晚的问题。

中国国学庞杂，不能仅靠几个少数人来完成。人才产生需要社会氛围，指导大学生研究具体的国学问题，培育科学精神，正是发展"科学的国学"的最好方式。在胡适所说国学材料将因科学比较而得更明白正确的解释基础上，更重要的是"科学的方法（即治学的手术）能帮助我们拿定国学新的目的，搜集新的材料，拟定新的问题，立定新的标准，整理新的系统"。所谓"科学可使我们立定较正确的目的"，即"国学须脱离经学而独立"，打破传统以解经为重心的学术束缚，确立"研究我国各种文化现象"的新目标。所谓"国学的规模可因科学的眼光而改造"，如胡适所提十个专史的文化史系统条理，"都是前人所梦想不到"，有西学眼光的人认为亟待考查的。所谓"科学手术的完备有可使我们效法的"，是指"科学的思想与科学的手术"不同，有科学精神不一定有科学手段。以古音学为例，清代治学虽有科学精神，但叙述文字和考证手段都只是萌芽，并不完备。只要掌握科学的精神和方法，"科学的国学"研究前途无量。

我可以接续说，科学的影响不但不使我们要抛弃经书于毛厕里三十年，并且将使此三十年来为中国国学重见昌明的时代。我们可以毅然无疑说"科学的国学"是我们此去治学的目标，是我们此去努力的趋向。因为科学的知识与方法都能帮助我们把旧有的学问整理起来做有系统的研究。梁启超有一本极好的《中国历史研究法》便是受过科学思想所影响的。胡适之有一本自盘古以至张勋未曾有的《中国哲学史》，也就是受过科学思想所影响的。我们很可以不但做一本《中国历史研究法》，还可以做中国社会史研究法、民族史研究法、政治史研究法、文学史研究法、语言史研究法、宗教史研究法等等，处处指明如何可以用西洋学术的眼光、见识、方法、手段，及应凭的西洋书籍来重新整理我们的国学材料，合起来全书百数万言还不出于科学的国学一个范围之外。凡此种种分门历史，无一不可受过西人经验上已演出的方法及材料上已考定的知识的贡献，无一不可借着科学的精神与科学的手术换新了他的面目增加了他的生趣。（林语堂：《科学与经书》，《晨报》，五周年纪念增刊，1923 年 12 月 1 日）

本年11月16日，钱玄同开始撰《汉字革命与国故》一文，至11月20做完，自称"真是不知所云"，（杨天石主编：《钱玄同日记（整理本）》中册，第559—560页）不少人批评中国改用拼音文字，一般人不再去认识汉字，没人读汉字书写的书籍，最终不懂中国文化，客观上必然导致扑灭中国文化。钱玄同斥之为不通之论，原因主要有二。一是按进化论，文化常常变迁革新，迷恋旧文化，必致亡国灭种。中国现代新文化，是现代世界文化，称为欧化、西方化都不妥当。中国旧文化寄于汉字书籍中，已经僵死腐烂，可以称为"国故"，不得称为"国学"。它在中国文化全体中只占很小一部分，局部也不等于整体。二是国故只是一大堆杂乱无章的材料，只能供给"国故学者"整理取资。一般人要想得到国故知识，只有读国故学者整理就绪的有条理有系统的新著，否则有害无益。至于国故学者新著用何文体和文字，则应因时制宜，也不能墨守成规。例如，二十年前对于古文革命时代，梁启超做《国学蠡酌》《墨学微》，便用"新体文言文"。五年前对于文言文革命时代，胡适之做《中国哲学史大纲》《国语文学小史》，遂用"国语文"。今后是对于汉字革命时代，整理国故著作当然应该用"拼音的国语文"，方便普及。因此，汉字革命将有功于国故。

两年后，钱玄同放弃使用国际音标的主张，而赞成纯用罗马字母。（曹述敬：《钱玄同年谱》，齐鲁书社，1985年，第91页）关键是他对于"国故"和"欧化"的态度，在文中提醒现在中国人应该赶紧研究不容再缓的科学，才能得到思想精密、眼光扩大、知识正确、生活改善、道德增进这些国故里面找不出来的种种好处。理想上，以中国目前学术界的状况看来，一般人不妨暂时将国故"束之高阁"，为防止遗老遗少，更应束之高阁。他赞同吴稚晖在《晨报副刊》所撰两文痛斥国故，真是"发聋振聩"，"有功世道人心之文"，是对思想昏乱的青年必不可少的大棒大喝。事实上，不可能都将国故束之高阁，与其任由青年自由读古书，不如请有科学头脑、历史眼光的学者，如胡适之、顾颉刚等人，从事整理。"我希望他们最初做尝百草的神农，最后做配西药的药剂师，做成许多有条理有系统的叙述国故的书，以供一般人对于故国［国故］的知识之需求。有条理有系统的叙述国故的新书一部一部地多起来，不但可以满足一般人需求国故的知识之希望，而且还可以渐渐地改正他们对于国故的谬误的传统思想。国故本是'广义的中国历史'，我们若能用正确的眼光——进化论的眼光去看历史，这本是很有益的。因为我们看了祖先那种野蛮幼稚不学上进的样子，可以激起我们'干蛊'的精神。"（钱玄同：《汉字革命与国故》，《晨报》，五周年纪念增刊，1923年12月1日）

△　北京大学研究所国学门感谢吴新吾惠赠瓦瓶一个、小瓦瓶一个、瓦甑二个、汉钱十四个、汉镜残片一片、汉铜残片九片；黄文弼惠赠晋砖一块、古瓷碗一个。（《研究所国学门通告》，《北京大学日刊》，第1355号，1923年12月3日，第1版）

12月1—2日　湖北国学馆举行第一次录取员复试，分为经史理文四科，湖北省长萧耀南亲临巡察。

长沙《大公报》据鄂讯，谓："昨二十四日为国学馆第一次录取学员复试之期。期前王葆心馆长，具函呈报萧督。萧督令副官处以电话通知该馆，准于是日八时亲临监试，以昭慎重。是日午前七时，第一次取录学员，内科六百余人，外科百四十余人，齐集该馆门前，听候点名。四署署长陈介宣，亲率警士二十名来馆保护。八时萧耀南乘四人肩舆，前导马队四匹，卫队一排，沿途军警密布，惠然莅临。王馆长招待入座大厅。八时半，由教育厅长宗彝，开始点名。馆监黄嗣艾对相片给试卷，黄云蜂唱名。点名毕，各学员领卷入堂。管教员黄嗣艾、孟晋洪、黄福、傅廷仪、黄侃、姚汝说、万昭度、帅培寅、周龙等二十人，分堂监试、出题。十一时，王葆心邀萧督亲往各讲堂巡察一周。午后一时，萧督同该馆管教各员，在厅外合摄一影，以留纪念。三时开餐毕，始命驾而去。"

　　1日试题如下：一、经学。1.学而不思则罔，思而不学则殆说。2.克勤小物说。题解："见《尚书·诰命》云：惟公懋德，克勤小物，弼亮四世，正色率下。《蔡氏集传》，公毕可也，小物犹言细行。"二、史学。1.关壮谬撰张恒侯赵顺平侯论。2.庞统每所称述，过其才论。题解："《三国志·庞统传》：统字士元，襄阳人。性好人伦，勤于长著。每所称述，过其才。时人怪而问之，统答曰：当今天下大乱，雅道陵迟，善人少而恶人多，方欲兴风俗长道业，不美其谭，即声名不足慕企，不足慕企而为善者少矣。今拔十失五，犹得其半，而可以崇迈世教，使有志者自励，不亦可乎。"3.张江陵论。题解："名居正，字叔大，号太岳，谥文忠，江陵人。著有《张文忠史集》，明朝万朝名相，《明史》有传。"三、理学。1.谢上蔡谓天下皆乱而己独治，不害为太平说。题解："《困学纪闻》云：无恒产而有恒心者，惟士为能。古之士所以异于民也，不得忠修身见于世。上蔡谢子曰：天下皆乱而己独治，不害为太平。句如杨肩吾曰：天下虽不治乎，而吾国未尝不治且平者，歧问是也。一国虽不治乎，吾家未尝不治且平者，曾闵是也。一家虽不治乎，而吾身吾心未尝不治且平者，舜与周公是也。"按上蔡名良佐，字显道，程伊川门人。"2.昔阮文达创学海堂大成，首以学者愿读何书策堂中学徒，然著书谈何容易，今试问诸生自肄业学校外，平日用何种课程读书，于每日课程中所读所看所抄是何种书籍与文字，志在何门学问，现在读书作文所造如何，其各举已然之迹，毋泛滥条列之，以觇平日用功之崖略。四、文学。1.重修汉上琴台记。题解："现在兼长委江汉道尹重修琴台，拟合日湖梅子山均加以一缀。"2.汉理珠囊重兴儒雅赋。（以天之未丧斯文为韵）题解："见孔颖达《周礼正义序》。上句为秦之金镜未丧斯文。"3.宋景胜区为文之宗旨有二，曰载道曰纪事，试申其义。题解："见《宋景胜文集·文训篇》，景廉之廉，明□人。"4.少年勿轻议人勿轻说事说。题解："《吕居仁杂录》：仁曰，少年勿轻议人，勿轻说事，本魏李秉家诫。按居仁名本中，宋人。《三国志》魏李秉家诫曰：少年立身不可不慎，勿轻议人，勿轻说事，如此则悔咎何由而生。"以上各门，无论何门，以一艺为完卷，多作者听。（《湖北国学馆之覆试题》，长沙《大公报》，1923 年 12 月 5 日，第 1 张第 3 版）

　　2 日试题如下：一、经学题。1.必有忍其乃有济有容德乃大说。题解："见《尚书·君陈》篇，《蔡沈集传》云：孔子曰：小不忍，则乱大谋。必有所忍，而后能有所济。然此犹有坚制力蓄之意，若洪裕宽绰，恢乎乎有余地者，斯乃德之大也。忍言事，容言德，各以深浅言也。"2.诗言志。题解："见《尚书·舜典》曰：诗言志，歌永言，声依永，律和声。八音克谐，无相夺伦，神人以和。《蔡沈集传》云：心之所之谓之志，心有所之，心形于言，故曰诗言志。"二、史学题。1.杨颙谏武侯谓为治有体，上下不可相侵说。题解："《三国志》，裴注引《襄阳记》曰：杨颙，字子昭，杨仪宗人也。入蜀为巴郡太守，丞相诸葛亮主簿。亮尝自校簿书，颙直入谏曰：为治有体，上下不可相侵，请为明公以作家譬之。今有人使奴执耕稼，婢典炊爨，鸡主司晨，犬主吠盗，牛负重载，马涉远路，私业无旷，所求皆足，雍容高枕，饮食而已。忽一旦尽欲以身亲其役，不复付任劳其体力，为此碎务，形疲神困，终无一成，岂其智之不如奴婢鸡犬哉，失为家主之法也。今明公为治，乃躬自校簿书，流汗竟日，不亦劳乎。亮谢之。"2.天下之治，众君子成之而不足，一小人败之而有余说。题解："语见宋绍兴中刘行简《上殿论》，用君子小人奏疏。行简名一止，湖州归安人，《宋史》有传。"3.秦始皇得圣人之威论。题解："语见《史记·始皇本纪》赞。"4.明清两朝湖北人谥法考。三、理学题。1.吕成公读《论语》躬自厚而薄责于人，遂终身无暴怒说。昔伊川十八岁入太学试，颜子所好何学。论近儒陈兰甫尝欲考春秋时各国人所读何书，所习何学，然皆考求古人已经之成迹也。今本馆招诸生立馆下，甚欲知诸生已经之途辙，平日用功，自学校外所习何学，所读何书，所已观及已抄各书。若文都如干，逐年治学，系仿前人所立之课程，抑是自行订立课程，所读文诗，是何家选本或专集，能作何种诗文，试一一确实指陈，将以觇诸生之才器焉。题解："《困学纪闻》云：吕成公读《论语》，躬自厚而薄责于人，终身无暴怒，前辈切己省察如此。《朱子语类》亦云：吕东莱读《论语》，躬自厚而薄责于人，忽觉平日忿懥，涣然冰释。吕成公名祖谦，即吕东莱。"2.早起说。四、文学题。1.言有物言有序说。题解："方望溪《评史记十二诸侯年表》曰：春秋之制，义法自太史公发之，而后之深于文者亦具焉。义即所谓言有物也，法即所谓言有序也。义以为经，而法纬之以后为成体之文。"2.勿以恶小而为之，勿以善小而不为说。题解："《诸葛亮集》载先主遗诏，敕后主曰：丞相叹卿量智甚大，增修过所于望，审能如此，吾复何忧，勉之勉之。勿以恶小而为之，勿以善小而不为。惟贤惟德，能服于人。汝父德薄，勿效之。"3.三不朽赞。题解："《左传》叔孙穆子曰：太上有立德，其次有立功，其次有立言。此之谓不朽。"《湖北国学馆第一日之覆试题》，长沙《大公报》，1923年12月8日，第1张第3版）

12月2日　上海大学中国文学系请章太炎举行国学讲演，题目为《中国语言统系》。

先是，上海大学于本年秋新设中国文学系，以应时代需要。本学期共办一二两级，已聘定陈望道为主任，兼授修辞学、美学、语法、文法学等。沈仲九教授中国文学史及选文（语体），沈雁冰教授西洋文学史，叶楚伧、邵力子教授历代著名文选（包含群经、诸子及史传），俞平伯教授诗歌、小说、戏剧，田汉教授文学概论及西洋戏剧，高冠吾教授文字学，李仲乾教授金石学。英语及社会科学等，则由别系教授。"此外尚有章太炎、褚理堂担任特别讲座，精神异常焕发。"（《上海大学设国文系及讲学》，《申报》，1923年8月12日，第5张第17版）

本日，延聘章太炎举行特别讲座，有听众记其题为《中国语言统系》。"所讲于小学方面，极有价值。"章太炎说："中国现在的语言是从四千年以前慢慢的变化，慢慢的衍进而来的。语言之为物，决不能突然发明，是经过很长的时期，一步一步的变，或由简而繁，或由繁而简。我们只要仔细从文字学上去追根，便可以寻出他的系统来。今天所讲的，便是举些例，来说明这种方法。至于有些语言是由外国输入的，不在我们研究的范围以内。"（《章太炎之讲演国学》，《国际公报》，第2卷第5期，1923年12月29日）《民国日报》则称题为《中国语音统系》。"此题原极枯燥，章先生能以犀利之辞，深入浅出，故听众皆相悦以解，极其满意。听众除本校学生外，校外人士约有一二百人之多，教室挤满，后来者致不能入场。"（《上海大学昨日之讲演》，《民国日报》，1923年12月3日，第3张第10版）

上海大学国学讲演属于"特别讲座"。据1923年秋入上海大学社会学系学习的中共党员王逸常回忆，在国共合作的背景下，上大的特别讲座存在"革命与反动、进步与落后的斗争"。李大钊宣传唯物史观，"同学们认为说得有道理，受到感染"；戴季陶以尧舜禹汤文武周公等道统观念阐释中国历史，"同学也觉得是娓娓动听"。胡适讲座着重强调"拿证据来"，极力推销实验主义，"当时也迷惑一部分学生"。马君武在讲座中痛骂北洋军阀与帝国主义勾结，牺牲国家利益，"也博得学生们的同情"。"章太炎讲语言和文字的起源，他曾以手比划，在墙上划着手样的路标'……从此去'，举出语言向文字发展的例子，也能引起听众的兴趣。"（王逸常：《上海大学的片段回忆》，中国人民政治协商会议全国委员会文史资料委员会：《文史资料存稿选编·教育》，中国文史出版社，2002年，第212页）

△　袁大韶致函顾实、陈钟凡，主张研究国学以目录学为门径，建议设立编辑所，集众改编《四库全书总目提要》和《书目答问》。

函谓："慨自欧化东渐，群趋于新，先儒学说，无人过问，甚至横加排诋，欲铲除而后快。先生不忍国学沦亡，立会研究，又发印《丛刊》，惠我学子，于举世吐弃旧学若浼之时，而独昌言国粹，真特立独行者也。惟国学派别极繁，研究匪易，不得其门，必致博而寡要，劳而少功，欲除此弊，莫如研究目录学焉。"目录起于《七略》，至清《四库全书》集其大成。然卷帙浩博，学者难穷，体例亦未尽善，批评不免偏谬。《书目答问》虽稍完善，然无叙录提要，读者不便。二书之外，求一适用之目录，非改编不可。"祈先生设一编辑所，纠集海内通儒，各出所长，分门纂修。体例必求精密，批评必求公允，务使学子不妄费时间劳力，得悉学问法门。从此研精入微，发挥光大，继长增高，蔚国化为世界化，使世界学术史中，吾国得占一席。如此盛业，谅亦先生所乐为也。"（《袁君来书》，南京《国学丛刊》，第2卷第1期，1924年3月）

12月5日 湖北国学馆开学，萧耀南莅临致词。

上午十一时，萧耀南前往致训词，"来宾甚盛"。（《各省新闻》，北京《益世报》，1923年12月6日，第2张第6版）"萧耀南对于国学，颇具提倡热忱，已拨给款项，创办国学馆，分内外课，均已招生。除内课生住校受业外，其外课生则由各官厅局所分期担任值课。"（《各省新闻》，北京《益世报》，1924年1月29日，第2张第6版）

除王葆心、黄侃外，教员还有前湖北省立第一师范学校校长刘凤章、同盟会员余祖言等。据徐复观回忆："他（刘凤章）曾在省立国学馆讲授周易时，将数十年研究积累所得，写成《周易集注》一书，于民国甲戌岁由一师的几位同学印行。"（徐复观：《忆念刘凤章先生》，台北《传记文学》，第39卷第4期，1981年10月）余祖言先后任教麻城高等小学、湖北省立女子中学、湖北省立武昌高级中学、湖北省立国学馆与中华大学，在国文、老庄哲学与佛教哲学等方面颇有造诣。（裴高才：《中国私立大学开山陈时（二）》，台北《传记文学》，第116卷第6期，2020年6月）

翌年1月27日十二时，萧耀南在军署欢宴国学馆教职员。馆长王葆心以萧耀南"提倡国学，尊崇儒生"，特由该馆恭送匾联"学海回澜"。联文："弛节培风，居贤善俗。投戈讲艺，设醴崇儒。"当日，王葆心及职教员五十余人，音乐执事，送往督署。萧耀南派警卫队及军乐连迎至辕门，悬匾行礼后，由国学馆事务主任选读颂词："大雅不作，十有余年，道坠于地，圣恫于天。懿我萧公，则古称先，扶我德舆，策我祖鞭。皎日再中，薪火重然，莘莘学子，操缦安弦。楚宝荆璧，光烛入千，万万万古，斯道联翩。载赓颂祷，以示后贤，庶几祀世，万口流传。"

萧耀南派劳副官长致答词，重点阐述创设国学馆的缘起和宗旨，内云：

耀南久历戎行，里居日浅，前秋回省，幸得与故乡父老诸君子昕夕过从，治戎余间，复究论为治育才诸大端，获益匪浅，虽殷殷求治，尚未能次第施行，以表敬恭桑梓之意，而答群情属托之殷，负疚良深。比年以来，学术日新，从学之士，大率醉心欧美文化，而于我国数千年固有之文明，反习焉不察，弃置不道，圣贤经传，束置高阁。其尤悖谬者，甚且痛加诋毁，毫无顾忌，畔道离经之说，立异矜奇之谈，公然揭诸报载，风靡一时。少年新进，鲜有定识，往往为所眩惑。流弊所及，大伤风化，老成宿儒，罔不惄焉忧之。耀南忝负地方之责，何忍坐视，因与诸君有创设国学馆之议，绍述绝学，扶植士类，根本之图，孰先于此，勉竭棉薄，力图观成。一切章程课艺，咸赖诸君苦心厘订，粲然美备。学者闻风兴起，负笈来游，济济一堂，洵盛事也。将来江汉化行，人才蔚起，学海有筏，义路是遵。庶闻象山义利之辨者，咸感而涕泣，见安定弟子之出者，皆叹其端谨。是诸君之教，诸君之厚赐于湖北者，更有在也，耀南与有荣焉，何敢贪为一己之功。

礼毕，即在军署大楼欢宴，旋摄影尽欢而散。（《鄂国学馆赠萧耀南匾联》，《时事新报》，1924 年 1 月 30 日，第 3 张第 4 版）

12月6日　北京大学研究所国学门感谢黄延凯、徐森玉、容庚赠书。

黄延凯惠赠《人境庐诗草》四册。徐森玉惠赠六朝残石片十一张、熹平正始石经残字拓片六张、魏元定君墓志拓片一张、隋曹海凝墓志拓片二张、魏元庚墓志拓片二张、魏元斑妻穆玉容墓志拓片二张。容庚惠赠《李若农中法之役劝捐告示稿》一册。（《研究所国学门通告》，《北京大学日刊》，第 1359 号，1923 年 12 月 7 日，第 1 版）

△　《上海先施乐园日报》发表论说，主张挽救国学沦亡的办法是提高国文的价值，多开设国学社团，在学校加强讲授国文与国家的密切关系。

在生活程度最高之今日时代，学生求学自以较有前途的放洋留学及学习英文为主要途径，以期光大门楣和得到重要位置，而学习国文出路与之形成鲜明反差。"至于饱读经书，深具国文根柢者，或设帐于村镇，或供职于旧商店，甚且有不能谋一啖饭地者。"结果学生舍国文而求英文，学校重英文而忽国文。有鉴于此，振兴国学当先提高国文价值。更进一步则"多创国学之社，再大声疾呼，而告国人曰爱其国者，必当先爱国之文字。前后于学校教科书中时时参以国文与国家之关系文字，如此则庶几于此国文沦亡之时，或可挽救于万一"。(《国学沦亡之原因及宜如何挽救说》，《上海先施乐园日报》，1923年12月6日，第3版)

12月10日　北京大学研究所国学门感谢陈垣惠赠广州归德门额拓片一张、广州城砖拓片八张、广州南越王（？）冢木拓片一张，李振郑惠赠山西绛县碧墓碑拓片一张，张步武惠赠北魏密云太守□扬碑拓片一张。(《研究所国学门通告》，《北京大学日刊》，第1363号，1923年12月12日，第1版)

12月11日　《国立北京大学概览》专节介绍研究所国学门进展。

内容绝大部分为国学门各会会议议决，及本年9月恳亲会期间沈兼士报告的综合。只有一项内容增补，即研究生方面，经国学门委员会审查合格者共16人，已报告成绩者5人。计成绩6种：罗庸《尹文字校释》，张煦《公孙龙子注》《老子校注》，段颐《黄河变迁考》，容庚《金文编》，商承祚《殷墟文字类编》。(本校二十五周年纪念编印：《国立北京大学概览》，第36—40页)

12月13日　北京大学研究所国学门感谢李荣桑惠赠户部汇奏同治九年等年各直省耗羡银两细数清册一本。(《研究所国学门通告》，《北京大学日刊》，第1365号，1923年12月14日，第1版)

△　顾颉刚抵达北京，回复北京大学研究所助理职务。

次年，顾颉刚任北大研究所国学门助教，在编辑室、歌谣研究会、方言调查会、风俗调查会、考古学会诸会工作，兼编辑《国学季刊》。(顾潮编著：《顾颉刚年谱（增订本)》，第91、95页)

12月14日　北京大学研究所国学门感谢刘同鼎惠赠《兰溪县志》八本、闵孙奭惠赠《五续疑年录》二本。(《研究所国学门通告》，《北京大学日刊》，第1366号，1923年2月15日，第1版)

12月17日　北京大学召开二十五周年纪念庆祝大会，首日会中有各种展览，研究所国学门的展览受到热烈欢迎，因此延缓展览一日。

本月公布国学门下半年工作进展如下：登录室方面，聘请伊凤阁博士（A.I.Ivanov, Ph.D.，俄人）、夏曾佑（字穗卿，浙江杭县）二人为导师，吴克德博士（Dr.Wulff，丹麦人）、泽村专太郎（日本人）二人为通信员。审查合格研究生王有德、张鹏翘、蒋善国、陆侃如、方勇，研究生呈缴成绩的只有商承祚的《殷墟文字类编》。

编辑方面，《一切经音义》全书钩点已毕，引用书及诸家说之细目亦已抄完，现正着手纂辑。《太平广记》原书首卷征引群书目录有三百四十一种。其中有目具而书无者，如《史记》《史隽》《吴书》《妖怪录》《后魏书》《笑苑》《梦系》《齐纪》《说林》《还魂记》《敦煌新录》《应验记》《录异诫》《王氏闻见集》《卓异记》《元江记》《洞天集》《金刚经》《观音经》，凡十九种。至其中所引之书，有未经载入目录者，为数尤夥。近人杨守敬《日本访书志》曾增补未标书目五十二（按杨所标有《南楚新闻》《南海异事》《祥异集验》《灵怪集》《奇事记》《建安记》六种，系原目所已录者，杨误列入），尚多漏落。兹特另编成《太平广记引用书增订目录》一卷，以补其缺。至该书所引，间有不明注出处者，凡六十二条。无可归附者，另列一编，以俟考订。《太平御览》《艺文类聚》《太平广记》三书，引用群书书名，间有同是一书，而名称互异，或系讹误，或系夺落，今略仿《郡斋读书志》《直斋书录解题》体例，于每一书名之次，参稽各代艺文、经籍志及私家藏书目录，详加订正，附以说明，编为《引用群书目录详解》三种。

考古学室方面，马衡前往河南新郑、孟津调查，携回拓片照片多种。新郑古器照片全分，为靳云鹏所赠。此为国学门调查古物之第一次。马衡购回孟津所出铜器九十余种，六百三十余件；其中器物多不知名，大半皆为车饰。拟全数景印出版，供海内同志探讨，希望于古代车制有所发明。

风俗调查会方面，因创办伊始，尚无确定经费，故数月来于原议定之采购图籍、征集器物两项计划，均未能积极进行。至实地调查，则已发出调查表三千余份。刻承各地同志就地调查，将表填注，陆续寄还。一俟收积渐多，当汇集发表。

歌谣研究会方面，《歌谣周刊》自1922年12月17日起，至本年6月24日止，计共刊行二十四号，概由北京大学日刊课经理，每周第一日出版，随同日刊附送。暑假后，第二十五号起改为单行，销路颇广，每期在千份左右。假期中，会员多已旋里，方从事采辑，故收到歌谣数目较平时为少，平均每月在二百首以上。

整理档案会方面，本年暑假期内，利用本校教室与人工余暇，作大规模整理。清理清代题本，自7月18日至10月3日止，已经解分七百余麻袋，所存仅五分之一。杂件则先分刑事案件、考功簿记及行文档册等类，再由考功类中，分为考核、履历、议叙、画到簿、名册等；行文类中，分为行文的账目、画行簿、移会、知会、杂项账目、缴奏清册、注销册、挂号簿、丝纶簿等，皆按原件标目，登记编号，清理无遗。国学门迁入第三院工字楼后，即划定房间，购置书架，将已分朝代之清题本汇齐装置，陈列于楼下北房，共占五室。同时又将所有之木箱开拆，检查内容，略分为报销册、滕黄、贺表等类。其余归入杂件，另行清理。又将报销册一类区别朝代，其无朝代年数可考者则归作一类，并在南房陈列。总共齐占三室。此项档案，陈列已稍就绪，因已于每类中抽出一件，摘录事由，填入表片，在书架前用桌安置，俾便参观。（《国立北京大学研究所国学门重要纪事》，《国学季刊》，第 1 卷第 4 号，1923 年 12 月）

本月 12 日，国学门发布通告，将在 12 月 16 日开展览会，时间是上午九时至十二时，下午一时至四时半。（《研究所国学门通告》，《北京大学日刊》，第 1363 号，1923 年 12 月 12 日，第 1 版）16 日，《国立北京大学廿五周年纪念研究所国学门临时特刊》出版，刊载《纂辑太平御览之说明》《太平御览引用书增订目录》《纂辑艺文类聚之说明》《艺文类聚引用书目录》《纂辑太平广记之说明》《太平广记引用书增订目录》《纂辑慧琳一切经音义之说明》《慧琳一切经音义引用群书及各家说凡例》《慧琳一切经音义引用群书及各家说草目》《考古学室藏器一览表》《档案会整理清代内阁档案之说明》《档案保存室之要件一览表》《歌谣研究室整理歌谣之经过》。以考古学室之设不及两年，又复限于经费，尤难发展，其设备之简陋，自不待言，本无展览之必要。第以两年来研究所之所采集，外界之所馈遗，虽不能蔚为大观，亦不尢参考研究之价值。即如孟津所出残器，半属车饰，其名物皆待考定。藏器有金、石、甲骨、陶、陶（明器）、砖、木等类，以金、石类为大宗，甲骨类仅有龟甲兽骨（四百九十八件）、骨贝（十二件）两种。具体分为金类：礼乐器三十一件、杂器四十件、兵器七十二件、镜二十一附五件、印七附、封泥一百七十七件、泉币三百二十六件、车饰一千三百九十七件。石类：碑志三十四件、用器一百五十八附十三件。甲骨类六百五十五件。玉类十三附珧六十三件。砖类六十九件。瓦类一千零六附五件。陶类：用器二十二附九十三件、明器二百三十件。木类六件。档案会整理清代内档案，列举要件目录，分诏、金榜、册文、谕、朱谕、上谕底稿、实录、起居注、宝训、赏格、题本、揭帖、奏、表、笺、咨文、则例、档册、档案、遵依卷（即甘结）、勘合、试卷、事实清册、登科录、会试录、乡试录、明史稿、史传、谱、书籍、外国文册、图、火票、封条等项。歌谣研究室一年以来，共收集歌谣6278首。已将前原有歌谣全行誊清，正为分省整理，以备印行选录。又拟出书《豫宛民众艺术丛录》《北京歌谣之一零》《直隶歌谣》《南省山歌》四种。发表方面，发行《歌谣周刊》，于北大校庆纪念之期，另行加印《歌谣增刊》数张。

　　展览实于17日开始。"而研究所国学门之种种陈列，如明清两朝档案，考古学室藏器等，尤使观者步步入胜，美不胜收。"古器则除该所自行采集者外，外界馈送者亦多。"昨日所陈列档案、古器，无虑数千百种，内多旷世之宝，人间之珍，为各地博物院所绝无者，故自朝至暮，观者如水，皆啧啧称羡，往复徘徊，不能忍去，真有如行山阴道上迎接不暇之叹。"国学门各种展览原定一天，嗣以赴会参观者要求，特再继续展览一日。18日上午九时至十二时为团体展览，下午一时至五时为普通展览，"来宾之拥挤，又可想而知"。（《北京大学开廿五周年纪念会》，《申报》，1923年12月19日，第2张第

6—7版）第三院由上午九时至下午五时，有"国学研究院"之各种籍载清代档案、《太平御览》，古代之石器、铜器、仙石、瓷器等。（《北大廿五周纪念之第一日》，《社会日报》1923年12月17日，第4版）18日，胡适到北大研究所国学门照相，并参观展览各室。在日记称赞道："这几个月内，沈兼士、马叔平诸位竟办成一个小小的博物馆，将来的希望甚大。这是一大进步。《歌谣》已出了一年。档案整理与类书辑佚两事皆都有成绩。"（曹伯言整理：《胡适全集》第30卷，第132页）

本次校庆纪念促进了国学门方言调查会的成立。据魏建功1925年10月21日北大研究所国学门第三次恳亲会后补记，北大二十五周年纪念期间的一次茶会是方言调查会的成立渊源。《歌谣周刊》诞生日，纪念会的干事会终开茶会，蔡元培、蒋梦麟、沈兼士与会，余兴是各说方言。那天有温州叶啸谷的温州话，教全座大乐。而南昌黄振玉说江西的跌跟头分"通交""达交"也给大家很多兴趣。"这个余兴便引起我们研究所国学门设立方言调查会的拟议；后来经过好多时才成立了，成立以来方言调查还没有能实行。"第三次恳亲会，"当日余兴由马幼渔先生提议各说方言一句，比较异同；首从刘半农先生说起，以'到底怎么样'一句普通话做题目，由我用音标速记下来。这个记录不过是个游戏，说不上正式的研究和精确的标注"。从此事可知："语音—声韵的分布情形"，"仔细记录起来便是'方音地图'的初步工作"；"语法的分布情形"，"仔细记录起来便是统一国语的重要材料，写'中国语法'的长编（统一国语，我以为是语法的总沟通，语音统一是一件'貌合神离'的事！），'中国语汇（词典）也靠这个供材料'"；"古音的存在情形"，"研究音韵史的人必需［须］注意，实在是求音韵沿革的正路"。（魏

建功:《"到底怎么样?"》,《北京大学研究所国学门周刊》,第1卷第3期,
1925年10月)

纪念期间,国学门歌谣研究会印行的《歌谣增刊》,收录钱玄
同、林语堂、魏建功、黎锦熙、沈兼士、杨世清、周作人、章洪
熙、张四维、刘达九、白启明、卫景周、何植三、黄朴、何尤、邵
纯熙等人的文章。常惠回顾研究所国学门和歌谣研究会的关系时
说:"研究所国学门是位子孙娘娘:提到她生产不能算是不勤了。
在这一年多的工夫她产生了不少的子嗣,如季刊编辑会,整理档案
会,考古学会,风俗调查会;还有将要临盆的就是方音方言会。但
是如果论起排行来,歌谣研究会得算是老大哥;如果论起出身来,
是研究所的一个随娘改嫁的儿子。因为研究所没有分立的时候,歌
谣研究会就产生了。歌谣研究会虽是产生的很早,枉费了许多的光
阴,没有多大的出息。当时研究所看他如果总是这样的没出息下
去,恐怕要不堪造就了;于是就在去年今日把他管束起来,但是管
束的如何:每星期必须有个报告,这个报告就是我们周刊诞生的原
因。"(常惠:《一年的回顾》,北大研究所国学门歌谣研究会编辑:《歌谣纪念
增刊》,1923年12月17日)

12月20日 圣约翰大学粤省校友会组织科学研究会,并请杨
润成、张锦辉讲解国学,得到校长卜舫济支持。

今冬圣约翰大学粤省校友会文学部干事韦伯兴提议,粤中诸
君中学毕业,多不谙沪语,对于诸教员讲解课本多不了悟,殊为可
苦,乃召集"擅长国学及各种科学者"数人,组织科学研究会,于
每星期二、四晚八时分班至化学演讲室,以备询问,来者甚为踊
跃。校长卜舫济极表同意,并告知该会取公开主义,非粤籍学生亦

准享请问利益。"闻担任国学者为杨润成、张锦辉。"（《科学研究会之精神》，《申报》，1923 年 12 月 20 日，第 4 张第 14 版）

12月22日　北京大学研究所国学门布告感谢今西龙和高曙青赠书，及蒋善国、陆侃如报名文学研究生审查合格。

今西龙惠赠《三国史记》二册，高曙青惠赠观象台仪器影片十张。经国学门委员会审查，蒋善国、陆侃如报名文学研究生合格。蒋善国，黑龙江庆城人，天津南开大学校修业，题目是《三百篇演论》。陆侃如，江苏海门人，北大国文系二年级学生，题目是《宋玉研究》。（《研究所国学门通告（一）（二）》，《北京大学日刊》，第 1371 号，1923 年 12 月 24 日，第 1 版）

　△　金毓黻从版本和购书角度肯定陈钟凡的《治国学书目》。

金毓黻在日记中写道，陈钟凡《治国学书目》"颇有裨于求书"。其切要之刊本而未见他书的书目，有《汉书艺文志讲疏》（顾实）、《隋书经籍志考证》（章宗源）、《殷虚书契考释》（罗振玉）、《殷商贞卜文字考》（罗振玉）、《戬寿堂龟文考释》（王国维）、《古本字考》（刘师培）、《尔雅释例》（陈玉澍）、《助字辨略》（刘淇）、《今文尚书疏证》（皮锡瑞）、《春秋左氏传略例》（刘师培）、《史略》（高似孙）、《子略》（高似孙）、《万山纲目》（李诚）、《中国历史战争形势图》（卢彤）、《诗纪》（冯惟讷）、《说略》（顾起元）、《少室山房笔丛》（胡应麟）。"上列各书皆为梁卓如、胡适之两氏书目中所未列，又于每书之下仿《书目答问》之例，注明何处版本，便于士子购求，其法尤善。近来治国学者铜洛相应，风起云涌，虽其所言或出于稗贩，或缘饰新说，然所获亦不少，是在学者之慎于择术耳。"（金毓黻著，《金毓黻文集》编辑整理组校点：《静晤室日记》第 2 册，

第994—995页）

　　△　左舜生在《中国青年》发表《中国青年与"现代研究"》一文，提醒整理国故只是少数专门家的责任，青年应以"现代研究"，解决中国现实为出发点。

　　左舜生提醒青年，在中国大变化的时代应有对未来切实的打算，否则不足应对。

　　　　研究高等的自然科学或应用科学，就中国的教育现状论，显然是少数人的事。换言之，只有少数人有这种机会。整理国故，本来是少数专门家的专责，我们拿他们整理的结果做一种研究中国的资料好了，不应该冒充内行的去盲从附和。至于做几篇言之无物的小说，唱几首恋爱肉麻的小诗，这更是少数有钱的少爷小姐们在无可消遣的当儿干的顽意，用不着耗费许多青年们宝贵的光阴和脑力。（我当然不是反对少数略有文学素养的人们研究中国文学，或介绍研究过的西洋文学，请勿误会）

　　今日真正值得多数青年努力从事的，只有与内政外交密切相关的"现代研究"。"我们是中国人，我们从事'现代研究'的目的，既为的是解决中国目前的难题，研究的目标当然应以中国为出发点，而以为中国各种问题得着适宜的结论为归宿。但现代的中国问题完全是一个世界问题，也正因为他是世界问题，我们才深感觉得非审慎的研究不可。"其范围极其广大，主要指新航路开辟以来的世界大势，必须靠许多社会科学的帮助，尤其要备具历史的素养，统计的头脑，敏锐的眼光，正确的批判能力，才能得着一个下手

处。（舜生：《中国青年与"现代研究"》，《中国青年》，第1卷第10期，1923年12月22日）

12月23日　无锡国学专修馆第一届甲班学生即将毕业，举行演讲学术，出版课艺和讲演集。同时举行招生考试。

唐文治记云："十二月，国学专修馆行第一届毕业礼。先期练习讲演，印《讲演集初编》。复招新生一班。与陆勤之议设理学社，陆续捐资选刻先儒遗集。"（唐文治著，唐庆诒补：《茹经先生自订年谱》，沈云龙主编：《近代中国史料丛刊》第三编第9辑，第86页）

另据报载："授课三载，成绩殊佳。近甲班生修业期满，今当可以毕业，故已订于十三年阳历元旦举行第一届毕业典礼，地点即在学宫内明伦堂云。"《新无锡》报特派某君晤毕业生唐景兰，叩以毕业后馆中对于毕业生出身问题曾否顾及，答谓"本定由校保送赴京各部办事，现因种种关系，此项希望恐成泡影"。（《国学专修馆筹备毕业》，《新无锡》，1923年12月23日，第3版，引自刘桂秋：《无锡国专编年事辑》，第39页）"当时招生，分南京、上海、无锡三处，各省应试者不下千余人。馆长唐蔚芝君自兼总教，另聘文学专家为教授，分授经学、文学、史学、理学、政治学、词章学等课程，融贯古今，体用兼备。学生成绩，已出版文集初编四册，脍炙人口，遐迩争以先睹为快。三年之中，造就甚大。"元旦前两日，在明伦堂毕业学生将演讲学术。专修馆又业已广请当代名流，参与元旦毕业典礼，届时必有一番盛况。（《国学专修馆近况》，《申报》，1923年12月24日，第3张第10版）该馆"专以提倡国学为宗旨，聘请文学专家教师，分任教职，汇集各省高才，课习经史，旁及政治、性理、辞章、小学等类。间有研心礼学者，又于曹君元弼处补习礼经"。（《无锡国学专修馆课艺出版》，《申报》，1923年12月24日，第4张第15版）三年共录取72人，"类皆淹贯经典，通达政体"。"迄今三载，甲班已毕业给凭，所有该生等课艺成绩录，业经排印初编，释经论史，颇有特识，文字亦斐然可观。讲演学术，亦极有条理。该馆提倡绝学，功不浅也"。（《国学专修馆之成绩》，《新闻报》，1923年12月24日，第2张第2版）受命到苏州从曹元弼（字谷孙，又字师郑，一字懿斋，号叔彦，1867—1953）学习《仪礼》的学生，有王蘧常、唐兰、吴其昌、侯堮、毕寿颐、白虚、钱仲联、戴恩溥等。学期毕，编成《礼经大义》数卷付印。

唐文治"以本届毕业生，于国学造诣极深，演讲足以表现个人心得，发扬国学光辉，故视此次毕业演讲，极为郑重"。商同董事施省之、孙鹤卿，邀请当代名流多人，参与盛典。（《国学专修馆之演讲会》，《无锡新报》，1923年12月29日，第3版）30日下午一时，振铃开会。唐文治主席，演讲次序：陆昌年讲《人道教育》，"推本穷源，语多警切"。蒋庭曜讲《左氏传礼学概论》，吴其昌讲《性理学概论》，侯堮讲《高忠宪易学》，毕寿颐讲《孟子之弭兵学说》，"莫不挈纲提要，广博精深。来宾到者约数百人，以本邑耆绅为尤多。成绩室分出版部、成绩部、私人著作部三种，四壁书画，琳琅满目，美不胜收。参观者颇为满意，惟因天色已晚，俞汉忆之'文学与道德之关系'，唐兰之'昏［婚］礼'，不及演讲云"。（《国学专修馆大演讲记》，《无锡新报》，1923年12月31日，第2版）

31日演讲节目与该馆所发秩序单相同，并以前日未讲之《婚礼概论》加入。读史记之研究法，因为时已晚，删削未讲。中间并有无锡中学音乐部前往奏乐唱歌，以助雅兴。来宾较前日更多，近道来宾，如南京国学专修馆馆长姚明辉（孟埙），均已莅锡。（《国学专修馆大演讲记（二）》，《无锡新报》，1924年1月1日，第2版）首讲昨日未及演讲之《文学与道德之关系》（俞汉忆），又《婚礼概论》（唐兰）；次续讲《整理我国古代名学之方法》（唐兰）、《朱子一元哲学》（吴其昌）、《孟子义利之辨》（钱国瑞）、《读文法》（唐景升）、《孝经大义》（蒋庭曜）、《春秋外交概略》（严济宽）、《读史记之研究法》（吴宝凌，此题因时晚，留下）。（《国学专修馆演讲记（二）》，《新无锡》，1924年1月1日，第3版，转引自刘桂秋：《无锡国专编年事辑》，第39—40页）《无锡国学专修馆演讲论文集初编》所收文章，较此两日演讲篇数为多。因1924年元旦上午尚有三人演讲，分别是夏云庆《周礼教育行政》、丁儒侯《论语政治学》、毕寿颐《诗经之社会进化观》。（《无锡国学专修馆定期毕业》，《新闻报》，1923年12月22日，第4张第3版）

　　《无锡国学专修馆讲演集初编》，无锡美文印刷公司印刷出版。卷首标明"馆长唐蔚芝先生鉴定"，收录侯堮《高忠宪易学》，王蘧常、毕寿颐《诗经之社会进化观》，夏云庆《周礼之教育行政》，唐兰《婚礼概论》，严济宽《春秋外交概略》，蒋庭曜《左氏传礼学概论》，丁儒侯《论语政治学》，蒋庭曜《孝经大义》，钱国瑞《孟子义利之辨》，毕寿颐、王蘧常《孟子之弭兵学说》，吴宝凌《读史记之研究法》，吴其昌《性理学概论》，王蘧常《宝应王白田朱止泉两先生之朱子学》，吴其昌《朱子一元哲学》，陆吕年《人道教育》，唐兰《整理我国古代名学之方法》，俞汉忆《文学与道德之关系》，唐景升《读文法》。癸亥冬月，唐文治序云：

　　　　昔汉代儒者崇尚师法，墨守一先生之言，不敢有所出入。

宋元而后，分别学派，各有师承，无所违异。论者或病其迂拘，然其用意岂不然哉。矧迩者世变纷纭，不可究诘，所以迷惑吾之天真，淆乱吾之本性，更有出于形容拟议之外者。诸生平居，砥德励行，固无蹉跌之虞，然为往圣继绝学，为万世开太平，余既有无穷之希望，即不禁有无谓之忧思。曾子曰，长日加益，恒不自知，履薄冰者，每履而下，此砭乎气质之柔者也。孟子曰，富贵不能淫，贫贱不能移，威武不能屈，此策乎气质之刚者也。诸生其益勉之哉。（无锡国学专修馆师范班第一届毕业生：《无锡国学专修馆讲演集初编》，无锡国学专修馆，1923年，序言第2—3页）

无锡国专曾向上海各报如《申报》等，惠赠学生文集、讲演集初编两种共五册。（《无锡国学专修馆课艺出版》，《申报》，1923年12月24日，第4张第15版）

本月开始招考新生。唐文治"以本邑近来各种事业，异常发达，各专门学科，皆已人才济济，特定本月二十三日上午，在该馆举行招生考试。本邑有志国学之青年颇夥，预料投考者必较他处更为踊跃"。（《国学专修馆招生消息》，《无锡新报》，1923年12月15日，第3版）

12月26日　北京大学研究所国学门通告近期收到寄来交换的杂志等书册的目录。

中文有《东方杂志》《教育杂志》《小说月报》《学艺》《清华周刊》。日文有《考古学杂志》第十四卷第二、三号两册，日本考古学会；《艺文》第十四年第十二号一册，日本京都文学会；以及

《考古学会会员名簿》一册，日本考古学会。(《研究所国学门通告》，
《北京大学日刊》，第1373号，1923年12月27日，第2版)

12月27日　北京大学研究所国学门通告近购书目。

计有《怀米山房吉金图》二册、《植物名实图考》六十四册、《宋
人小说类编》五册、《淮阳杂录》五册、《西清续鉴》四十二册。(《研究
所国学门通告》，《北京大学日刊》，第1374号，1923年12月28日，第1版)

12月29日　肖楚女在《中国青年》发文，抨击湖北督军萧耀南
开设国学馆为教育界的法西塞蒂，号召教育界名流和青年合力扫灭。

肖楚女批评学界名流倡导国学研究，客观上形成不良风气，误
导青年。

自从胡适之、梁卓如两先生，因为生活宽裕，闲着没事，
做了两篇"新进学解"，列了许多"断烂朝报"的名目以来，
国学、国学，就闹得个不亦乐乎！在先，我还以为只是"好人
先生"和"贤人""名流"们，装门面，吹法螺的勾当——不
大留意。哪知不转瞬间，忽然异军特起——湖北督军兼省长萧
耀南，居然也用了他的政治地位，大开其所谓"国学馆"来。

根据11月18—19日汉口《江声报》所载入学试题，该馆实
为"一般教育界的老朽流氓和野心军阀相勾结的'法西塞'运动"。
"在他们那些三书院的老朽（他们都是张之洞所办的经心、两湖、
江汉三书院生员），因为急于要抢饭充饥，甘作军阀的走狗、机械，
原不足怪。只不知'始作俑者'的好人名流们，对此将作如何感
想？又不知一般从师于某某大学，研究国学、整理国故的青年们，

究竟有无警觉？"呼吁青年应关心"人生"和"时代"，而不是整理国故等"无聊工作"。好人、名流、青年"且快快放你们手中的破裤，来做个'时代'的拥护者，和我们组成联合战线，扫灭那些饿鬼，那些野心军阀——那些法西塞蒂。不然，那便是你们甘与那些法西塞蒂同流，我们也就只好以法西塞蒂待你们了！"（楚女：《教育界的法西塞蒂"国学"》，《中国青年》，第1卷第11期，1923年12月29日）

12月30日　太虚法师发表《国学钩玄叙》一文，叙述武昌佛学院办学宗旨是"本院学人略知国学"，为国学界贡献佛理。（慈恩室主人编辑、太虚法师审订、范古农校订：《国学》，佛学书局，1930年，第1—3页）

△　南开中学修身班教员王汝璪在该校讲演《中学学生应有的国学常识和应读的国学书》，主张国学即本国文化史研究，寄希望于中学生，并提出研究步骤和应读书目。有南开学生批评国学研究的各种号召和开列书目不但漠视学生心理，而且程度仍然太高。

演讲指出："国学的意义，简捷的说就是对于本国固有的全部的文化的研究，也可以说就是本国文化史的研究。——凡是本国固有的种种学术、艺术以及国家的政治、经济、社会的礼制、习俗，都可以说是本国的文化。""文化是人类生活的方法，要提高人类生活的幸福，就要提高文化。本国人生活在本国文化之下，自然要提高本国文化。国学就是本国文化的历史，要提高本国文化，就要研究国学。"提高文化的方法，要在"发扬我们固有的文化，使他能永远常常发生新的价值，以适应我们新的要求"，"吸收我们所没有的文化，使他能补助我们固有的文化，以造成我们新的生活"，即研究"本国的学术"和"外国的学术"。

国学内容包括"本国民族的发源、变迁、盛衰""本国语言、文字的发源、变迁及其原则、方法""本国国家的政治、经济、教育情状""本国社会的礼制、习俗情状""本国学术""本国艺术"共六个方面的研究。每一类都有悠久历史，内容复杂。国学常识必须符合"能对于中国文化有大概的了解"，"所得到的国学知识至少要能应用在他的生活上"，"能有做专门研究国学的资格"三个标准。最低限度须"明白中国民族的历史和政治情形的变迁的概状"，"明白中国学术思想——宇宙观、人生观、政治思想流变的概状"，"明白中国文学——散文、诗、词、戏曲——流变的概状"。"农民、劳工、商人、兵士当然是无望的，小学校学生是没有这种能力的，大学学生除一部分专研究国学以外都有个人专研究的学科，更没有得到国学常识的机会。这样看来，一个人只有当中学时代才有求得国学常识的可能。"

中学生求取国学常识的途径，则要明白"读书的统系""至少必读的书"和"读书的方法"。"第一步须读近人关于总述中国文化及国学概状的书。"有《东西文化及其哲学》《国学概论》《中国哲学史大纲》《先秦政治思想史》《中国伦理学史》、北京大学《学术论著辑要》《中国大文学史》《古文辞类纂》、北京大学《模范文选程》、北京大学《文字学讲义》（形义篇、音歌篇）等十种。"第二步须读关于中国政治变迁及史学的书。"有《尚书》《逸周书》《周礼》《春秋左传》《国语》《战国策》《史记》《前汉书》《资治通鉴》《宋史纪事本末》《元史纪事本末》《明史纪事本末》《清朝全史》《中国历史研究法》等十三种。"第三步须读关于学术思想——宇宙观，人生观，政治思想——的书。"有《论语》《礼记》《易经》《孟子》《荀子》《墨子》《老子》《庄子》《韩非子》《春秋繁露》《论衡》《列子》《韩愈集》《王安石集》《朱子年谱》及《论学要语》《王阳明全集》《明夷待访录》《仁学》《大同书》《饮冰室丛著》《国故论衡》《清代学术概论》等二十二种。"第四步须读关于文学方面的书。"有《诗经》《楚辞》《文选》《初唐四家集》《唐百家诗选》《宋诗钞》《李太白诗集》《杜工部诗集》《白香山诗集》《李义山诗集》《词综》《东坡乐府》《稼轩词》《白石道人歌曲》《西厢记》《琵琶记》《宋元戏曲史》《水浒传》《三国演义》《红楼梦》《儒林外史》《聊斋志异》等二十二种。"第五步须要读关于文字学，考证学，金石学以及讲治学方法的书。"文字学有《说文解字注》《说文释例》《说文通训定声》《广韵》《尔雅》；考证学有《经传释词》《读书新［杂］志》《古书疑义举例》《马氏文通》《经籍纂诂》；治学方法有《文心雕龙》《史通·削繁》《文史通义》《日知录》《考信录》；金石学有《语石》《积古斋钟鼎彝器款识》。以上书目本来"都是删之又删，减之再减"，为了适应中学生，再从中选择：总论《东西文化及其哲学》《中国哲学史大纲》《中国学术论著辑要》《中国大文学史》《古文辞类纂》。史书《春秋左传》《战国策》《史记》《资治通鉴》《中国历史研究法》。学术书"四书"、《昌黎全集》《临川全集》《朱子年谱》及《论学要语》《王阳明全集》《清代学术概论》。文学书《诗经》《文选》《李太白诗集》《杜工部诗集》《白香山诗集》《词综》《宋元戏曲史》及元明清小说若干种。"以上至低至少限度的国学书二十三种，大概都不是十分难读的书（并且也不必每一部都读完），中学学生若是用心读去，几年的工夫并不是不可能的。倘或连这几种书的内容都不能大概知道，那就绝不能承认他是有国

学常识的人。"（王汝玛：《中学学生应有的国学常识和应读的国学书》，《南中半月刊》，第1卷第3期，1923年12月）

南开中学学生"逸园"批评道：

近几年来，因为各处中学校的学生，对于国学，都怀着漠视的心理，所以有一般国学家打算引起留心国学者的注意，所以在报纸上，或各学校的出版物上，时常看见有关于国学的书目，或是国文教授的程序。但是考查这类书目和教程的结果，依然不过是言者谆谆，听者藐藐，各行其是罢了。

原因固然是"我们青年漠视国学心理太深，甘自暴弃，但是他们定书目的人，也应该负相当的责任"，主要是书目"内容并不是最低的，或者还是很高；书籍并不是最少的，或者还是很多"。青年以"读过这许多的书籍，依然不过能得着一点最低的国学常识，到（倒）不如把读这些书籍的光阴，移来读些科学书和外国文，取得许多的科学常识，学得许多的外国语言"。国学家总是"希望我们对于国学作高深的研究"，"把他们自己的意见当作我们的意见"，本质上不是"好说大话"，吓退青年，就是"主见太深"，弄巧反拙。

但是怀以上两种思想，来为我们定书目的人，尚是为定书目而定书目。虽然他们的书目，不能教我们实行，但他们书目的内容，尚不至有大毛病。因为他们本人，对于国学有相当的研究，所以能够自圆其说。如同梁任公、胡适之两先生定的国学书目，便是一个例子。此外各学校的国文教授，或是大学专门的学生，本来自己对于国学没有高深的研究，因为想发表个人的怀抱，或求他人崇拜起见，于是也就借着定书目为名，把国学书目，随随便便的抄了一大张，前后也是用些最低最少的套话，不过他们所定的书目和内容，却是很紊乱的，不成系统的。这一类的国学书目，差不多除梁、胡两先生外，时常可以看见的。

南开中学前有刘、骆《国文教授刍议》定出各年级教授书目，将《诗》《书》《易》《三礼》《国语》《国策》等书包括进去，不听劝告地在《南开周刊》发表，便遭到"太平君"《国学教授刍议议》一文的反复驳难，结果二人都不能答复，所定教程也未曾实行。王汝璂此次演讲，也存在"书目分列的不清楚"，"前后的意见不合"，"书名下所加的介绍语，和事实不符"，"立说太高太泛"，"求国学常识方法的错误"等问题。基于各人"才分"和"嗜好"不同，即使国学家能够免除前述"两种毛病"，那些国学书目必定也有部分不能推行在青年身上。"若是没有梁先生的淹博，胡先生的聪明，再加上自己的主见，并且同时说些最低最少的套话，那就简直无须乎劳神，免得受他人的议论。"（逸园：《〈中学学生应有的国学常识和应读的国学书〉的批评》，《南中半月刊》，第1卷第4期，1923年12月）

是年 福建省霞浦县成立福宁国学专修馆，黄金爵任馆长。1926年冬停办。

据该馆学生陈德慧回忆，福宁国学专修馆成立于1923年，馆址设在北门街，是霞浦县公立的"唯一国学学府"，清代举人黄金爵任馆长。馆内分为甲、乙、丙三班，甲班学生四十余人，乙班学生五十余人，丙班学生三十余人。教师有黄金爵、卓乾裕（清秀才）、郑崇轩（清秀才）、游立诚、张友彤（清秀才）、郑克惠等，另有一位王先生名字忘记。甲班所读书籍主要为：《四书集注》《左传》《礼记》诗词等，乙班书籍为四书正文、《孝经》等，丙班书籍和乙班差不多。陈德慧入馆时分在甲班，主任教师为郑崇轩，同学有李汉文、张景翰、卓国祚、王建信、谢荣藩等人。"该馆设立之后，由于教师文化水平较高，并有诲人不倦的精神，学生亦多勤学，所以尚能顺利进展。"1926 年冬季，北军过境之时，该馆成为霞浦城关唯一的安全地点，也就成为维护城关的中心机构。因为过境的"北军"是周荫人部队，在过境的前些时期，周有布告保护专修馆，馆中教师和地方人士晓得该布告是"防鬼的灵符"，遂忙将剩下的布告一张粘贴门口，果然非常"灵验"，北军不敢进入，于是"维持委员会"王邦怀等人就在里面办事。当时全城群众多数逃跑，陈德慧则有恃无恐，因未离馆。在馆内的师生及办事人员计有十余人，每餐都是稀饭配酱油，大约吃了十多天。北军过后，专修馆也就停办，师生分散。（陈德惠：《回忆福宁国学专修馆》，中国人民政治协商会议福建省霞浦县委员会文史组编：《霞浦文史资料》第 4 辑，1985 年，第 29—30 页）

　　△　陕西省洋县教育界名人宋惟一在同善社内开办国学专修馆，1930 年改办小学。

　　据曾在洋县二十五小学上学读书七年（1931—1938）之久的段维祥回忆，宋惟一清末毕业于陕西陆军中学，新旧知识比较丰富，曾经在西安参加辛亥革命，致力于推翻清朝的反动统治。回县后，从事教育工作。受洋县政府邀请，在洋县文明桥任国民党创办的学校校长，后任书院高等小学校校长、洋县中学校长、洋县同善社私立学校校长，前后四十年，办学培养了大批人才，民国年间洋县的知识分子中，有相当多的人都是他的学生。1920年前后，军阀陈柏生部队某团驻防洋县，团长王复九（河南人）因与当地教育界名人宋惟一在西安陆军中学是同学，便任用宋为团部少校副官。宋在王团与某军佐共同创建同善社。初在洋县城隍庙建小佛堂，吸收社友。1921年冬，另一军阀吴新田部队（第十七师）逼走王团，宋即脱离部队留在洋县，同王树楠、纪子绩、刘兴汉等重建同善社于洋县鼓楼，并开办国学专修馆。1926年又迁至洋县文明桥建佛堂，并扩大国学专修馆。到1930年，因学生人数激增，复迁于洋县东二街，大大扩充了范围，并将国学专修馆改名为洋县二十五小学。1937年又改名为洋县青阳街小学。随着社会的发展和文化事业的需要，1944年再改名为洋县私立养正完全小学，增设高级班。1950年奉洋县人民政府文教科指示，合并于洋县书院、南街两小学。由始至终，学校几经更名，前后达二十余载。

洋县同善社组织分社部和学部，学部专管教育、治学、教务上的一切事宜。社员成分复杂，有工人、农民、政府职员、商人、士绅等。全县许多较有声望的人士，如阎雨人、刘渔山、封际叔、李价人、李在朝、李藩伯、王一庵、韩兆丰、李祥、袁正典、韩兆文、楚万德、刘振荣等多人都加入该社。所办学校向学生收交学费来维持开支，除给教师较低的薪水外，其他人员作为义务工作，生活自理，一律不给报酬。同善社人员"虽作风较正派，要求守正古朴，善良勤劳，反对邪淫恶暴，贪污浪费。但考其实质却是保守落后，迷信愚昧。可是他们那种治学精神，诲人不倦，循循善诱的作风，以身作则的行动，诚然是感人至深的"。国学专修馆改为二十五小学，全校共分四个大班，各班以成绩又分甲乙组，以利学习。最多时学生人数曾达四百人以上（当时书院小学人数不过二至三百人，其余学校则百十人或数十人不等，在当时确是个不寻常的事），为全县各校之冠。1933 年至 1938 年，是洋县同善社学校鼎盛时期。其时洋县中学被当局逼迫停办解散，青年学生失学太多。该校素以严谨治学著称，又有较优秀的老师教学，故学生家长从四面八方送子弟前来就学。

学生分班情况和课程安排：四级为最低班级，相当于一二年级，学生读书以识字为主，先认字、写字、背书，教简单的算术知识及唱歌游戏等活动。三级相当于二三年级，学生除背书外，开始上课讲解，着重学习大小字、造句及作简单日记等，并学算术、唱歌、游戏等。二级相当于三四年级，学生课程加重，除熟读外，加深各课讲解及消化，算术、珠算都严格要求，习大小字、绘画、日记、作文、劳作等课，也都有一定要求，余如体操等课也应有尽有。一级为最高班级，学生都有较好的基础。"特别是国学成绩好，其中部分学生系中学肄业生，间或有少数初中毕业生也来就读，目的在于深造国学。学生年龄较大，约在十七至二十岁以上，有的已经有了孩子了仍来上学。在学习上虽学以上各课，但还讲四书、五经、唐宋诗词及历代名文，音韵、平仄对仗等。"到了抗日时期，宣传抗日救国道理，讲防空、防毒，以及一些自然科学的基础知识。"为了增加学生见识，不定期邀请社会名人来校讲学，如刘元吉（理学派人士）等。记得刘讲过一些理学方面的知识。"

教师要求相当严格，既要求有真才实学，又讲求人品道德。教师都有较好声望，如阎雨人、刘渔山、张云峰、庞顺之、马聚星、何昌秀、白惠轩、姜佐武、张季之、张发明、王启文、叶茂生等。改为养正后成立高级班，教师有李宏文、鲁宝贤、阎守仁、叶含欣、张自德等。教授方法最初为私塾制小学，早晨朗读、背诵、习字。上午开讲、作文、算术、日记。下午背读、习字、复习、游戏。古书籍先读《三字经》《百家姓》《弟子规》《朱子家训》《孝经》等。后读《大学》《中庸》《论语》《书经》《左传》《幼学》《诗经》《孟子》《礼记》等。并按学生程度讲解《古文观止》《古文嗻凤》《古文释义》《古文词类纂》《东莱博议》，唐宋各大家诗词也分别学习。随着社会和文化的发展，自该校改名为养正小学后，一切都按国家规定治学，课本和教学方法等也有所革新。在宋惟一经常讲的"误人子弟，如杀人父兄"的格言督勉下，教师们都认真负责。所以学风很正，学习空气浓厚，颇有点"两耳不闻窗外事，一心只读圣贤书"之感。由于教师认真教，学生努力学，故而学生成绩都较优异。"尤其是国学程度，更高于本县其它学校学生。"在习字、绘画上部分学生也有突出成就。在人品修养、道德规范方面，当时确实得到社会上的好评。（段维祥：《洋县同善社及其所办的学校》，中国人民政治协商会议陕西省洋县委员会文史资料委员会编：《洋县文史资料选辑》第3辑，1991年，第101—115页）

1924年（民国十三年　甲子）

1月1日　无锡国学专修馆举行首班学生毕业典礼。

首届毕业生人数，不同记载略有出入。一说有丁天兆、丁儒侯、王锺恩、王鸿栻、王蘧常、白虚、吴其昌、政思兴、俞汉忆、侯墭、袁鹏骞、郭其俊、陆吕年、陆遵羲、陈宝恭、陈绍尧、唐兰、唐景升、许师衡、毕寿颐、钱国瑞、蒋庭曜、严济宽、顾季吉、吴宝凌、夏云庆、杨养吾共二十七人。（无锡国学专修学校编：《无锡国学专修学校概况·历届毕业生一览》，1933年，第1—2页，无锡国学专修学校编：《无锡国学专修学校十五周纪念册·历届毕业生名录》）一说学生毕业共二十八人。（无锡国学专修学校编：《无锡国学专修学校十五周纪念册·校史概略》，第1页）蒋庭铨、蒋劻《蒋庭曜生平事略》亦云，当时学生除全部享受免费外，每月还按成绩补助学生膏火费十元、八元、五元，蒋庭曜几乎每月都享受膏火费十元。"一九二四年元旦，无锡明伦堂举行首届毕业典礼，唐校长邀请了学术界知名人士参加毕业生的讲演会，为时三天。蒋庭曜名列榜首。第一届毕业生二十八人，成绩均较优秀，人们称之谓'二十八宿'。"（政协武进县文史资料研究委员会编辑：《武进文史资料》第4辑，1983年，第52页）

1931年6月，《国专校友会集刊》特载"第一届毕业同学"有二十六人，其中未毕业者为方和靖，不见柯树声。以姓氏笔划多寡为次，录为表3。

表3 无锡国专第一届毕业学生名录

姓名	字号	年龄	籍贯	经历	通讯处
丁天兆	子厚	31	浙江余姚	上海震亚织造厂职员	上海闸北西宝兴路伦敦路震亚织造厂
丁儒侯	素堂	34	江苏泰兴	本校训育员兼图书馆员	泰兴北门小桥下周用行转
王锺恩	仲雅	31	江苏昆山		昆山西塘街三四号
王鸿栻	式轩	32	江苏太仓	上海钱业中小学校教员	上海蓬路钱业中小学校或太仓青云顶
王蘧常	瑗仲	31	浙江嘉兴	上海光华大夏大学教员	上海赫德路春平坊八四号
白虚	心斋	33	江苏武进	上海钱业中小学校校长	常州庙头镇或上海蓬路中小学校
吴其昌	子馨	28	浙江海宁	北平清华大学讲师	北平东单大羊仪宾胡同三二号
吴宝凌	云阁	32	江苏宝应	上海交通大学教员	宝应南街或上海海格路交大
政思兴	起豪	31	江苏太仓	前任上海中国女子文学专校教员	太仓浏河
俞汉忆	志超	28	江苏无锡	广西龙州省立第七中学教员	无锡藕塘桥或广西龙州省立七中

续表

姓名	字号	年龄	籍贯	经历	通讯处
侯堮	芸圻	31	安徽无为	北平燕京大学图书馆员	北平燕大图书馆
袁鹏骞	怒飞	31	江苏崇明	上海钱业中小学校教员	崇明虹桥镇或上海蓬路钱业中小学校
郭其俊	峻峨	35	江苏崇明	南京市立救济院职员	崇明三桥乡斜港或南京市立救济院
陆吕年	师尚	33	江苏川沙	上海国医学院经文公学教员	川沙城内金粟堂或上海盆汤弄经文公学
陆遵羲	次云	31	江苏太仓	上海钱业中小学教员	太仓城内痘司堂街或上海蓬路钱业中小学校
陈宝恭	思恩	29	江苏无锡	上海经文公学教员	常州徐墅或上海盆汤弄经文公学
陈绍尧	慕唐	35	江苏盐城	盐城十四区公所职员	盐城草堰口或上冈第十四区公所
唐兰	立厂	31	浙江嘉兴	奉天东北大学教员	奉天东北大学
唐景升	尧夫	30	江苏南汇	上海钱业中小学校教员	浦东张江栅润元药材厂或上海蓬路中小学校
许师衡	心鲁	33	江苏无锡	无锡梅园豁然洞读书社教员	无锡北门外通汇桥
毕寿颐	贞甫	35	江苏太仓	上海经文公学校长	苏州景德路一二四号或上海爱文义路一五〇号施宅

续表

姓名	字号	年龄	籍贯	经历	通讯处
钱国瑞	凤书	35	江苏无锡	前任无锡新安乡行政局长	无锡巡塘镇
蒋庭曜	石渠	34	江苏武进	上海大夏中学教员	常州东青镇代渡桥或上海胶州路大夏中学
严济宽	伯侨	32	江苏无锡	无锡县立初中教员	无锡陆区桥或无锡县初中
顾季吉	绍随	31	江苏太仓	吉林永衡官银号职员	太仓小西门街或吉林永衡官银号
方和靖（未毕业）	乐天	31	安徽桐城	前任上海商务印书馆编辑	安徽桐城新巷

上午，学生毕业讲演继续。所有演讲文稿，业已汇订成册。"除馆主施君省之亲自来锡外，省长以下均派代表莅会致祝，预料必更形热闹云。"（《国学专修馆大演讲记（二）》，《无锡新报》，1924年1月1日，第2版）

下午一时，振铃开会。馆主施省之，馆长唐文治，馆董孙鹤卿、杨翰西等，特假学宫明伦堂为会场举行毕业礼，异常隆重。来宾到者，外埠有姚文敷、黄伯雨、张一麐、徐俪江、张一鹏、冯晓青、伍渭英、黄翊昌、钮元白、姚明辉、孙少云、刘雄夫、阮元衍、杨翼之、王永礼、邵桐卿等。无锡本埠到者，有陶丹翼、周季梅、窦俊甫、王淇卿、冯蛰斋、王幼农、华艺珊、赵子新、蔡兼三、钱镜生、唐申伯、倪翔青、高映川、周廉生、杨经笙、刘书勋、秦执中、钱孙卿、杨仁山、嵇华庭、孙克明、辛柏森、邹同一、卫质文、冯云初、李逸民、戴晓孚、邓范青、王云轩、陈旧郫、王子柳、蒋遇春、陈谷岑、顾介生、龚笠如、华掌文、唐星海、施织孙、许少仙、吴干卿、杨石渔、杨砚耕、杨筱荔、史逸钦、顾述之、蔡和卿、邓敷若、蔡虎臣、顾谷绥、顾毓汶等三百余人。公推施、唐二君为主席。奏乐后，唐文治报告三年来经过情形。馆主施省之报告，略谓：

> 慨自圣学既衰，道德日替，近时学者盛倡文化改革之说，而经训大义，益暗而弗彰。迁流所及，伊于胡底。本馆之设，其宗旨专以发明我国数千年以来固有之学粹。自辛酉开办以迄今，兹凡三阅寒暑。诸同学类皆敦品能文，一洗时尚积习。甲班创设于前，乙班踵于后。今春，唐馆长选刊二年课艺，早为都人士啧啧称道。成绩优美，实所忻慰。鄙人虽未能与诸同学时相讨论，而佳士蜚声，远闻心许。他日进而益上，其成就更不可限量，可断言也。

馆董孙鹤卿报告，略谓："本馆初设于惠山，继选于学前。缔造经营者，为施君省之、唐君蔚芝，与邑中杨君翰西等。二三年来，造就国学子弟不少。孔教绵延一线之传，微本馆其谁属，微施、唐二先生其谁与归？"

随后馆长给凭，馆主施省之，馆董孙鹤卿、杨翰西给奖。穆穆雍雍，秩序至为严肃。音乐唱歌，歌毕，主席起谢无锡中学音乐、唱歌两部诸来宾。

来宾颂辞。江苏省省财政厅长严孟繁，由税务所长王幼农代表。淞沪护军使何茂如，由军法科长陆达权代表。省长韩国钧（紫石），由苏常道尹公署第一科科长兼机要秘书徐俪江代表。江海关监督姚文敷亲致。教育厅长蒋维乔（竹庄），由县知事冯蛰斋代表。苏常道尹蔡宝善，由县知事冯蛰斋代表。县知事冯蛰斋亲致。无锡县教育局长蒋仲还，由职员王静庵代表。无锡中学代表秦宝林，上海银行行长华艺珊等，先后致辞。

同学颂辞。由乙班班长杨焱代表同班致颂辞。毕业生由唐兰代表全体致谢词。

来宾演说。黄伯雨、章仲仁、冯晓青、张云搏、杨翼之、姚明辉、孙少云、王星若先后致词。"诸先生之演词，大都为发扬国粹，端赖莘莘学子，将学成者，出以传人等语。就中以张云搏先生最为激切，如暮鼓晨钟，令人警醒；姚明辉先生最为滑稽，如东方曼倩，令人解颐。迨夫讲毕，即行闭会。随由施、唐、孙、杨四先生导各来宾，至尊经阁下参观成绩，然后款以茶点。男宾在尊经阁饭厅，女宾在尊经阁后读经室。茶点既毕，即行散会，时已灯火万家矣。"（《国学专修馆毕业志盛》，《新无锡》，1924年1月2日，第2版，转引自刘桂秋：《无锡国专编年事辑》，第44—46页）最后，"款来宾以西餐，并展览成绩"。（《国学专修馆毕业纪盛》，《申报》，1924年1月3日，第3张第11版）

无锡国学专修馆第一届毕业生毕业时，毕寿颐、唐兰、蒋庭曜、吴其昌、王蘧常等多人都结撰有专门论著。唐文治"诱使诸同学治学，各就性之所近"，毕寿颐治《诗》与《文选》，唐兰治《说文解字》，蒋庭曜治前、后《汉书》，吴其昌治宋儒五子外诸家年谱（毕业后，改治钟鼎甲骨文），王蘧常治三代史。及毕业，皆斐然成巨帙。毕有《陈奂毛传疏补》《杜万楼骈文稿》，唐有《说文唐氏注》，吴有宋儒杨时、罗从彦、李侗等年谱及《宋代理学史》，蒋则有《前后汉书引经考》，王则成《商史纪传志表》若干卷、《夏礼可徵》二卷、《清代艺文志权舆》十六卷，时《清史稿》尚未问世。（王运天编著：《王蘧常教授学谱》，第20页）同学中有熟悉段注《说文》者，唐兰由是发愤治小学，渐及群经。居锡三年，成说文注四卷。（曾礼撰：《唐兰传略》，北京图书馆《文献》丛刊编辑部，吉林省图书馆学会会刊编辑部编：《中国当代社会科学家》第3辑，书目文献出版社，1983年，第233页）吴其昌在国专学习期间已养成了严谨的治学态度，不盲从前人权威的结论，研究宋明理学时认真考证宋人著作的作者、年代、讹乱变化等等，作为研究前提。王蘧常尝笑他："理学而尚考据，自君始。"吴终不为所动，认为研究的先决条件是精密考定史料，否则捕风捉影，高谈玄虚，必堕入"瞽说""楛谈"之流。国专三年，吴其昌已写出程明道、程伊川年谱及朱子著述考等初稿各若干卷，并重辑张载《崇文集》四卷。1923年10月，《学衡》二十二期发表了其第一篇学术论文《朱子传经史略》，约二万字，时年十九岁。（《沸血胸中自往来——追忆父亲吴其昌教授》，夏晓红、吴令华编：《清华同学与学术薪传》，生活·读书·新知三联书店，2009年，第35页）

王蘧常等毕业后工作无下落，返里。忆称："时徐世昌已下野，段祺瑞执政，顾维钧为内阁总理。唐先生电申徐世昌前议，顾维钧特提阁议，终被否决。当时国内各大报皆载之。同学皆丧气太息，惟我与唐兰以为大好事，否则将受人牵引矣。"秋冬之季，居家期间忽得唐文治无锡来信，称无锡中学欲急聘一国文老师，命速往。就是这封信，便成王蘧常从事教育工作之始。（王运天编著：《王蘧常教授学谱》，第24—25页）在本届学生中，王蘧常、唐兰因其沉潜学业而在生活上不拘形迹，馆中同学改用明末清初"归（庄）奇顾（炎

武）怪"之说，称其为"王奇唐怪"。毕业过了一段时间以后，王
蘧常、唐景升、蒋庭曜等人被唐文治推荐到私立无锡中学任教。吴
其昌、吴宝凌、侯堮和第二届学生蒋天枢，先后考取了清华国学研
究院。（刘桂秋：《无锡国专编年事辑》，第46—49页）

　　1月3日　曹聚仁在《民国日报·觉悟》发表《国故学的研究
法》一文，认为国故学就是在一堆杂乱无章的先民遗业中整理出
头绪。

　　此题曾在杭州浙江省立第一中学讲演过一次，主旨在区分国
故学研究与复古运动，提出科学的国故学研究方法。曹聚仁回应陈
独秀国故学研究是"挤香水"的批评称："现在我们要研究国故学，
要求一个方法来研究国故学，此中所发生对于顽旧者的危害分量，
怕的比只手打孔家店的人们还要加重。"国故学既不是四书五经及
宋明理学，也不是合先秦诸子百家、两汉经学、晋唐佛学、宋明
理学、清代朴学以及文史、天文地理、工艺杂家等等而言，概括其
"界说"："国故学就是一堆杂乱无章的先民遗业。国故学研究者，
就是从这杂乱无章的遗业中希冀整理出一个头绪来。"其意义在于，
可为新文化提供历史基础，展示未来方向。

　　　我们的社会，毕竟建筑在东亚大陆上，社会中各个体，毕
　　竟要受旧文化的影响，一切思想决不能离了历史独自存在的。
　　我们莫问国故学所包含的内质，谬误到怎样地步，国故学所酿
　　成的恶果，流毒到这样地步，终不能抛着不理。

　　曹也不赞成成仿吾"国学运动"的提法，因"国故学"本是

专门学问，只要一部分人去研究，并不能"民众化"。"凡是专门学问，非得十年二十年的深功夫决不会见效，国故学也是如此。他们拿'国学运动'做号召的，真是学术界的蟊贼，国故学的障碍，我知道青年们决不会上他的当的！"

所谓科学方法，不是宋明理学家"道问学""尊德性"的治学方法，而是和西方科学方法对比的清代朴学方法，即"没有证据者不信"和"用客观代替主观"。具体步骤，一是"分家"，各部缕析，而不是自矜淹博，混沌笼统，囊括一切。二是"明因知变"，即"历史的研究法"。三是"求证"，即"赫胥黎所说的拿证据来"。四是"辨伪"，像清代学者那样加以精密考证。国故学研究法并不特别，不必为了"国故学"才去寻找。"只要造成一副研究学问的完全工具"，即"对于科学知识和方法有素养"，任何学问都可以研究，"国故学也就迎刃而解了"。国故学是整理国故的基础工作。"按着这四方法去研究国故，大致不会浮泛无着。等到研究有相当程度，我才可以谈到'整理国故'上去。"（曹聚仁：《国故学的研究法》，《民国日报·觉悟》，1924年1月3日，第1—2页）

△　范皕海组织国学研究社，在《青年进步》开设"国学专栏"，申述国学为东方文化代表的主张，范围以伦理学、哲学、文学为先。

国学研究社缘起谓："国学危机，千钧一变。祖宗累世积殖，贻我后人以厚产，而为子孙者不知宝贵，一旦弃掷而毁灭之，斯乃何等悲痛何等羞耻之事哉。愿我有志青年，共抱此痛，以共雪此耻，则国学研究社之所以发起也。""东方文明之幽光，已为西方人所望见。欧战以后，不但望见，而且非常企慕之，欢迎之。然则以我人所有之瑰宝，贡献于全世界，而增加其幸福，非今日千载一时之机会乎。苟我人不自为之，将有代表我而为之者矣。此国学研究社之发起，所以不能更待也。"

简章规定，凡有研究国学之志向者，均得为本社社员，并无入会费及特别捐等项。研究国学之范围，以伦理学、哲学、文学三种为先，余者从缓。研究之法，务宜实事求是，勿作空谈，勿为武断，必以真理为归。社员每月可将研究所得，著为论说或笔记，寄交本社，借征心得。不限题目，不拘体裁，白话文言，均无不可。但须誊写清楚，或加新式标点，或用旧式句读，亦随其便，但不可两者俱无。当择其最优者刊登杂志本栏，代为宣布。刊登之后，并酌赠纤微之酬报，以为奖励，大约自一元以上至二十元。不及刊登者，如寄稿人预黏有充分之邮票，亦可寄还，并得要求加以正确之评语，不要求者听。对于刊登之文，或寄还卷中之评语，有可辩驳之处，取公开态度，共同讨论。社员研究国学，遇有疑难，可向本社质问。当竭其所知，或代询通人答复。如力有未足，则从盖阙。研究学问，必先和平意气。如有执持成见，不肯服善，而肆为谩骂者，概不登载。有相施者，亦不与较量。第一期刊登以阳历2月底收到之卷为限。第二期限3月底。以后按月类推。（菡诲：《缘起与简章》，《青年进步》，第69册，1924年1月）

范菡诲发表《国学门径》，主张整理国故必须汉宋兼采，警惕疑古与好异两种危险，四书五经即国学入门书目。

以我观察，最近数年，青年对于国学，都发出一种情愿研究的热心，不像以前的冷淡了。其缘故约有三种：一是受了外力的载刺，发于爱国的情绪；一是为社会所冲动，觉得有不可缺的需要；一是被好奇心所驱使，料想其中，或者藏着特异的内美。可怜哪，长远没人顾问的国学，居然于新文化运动中，占得一部分的地位了。国粹保存四字，向来只在顽锢党咽喉间，不敢吐声的，一变而为国故整理，居然呼喊于新学者之口了。国学昌明，我们可以企足以待了。

国学即儒学，与国故并无区别，门径书目是四书五经。"研究国学，有两条路。一条是汉学家所走的路，一条是宋学家所走的路。"本应两条路并走，汉宋兼采，可是青年事情多时间少，正当开卷尝试，算不得专门名家，不能承担整理国故重担。应在清朝汉学家辨别古书真伪，校勘本子异同，疏证注解是非的基础上，直接奔向宋学家涵泳义理、涵养身心的道路，于己人格、于社会国家，都有好的影响。"本来捐起国学招牌，为了轧时髦，出锋头，我愿青年，最好是不要研究国学。"况且，目前的国学研究存在两种危险，"疑古"的方法是先定主观，过于武断，"好异"的危险是索隐行怪，以偏概全。（茜诲：《国学门径》《我所拟的研究国学门径书目》，《青年进步》，第69册，1924年1月）

1月7日，范茜诲应谢颂羔邀请，为《青年友》杂志做成《谈国学》一文，又称："现在北京、南京几大学的教习和学生，都在那里拼命的讲国学"，"国学在十年前，简直没有人提起了。浅近的读些欧文可以换饭吃，高深的弄些西学可以得名誉，国学是不值钱的东西。而今风气变了，讲国学的，渐渐时髦了"，"这是研究国学很好的机会"。青年研究国学的原因有五个方面：一是国民爱国心的义务，有责任研究国学，宣传到外国，发挥中国光辉。二是国学乃东方文明的精华，纯洁、文静、平和、光华内敛的东方文明是西方物质文明的救主。三是毕业后立足社会，仅读西文不读国学，以前受一般人捧场，现在则已不足。四是国学文字烦难的问题，已经通过白话及浅近文字解决。五是最重要的是增加知识，勉励品行。国学自然是知行并进的，虽然知识方面不及现代科学的精，但在伦理方面，以儒家为主的国学对于青年人生观养成却有重要关系。人在世上，不是求知识的难，却是实行道德伦理的难。知识越进步，做恶事的本领也越大，坏人也越多。"国学的大部分是儒家，儒家的大宗旨，是要人实行道德伦理，做一个躬行的君子！孔老夫子建立君子的人格，做青年人生观的标准，也胪列许多君子的德行，做青年做人的方法。这都在《论语》上面。《论语》一部书，是四千年来国学的总纲。"（硒诲：《谈国学》，《青年友》，第4卷第2期，1924年2月）

1月8日　刘复在法国致函北京大学研究所国学门主任沈兼士，及歌谣研究会负责人周作人、常惠，指出中国的歌谣研究缺乏科学方法指引，建议北大聘请巴黎大学助教阿脑而特（Mandemoisell Thérèse P.Arnonld）女士为歌谣研究会通信员，负责介绍歌谣研究方法，回答研究问题，代购歌谣书籍等事。（《歌谣》，第47号，1924年3月16日）

3月15日，北京大学研究所国学门主任沈兼士、歌谣研究会负责人周作人和常惠复函刘复，同意聘请阿脑而特女士为通信员，并请刘复调查法国民俗学中关于神话、传说、童话等散文故事的研究状况。（《歌谣》，第47号，1924年3月16日）

1月9日　郭沫若撰成《整理国故的评价》一文，主张尊重社会分工的不同，批评成仿吾号召国学运动和吴稚晖笼统排斥国学各趋极端，强调创作重于整理，而整理国故只是重估旧价值，不会创造新价值。1月13日，载于《创造周报》。

郭沫若批评整理国故已成为一种"群众意识"，"有石玉杂糅，珠目淆混的倾向"。

整理国故的流风，近来也几乎成为了一个时代的共同色彩了。国内人士上而名人教授，下而中小学生，大都以整理相号召；甚至有连字句也不能圈断的人，也公然在堂堂皇皇地发表著作。这种现象，决不是可庆的消息，所以反对的声浪也渐渐激起。

根源在"不问社会的需要如何"，必然招致反对和"厌弃"。社会分工和自由选择是历史的必然，第三者不能强人于同或强以人同。"一人要研究国学必使群天下的人研究国学，一人要造机关枪必使群天下的人去造机关枪，这无论是办不到的事情，即使办到了，也同是无用。"如同人人都去研究国学，造机关枪，就无种米供人吃饭。

国学研究也正当是这样，只要研究者先有真实的内在的要求，那他的研究至少在他自己便是全善。我们不能因为有不真挚的研究者，遂因而否认国学研究的全部，更不能于自我的要求以外，求出别项的势力来禁止别人。吴稚晖的态度我觉得最

难使人心服。仿吾亦失之偏激，但他注重在方法上的立论，犹
遗与人以多少伸缩的余地。

至于国学的价值问题，不能在研究之前就有成见，应在切实研
究之后判断。研究方法要合乎科学精神，研究有了心得之后才能整
理。而且这种整理事业的评价不可估之过高。

> 整理的事业，充其量只是一种报告，是一种旧价值的重新
> 估评，并不是一种新价值的从新创造，它在一个时代的文化的
> 进展上，所效的贡献殊属微末。沙士比与歌德的研究书车载斗
> 量，但抵不住一篇 Hamlet 和一部 Faust 在英德文化史上所占的
> 势力。千家注杜，五百家注韩，也何曾抵得住杜甫、韩退之的
> 一诗一文在我们的文化史上有积极的创造呢。我们常常向朋友
> 谈笑话，说我们应该努力做出些杰作出来，供百年后的考据家
> 考证——这并不是蔑视考据家或者国学研究家的尊严，实在国
> 学研究或考据考证的评价原是只有这样。它只是既成价值的估
> 评，并不是新生价值的创造。我们从事于国学研究的人应该先
> 认明这一点，然后虚心克己去从事，庶几可以少使人盲从，而
> 真挚的研究家方可出现。（郭沫若：《整理国故的评价》，《创造周
> 报》，第36号，1924年1月）

1月13日　上海中西女塾注重国学，请孟宪承、何仲英等到校
演讲。

报载上海忆定盘路中西女塾成绩优良，早已著声社会。迩来对

于国文方面，亟谋整顿，曾于暑假后按新学制编制初中、高中、后期小学及特别班，分级教授，气象一新。"该校国文教员张履平、王侃如等，颇为热心从事。近又由学生自动组织国文文艺会，以为课后研究观摩之资，并不时延请对于国学富有研究者，如约翰大学国文科长孟宪承，暨约大教授何仲英等，均曾亲临该校演讲。昨日该校国文文艺会表演成绩，如歌诵、诗词、文章、演讲、辩论、国乐及艺术表演等，斐然可观云。"（《中西女塾之注重国学》,《申报》，1924 年 1 月 14 日，第 5 张第 18 版）

1月14日　顾颉刚在河南考古参观期间致函沈兼士，筹划研究所国学门自设售书处的办法，目的是解决经费问题，集中统一各学会的事权。

顾颉刚从与友人在上海自设朴社，出版书籍，解决经费困难的经验出发，主张不使用出版部的名义，使国学门售书处避免与北大李辛白主持的出版部混淆，工作内容主要是为外界提供购买北大研究所国学门所藏碑铭拓本及古器影片。具体步骤是：第一步：拓片、影片；陈万里历来的影片有关于古物者；收回《歌谣周刊》。第二步：收回《国学季刊》；代售傅、董、罗、刘、徐、陈诸家所刻书。第三步：研究所自印各种书籍；代售各省官书局及私人所印书。第四步：研究所自设印刷局及发行所。假定一年走一步，有三年的预备，如基金能积至二万元以上，到第四步自所不难。售书所得，除开销外，所有赢余可依下列数目分派：著者酬金、职员分红共三成，各该机关公积三成，研究所公积四成。"万里归后，拟在研究所中开一照片展览会，把此次途中百余页照片陈列展览，并拟定货出卖。这事颇可作为售书处发生的机会。"（顾颉刚：《顾颉刚全

集·顾颉刚书信集》卷一，第516—520页）

1月15日　北京大学研究所国学门感谢靳云鹏惠赠《新郑出土古器图志初稿》一册、周作人惠赠《诗韵释音》、马叙伦惠赠《所见清人所著关于说文书目》一册。（《研究所国学门通告》，《北京大学日刊》，第1388号，1924年1月17日，第1版）

1月17日　福建经学会函请福建省教育厅，训令中等以上各学校校长酌量聘其国学讲习所毕业生为国文教员，得到批准。

先是，袁世凯复辟期间，北京政府颁行《教育纲要》，通令在北京设经学院，中小学校增加读经课程，各省设立经学会，以收罗年长宿学经生，养成中小学校经学教员及为其升入经学院作预备之培养为宗旨。当时，各地多有创设经学会。1915年10月29日，北京政府教育部批准孔祥霖发起曲阜经学大会，颇具示范意义。（《教育部呈核议曲阜经学会办法改订章程缮折请示文并批令》，《政府公报》第1251期，1915年11月）湖南船山学社总理刘人熙等呈请附设经学会，教育部即以曲阜经学会办法为标准。（《咨湖南巡按使船山学社附设经学会简章请饬行更正再予备案文》，《教育公报》，第2卷第12期，1915年12月）

福建巡按使许世英奏立经学会，呈称：

　　窃维人群进化，学术固以适时为宜，而国粹相沿，经训亦属治世之要。盖当兹物质文明时代，科学发达，一日千里，非撷取欧美之菁华，急起而直追，实不足以竞生存。然按诸仁义道德之范围，则立国各有其本原，无分新旧，无间古今，无论中外，国性之所遗传，国学之所递嬗，皆宜研摩而保存之，且复宜发挥而光大之，使之继续不坠，进而与世界科学相应。

《教育纲要》第七款"于提倡教育之中，仍寓维持经学之意"。"闽省为朱子旧游之地，有海滨邹鲁之称，虽新知日就启迪，而古风未尽澌灭，老师宿儒，所在多有，设经学会以收罗之，弦诵相闻，教学日益。"前由闽省绅士吴征鳌、潘炳年、张同、陈宝瑨、李应华、郑淑璋、吴曾祺、钟大椿、林炳章、黄允中、刘瀛、叶大琛、陈海梅、于君彦、郭兆昌、林怡游、胡咏琛、陈君耀、钟为桢、陈巨前、林扬光、陈景韶、廖毓英、林苍、高向瀛、梁孝熊、林师尚、陈元凯、刘孝祐、龚铭义、龚鸿义、葛调鼎、沈绂清、刘鸿寿、林铧栘、吴益昌、刘崇伟禀请拨给款地，开办尊经堂，以维正学，而系人心。并称里人陈孝箴兄弟承其故父麟书遗命，以五千元承买前清提学使署为尊经堂之用。足征闽绅具急公好义之心，有向学崇经之意。经详加考核，事属可行。改尊经堂为经学会，并饬清理官产处将提学使署拨归该会，作为会所，而以陈绅捐助之五千元为开办费。其经常费，于福建内务行政费预算范围以内，设法筹措。自本年1月起，每月拨给银圆一千元，以资补助，并由福建盐运使筹款补助。即由该绅等拟订章程，并聘任绅士吴征鳌为正会长，吴曾祺为副会长，于本年1月1日开办，现正招考经生，预备开课。

诵经原以致用，而为学切戒拘泥。中国学术本有精锐之光，自仲尼没而微言绝，七十子丧而大义乖，琐碎于汉，肤藻于唐，空疏于宋，割裂于明，支离于清，借为干禄之资，莫获实践之用，经学遂为世诟病。此次福建设立经学会，当一洗从前迂腐之习，温故知新，去肤存腋，造成通儒之才，保存国粹，并足为中小学校经学教员之用。

　　福建经学会"以收罗年长宿学经生，并冀以养成中小学校经学教员及升入经学院之预备"为宗旨。凡地方乡望素著之绅士，均为会员。设正会长一人，副会长一人，由会员公举，禀请巡按使函聘。设分教六人，监学二人，干事一人，均由会员公推，请正会长函聘。设文牍员、会计员、庶务员各一人，书记四人，均由正会长派充。所授学科分必修和随意两科。必修科有：一、经学科：群经大义、经学源流、群经训诂、群经考订；二、教育学科：心理学、论理学、教授法。随意科分：一、史学科：历代政治大要、历代典章制度、史论；二、词章学科：散行文、骈体文、诗歌。共招经生一班，定额四十人为限，五年毕业，不收学费，凡具有举贡廪增附资格，或中学以上毕业生与同等学力者，均得应入学试验。每月终按照所授学科举行试验一次，分别等第，给予奖金。届毕业时，举行毕业试验，及格者给予毕业证书。政事堂批准如拟办理，交内务、财政、教育各部查照。（《福建巡按使许世英呈设立经学会缮具章程文并批令》，《政府公报》，第96号，1916年4月11日）

　　教育部以"所拟章程，尚属妥适，应准备案"，复咨许世英称："惟该学会系私人组织之社团，与公家所设之教育机关不同，来咨所称经常费由本省内务行政费内每月拨银一千元，以资补助一节，是否可行，应另咨内务、财政两部核办。"（《咨福建巡按使福建经学会准备案惟补助费应另咨内财两部文》，《教育公报》，第3卷第4期，1916年4月）

　　另据报载："闽省一般古老派，痛夏声之不振，愤师法之式微，慨然有振兴神州旧学之志。故前清遗老，早有发起藏古学堂之

议，嗣不知因何中止。去年筹设水利分局，许使以经济支绌，百筹
莫措，该局局长林炳章乃将闽省从前绅董公有之义仓存款献为水利
分局经费之用，后以闽绅士力争，复向巡按使索还，此款遂存而未
用。日前诸绅董特会议于林文忠公祠，讨论一切，佥以自泰西文明
输入中邦，浮躁少年，扬西抑中，宜以复古经学之说，挽救颓风，
不可不有经学会，以收纳宿儒。先由闽绅陈某认捐五千元，以为开
办之费。翌日，即禀呈巡按使。许使以发起皆名士巨绅，不得不极
力赞同，乃拨前提使衙署为会所，现已从事修理，尚未竣工。并将
义仓之款每月提息一千元，充为常费云。"设正副会长二员、干事
数员、学监二员、图书一员、教员十余员，并招学员六十余人。内
课三十名，月给津贴十元。外课三十名，有奖赏而无津贴。"现已开
始报名，一般好古者咸沾沾自喜，以故报名者甚见发达。又闻以上
各职员薪金颇丰，正会长二百元，副会长一百元，干事、学监亦数
十元。至课程中则分词章、训诂、史学三科。"会长本定沈瑜庆（前
贵州巡抚）、副会长林开謩（前江西提学使），后二人俱不愿就，乃改
选吴徵鳌（前清广西按察使）。其人颇"古版［板］"，光复后辫久不
去，迫得禁烟总办始去。吴曾祺（省视学）确为办事得力之人，其他
如胡咏琛、陈柏侯、林孝颖、翁福成等，皆"古学"中人。"记者每
过该会之门，见眼戴黑晶眼镜，拖长辫，手执旱烟筒者，出入甚多
云。"（特别通信：《百忙中福建之复古谭》，《申报》，1916年3月4日，第6版）

　　福建省经学会以前清福建提学署为会所，经费由士绅辈过
去所倡捐义仓平粜帑本11.38万元充任。此款向存盐署发商生息，
除前修浚西湖用去37864元外，所余75936元全部收回，以作会
费。但盐署一时无此巨款，愿每月由营运公所项下拨给500元为息

金。然以不敷用度，绅士又呈请巡按使许世英按月由本省财政项下津贴900元，合共1400元，并由绅士向外募捐1000余元为开办费。公举吴徵鳌（字晓舟，清同治十三年甲戌进士，曾任广西道员）为正会长，吴曾祺（字翼亭，光绪二年丙子举人，历任泰宁、平和教谕，著有《涵芬楼文钞》《漪香山馆文集》20余种，由商务印书馆印行）为副会长，仍禀请巡按使函聘。以于君彦（字幼萱，光绪二十九年癸卯进士，翰林院编修）、梁孝熊（字伯通，光绪二十四年戊戌进士）为监学，陈伯侯（字伯谦，光绪二十四年戊戌进士）为干事（即庶务主任）；王元穉（字筱樵，光绪十五年己丑副举人，历任台湾、武平教谕，著有《无暇逸斋丛书》18种行世）、叶大章（字平恭，光绪三十年甲辰进士，曾任浙江山阴、缙云等县知县）、陈海梅（字香雪，光绪二年丙子举人，二十一年乙未进士第一名，二十四年戊戌补殿试，改翰林院庶吉士，散馆，改官知县）、陈海鳌（字襟宇，光绪十七年辛卯举人，福建高等学堂教员）、叶大辂（字式恭，邑庠生，福建高等学堂教员）、胡新盘（字粹良，优贡，私立法政学堂教员）、翁福成（字竹曾，光绪二十三年丁酉举人，曾留学日本师范科）七人为教授，并由正会长函聘。会计兼文书叶幼蕙，庶务员吴咸（吴曾祺子），管理图书员初为林步墀，后为王穉，二人皆邑庠生，及书记四员，工友四员，均由正会长派充。后以于君彦年老，步履艰难，其所任监学之职，改以邱炳萱（字苹孙，光绪二十一年乙未进士，曾任知县）接充；梁孝熊逝世，其所任监学之职由胡新盘兼任。叶大章以赴京辞职，其所任教授之职由林扬光接充（字孕熙，光绪二十年甲午进士，官知县，著有《胜庄诗文钞》行世）；林扬光逝世，由俞秉文担任（字伯辉，光绪十四年戊子举人，曾任台湾教谕）。招收九府二州中等以上学校毕业秀异者肄业，3年毕业（原定5年，后改3年），于春间开学，课以攻经考史之学。其入居学舍者40人为专修科，月给全膳；不入居学舍者亦40人，为听讲科，考课日给以午膳。除每月所授各科作札记外，于月终时由会长点名扃门而试之，由副会长吴曾祺评定甲乙，颁给奖金。及甲班毕业后，因时局变更，经费缩减，乙、丙班则只给午膳，丁班则于课日给一午膳。此后宿舍空虚，无人住宿。1924年吴徵鳌逝世，吴曾祺任正会长，副会长一职暂不补人。1926年12月，戊班学生才入学，而以北伐来闽军队需费孔亟，当局将经费移作他用，下令停办。（林志鋆：《福建经学会概略》，福建省政协文史资料委员会编：《文史资料选编》第1卷教育编，福建人民出版社，2000年，第51—53页）

福建经学会呈请省教育厅增设国学讲习所之后，将前送甲乙两班专修科一览表转发各学校，以便择优聘订。教育厅鉴于自上年军兴以后，旧存卷帙间多散失，该所上年所送甲乙两班毕业生一览表，无从检核，函请再缮一份，送厅核转。该会当即饬由甲班学生刘友正等二十三人，乙班学生张韶声等二十一人，分途从速调查，将出仕、就职、外出、病故者删除外，列表呈送。据刘友正、张韶声函称，谨将现时在省毕业各生姓名住址呈送，以便会中编造，其未详阙如。会中复加查核，分编甲乙两班毕业生一览表，函送教育厅鉴察，并附该所甲乙两班毕业生一览表到厅。教育厅除函复外，抄同原表，令各该校长酌量聘用。详见表4、表5。（《训令直辖中等以上各学校校长准经学会增设国学讲习所函请聘用毕业生由》，《福建教育月刊》，第1卷第2期，1924年6月）此外，还曾向教育厅备案丙班学生名册。(《致经学会增设国学传习所奉省长令呈送丙班学生陈兆芬等一览表准备案》,《福建省教育行政月刊》, 第2卷第6期, 1921年6月)

表4　福建经学会增设国学讲习所甲班专修科毕业生表

姓名	年岁	籍贯	住址	毕业总平均分数	备考
刘友正	35	闽侯县	横街口	八七二六	
廖立峰	29	上杭县	旧钱局	八一二九	
林建	31	闽侯县	剑池后簪花巷	八一二四	
陈赞元	39	闽侯县	南台夏街铺	八一〇六	
陈懋烈	33	闽侯县	魁辅里	七九八〇	
林肇宏	29	闽侯县	大营口	七九三三	
何嵩秋	37	闽侯县	小水流湾如意衕	七七三五	
陈兆霖	31	闽侯县	隆普营花亭里	七六七六	
张元嘉	39	闽侯县	府学里圣公亭边	七六六四	
胡尔瑛	30	闽侯县	中军后	七六二六	
徐庆奇	39	闽侯县	小水流湾	七五六九	
高拱辰	39	长乐县	抚院前	七五五三	
陈伯钰	31	闽侯县	西门外何氏里	七五一八	
林铭恩	31	闽侯县	能补天	七五〇八	
陈敏	31	闽侯县	春育亭	七五〇七	
张承藩	30	闽侯县	能补天将军山	七五〇二	
黄钰	39	闽侯县	庆城寺隔壁	七三六二	
赵勋铭	30	闽侯县	府直街	七〇七一	
王国翰	39	闽侯县	马房巷	七〇六	
叶在栻	29	闽侯县	登俊里	七〇一	

续表

姓名	年岁	籍贯	住址	毕业总平均分数	备考
林志钰	33	闽侯县	水部琉球馆	六九〇二	
郭树藩	33	闽侯县	大营口	六七四	
江湛	36	闽侯县	北院后	五九三九	

表5　福建经学会增设国学讲习所乙班专修科毕业生表

姓名	年岁	籍贯	住址	毕业总平均分数	备考
张韶声	26	闽侯县	北关外富村后面乡	八二三六	
张腾辉	25	闽侯县	北关外富村后面乡	八一一四	
齐应时	30	闽侯县	文儒坊	七九三二	
陈璧光	22	闽侯县	衣锦坊	七九二八	
张逢时	28	闽侯县	塔巷公学	七八六	
张学曾	28	闽侯县	北关外富村后面乡	七八六	
卓凌峰	27	闽侯县	南后街	七八五	
李伟	29	长乐县	东牙巷	七六九九	
张超亭	25	闽侯县	卧湖桥河墩	七六九二	
梁雄	27	闽侯县	石井巷	七六三四	
胡尔玮	25	闽侯县	南营中军后	七六二二	
张仁民	29	闽侯县	南洋中华学校	七六一二	
林公望	25	霞浦县	福履营	七六〇五	
胡葆英	26	闽侯县	北关外富村后面乡	七五五五	
叶于曜	30	闽侯县	祖居崮屿乡现住花园铺	七四八七	
薛畬	28	闽侯县	雅文巷	七四八二	
叶在楷	28	闽侯县	登俊里	七四二一	
刘启元	29	闽侯县	西门外塘上乡	七四〇二	

续表

姓名	年岁	籍贯	住址	毕业总平均分数	备考
陈与灼	29	闽侯县	法海寺街	七二四二	
林逢晨	24	闽侯县	八角楼	七二三一	
陈新民	27	仙游县		七〇四七	

△　伊凤阁在北京大学研究所国学门提出"西夏国文字与西夏国文化"的研究题目。

具体分为三项：西夏国之历史文案和古迹；西夏国之地位与东方文化之关系；西夏国之历史、国语、文字。国学门通告："有愿从伊凤阁先生研究者，请于一月三十日以前到第三院研究所国学门登录室报名。"（《研究所国学门通告（一）》，《北京大学日刊》，第1390号，1924年1月19日，第1版）3月5—6日，再次通告。（《研究所国学门通告》，《北京大学日刊》，第1411—1412号，1924年3月5—6日，第1版）

△　北京大学研究所国学门通告新购书籍目录和白启明赠书。

中文书籍有《大清太宗文皇帝圣训》八册、《汉碑篆额》六册、《读曲丛刊》五册。英文书籍有《中国之陶器》（*Chinese Pottery Porcelain*）二册。白启明惠赠《新郑古器物研究》一册。（《研究所国学门通告》，《北京大学日刊》，第1389号，1924年1月18日，第1版）

1月18日　林语堂在北京大学研究所国学门提出中国比较发音学的研究题目。

林语堂拟于下学期（春季）设"中国比较发音学"一科，宗旨为考定中国重要方言中的所有音声。研究条例如下：集合众人之力以研究中国各地方音，与平常演讲题目稍有不同。含有研究科性质，在班上有质疑讨论的机会。凡班上的人可以在教员指导之下，于一学期中做一篇关于本地方音的论文，本人在班上阐明例证，然后付之公共讨论。以发音学的条理治方音，凡选科的人须具有愿研究发音学的志愿。每星期定二小时，其约略分配为：一小时教员演讲声音的分类及分音标音的方法，一小时研究各地方音。凡要报名的人须会说一种靠得住的纯粹的乡音（大概以是否生长该地为凭率）。报名时并须说明所能讲的方音（注明省、县、城名）。人数限定二十左右。希望各省都有一个代表。京音最为重要，操京音的旗人尤所欢迎。上海、苏州、广州、福州希望能各得二人以上的代表。其余各省方音，由甘肃以至贵州"苗子"也尽在欢迎之列。省城语比非省城语更受欢迎，因为比较容易复校错误。报名处在北京大学第三院研究所登录室。报名的人并请于星期二、五下午三至四点到南小街小雅宝胡同二十九号与林语堂直接接洽。报名时期最好在冬假以前，人数满限为止。如同一地报名的人太多，须依报名的先后断定去取。国学门通告"凡志愿从林先生研究者，请到第三院国学门登录室报名"。（《研究所国学门通告（三）》《林玉堂启事》，《北京大学日刊》，第1390号，1924年1月19日，第1版）

1月19日　北京大学研究所国学门等五团体在北京开会纪念戴东原诞辰二百年。

上午九时至十二时，讲学社、天文学会、北京大学研究所国学门、北京师范大学、晨报社，假后孙公园安徽会馆，举行戴东原二百年生日纪念会。到者有梁启超、胡适、钱玄同、沈兼士、朱希祖、陶知行（陶行知）、高曙青等中外学者及男女学生五六百人。胡适担任主席，致开会辞，声称替古人做冥寿，仿照欧洲纪念年会办法纪念学者，在中国社会"要算破天荒第一次"，目的在于明白其学说在中国学术史上有何关系，其哲学在哲学界有何关系。次由梁启超演说，先述戴东原传略及幼长治学经过，次明戴东原所长学问如小学、测算、典章制度等，后评述其所受时代思想之影响等。"嗣由北大国学研究所导师沈兼士，钱玄同，朱希祖三人，相继讲演，各述其本人平日对于戴先生学说所研究心得之大略。"散会已十二时余。（《戴东原先生二百年生日纪念大会之盛况》，天津《大公报》，1924年1月21日，第1张第3页）胡适报告开会旨趣后，"次梁启超演说东原一生道德学术梗概，次俄人伊凤阁以五分钟演说彼对于戴东原学说之观察，次沈兼士讲述戴东原之治学方法，钱玄同讲述戴东原之声韵学，朱遏先讲述关于《水经注》问题，为戴东原辨〔辩〕护，为全、赵、戴各有供献，而各不相剽窃。时已十二时半，胡适乃以二十分钟将'不讲理的戴东原'简单讲述，散会近一时"。（《戴东原二百年纪念盛会》，《晨报》，1924年1月20日，第6版）

除了《国学季刊》外，《晨报副刊》先于1月23日出版《东原二百年纪念》专号。此次纪念掀起了戴东原研究热潮，也成为中国近代学术团体合作公开集会讨论学术的滥觞。

△ 蒋观云在上海承天英华学校寒假休业礼上致词，鼓励学生习西学尤当勉力国学。

上午九时，上海沈家湾承天英华学校暨附属小学举行寒假休业礼，中西来宾甚众。校长周志禹报告一学期经过情形，教员虞允箴、邹楚青演说。复请青年会全国协会总干事陈立庭博士演说，中学各级学生用英语演说并背诵诗文，高专学生冯士璋演述法语，均明爽纯熟。次请蒋观云给奖，并致训词，略谓："诸生当习西学，以吸取外人所长，勤国学以保存我国固有之长，镕中外精华于一炉，阐发新学，以超乎外人之上。故于从事西学之中，尤当勉力国学云云。"（《各学校之寒假礼》,《申报》,1924 年 1 月 20 日，第 5 张第 18 版）

△　北京大学研究所国学门决拟于 1 月 26 日在主任室召开方音方言调查会，通告凡对于此事有兴趣者，敬祈按照上列时间、地点到会，共同讨论进行办法。（《研究所国学门通告（二）》,《北京大学日刊》，第 1390 号，1924 年 1 月 19 日，第 1 版）

△　广州市长孙科训令市教育局查明广州同善社国学专修馆是否符合教育法令规定。

先是，广州同善社长董华岳、陆琪瑞等呈请广东省教育厅，在广州市设立国学专修馆，并先设文学预备科，以期"培养国学根基，端正儿童志趣"。该厅咨行广州市市长孙科称："查阅该国学专修馆文学预科简章，其内容与学校迥异，近似广州市内之国文专修科私塾性质。此等学塾，广州市教育局向有取缔办法。究竟该国学专修馆文学预科，所有内容与市教育局所规定，能否悉符，相应将副呈并简章一份，咨请贵市长令行市教育局核明见复。"（《训令教育局查明国学专修馆办法呈复转咨由》,《广州市市政公报》，第 114 号，1924 年 2 月 4 日）

1 月 22 日　北京大学研究所国学门感谢靳云鹏赠书，通告新购书籍。

靳云鹏惠赠《新郑出土古器图志续编》一册、《新郑出土古器图志附编》一册。国学门新购《怀米山房吉金图》二册、《群书治要》二十五册。（《研究所国学门通告（三）》,《北京大学日刊》，第 1394

号，1924年1月24日，第2版）

1月24日　北京大学研究所国学门风俗调查会发布征集旧历新年风俗物品及说明书。

国学门发布启事谓，风俗调查会征集各地关于旧历新年风俗物品的说明已印就，分存北大各院各寄宿舍号房，请有兴趣者索取，或直接到研究所国学门登录室索取。（《研究所国学门风俗调查会启事》，《北京大学日刊》，第1395号，1924年1月25日，第2版）内容最重要的是各地的"神纸"，即"纸马"。其次是"春联"、"红笺"（桃符的蜕相）、"花纸"（即北京"年画"）。最后是其他物品。此举目的，是办成一个"风俗陈列馆"，希望征集各地服饰、器具等一切关于风俗的特别物品，尤其希望有详细说明。如果太大或太重，或制成模型，或摄成影片。需缴代价的，就能力所及，总可收纳，但请先行通知商量。（《北大风俗调查会征集各地关于旧历新年风俗物品之说明》，《北京大学日刊》，第1396号，1924年1月26日，第1—2版）

△　《申报》鸣谢高吹万惠赠《国学丛选》再版一二集，称其为东南大学文学泰斗。"际此新潮勃兴，国粹将沦，而高子独放举世唾弃之余，商量旧学，非有心世道者，何足语此。"（《谢赠》，《申报》，1924年1月24日，第4张第15版）

1月26日　北京大学研究所国学门方言调查会召开成立会，推定林语堂为主席，提出以语言学中的语音地理学为研究中国方言变迁的方法。

午后二时开会，到者三十余人。首由国学门主任沈兼士报告方言调查会成立经过，及说明研究范围，强调方言研究不是歌谣的工具，而是本身具有独立价值。"五四以前，本校原已设有国语研究所，旋以他故取消，甚为可惜。现在因歌谣研究会收集材料渐多，为整理歌谣计，大家都又感觉到方言有急须研究之必要。但研究方言并不是限于为整理歌谣之工具，他的自身本具有独立之精神。自来所谓国语的研究，应以纵方面的古代语（即杨雄[①]所谓绝代语）和横方面的现代语（即杨雄所谓别国方言）为研究的对象。但是关于现代语的声韵组织和变化及其语法之形式，倘是没有调查明白，那末古代语虽然存在于载籍之中，也是不容易把他整理出一个系统来的。譬如古音学方面，古来的学者没有拿现代的方音作个基础，以溯其原流变迁，所以不免有缩千载为一时，混千里为一地的毛病。因此我们不得不先把现代方言调查一番，然后再来利用之以整理古代语、方言调查的效用，于文化史、人种学、地理学上当有很大的供献，那是不用说的。其他还有两点好处：一是国语统一方面。标准语的选择，应该拿所谓普通话（并不是北京方言）和各省区之方言来比较其异同而后可以决定。教育部的读音统一会和国语统一会种种一切的急就的规定，是教育行政机关不得不取的一种应急的手段，我们这个会却不妨不求速效，一本学理去缓缓的调查和研究。我相信对于方言倘是没有完备的调查，精密的比较，不会有较妥的标准语产出的。一是标准语教授方面。教授标准语想叫他普及，第一非从矫正方音入手不可，我们倘是不明悉各地方音差别之点，在国语教授上也实在是一个大缺点。至于方言调查的范围，当然是包含（1）音韵，（2）语法，（3）词汇三类。关于第二类的调查方法，照理想说起来应该是分派专家出去就各地调查，现在却还

[①]　杨雄，西汉辞赋家，也作扬雄。

做不到。我以为似乎可以把应用的音标和表格规定出来，分布到各省区的学校，要求他们填写报告。至于认为重要的地点，然后再派专家出去调查。如此办法，所得的材料，或者可以较为普遍。这不过是我个人的意见，还望各位会员对于调查方言的具体办法详加讨论，以便实行。"

根据研究所国学门的先例，凡成立一个会，须就会员中推举一个主席，以专责成而利进行。众推定林语堂为主席，林演说主张以西方语言学研究中国方言材料的必要性。"中国方言经教会中外国牧师之搜集，成书颇多，有方言的字典，有方言的圣经。我们中国人不能长在其后。语言学为近百年来之产物，语言地理学为二三十年来之产物，此项学问最有研究者推法国，德国也不弱。研究方言有两个办法：（1）分发传单，列出问题，寄至各小学校，问其如何说法，用音标注出，再为比较。（2）一句话画一个地图，看各地如何说法，比较其异同。惟分发传单填写，终易隔膜，我意最好有若干人到各地搜集去。至于应行研究之方面有三：（1）方音，（2）方言（即词类），（3）语法。我们应看中国所有的声音到底有多少？中国声音的变化到底如何变法？其中有定律没有？如福建之客家，我们更可从声音方面为人种之研究云云。"

次由周作人提出意见，主张将会名删去"方音"二字，理由是"方音方言并列，恐生误会，以为研究方言者不必重方音，实则我们只注重音，不注重字。且离开方言即无所谓方音，而讲词类语法者必兼顾方音，故亦不能分别"。讨论结果赞成。次讨论征集方言办法，朱希祖主张："须确定几个能标音的人往各处调查。"周作人认为："会中可组织一小团体，讨论统一注音的方法，定一公共音标，然后再行调查。"林语堂认为："音标用注音字母怕不够，一定要用罗马字。但二十六个字母亦不够，我们应根据发音学字母定音标。"钱玄同谓："音标自以用国际音标为最适宜，应请林先生负责，于本会中造就注音人才。"周作人谓："会员可分二部：一部专力研究注音，一部只要能明白表示本地的方言即可。"王荣佳提议由方言调查会购一收音机，众赞成。马裕藻提出："标明声调的方法应特别设法。"林语堂认为："此事当仔细研究，将来或可定出符号，或用五线谱排列。"又说："会中可制备地图，请人分标语圈。"包括下列"自己的语言圈——以此为中心""语言互通圈""言语渐不相通圈""言语不通圈"四项。"有此数项的记载，我们即可制出音区圈。"末复讨论发表文字报纸，议决以《歌谣周刊》为发表机关。暂不必因登载方言而改名，俟至相当时机，或会中自设出版物，或该刊改名合作。林语堂提出，同人如有意见，请即书送该刊发表。四点半散会。

到会人地域分布：京兆：罗庸（大兴）、常惠（宛平）、宁恕（宛平）。直隶：王森然（定县）。河南：何尤（河北）。陕西：张鹏翘（朝邑）。江苏：魏建功（如皋）。浙江：夏曾佑（杭县）、沈士远（吴兴）、沈兼士（吴兴）、钱玄同（吴兴）、周作人（绍兴）、郑奠（诸暨）、马裕藻（鄞县）、朱希祖（海盐）。福建：林语堂（厦门）、林之棠（诏安）。湖南：黎锦熙（湘潭）、杨树达（长沙）。广东：容庚（东莞）、容肇祖（东莞）、刘声绎（潮安）、王荣佳（东莞）、周梅羹（开平）。四川：吴克礼（郫县）、毛坤（宜宾）、张煦（蓬安）、尚献生（双流）、郑孝观（酉阳）。云南：孙少仙（昆明）、王有德（阿迷）。日本：今西龙（歧阜）。"是日到会之人，地域甚不普遍，会中极愿各处人士多多加入，庶易收比较研究之效。凡有愿加入此会者，请到本校第三院研究所国学门登录室签名可也。"（《北京大学研究所国学门方言调查会成立纪事》，《晨报副刊》，第23—24号，1924年2月12—13日，第4版；《研究所国学门方言调查会成立纪事》，《北京大学日刊》，第1400号，1924年1月31日，第2—3版）

1月28日　报载上海国立自治学院院长张君劢聘请张尔田为国学教授。

据说国立自治学院筹备数月，现已就绪，内部组织甚为完善，各省学生志愿升学来校报名应试者络绎不绝，盛况为上海各校所未有。教员概由院长张君劢亲自遴聘，类皆海内外湛深博洽知名之士。其中，"国学教授张尔田，系北京大学、师范大学教授，清史馆纂修，浙江通志局纂修，著有《史微》《玉溪生年谱会笺》《后妃传稿》等，刊行于世，为当今有数国学专家"。（《国立自治学院聘定教员》，《申报》，1924年1月28日，第4张第14版）

1月29日　北京大学研究所国学门林语堂发布启事，拟开"标音原则"班，"中国比较发音学"扩大代表范围。

林语堂应方言调查会同人之请，定于下学期初在研究所国学门设立"标音原则"一班，以二或三星期时间，讲演以国际音标注国语及方言的方法，专使非要精研发音学的人也可以粗得标音的规模及认识国际音标的字母。报名者请从早到第三院研究所国学门登录。"中国比较发音学"一班尚未有人代表山东、山西、安徽、湖南诸省及上海、苏州、南京诸要城，很希望这几处最少各得一个代表，在此班上共同研究中国方音。（《林玉堂再启事》，《北京大学日刊》，第1398号，1924年1月29日，第1版）

△　北京大学研究所国学门感谢陈乃乾惠赠《南洋中学图书馆目》一册、顾颉刚惠赠《新学制初级中学国语教科书》五册，及通告新购《达古斋博物汇志》二册。（《研究所国学门通告》，《北京大学日刊》，第 1398 号，1924 年 1 月 29 日，第 1 版）

顾颉刚、叶绍钧编《国语教科书》，商务印书馆本年 2 月出版，收录罗振玉《国学丛刊序》、胡适《国学季刊宣言》、吴稚晖《科学与国粹》（吴稚晖译《荒古原人史》按语之一）。

1 月 30 日　北京大学研究所国学门感谢张凤举惠赠《财团法人启明会第八回讲演集》一册、《淮南子の十二律数と误其の正数》一册、《朝鲜音乐考》三册、《东洋音乐研究余谈》二册。（《研究所国学门通告》，《北京大学日刊》，第 1400 号，1924 年 1 月 31 日，第 1 版）

1 月 31 日　北京大学研究所国学门歌谣研究会开会欢迎新会员，讨论应进行会务。

本日通告开会时间和地点。（《研究所国学门歌谣研究会启事》，《北京大学日刊》，第 1400 号，1924 年 1 月 31 日，第 1 版）下午二时开会，周作人主席，致开会词谓："今日为本学期末次常会。重要事件是介绍许多由暑假后加入的新会员。这次的新会员，与从前的会员，稍有不同。从前的会员，虽然都是些有志研究歌谣的人，而那时入会，都没有什么特别的成绩。这次新会员，都是先有很多的成绩，然后我们要求加入的。"新会员共有二三十位，分占地域有十几省。直隶：王森然不远千里而来，贡献数千则歌谣，成绩最为卓著；此外还有傅振伦、张巘生、卫景周。山东：谷锡五对山东歌谣特别热心，请许多教员代为搜集，提供许多材料。河南：刘经庵、孙稗余、刘袖珊、董作宾（彦堂）和通信会员赵建平。山西：通信会杨劼。安徽：章鸿熙和通信会员艾建平。浙江：通信会员崔真吾、王悟梅。湖北：黄宝实、张恕生、周敏仲，湖北歌谣原本收集很少，由黄宝实等帮忙，成绩很好。湖南：通信会员熊宴秋。云南：张四维搜集许多材料，时常帮忙。孙少仙收集昆明歌谣好几百首，已经编入歌谣丛书，不久即可脱稿。此外还有洪孟邻和通信会员许竹贞。广东：容庚和容肇祖。通信会员蓝孕欧，专门搜集广东山歌。广西：通信会员刘策奇，专门搜集苗族情歌。不定地域的，有在法国的刘半农、上海的顾兆鸿，特别指导的有伊凤阁、林语堂、李玄伯。

次由周作人报告本学期成绩。出版方面，计印行《歌谣》十八期。研究方面，以经济关系，如参考书等，均未克多买。复提出今后计划二大问题，付众讨论：

（一）与国学门方言调查会合作。"方言调查会虽不专为歌谣而设，然而近来很觉得单拿汉字写出歌谣，一定不能全行把那用汉字写不出的记载出来，所以注音这件事，是感觉到最要紧的了。"例如浙江绍兴就有许多歌谣，不能用汉字写出来，又不能用注音字母拼出来。"这种困难问题，要怎样解决，要怎样加入方言调查会去解决问题。"钱玄同说："这应该用音标注明方言的歌谣，用国语注明歌谣的意思，不必用汉字写出。这个方法，看来其觉烦复，但是在音标的种种问题未解决之前，也不妨一面用汉字写出。那汉字写不出的，就用音标注出。假若能写出来，而远不足表他的音的，就兼用音标注出。再等音标整理有了头绪，全注起音来。"沈兼士赞成，认为："关于全行注音方面，以为原有汉字，仍当写出，汉字可以做研究语根和语音递变的依据，有了注音，就写汉字也不致有意外的流弊。一方能在注音方面，特别注重，自然可以把古来训诂家拿假借字来代表方言，和由假借字的字面上发生许多穿凿的解释，那种拙笨和傅会的毛病，都可以一扫而空了。最好下学期就提倡投稿者运用一种字母注音，而歌谣的形式，也要更改变直行为横行。"周作人说："本会须先自行使用音标，以资提倡。但应归划一，可加入方言调查会研究其拼法。"钱玄同说："罗马字母拼法，国人往往使用分歧。本会会员有兴趣者，似应加入方言调查会研究，自行审查注音。如有不能注出的，只可暂行发表，待将来详注。歌谣改横行，当然可以。"伊凤阁说："歌谣为方言的重要材料，应该先训练出懂得方言中应用的音标的人材，然后再行使用音标注音。"林语堂主张："音标为划一起见，应该只限二十六字母。这可以用国际音标和罗马字母对照拼写。最好歌谣就可以拿它来全行注音，以汉字注罗马字，如 Hoh 福 Kian 建。"林的主张得到沈兼士赞成。伊凤阁说："这恐怕有办不到的地方。这种事情，若是自家亲行调查，最为的确。至于偏僻地方，代行调查，注音不精的，就要闹出谬误来。"容庚说："即如东莞话，有些罗马字母决不能注出，这是该加以讨论的。"林语堂说："罗马字母不够用，而且有危险，固然是的。但是近年来汉字不够用的事件，更很明显，所以只要想法免除此种危险就是。这可以在《歌谣》每期上，把字母每个的发音，举一二例证，或以某地某字为准。至于为研究方言的人的便利，又当特别注意。"钱玄同说："订出中国人用的罗马音标，例如 k、k'、g、g'，可用 k、kh、g、gh 代替。至于特别方音，自应依照划一的音准注明。这可先讲明国际音标，再用罗马字母。国际音标比较繁复，不易写出，所以很赞成林先生主张……"周作人完全赞同林、钱两者主张，认为伊凤阁的话也有道理，"将来丛书中，恐有多种不能注音"。钱玄同说："只可量力所及而注音。"周作人说："欲收小范围，为精密注音的研究的，会内的就和方言调查会合作，会外的只好暂阙。假如大家赞同，就可以同方言调查会共同制定字母。会员如有兴趣研究注音，可以签名，与方言调查会一齐进行，再开会讨论。"

（二）扩大歌谣收集范围。周作人说："今后歌拟不仅搜集韵文的歌谣，想藉这个机会收集各地神话故事等等。关于山水风土英雄人物鬼神等传说，及童话，此时不收，将来恐怕就要感觉困难。所以歌谣有附带收集的妙要。但是名称也就不能不改做'民俗学会'。然而歌谣研究会知名于国内，一时改名，怕又反妨碍了歌谣的收集。请大家讨论。"钱玄同认为可以改名，不妨注明"原歌谣研究会"字样。"因为社会上最重名实，宜改名为'平民文艺'……之类。"沈兼士不赞成钱玄同的主张，谓："若要改名，宜以客观材料命名，不宜取其效用的一端为名。"常惠说："最好把歌谣会改为'民俗学会'，因为其中的材料是刻不容缓的要征集它，如果再迟几年后恐怕一点也得不到了。但是现在我以为收集这种东西已经是很晚的了。"比如谚语、谜语、歇后语，以及妈妈论，都是要注意的，还想辑一部《妈妈大全》。"但无论如何必须先拟一个征集这种材料的简章，发表出去是要紧的。"再有，提议每月至少开会一次，会员聚会随便谈论，并由研究所请几位对于这种学问有兴趣而稍有研究者为导师。比如请陈百年讲演心理学中的联想，或请周作人作导师。《歌谣周刊》收到有系统的文章较多的时候，可以出一种月刊或两月一次，再不然季刊也未为不可。杨世清赞成钱玄同的主张，不赞成常惠改"民俗学会"的主张，并且主张早些发表，可以引起一般人兴趣。林语堂说："神话等等的调查，应该实行。歌谣范围，应该推广，似宜注重在民俗艺术性质中的东西的收集。更改名称，宜定做'民族艺术'或'民族文艺'。月报或季刊，也可发行。"容肇祖说："神话可并归风俗调查会办理。风俗调查会方面，应该发行出版物，对于国中类似初民的风俗，更要切实调查。"周作人说："不要把搜集范围过于扩大，个人也很赞成，但是收集神话，而叫做'民族艺术'，甚觉不妥；这似乎以常先生主张改'民俗学'的适当。现在一时，民俗学学者国内尚属缺乏，很该合方言歌谣故事神话……各种，成为一个大学；否则暂时仍附属于歌谣研究会，将来再行改名。"林语堂说："收集的目的该是注重在民间未经记载的文学，在这文学的材料上，再拿种种方面的眼光分析研究。"沈兼士赞成林语堂的主张，并谓："收集的机关，就是歌谣研究会亦无不可。最要紧的是须请周、常诸先生赶紧拟定一个收集这些材料的章程。"钱玄同说明："适间拟定的名称，不过临时的，总不免非偏于'文学'一部，即属之'民俗'全体；所以所谓'文学'范围，也不能限定。林先生所说的似较妥当。或偏，或全，或改定，或仍旧，均无不可。"周作人说："附属于歌谣，未为不可。但所搜集的项目，范围不可定的太抽象，将来拟印一说明书，并举一二实例，以便收集就是。改名问题，且待将来。"常惠主张"尽先收集，不忙研究"。容肇祖提议："可登启事，收集零碎的风俗方面的材料。"五时许，茶话散会。（《歌谣研究会常会并欢迎新会员会纪事》，《北京大学日刊》，第1406号，1924年2月28日，第2—3版；《本会常会并欢迎新会员纪事》，《歌谣》，第45号；《国立北京大学研究所国学门歌谣研究会常会并欢

迎新会员纪事》,《晨报副刊》, 第46—47号, 1924年3月7—8日, 第4版;
鲁迅博物馆藏:《周作人日记（影印本）》中册, 第370页）

　　△　北京大学研究所国学门发布考古学陈列室所藏金石拓片销售价目:

　　卢编钟（有铭十二字）, 全形, 洋六角/一元五角。戈父己爵, 全形, 五角/一元二角。长宜子孙镜, 洋四角。家常富贵镜, 洋四角。位至三公镜, 洋四角。上方镜, 洋四角。白虎在右镜, 洋四角。青羊镜, 洋四角。三羊镜, 洋四角。见日之光镜, 洋四角。明镜, 洋四角。天马葡萄镜, 洋四角。李儒起造方镜, 洋四角。五言绝句镜, 洋四角。湖州方镜, 洋四角。张未央印, 洋二角。骑部曲将印, 洋二角。交河县僧会司印（明洪武十五年）, 洋二角。盏口炮, 全形, 洋四角/一元。黄肠石一（汉永建二年四月）, 洋一元。黄肠石二（汉永建二年六月）, 洋一元。黄肠石三（汉永建三年四月）, 洋一元。黄肠石四（汉永建三年四月）, 洋一元。黄肠石五（汉永建三年十二月）, 洋一元。黄肠石六（汉永建三年十二月）, 洋一元。黄肠石七（无年月）, 洋一元。洛阳故宫残瓦（嗣出）、大富贵砖四种, 洋八角。宜子孙砖二种, 洋四角。穆绍墓志（北魏普泰元年十月二十四日）, 洋六元。大长劳砖（东魏天平元年）, 洋二角。郭休墓志并盖（隋仁寿二年）, 洋一元。潘卿墓志（唐永徽二年）, 洋四角。王素墓志（唐永徽五年）, 洋四角。杨逸墓志（唐永徽四年）, 洋四角。桓彦墓志（唐永徽六年）, 洋四角。陈智察妻侯氏造像（唐显庆元年）, 全形, 洋四角、八角。皇甫相贵墓志（唐龙朔二年）, 洋四角。王素妻姜氏墓志（唐咸亨五年）, 洋四角。张守素墓志（周久视元年）, 洋四角。泉男生墓志并盖（周长安二年），洋八角。李詥墓志（唐天宝十三年），洋四角。弓君及妻郭氏墓志并盖（唐元和十五年），洋四角。赵日诚妻宗氏墓志（唐元和十二年），洋四角。陀罗尼经幢（后唐长兴三年），洋一元。吴君妻杜氏墓志（宋皇祐三年），洋四角。发售处为北京大学第三院研究所国学门登录室。(《研究所国学门考古学陈列室所藏金石拓片价目》,《北京大学日刊》，第1401号，1924年2月22日，第3版)

1月　无锡国学专修馆招收第三班学生三十人。

钱仲联以第一名考取，忆称："校长唐文治，是我舅祖翁同龢的门下士，早年曾在翁家教其子弟。我投考是姑丈俞金门所介绍。入国学专修学校后，开始读经史诸子、《说文》等书。与第一届同学王蘧常、唐兰、吴其昌、毕寿颐和第二届同学蒋天枢等订交。"(马亚中编:《学海图南录——文学史家钱仲联·学术年表》，南京大学出版社，2000年，第305页)

从1920年创办到1927年第一次改名前，为无锡国专初创时期。钱仲联曾概括国学专修馆时期的六个教学特点：一是"教书又教人，但培养人才，却又不拘一格。唐文治先生办国学专修馆，是提倡孔孟儒学的，但那些封建主义的毒素，大体上已经抛弃，而主要强调品德修养"。二是"教学方面重在教古籍原书，教学生掌握基本知识。即使编教本，也选录大量原著，结合理论，不是那种通论式的东西"。三是"重在自学。国学专修馆，设置的课程种类不多，而且一天只上四教时课（上、下午各二教时）。学生在学好课堂讲授内容的基础上，各就自己的爱好，主动自学，有的也得到老师的指授"。四是"重在启发。老师讲原书，首先是逐字逐句地讲解，但不是翻译。学生一般在入学时文言文水平已很好，不必死讲。老师讲解，是讲解每字每句的作用以及布局的变化，当然更注重它的思想意义。并非老师讲解的句句都是精金美玉，但一堂课中，总有不少精辟的见解，在自学时是得不到的。经老师的数语点破，举一反三，自学时大得其力，也能不断增加自己的创获"。五是"重写作。专修馆特别重视写作（文言文），每两星期作文一次，当堂三小时交卷。一月中两次评分为第一等的，发膏火费银币十元，两次评第二等的发五元（类似奖学金），作为鼓励。每次作文，老师都精心批改，有眉批，有总批，批多于改。一次作文，老师用二小时总结这一次写作中谁优谁差，特别对作文的思想性非常重视……因为重视写作，学生的写作水平提高很快。因为有实践的经验，从而对古人是怎样写作的，能深入去领会，写与学相互促进"。六是"将在精而不在多"。专修馆时期，唐文治自己任课，陆景周助教，教授只有朱、陆二人，各有专长，师生关系十分融洽。"总之，无锡国学专修馆的教学特点，是'务实'，不空谈。"（钱仲联：《无锡国专的教学特点》，中国人民政治协商会议江苏省委员会文史资料研究委员会编：《江苏文史资料选辑》第19辑，1987年，第81—83页）

△ 胡适在东南大学国学研究会演讲"再谈谈整理国故"，宣传北京大学《国学季刊》的理念，从建设角度强调国内大学共同担负整理国故的责任，并增补最低限度的读本式一项方法，以适应青年人读古书的需要。

本次演讲内容，即上年底所拟整理国故计划。至少有《国故学讨论集》收载未注明来源和《晨报副刊》发表叶维笔记两个版本。前者应为华牲笔记，题为《胡适之在宁讲演——题为再谈谈整理国故》，曾发表于《时事新报》1923 年 12 月 6 日第 3 张第 4 版，和《盛京时报》1923 年 12 月 12—13、16 日，第 7 版。胡适首先解释态度与两年前在东南大学暑期学校讲演整理国故时提倡疑古，偏于破坏之不同，此次偏重建设，多谈普及。据华牲记载，胡适接着说：

> 行箧无书，只得将整理国故的方法，和在北京诸同志对于整理国故的意见，略为谈谈。个人现在的研究所得，比前年那时的意见，稍为不同，故很高兴乘此机会谈谈。东大与北大，虽同为国立的，而在世界学术上，尚无何等位置。要想能够有一种学术能与世界上学术上比较一下，惟有国学。所以现在一般朋友，在北京提倡一个国学研究所，用新的方法，事半功倍的去收实效，而在大学内，尤其是应当提倡的。

然而，"国故"二字较"国学"更接近胡适本意。据叶维笔记，胡适说："我对人说：我国各种科学莫有一种比得上西洋各国，现在要办到比伦于欧美，实在不容易，但国故是我们自己的东西，总应该办来比世界各国好。这种责任，是放在贵校与北大的国学系，与有志整理国故者的肩上，盼望诸君努力。"

其次，为回应各种批评，并与复古思潮相区分，强调"国故"名词的中性意义。据华牲记载，胡适说：

> "国故"这两字，是章太炎先生提出，比从前用的"国粹"好多了；其意义，即中国过去的历史，文化史，包括一切。从

前有人谓"国学"不能分出界限来，不过是中国学的省称；如中国语，省称为"国语"是。国学所以要整理的原因，近年来说的很多，可勿用再谈。中国传下数千年来的文化，无系统无条理之可言，故吾人当从无系统的无条理的不明了中，乱七八糟中，找出系统，找出条例。

据叶维笔记，胡适演说谓：

> 国故二字为章太炎先生创出来的，比国粹、国华……等名词要好得多，因为它没有含得有褒贬的意义。现在一般老先生们看见新文化的流行，读古书的人日少，总是叹息说："西风东渐，国粹将沦亡矣！"但是把古书试翻开一看，错误舛伪，佶屈聱牙，所在皆是，欲责一般青年皆能读之，实属不可能，即使"国粹沦亡"，亦非青年之过，乃老先生们不整理之过。

至于国故整理方法，胡适在《国学季刊》宣言主张的索引式、结账式、专史式基础上，增加读本式，且列为首项，称为最低限度之整理。其目的："就是要将中国旧书整理过一番，使变成一般人都可以读。"据叶维笔记，胡适云：

> 这种方式，即是整理所有最著名的古书，使成为普通读本，使一般人能读能解。现在一般青年不爱读古书，确是事实，但试思何以青年不爱读古书呢？因为科学发达的原故

吗？西洋文化输入的原故吗？学校里课程繁重的原故吗？我敢说都不是重要的原因，实因莫有人整理，不容易读懂的原故。

读本式整理的具体步骤，分校勘（叶维笔记胡适称为校雠）、训诂、标点、分段、引论（叶维笔记胡适称为介绍）五种。（胡适：《再谈谈整理国故》，许啸天辑：《国故学讨论集》上册，群学社，1927年，第21—29页）

叶维在1月27日的按语中说："胡先生前次讲演，非常动人。谈理非常精到，举例引证，非常鲜明。最后一段，谈他整理《诗经》之发明，举例尤多，考证尤详。不过可惜那次没有粉笔，胡先生有许多要写在黑板上的都没有写。我又浅陋，所以记得不完全，实为恨事。"《晨报副刊》编者自昭则说："我记得胡先生前在东大所讲的书院制的历史和精神，各报都登载过；惟整理国故演讲无人记出发表，殊为憾事。兹我冒昧将叶君的记录稿送登《晨报副刊》，想为读者所欢迎，而且也是叶君所心许的罢？"（胡适之演讲、叶维笔记：《再谈谈整理国故》，《晨报副刊》，第38号，1924年2月25日，第1—2版）

2月1日 瞿秋白、陈独秀在广州《前锋》杂志撰写短评，一则主张学问无国界，一则讽刺研究国学是粪秽中寻找香水乃至毒药。

瞿秋白实际赞成萧楚女、左舜生关于青年应努力研究现代中国的主张，批评国人盲目以外来观念为己有，说：

年来中国整理国故风气居然日盛一日，总算是好现象。北京大学出了一种《国学季刊》，英文题作："*The Journal of*

Sinological Studies"，原来"*La Sinologie*"译做"国学"，倒也没有什么。其实按照拉丁语根"*Sino*"不如译做中国学，研究中国的一种学问。

譬如中国以外的"第二号中国"现在已经露面，旧金山的新中国党亦自称"The Neo-Sinicist-Party"，其"主义"竟成了"Neo-Sinicism"（新中国主义）。"假使照着'国学'的例译起来，他们便成了'新国党'和'新国主义'。这些'国学'和什么大中之道的'国主义'，固然都很能替拉丁字母增光辉，——居然能'名无能名'了！"而"Sinologie"的广义的解释，却还有外国学者研究现代中国的书籍需要包括进来。譬如《中国之矿业》，郭林斯著（*Mineral Enterprise in China,by William F.Collins*），开了不少英国外库（中国）的矿业调查和统计，并且将帝国主义侵华和断交归因于中国内政。"这确乎是国粹，是国学，国人至少也要分一部分人来研究研究！"（巨缘：《这也是国学》，《前锋》，第3号，1924年2月，转引自《瞿秋白文集·文学编》第一卷，人民文学出版社，1986年，第326—327页）

陈独秀赞同曹聚仁"国故学"研究的客观态度和必要性，即"纯粹是把他看作历史的材料来研究"，只可称为"国故"或"中国学"，强调最重要的是"社会学与考古学"。然不认可"国学"名词，因其"含有特别一种学问的意思"，不但含混没有条理，而且导致封建复古相纠缠。"学问无国界，'国学'不但不成个名词，而且有两个流弊：一是格致古微之化身，一是东方文化圣人之徒的嫌疑犯。前者还不过是在粪秽中寻找香水（如适之、行严辛辛苦苦的研究墨经与名学，所得仍为西洋逻辑所有，真是何苦！），后者更是

在粪秽中寻找毒药了！"（陈独秀：《寸铁·国学》,《前锋》, 第 3 号, 1924年2月1日）

　　△　王治心撰成《谈国学续貂》一文, 批评范酹诲以四书五经为国学入手和主体的狭隘观点, 主张国学是有益于人生和民族的学术思想精华。4月1日, 刊于《青年友》。

　　王治心应谢颂羔邀请作文, 批评范酹诲以四书五经为国学书目, 是专制遗毒, 结果必然危害民主。声称"绝对不反对孔子的人格——学说——道德", 只是"反对那违背时代精神的提倡孔学, 也反对以孔学为国学的包办"。国学"不是任何一家的伦理学说, 不是金石小学等分列的学科, 不是优雅典丽的文字, 不是残破不全的几本古书","乃是一种有益于人生——民族——的积极思想而发表为学术的精神", 简言之即中国学术思想史。

　　国学研究入手, 一是明白学派源流。可先读《汉书·艺文志》《经典释文》《四库总目提要》等, 后以《墨子》《老子》《孟子》三书并读, 再选读《史记》《左传》《韩非》《荀子》《吕氏春秋》《论衡》《汉学师承记》《日知录》等书。《大学》《中庸》《易经》《礼记》等都可不必读。惟《论语》须节读,《诗经》可兼读。二是分专门研究。"欲研经学的必备《十三经注疏》, 研史学的必备《文献通考》,'廿四史'和《通鉴》, 研理学的必备《宋元明学案》, 研文学的必备《楚辞》《文选》, 研小学的必备《说文解字》和段注。"三是先读近代名人新著, 可以事半功倍。"尤有进者, 我们与其'一锅冷水着底烧'的从古书读起, 还不如先读近代名人的新著。如《中国哲学史大纲》《中国伦理学史》《中国历史研究法》《国学概论》《墨子学案》《古学庖言》《清代学术概论》等等。因为这都是他们研究的心得，已经理出个统系来了！他们用了多少的心血，可以叫我们省了许多摸索的工夫，我们若然从他们研究的工夫上再进一步，那末，总是便宜得多。"（王治心：《国学续貂》,《青年友》, 第 4 卷第 4 期, 1924 年 4 月）

2月5日　杨贤江在《学生杂志》发表短评《国故毒》, 批评上海澄衷中学国文会考试题类似科举时代的博学鸿词科, 斥为国文教育上的"复辟"行为, 是"国故毒", 号召不受束缚教育的学生起来反抗。澄衷中学校长曹慕管组织校友撰文反驳, 沈雁冰、陈望道、恽代英、曹聚仁、邵力子、刘大白等纷纷撰文, 就国故与白话、中学国文教育、白话修辞等问题展开论战, 前后持续达三个月之久。

论战的缘起, 据汇集相关文章的澄衷教员葛锡祺云：

> 本校为督促学生注重文学, 并欲考验其读书能力, 与发表能力至若何程度, 故发起国文会考。（除国文会考外, 尚有英文会考, 书法竞争, 演讲竞争, 足球篮球竞技等）小学部始自民国十一年秋季, 至本学期已满四届。中学甲商部始自民国十二年秋季, 至本学期, 才及两届。去年中学甲商部第一届会考（依年级之高低, 分为甲乙丙三组）, 命题阅卷, 均敦请校外宿儒蒋观云、杜亚泉、章景丞三先生分组担任。秋季开学之初, 既指定《汉书·艺文志》、张香涛《书目答问》为甲组参考书,《读史论略》为乙组参考书,《廿四史约编》为丙组参考书, 预令各组学生课外自修。洎乎学期将终, 命题考试, 以验其是否了解。虽中等学生, 未必尽入文科大学, 专攻文学, 然

令其在中学时代，略知文学门径，正是办学者之苦心。不料商务印书馆《学生杂志》编辑员杨贤江君见吾校中学甲商部甲组会考试题，便贸然草《国故毒》一文，揭登第十一卷第二号《学生杂志》，大肆其攻击。校长曹先生恶其侮辱吾校，乃致书诘问。书见三月二十一日《时事新报》及《中华新报》。于是遂引起外界论战。校长除择要答辩外，并与商务印书馆严重交涉。旋经该馆声明道歉，而此事始告一结束。记者以本问题在中等教育上，大有讨论之价值，初不仅关于吾校一校，用将本问题之经过情形，及舆论之赞否，汇录于此，以供世人参考，并求明教。（葛锡祺：《编辑者言》,《澄衷同学会季刊·国故毒问题之论战》，第 6 期，1924 年）

杨贤江不点名地说："去年十二月间，从上海报上见到了一则怪新闻，是说上海某中学校的国文会考。今特把试题录在下面，请读者看看，并请读者想想这种'国文会考'是不是一九二三年的中国学生所应该需要的。"试题如下：

（一）问：国学载籍分经史子集四部，所以提纲领而纳条流，便学者也。能言其分合之义欤？何谓群经？何谓诸子？史有编年、正史之别，集有总集、别集之分，各部之分类以纲群书，能言其条理欤？孔子为经，诸子为子，其故何在？诸子中亦有称为经者，能言其异同高下欤？中国学术，莫盛于周季，诸子皆其时作者，后亦有作者，可列于诸子者欤？各就所知，择一条以答，或并全题答之。

（二）问：国学于诗、文、字三者，皆以美术之道行之，此可夸尚于全地球者。创之者赖先人，继之者赖后人。以文字论，经之道高而文亦最工，道与艺若相符焉。诸子道各名家，文亦特异；诸子之文，能言其派别欤？由周秦降而西汉，其文之精实，远不逮焉。西汉之博大丰伟，后世又不逮焉。时代之差，若此其甚。西汉文之著者，能言其流派欤？降而唐宋，文不逮古，其著者诸家能言其得失欤？亦择一或全体答之。

（三）问：《汉书·艺文志》所载诸书，今之亡者多矣，能举今之所有者而数之欤？今虽有之，或同其名，异其实，或出后世伪作者，亦有之欤？《艺文志》谓太史试学童，能讽书九千字以上，又以六体试之，此汉时教小学识字、考试之法也。夫读书必先识字，今之识字益寡，岂独不及九千，或不及九百焉，然则考试、识字之古法，亦可行于今欤？五言始西汉，今如李陵、苏武、枚乘诸诗，不一采入，何欤？外此如四皓、紫芝未采入诸诗，能举之欤？高祖歌诗二首，能举其为何诗欤？阴阳、形法、医占、数术，《艺文志》所载汉代之书多矣，殆皆不传，后世术以益卑，不知今犹有得汉人之传者欤？择其能言者答之。

作文题:《读〈后汉书·桥玄传〉论劫质事》（劫质之质音至，质，押信也，古谓质，今谓掳赎，又谓绑票，又谓请财神）。然后指出："现在，且不必讲现代中学生所应注重的知识和技能，姑单就国文一种而论，注重国文自有它的目的和方法，但我看，稍有常识的教育者，决不会采用像上面那样的方法来考试中学生罢？""研究国学也自有它的目的和方法，但我想，稍有常识的国文教师，决不致对于中学生举行这种'国文会考'，算是提倡了国学。这种考试乃是国文教育上的'复辟'行为，凡不甘受束缚的教育的青年学生，应该对于这种行为竖起反叛之旗，大喊一声革命！"（杨贤江：《国故毒》，《杨贤江全集》第2卷，河南教育出版社，1995年，第12—14页）

杨贤江反对中学生研究国学，由来已久。上年9月9日，枫泾第五高小学生沈选千致函杨贤江，称"现在中等学生界"风行"读古书"和"研究新文艺"两事。自从胡适发表《中学国文的教授》以后，"读古书一项应该在中学校国文科占一个位置"的论调，很是风行。几个月前，胡适和梁启超又各定出一个国学书目来，大大提倡读那些古书。在《学生杂志》"学习法专号"上，周予同和何仲英也很提倡读古书，周予同也列上一个书目。沈并不反对中等学生对于国学应该有一个大纲印象，但反对中等学生直接读古书。

（一）中国古书，即就胡、梁的书目所定，已觉浩如烟海，中等学生万无那么多的空时间来读它；（二）中国古书，大半须整理过后，方才可读，而一书之中，尽有许多不值得非专门研究的人读的，这种沙里拣金的办法，不足为中等学生训的；（三）一班倡导整理国故的先生们，不是常常说"研究国学，要用科学的方法来研究"的吗！试问中等学生懂不懂科学方法？会不会善用那科学方法来研究古书？

"我主张研究国学的专家，应该在最短期间内，把国学编成系统的鸟瞰式的书本，如《中国哲学史大纲》，以作中等学生领受一些国学大概的捷径。"吴稚晖《箴洋八股化之理学》和吴稚晖致蔡元培信，颇有价值，建议《学生杂志》转载。

杨贤江赞成其主张，回复谓："我个人是主张初中学生不直接读古书的。要望初中学生研究国学，实在是不可能。我最赞成你的把国学编成系统的鸟瞰式的书本的主张，希望有专家赶快去做。"（《中学生读古书问题的讨论》，《学生杂志》，第10卷第11号，1923年11月5日）

上年11月，发表《初中学生学习国文的旨趣》，主张"初中学生不必定要会看古书，因为古书对于初中学生实在太难读了。而且古书的内容多半是与现代生活无关系的"。"如为晓得古代的文化、前人的事业起见，尽可从历史及选文或另编的纲要书去学习，用不著费许多工夫去读整本的古书——初中学生当然讲不到研究国学。"根本上，"文字只是种符号，是种工具，是用以发抒真情、传达思想的利器"。国文学习仅需注意内容"能以发抒、能以传达的本质"，形式"藉以发抒、借以传达的技术"两个方面。（杨贤江：《初中学生学习国文底旨趣》，《杨贤江全集》第1卷，河南教育出版社，1995年，第909—910页）

12月1日，凤阳五师学生李汝霖来函，不赞同杨贤江反对令学生看平易的古书和文言文的观点。理由一是古书非尽难读，内容非完全与现代生活无关。如《战国策》中有许多思想上文艺上政治上的文学，不用古典，不带无病呻吟老气横秋的色彩，证明非无一本有价值的可供中等学生读的古书。二是读古书以研究古代文学，和知道古代风俗政治，可以一举两得。三是古书非尽高深奥妙、佶屈聱牙，并非只有看平易的文言文才是为学习高中国语课程的基础和阅读近代名作的预备。总之，"不妨从古书去学国文，要贵能选择有价值的，最适应现代的古书当国文学"。杨贤江认为，初中学生该不该读古书，须从初中国文科的教学目的和初中学生的学力来决定。初中国文科实无读《战国策》的必要，初中学生也无此能力。"历史书编成死板，是编辑和教学的不好，并不是历史书一定是死板的。古书虽不都是'高深奥妙，佶屈聱牙'，却不尽是平易的。至于说'从古书去学国文'，乃简直是全不晓得初中国文科的目的和教学法是什么样了。"（《初中学生该读古书吗》，《学生杂志》，第11卷第3号，1924年3月5日）

同日，广东梅县青年文方致信杨贤江，注意到《学生杂志》出版《学习法专号》之后，又发行《国文研究法专号》，自己生活清贫，中国教育又"都市化"和"贵族化"，请求读国学书籍方法。并谓还在梅县时候，读了胡适和梁启超的国学书目，很想读几本书。"但这些志愿，不过画饼充饥，因没图书馆可去，又没钱买书，实在轮船火车不通的地方，有钱都难买书咧。国学谁人不想读，但无如力不从心何？因此我国不知埋没了多少可造的人材。恐怕感受此种痛苦的人，又不止梅县的一隅呢？"杨答说，无论古书今书、西书中书，要想读完，终究不可能。读书贵有选择，就个性所好的、职业所需的来作选书标准，固然是常理，最要紧的还在根据这个时代、环境究竟需要哪种人来活动，然后为尽做人的道理计，去选择有关的学问来学习。就中国的现状而论，此时需要改造政治和社会的人，中国青年所该注意学习的是一种社会科学以及"现代研究"。如此才能显出读书和人生有关，免去"玩物丧志"。"至于研究什么'国学'，却不是中国青年的责任；自然有了闲暇，未尝不可拿四书五经以及什么史、什么集来看看，但这只为了懂些中国的

'故事'，决计说不到研究。"（杨贤江：《致文方》，《杨贤江全集》第4卷，第487—488页）

本年2月11日，清华学校学生龙冠海致函杨贤江，肯定中国人有研究国学即中国有价值的书籍和文化的必要性，梁启超所拟国学书目的最低限度，也是国内学者所必要的程度。现在世界潮流所趋，全国学校皆变了"华洋并重"，有的更以洋文为主要，本国文反置之脑后。学生无时不在洋文高压之下，至毕业出来，仅略通之无，岂非羞惭！

> 有的青年虽以吃洋饭，服洋衣，做生活为光荣，为自足；但是有的则反之，而想与国学做较亲密较浓厚的朋友。然而，可惜为洋文所压，而课室里板滞和枯燥的生活——国文教授方面，也不能满其欲望；并且平日的时光和力量，皆有限。如此，除必要的无味功课之外，要想利用最经济的时间，对于国学有些研究，须用什么方法去做才好？——读些什么书，怎样读法。

杨复函指出，中国人应该研究国学，是十二分冠冕堂皇的话，真正研究国学，如《清华周刊》十周年纪念增刊所说的"代表国风民俗""矫正外人错误观念，介真正的中国于他们""谋东西文化之融和"等，责任在少数学者。中学生只要学习国文，学习中国历史大概，足以明了中国社会过去和现在的状况。"梁先生所拟的国学最低限度，我认为非一般中等学生所能应用。至如有些学生专攻'洋文'，以求吃'洋饭'，这是中国人受着国际帝国主义压迫的结果，更不是可以乐观的事情。故我以为瞎捧国学和瞎读洋文的学生，都不是好学生。"（《研究国学问题》，《学生杂志》，第11卷第5期，1924年5月5日）

2月8日　报载陆群所办上海某国学社将添设日文班，聘请日本文学家杉木氏为主任，以研究中日文学为宗旨。

陆群所办"国学社"内设中文函授部，拟于明春开学时添设日文班，聘请日本文学家彬木氏为主任，广收学员，取费甚廉。该社定于夏历正月初十日开学，有志研究中日文学者，可向该社索取章程，报名入社。现拟移设社址于虹口乍浦路丙字三一号。（《国学社将添设日文班》，《申报》，1924年2月8日，第5张第18版）

2月9日　署名"正厂"者在《中国青年》发表《文化运动的反动》一文，强调文化运动的灵魂是革命精神，整理国故或复古道路是反动的。

作者赞成陈独秀等的"新文化运动"主张，批评中国的文化运动走向反动潮流，以为物质文明在欧战以后破产，一般人要求精神文明，从而效仿欧洲文艺复兴而以复古求解放，结果忽略了文艺复兴的革命精神，误把欧洲文化运动偶然从文艺发动认作世界普遍的定例，把科学抛入东洋大海，各种文人大批产生，整理国故运动便是其中之一。

整理国故原也不是坏事；可是现在整理还没有头绪。然要大家去吃国故菜；那真真了不得。假使真真能够作出几种国故菜呢，我也捧他为好汉；可是他老先生却只是搬了那些陈古无用的土货来提倡国货，渐渐仍旧回头到从前的局面。于是所谓我们的文艺复兴，不过是西湖上灵隐寺用几根洋松几桶塞门德来修造重新一下。

文化运动本应向前，现在却退回自家门口。"我们现在要把文化运动的旗子从新举起来，一定要认清楚文化运动的灵魂，是革命的精神，不是浅薄的甚么文艺或复古运动。"（正厂：《文化运动的反动》，《中国青年》，第1卷第17号，1924年2月9日）

2月12日　吴文祺撰成《重新估定国故学之价值》一文，总结研究国故的价值，澄清"国故"是材料和"国故学"是研究国故的总学问的区别，不能省称国故学为国学，阐述了从语言文学角度整理文学遗产的重要性。5月11日，文章载于《鉴赏》创刊号。

是文从中国语言文学研究的角度谈重视国故学的价值，认为："国故学和文学的性质，绝对不同。但是中国文学的研究和整理，却完全建筑在国故学的基础上。"近一二年来甚嚣尘上的整理国故呼声，共有四种代表性言论。一是陈独秀《新教育是什么》一文提出，"讲哲学可以取材于经书及诸子，讲文学可以取材于诗经以下古代诗文，讲历史学及社会学更是离不开古书的考证"。将"古书的考证"限制在"历史学及社会学"范围，"固然有些误会"，"立言的大体"却不错。二是《小说月报》"国故与新文学"专栏的立论，相对精密，缺点不是"误认整理国故只是整理中国文学"，便是"误认国故就是国故学"，或"误认整理国故的工作，除了研究者要满足自己的求知欲之外，便没有其他的效用"。三是"政治式的整理国故论"，如蔡元培1921年10月15日在北大开学时的讲演词，北京大学国学研究所的整理国学计划书，以及王光祈的《旅欧杂感》，都认为整理国故的目的，只是减少外人轻视中国的程度，抬高中国民族的人格，予以"研究东方文明的西方学者"以便利。"以整理国故为国际政策，视国故学者为欧洲学者的了头"，"即不是奴隶或至少是政治式的国故论"。本来要不要整理国故，与外国学者是否研究或赞美中国的学问，是两回事。四是北京大学《国学季刊》的《发刊宣言》，是国故学上"空前的伟论"，缺点主要是在哲学、文学的名称之外，保留"经学"的名称；主张对文学作品加以总账式整理，不知文学作品仅需各人自由欣赏，评注有害无益；只定了许多方法，"既不说明整理国故的必要与价值，更不说明国故学的性质"。"至于东大的《国学丛刊》的《发刊辞》，完全是保存国粹者的口吻，尤其没有批评的价值了！"

吴文祺赞同胡适的"国故"界说，即主张在"中国过去的一切文化历史"的基础上，澄清"国故"材料和"国故学"科学的性质区别。鉴于"从来没有人替国故学下过定义"，提出："中国的浩如烟海的国故，好像是一团乱丝。我们如果要研究，先须加一番相当的整理。整理国故这种学门［问］，就叫做国故学，国故是材料，国故学是一种科学。""用分析综合比较种种方法，去整理中国的国故的学问，叫做国故学。"不能把国故学省称为国学，否则必定引起许多"可笑的误会"。"如老先生们以骈文，古文，诗，词，歌，赋，对联等为国学，听见人家谈整理国故，他们便得意扬扬地大唱其国学复活的凯旋歌；而一般把学术看做时髦的装饰品的新先生们，也在'和老先生们同一的国学观念'之下，大声疾呼地来反对国学！"

国故学是总名，内容包括中国固有的考订学、文字学、校勘学、训诂学四种方法。

应用国故学所整理出来的材料，只可谓之国故学的结果，决不可认为国故学的本身。我们假使所整理的是哲学，那末当然归入哲学的范围；文学，文学的范围；政治学，政治学的范围；经济学，经济学的范围。近人往往不明白国故学的性质，于是不管三七二十一，把中国的文学，哲学……都硬揿到国学这个名词里去。其实国故学是超乎文学哲学……之外的一种科学，也是一种很重要的人人所必备的常识。

按照丁文江在《科学与人生观》所言，科学在求真精神，不能像吴稚晖、张君劢那样将科学范围缩小在提高物质文明上。国故学目的也在求真，自然也是科学。然而，遵此逻辑，国故整理完毕，国故学也就寿终正寝了。吴文祺对这点却未说明，只是批判国故学不能发达的根本原因在功利性，不以学问为目的，中国人"缺乏科学精神"，国故学本身亦不足成为发财做官的手段。

外国人之研究考古学，较之中国人热烈得多，研究的成绩也较中国好得多……王静庵、罗叔言的流沙坠简考释，固然是国故学上的大著作，但首先发现汉晋木简的是匈加利人Dr.A.Stein.，首先为之考释的是法人Prof.Chauanes.。河南古物的发现者是Dr.I.G,Anderson。他若对于中国的古语言学有研究的，有M.Pellist；从梵文里研究中国古音的，有A.Uon Stael Holsein，Phe D，及Karlgren等；研究中国古器物学的，有

Lauber［Laufer］等。至于日人研究中国的国故的尤其多了。学术虽然是没有国界的，但中国研究国故学者的成绩，不及外国者，这是何等可耻的事！

国故学有满足求知欲、温故而知新、历史的借鉴、明了思想学说的本来面目、估定价值、破除迷信附会和传说的毛病等价值，必须祛除"东方文明有绝大的优点"的笼统、夸大的危险成见。最重要的，"在一方面固然是研究中国的哲学，文学……的基本学问，在别一方面，研究国故学的人，也可以借此养成我国人所最缺乏的重征求是的科学精神"。"国故学大部分是属于语言文字学的范围。现在国语学上许多问题，或可因国故学之研究而得解决。又中国的古代社会学，古代民俗学，及语言心理学……向来没有人研究过，或者因了国故学的研究，而渐渐有人注意起来，也未可知。"（吴文祺：《重新估定国故学之价值》，《鉴赏》，第1期，1925年5月11日，许啸天辑：《国故学讨论集》上册，第30—50页）

2月14日 国学研究社出版《国学周刊》第三十九期，布告汇编出版延迟原因。

内称："本刊汇编，原拟用新闻纸印，装订一本，定于阳历一月内出版。后因新闻纸不甚耐久，改用中国毛边纸，分订四本。又值旧历年底，工人休业，虽排印告竣，未能装订，以致出版稍迟，无任抱歉。现准于阳历二十日出版，决不再迟，特此谨白。"（《国学周刊汇编特别广告》，《民国日报·国学周刊》，第39期，1924年2月14日）

2月20日 《向导周报》"余录"栏转载《申报》本日摘录的《青年快注意国内的现况》一文，提醒中国青年应当注意研究国内国际现况，挽救祖国，而整理国故、创造文艺是少数人的责任，则非必不可少之事。

内称中国青年应当切实知道金法郎案，中国关税为何落在外人手里，中国铁路中有几条为何羁押给外国人，汉冶萍公司的近况，蒙古西藏现在怎么样，威海卫收回的结果如何，电话借款，以及国际上日本政变对中国有何影响，英国工党政府成立对于中国有何关系等，进而用统计的头脑、敏锐的眼光，靠历史和地理等的帮助，作深沉彻底的研究，以便挽救祖国。中国国民不知道中国的现况，是很可耻、很危险的事。"有许多很好学很有志的青年，跟着梁任公、胡适之做整理国故的事业，跟着文学研究会创造社做创作文艺的事业，这原是很好的事，比诸一般孜孜于堕落勾当的人，相去何止万倍。不过大家要明白，整理国故，创作文艺，都是少数有素养的人的事业，不是我们青年不可或少的研究。"（《向导周报》，第2卷第55号，1924年2月20日）

2月21日　报载上海神州女学开学后文科注重国学、史地兼及文艺知识，聘请周予同、叶圣陶和谢六逸等授课。

上海北四川路神州女学定于本月22日下午二时开学，25日上课。小学、中学均已实行新学制，小学科男女生兼收，此外尚有文学、绘画、刺绣、音乐各专科，本学期均力加革新。首要内容是："文科注重国学、史地兼及文艺知识，由周予同君讲授学术文及注音字母，叶圣陶君讲授诗歌研究，谢六逸君讲授小说研究及儿童文学。本学期并聘计硕民君讲授模范文。"（《各学校之开学礼》，《申报》，1924年2月21日，本埠增刊第2版）

△　钱玄同提议顾颉刚加入《国学季刊》编辑委员会，函请胡

适准许。

另据顾颉刚致胡适函称："又前次兼士先生见语，要我加入《国学季刊》编辑委员会。此事我亦甚愿，因有此名义，易向人拉稿，其他接洽亦较为便利也。如先生以为可行，请由委员会中与我一信。"（顾颉刚：《顾颉刚全集·顾颉刚书信集》卷一，第412页）

2月22日 北京大学研究所国学门致函山西、河南省长，请求保护太原天龙山、大同云冈、洛阳龙门石窟等古迹。

函谓："贵省太原天龙山及大同云冈、洛阳龙门及巩县石窟寺二处窟佛像，为自魏齐以迄唐代所造，举凡中古时代之宗教仪式及其美术造诣，皆可于此稽考，故世界学者咸极宝贵。惟近年时有毁坏盗卖情事，以致断头裂足，完整颇鲜，间有出资修理者，亦但勉求凑合，或且外加涂附，以致原有之色泽精神随以俱隐，亦非善计。敝处迭得外国学者来书，嘱为设法保存，嗣经派员游历，回校报告，亦与同词。今敬奉书左右，乞由贵处饬属，妥加保护，严禁毁坏盗卖。如有愿意捐资修理者，亦乞随时通知敝处，由此间选派专家襄同办理，以免修理不当，转失原像真相之弊，古物幸甚。"（《研究所国学门致山西河南省长公函》，《北京大学日刊》，第1401号，1924年2月22日，第2—3版）

2月23日 北京政府国务院内阁会议议决，江苏省政府转呈无锡国学专修馆请求褒奖学生一事，需教育部核查一切科目，审核办理。（《国内专电》，《申报》，1924年2月24日，第2张第7版；《昨日之阁议》，北京《益世报》，1924年2月24日，第2版；《二十三日阁议纪要》，《申报》，1924年2月26日，第2张第7版）

教育部拒绝给奖，函复称："查该国学专修馆于民国九年开办时，曾经创办人姚济苍等呈请立案到部，本部当以部定各学校规程，并无此项学校之规定，未予照准。"且查凡不在学校系统内之学校毕业生，本部向例并无给奖办法，未便特开新例，致多窒碍。"（《无锡国学专修馆请奖未准》，《新闻报》，1924年3月1日，第5张第3版）

△　北京大学研究所国学门感谢许钧惠赠《魏正始石经残石景本附跋》一册、《周王子颓器识考》一册。（《研究所国学门通告》，《北京大学日刊》，第1403号，1924年2月25日，第1版）

2月24日　中华合作社出版《合作特刊》，以"保存国学，阐扬道德，联络感情，不问政治，不涉党派"为宗旨。

中华合作社职员概由主任函请海内名流担任。无论男女，凡赞成宗旨，经社员一人介绍，均可入社。总事务所暂设中国江苏省口岸浦头。（《本社简章》，《合作特刊》，第1期，甲子年正月二十日）该社主任张缓图曾向海内征集各社社友著作，并海内诸大诗文家佳作，辑为《灵珠集》。投稿者请注明姓名、籍贯、履历、著作、小传，诗词至少不得超过十首，时间截至1924年12月30日。尤其欢迎海外东西各国文学家自撰的中国诗词。（《本社启事》《特别启事》，《合作特刊》，第1期，甲子年正月二十日）

△　吕炯在《无锡新报·星期增刊》发表《国故与新文学》一文，主张摈弃新旧党争，共同参与整理国故，最终与新文学一起，达到正反合的境界。

内称新旧只是相对区分的名词，不具有绝对界限。从广义学科来说，无非是"表现人生"和"批评人生"的区别。文学和科学、哲学等其他科学，千差万别，却无不和人发生关系，本是息息相通。从文学本身来说，同是文学势力，不必作阋墙之争，轻蔑学者资格。然而，新旧两派各趋极端，互相对立，甚至党同伐异，风起潮涌。"研究新文学的人，每不很愿意理会国故；而研究国故的人，也不甚注意新文学。"文学家应在新旧"两方面都下一些功夫"，尤其是新文学家不够重视国故，缺乏有文学价值的作品创造，相反国故里面有价值的作品却很多。整理国故事业不能全让给旧文学家，而应新旧携手。好处是旧文学家对于国学比较专门，可以帮助新文学家获得"门径"和"头绪"，新文学家契合新思潮，可以排除旧文学家的"主观"和"隔膜"。明了中国文学的历史变迁，使文学家在创作之外，获得批评一切的"历史的眼光"。总之，希望文学家走向黑格尔所谓"正""反"相合的境界，去掉各色旗帜，树立"同样的大纛旗"。(吕炯：《国故与新文学》，《无锡新报·星期增刊》，第77号《文学特刊》第2期，1924年2月24日)

2月25日 北京大学研究所国学门新购《清朝海军衙门奏稿附各省覆奏（旧抄本）》九册，南阳第一图书馆惠赠《谦光堂诗集》四册、《苍雪诗钞》一册。(《研究所国学门通告》，《北京大学日刊》，第1404号，1924年2月26日，第1版；《研究所国学门通告》，《北京大学日刊》，第1405号，1924年2月27日，第2版)

2月27日 北京大学研究所国学门通告林语堂开设"中国比较发音学"和"标音原则"两门课，定于3月4日开课，有要事商议，务请报名听讲各生齐到。授课时间，前者每星期二、五日下午五时至六时，后者每星期一、二日下午四时至五时。(《研究所国学门通告》，《北京大学日刊》，第1405号，1924年2月27日，第1版)

2月29日 北京大学研究所国学门导师伊凤阁推迟西夏语授课。

伊凤阁复函沈兼士称："昨奉北大研究所来函，询及西夏语何时开讲，并拟与敝国交换关于东方学之书籍杂志各节，弟因敝团参议达夫田日前返，亦团内事务觉忙，故西夏语之开讲，惟有俟伊回京后，再行择定日期。至于交换书籍，弟一二日内与阁下晤面时谈可也。"（《研究所国学门通信》，《北京大学日刊》，第1411号，1924年3月5日，第1—2版）

　　△　北京大学研究所国学门通告导师王静安所著《观堂集林》、导师罗振玉研究生商承祚合著《殷虚文字类编》（附待问编及《殷墟书契考释》）现已出版。

　　国学门登录室代售《观堂集林》，定价官堆纸八元，杭连纸十元，实收官堆纸六元，杭连纸八元；《殷墟文字类编》定价杭连纸十元，实收八元。（《公告》，《北京大学日刊》，第1407号，1924年2月29日，第3版）

　　3月2日　报载东北大学筹备设立国学系。

　　早在1921年11月，奉天省公署就拟定了《东北大学组织大纲》，并函知吉林、黑龙江两省署查核。大纲规定由三省及所辖蒙旗合力组织东北大学，设于奉天省城。暂定六科，每科设立学长，分年组织。文科分国文学系、历史学系、地理学系、教育学系、俄文学系、英文学系。上年1月，在奉天公立文学专门学校校址创办东北大学文法科。4月26日，东北大学成立，先行预科制。学生入读两年预科后，才转入大学本科。5月，校长王永江聘请汪兆璠为文法科学长。10月，东北大学举行正式开学典礼。文学专门学校第一、第二、第三三个年级共130余人参加。本年1、7月，文学专门学校一、二年级和三年级分别毕业，文专高师两校一并结束，此后纯为大学。（杨佩祯等主编：《东北大学八十年》，东北大学出版社，2003年，

第34—35、42页）

本日报载："奉天东北大学极力扩张，本年添设国学系，初本拟添设国粹学校，嗣因为经费所限，加以手续纷繁，故改议于东北大学内附设国学系，以节经费。经王省长转呈张总司令责成该校各学长讨论添设计划，业经正式决定，现筹备进行。"国学系常年预算大洋两万元。设学长一人，教授二人，助教、讲师二人，庶务一人。为一级机构，学员六十名左右，由奉、吉、黑选送四十名外，招二十名。学员以中学或文学专门学校毕业，或有同等学力，除中国文外，必须精通英文及德法日俄各国文学中之一，始为合格。学员的待遇及一切费用，与他系学员一律。(《东北大学添设国学系》,《民国日报》,1924年3月2日，第2张第7版)

不久，东北大学修订章程，文科分设八系。变动之处除增加德文学系、法文学系外，国文学系改称国学系。(《组织大纲》,《东北大学一览》,1926年）国学系课程，本科、预科基本一致。除体育外，预科有：国文，第一、二学年每学期各6学时。哲学概论，第一学年每学期各2学时。《孝经》《论语》，第一学年每学期各4学时。论理，第一学年每学期各2学时。文字学，第一学年每学期各6学时，第二学年每学期各5学时。英文，第一、二学年每学期各6学时。中国史、西洋史，第一、二学年每学期各2学时。心理、伦理，第二学年每学期各2学时。《孟子》，第二学年每学期各4学时。本科在预科基础上，增加学时或课程科目有：国文，第一、二、三、四学年每个学期各为5学时。史学概论、文学概论，第一学年每个学期各2学时。毛诗，第一学年每学期各5学时。三礼，第一、二、三学年每学期各6学时。中国文化史、中国哲学史、中国文学史，第一、二、三学年的上学期各4学时，下学期各3学时。《尚书》，第二学年每学期各4学时。《易经》，第三学年每学期各6学时。史汉，第三学年上学期5学时，下学期4学时。目录学，第三学年上学期2学时，下学期1学时。春秋三传，第三、四学年每学期各6学时。诗词，第三学年每学期各2学时，第四学年每学期各3学时。中国美术史、甲骨金石学，第四学年上学期各2学时，下学期各1学时。第二外国文，第四学年上学期2学时，下学期1学时。论文研究，第四学年上学期2学时，下学期3学时。（《各课程标准表》，《东北大学一览》，1926年）

职教员方面，文科学长兼法科学长汪兆璠，号悉铖，奉天复县人。教授部分由奉天公立文学专门学校转来，部分新聘。其中，一部分教员是国学系与文科他系合聘。1926年出版的《东北大学一览》未标明具体系别，仅言文科。在职教员有马宗芗、陶明濬、缪凤林、景昌极、陈飞鹏、郭斌龢、顾忠尧、曾运乾、陈鼎忠，详见表6。去职教员则有柳诒徵、吴宓。（《全校教授一览表》，《东北大学一览》，1926年）

表6　东北大学国学系教授名单（1926年）

姓名	别号	籍贯	科系	职位	到校年月	经历
马宗芗	竞荃	奉天开原	文科经学、法科国文	主任教授	1923年8月	国立北京大学预科教习，教育部任用荐任职，吉林省长公署秘书，奉天省长公署主稿，奉天公立文学专门学校词章学教员

续表

姓名	别号	籍贯	科系	职位	到校年月	经历
陶明濬	犀然	奉天沈阳	文科国文	教授	1923年8月	国立北京大学文科学士，历充奉天省立第一中学国文教员、奉天公立文学专门学校教员
缪凤林	赞虞	浙江富阳	文法科中国史、伦理	教授	1923年8月	国立南京高等师范文史地部毕业，支那内学院研究员
景昌极	幼南	江苏泰县	文科西洋史、哲学史	教授	1923年8月	国立南京高等师范文史地部毕业，支那内学院研究员
陈飞鹏	程之	湖北汉川	文法科心理、论理、教育	教授	1924年8月	北京清华学校毕业，美国米西根大学学士，又该校毕业院硕士，哥伦比亚大学院研究生，曾充国立武昌师范大学校教育哲学系主任
郭斌龢	洽周	江苏江阴	文科英文	教授	1925年2月	香港大学文学士，曾任香港育才书院、江苏省立第一中学高中英文教员
顾忠尧	亮臣	直隶北京	文科英文	教授	1925年8月	北京燕京大学学士，美国哥伦比亚及美国西北大学肄业，牛遮西神学校博士，历充北京天津汇文学校教授

续表

姓名	别号	籍贯	科系	职位	到校年月	经历
曾运乾	星笠	湖南益阳	文科文字学、经学	教授	1926年5月	历充湖南省立各校文字学及经学教师
陈鼎忠	天倪	湖南益阳	文科国文、经学	教授	1926年9月	曾任湖南官书局编撰及各校教员，省公署秘书

东北大学国学系对于教科读本，有不同意见。"东北大学拟添国学系一节，闻已积极筹备。对于采用教科读本，有主张采用旧有者，有主张采用新式者，更有主张采用由英语教授之，以期为该大学之特色云。"（《北大国学系近讯》，《盛京时报》，1924年3月19日，第4版）吴宓到东北大学后，授课每周13小时，包括英语班《英国文学史》3小时，《修辞及作文》6小时，国学系预科一年级《英文读本》（*Tales from Shakespeare*）4小时。"此校规模狭小，设备简陋，发展不易。为进取及树立声名计，颇不相宜。学生英文程度，有如沪上之中学，焉能语于高深文学？惟办事人尚坦直恳切。（尝谓此间情形，可以清简朴直四字赅之。大异南土矣。）"1924年8月15日，东北大学开学，吴宓即行上课。国学系预科一年级《英文读本》，所读书为Dickens "*A Christmas Carol*"。（吴宓著，吴学昭整理注释：《吴宓日记　第2册：1917～1924》，第274、276页）

3月4日 北京大学研究所国学门方言调查会设"标音原则"一班，请林语堂担任演讲，每周二时，听讲者二十七人。原拟5月

25日授毕，实际5月中旬授毕。(《国立北京大学研究所国学门报告》，《国学季刊》，第2卷第1号，1925年12月)

本月7日，为便利起见，林语堂讲演"中国比较发音学"和"标音原则"合为一班，并改定讲演时间为星期二、五日下午五时半至六时半。(《研究所国学门通告》，《北京大学日刊》，第1413号，1924年3月7日，第2版)标音原则班每周演讲两小时，由林语堂讲述拟定之方音字母，听讲者校内外二十七人，五月中结束。"在标音原则班讲演时，曾用方音字母草案音标调查各地方言，发音者皆系在标音原则班听讲人，或本校同人，先后计得十五种方音。"(《研究所国学门纪事》，《国立北京大学研究所国学门概略》，第21页)

3月6日　国学研究社出版《国学周刊》第四十二期，胡朴安通告编辑所迁移至新闸路福康路内福鑫里六三三号。《国学汇编》第一集预约未取及续预约第二集者，请到新址接洽。(《国学周刊社特别启事》，《民国日报·国学周刊》，第42期，1924年3月6日)

3月10日　北京大学研究所国学门感谢杨树达惠赠《国文学会丛刊》一册、《太平洋杂志》一册，白启明惠赠《周王子颓器识考》一册，陶熙孙惠赠《淮南许注异同诂》三册、《通艺堂诗录》一册、《湘麋阁遗集》二册、《汉孳室文钞》一册。(《研究所国学门通告》，《北京大学日刊》，第1416号，1924年3月11日，第1版)

3月13日　北京大学研究所国学门感谢顾颉刚赠送《新学制初中国语教科书》第六册一册。(《研究所国学门通告》，《北京大学日刊》，第1419号，1924年3月14日，第1版)

3月13日　张辅铨报名北京大学研究所国学门研究生经审查合格。

张辅铨，吉林宁安人，北大法律系毕业，题目是《中国刑法之沿革》。(《研究所国学门通告》,《北京大学日刊》, 第1418号, 1924年3月13日, 第1版)

清华学校国学教员的改换及聘请，尚无具体办法。

上月22日，曹云祥聘请周诒春（寄梅）、胡适之、范源濂（静生）、张伯苓、张景文、丁文江（在君）为清华大学筹备顾问。(《请担任清华大学筹备顾问》, 清华大学校史研究室编：《清华大学史料选编·第一卷清华学校时期（1911—1928）》, 清华大学出版社, 1991年, 第287页) 本日，曹与《清华周刊》记者谈话，谓明年即改办大学，拟着手罗致良善师资。拟聘请哈佛大学哲学博士，现在欧洲学习"比较政府学"的钱端升教授历史或文化，拟请在美国充大学教授数年的赵元任往德国高造，预备明年来校充当大学音韵部（Department of Phonetics）主任。至于"国学教员之改换及聘请"，则"现尚无具体办法，容后再告"。(《与曹校长谈话记》,《清华周刊》, 第306期, 1924年3月21日)

3月15日 北京大学研究所国学门以从王国维研究联绵字等题目诸生迄今尚无成绩报告，不知是否仍在继续，通告十日内前来接洽进行研究事宜，逾期不来者，取消研究生资格。(《研究所国学门通告》,《北京大学日刊》, 第1420号, 1924年3月15日, 第1版)

3月17日 北京大学研究所国学门方言调查会发布宣言，阐述调查重点。

自北大歌谣研究会成立，颇得国人响应，而"一般社会也渐觉我国民间遗传的一切文艺与习俗有保存的价值"。古之所谓文人笔记野叟漫谈的资料，今日乃可作文学与科学的研究。由学术与实用两方面看，中国方言有详细透彻调查的必要。方言调查前人虽非全无创设，而以时代不同，眼光各异，尚未有规模完备、方法适当的全盘调查计划，根本原因在于中西治学方法不同。传统方言调查始于刘歆与扬雄，传于章太炎，附属于训诂学、考证学、语原学。

　　按方言调查，除去研究词汇同异之外，还有种姓迁移的历史，苗蛮异种的语性，古今音变的系统，方言语法的进化等等连带问题，都是方言研究分内的事。凡研究一方言，必并考察其背景历史，以穷究其源流；得一音变，必并考查其与邻近方音原原委委之关系。即使异族方言，语不出于经史载籍，也无妨比串同异以推求周秦以往的语言系统，如西藏暹罗等语。是今日方言调查范围，非仅区别训诂学中之一事，而实为与音韵学，殖民史，印度支那语言学等不可分离的一种研究。

现代方言调查采用西方语言学方法，应办的事件与应考察的问题，在范围上约有制成方音地图，考定方言音声及规定标音字母，调查殖民历史，考定苗夷异种的语言，依据方音的材料反证古音，扬雄式的词汇调查，方言语法的研究等数项。本年1月26日，北大研究所国学门成立方言调查会，"又念此事范围广大，而同人等精力有限，必得国中许多同志加入本会，持同样的方针襄助办理，然后能胜其事；特别如云南，贵州，福建，广东等语言极复杂的地方，非得热心强毅的私人或分会，专精其力，分任研究，不能得剀切详明完满尽善的结果"。而国人"或有心探考方言而未得团体合力的鼓励，或已有研究而无处发表成绩，以收交换议论的益处。故又发表宣言，征求会员，凡不在北京的人，或直接加入，做'通信会员'，或另设分会与本会取一致方针办法，共同进行，均可。如有与以上所说研究范围有关的文字著述见赐，无论是否会员，本会无任欢迎。发表文字机关暂用北大《歌谣周刊》，将来成绩渐多，当可自出定期刊物，以专研究"。"关于方言及本地历史已出的书籍，或止消行本地非众所共知，如蒙海内君子见赠，或单函示书名，价目及发刊处"，"当在北大日刊登载鸣谢。一切通信请函交国立北京大学第三院研究所国学门方言调查会，或径交北京小雅宝胡同三十九号林玉堂君收为盼"。(《北大研究所国学门方言调查会宣言书》，《北京大学日刊》，第1421号，1924年3月17日，第3—4版)

3月18日　顾颉刚与容庚合作写成《研究所国学门调查西山陆谟克学院发见建筑物报告》。

先是，北京碧云寺西山陆谟克学院发现古建筑，请求北大研究所国学门派人前往指导发掘，沈兼士嘱顾颉刚前往。3月14日，顾与容庚等前往，17日回到城里。18日，两人写成调查报告。(顾潮编著：《顾颉刚年谱（增订本）》，第100页)

两人此行注意到两种现象：一是西山一带寺观所曾往游者，无一非为私人或团体所占踞。除碧云寺、温泉庙、金仙寺为中法学院、天然疗养院、温泉疗养院、中大学田事务所等较具公共性质团体占据外，普觉寺割据于青年会，金仙寺瓜分于法人，大觉寺租借于王克敏，黑龙潭独霸于王怀庆。所占之地，每加以封锁，且书有"闲人免进"字样。长此不禁，恐怕公共游观之地，皆为私人所专有。二是大宫小宫二塔下截四周，皆为土人凿毁，玄同宝塔尤甚，恐有倾塌之虞。估计土人不知塔中所蕴，欲借此以为盗取财物。

"凡此二端，皆须设法禁止。此言保存古迹古物者所有事也。"（《研究所国学门调查西山陆谟克学院发见建筑物报告》,《北京大学日刊》,第1428号，1924年3月25日，第2—3版）

3月19日 澄衷中学校长曹慕管以公开信形式致函杨贤江，回应"国故毒"问题，杨回信一一作答，针锋相对。

曹慕管批评杨贤江不了解澄衷中学的历史，以及该校国文会考的规程、学生、命题教师、日常教学等具体情形。"新人提倡平民教育，而仆手创贫民夜校远在十年之前；近人提倡小图书馆，而敝校设立图书馆始自丙辰，藏书之富，大学莫及。凡此诸端，君皆无所知也。"杨贤江复信指出，对于澄衷的历史虽不详细知道，也有些闻知，"凡此诸端"所知与否，对于此前评论，并无必然关系。自己有权"从教育的见地来批评一个中学校的国文试题"，"即令贵校于知识、技能已顾到了十二万分"，也不是"尽善尽美，不许人再下批评"。"至于手倡［创］贫民学校、设立图书馆一类的话，更不能为不妨主张这种国文会考的理由。"

曹函强调，这次国文会考题目分为四则，一、二、三为问答，四为作文。一、二、三题之中，虽然各函有数条，而题末明确写着"各就所知择一条以答""亦择一或全体言之""择其能言者答之"。事前既指定《书目答问》《汉书·艺文志》为自修书，又劝告学生多阅近时浅易之书，如章太炎《国学概论》及《白话文》等。初衷是取孔子"知之为知之，不知为不知"的教学方法，不存在"束缚"学生的情形。杨复信道："须知我已根本否认这种国文会考的试题是二十［世］纪的二十年代的中国中学生所需要的（理由见下文），故无论'择一条以答'或仅摘半条以答，当然不必再下批评；

无论是否指定张香涛《书目答问》《汉书·艺文志》为自修书，更当然可以不管。"

　　曹函又指出常识测验为新教育界最流行的考试法度，澄衷中学乙组国文试题同样符合常识测验，并非"复辟"。杨复信认为，稍具常识的教育者应该明了中学教育的目的，以及"国文与国学的区别"。"中学所欲造就的是健全国民，决不是'专门人材'。一个健全国民不会用本国语文发表思想，不能懂得本国国情及世界大势，这是不应该的。但一个健全国民不读张香涛《书目答问》，不读《汉书·艺文志》，这是可以的。"况且，一个普通中学生普遍缺乏研究澄衷中学国文会考试题所包含的专门学识的能力和需要。现在已经不是举行"博学鸿词科"的时候，没有举行这种国文会考的必要。即使为研究国故起见，这种试题对于国故本身亦无价值。常识测验的题目除了测验题形式外，更重要的是题目性质及程度是否适于被试验者的实际。

　　曹慕管对"复辟"二字尤其反感，分四个方面反问。一、"注重国故与主张复辟，尽有鸿沟，岂无畛域？君顾混为一谈，真天下奇谈哉。"迩来少年作者不尚理论，惯用罪名加之人身，以此见长，适露其短，不料杨亦蹈此覆辙。"仆虽无似十五年来民间运动靡役不与，第无名耳，'复辟'徽号始出，君赐以此见诬，于我无损，仆于足下徒觉可怜而不可气也。"二、"吾校注重国故，本校主之遗嘱而然也。二十年来一贯主张，何为复辟？君亦知吾校不授白话，而同学之著作者，胜似足下；其思想之新颖，足下且受其束缚也未。"三、杨"以此种考试为国文教育上的复辟行为"，而"以庸妄人之教授性欲小说《金瓶梅》《红楼梦》（大观园只有一对石狮子是清白的，故云），盗贼小说《水浒》《儒林外史》为革命行为"，诚非"有益青年之身心"。四、澄衷只是"一小小私立中学，不敢有烦调查"。东大号称东南学府，历年招生考试重视国文。"吾校设学宗旨在乎体念校主兴学苦心，培植专门人才，是故奖励升学，当务之急。今以'这种考试考试中学生'，尚复自愧难以使全体之毕业生得以升学于东大。"特赠送《东大国文常识试题》两纸，使杨"略知近今大学入学试题之情形"；并赠《澄衷》第五期一册，使杨"得悉吾校举行国文会考之详情"。最后，复请杨读日报，"明了敝校去年运动之成绩及职业指导之用意，则知'智识和技能'并非不知注重者"。杨复信强调，"复辟"本意是教育上国文教学的历史倒退，不是指政治上的封建复辟。澄衷承校主遗嘱"注重国故"，"二十年来一贯主张"，"于此可见贵校的国故教授"之反动由来已久，也不是"复辟"。所谓革命行为的国文教育，纯属曹的想当然。中学教育根本不在培养专门人才，而在于国民常识，澄衷如引导学生毕业全都升入东大，与教育宗旨是矛盾的。

曹最后声称，决不会为杨"竖起反叛之旗，大喊一声革命"所吓倒。

　　仆于教育纵鲜常识，亦尝从吾浙前辈诸先生游，兼获交于令师经君子渊，略具师资；世变沧桑，忧患饱尝，学殖荒落，自知不免。研究国学目的何在，方法若何？窃敢自比于老马，文题桥玄论掳赎事，力主并杀，不得赎以财宝，而此风遂绝。以之为法，可以治盗；以之为题，可觇学识，但不足为外人道。今之以莠言乱国者滔滔皆是，极目横流，我心悄悄。君顾挟中国唯一书肆之权力，主撰"专供全国中等学生阅的月刊"，不务实事求是，造福青年，只知鼓吹破坏，掀起学潮，贻害学生，不知所届蜣蜋者流，更复何望吾校。有鉴于此，近拟发刊旬报，名曰《智识》，凡所揭载，庸德庸言，组织就绪，发行有日，尚当求教于世，供君参考。

杨复信道："须知我所谓革命，乃是明明白白的指革贵校的那种国故教授的命，不料先生竟误会为革先生的命，'呵呵'！""还有不少和我原评无关的话，请先生恕我不复。不过最后，先生以'鼓吹破坏，掀起学潮'的罪名'赐'我，我却要请先生拿出证据来。"（杨贤江：《杨贤江答复澄衷中学校长曹慕管信——讨论国故》,《杨贤江全集》第4卷，第628—634页）

此外，曹慕管致信商务印书馆，予以严厉谴责。《学生杂志》主编朱天民在道歉语中指出："上海澄衷学校声誉夙著，记者久耳其名而未悉其内容。今读曹慕管先生致本社社员杨贤江君函，复详考《澄衷》第五期校刊，始知该校此次之国文会考亦自有其主旨，非一味复古、漫无目的者所可比拟。"《国故毒》一文，"全从普通教育眼光立论，故所见不无相左"。"兹特将曹先生原函刊布于此，俾读者知所区别并道歉忱。"（杨贤江：《杨贤江答复澄衷中学校长曹慕管信——讨论国故》,《杨贤江全集》第4卷，第634页）

曹杨争论焦点之一，即文言和白话之争。赞成曹慕管者多为澄衷学校校友或与曹慕管交好，同样不乏上纲上线，其间涉及与国故、国学的关系。澄衷学校学生"雪憔"最先起来声援，撰《吾不解何谓"国故毒"》一文，强调"国故"乃新文化的根基。

国故之名，创自近世。其始也，国人鉴于欧化之东渐，群相告曰"保存国粹"，于是各省有存古学堂之设。而一考其所谓存古者，本无一定之范围，亦无一定之目标，特举与所谓新政新学者相对抗，故不数月而终止。

新文化运动以来，国内出版物增加千百倍，持论主旨各走极端，为数千年来中国学术史之新纪元。而时髦青年"毫无旧文化（暂用之对待名词）之根底"，没有资格谈论"所谓新文化"，"且不配看所谓新文化之辞书"。

彼自束发受书，即以教科书是务，强以研究中国数千年来之学术，进而求世界数千年之学术，更进而求所谓新文化，则时髦之岁月已去，又从何处得炫人之地位耶？故不惜举中国固有之文化，悉加以名称曰"国故"。凡自国故中出者，悉曰"国故毒"，吾诚不解其毒之何在也。倘以为华人不应知此国故耶？则自忘其国矣，吾复何言。倘以为华人应知国故耶？则会考问题，乃研究国故入门之问题也，何得称为毒乎？且受毒者乃命题之人耶？抑受试验者耶？若谓命题者已受毒，则说者必有不毒之国故在；若谓受试验者已受毒，则愿说者开示解毒之药方；若谓国故本有毒性，拒之当如砒霜与鸩酒，则吾不知所谓不毒之新文化者，系由何处产出。倘以此种国故入门问题不应试中学生耶？则同时又许多英文数理试题，亦不应试中学生。

中国之中学生程度，固无一定标准。内地中学校四年级英文，有些只读《泰西五十轶事》，倘以澄衷中四之英文试题与之比较，未有不骇为"英文毒"。况会考与常试（普通试验）不同，奖励课外用功，与讲堂听讲各异。

　　请问批评国故毒者，能举出三题中何条含毒性而能遗害青年耶？以《汉书·艺文志》之彪炳千百年，又断非近世某杂志，某月报，可比其毫毛矣。即以张氏《书目答问》而论，近代又有几人如张氏之博雅者耶？以《艺文志》之学说，树中国几千年学术界之指标，而盲目者乃欲为蚍蜉之撼大树，能不令人齿冷耶？

"近世青年之知识，得之于目者较少，得之于耳者甚多。举一二学者之口头禅，认为自己之法宝，有能埋首读书，自求真理者，诚鲜矣。此固时代潮流之使然，亦中国政局不宁之影响，岂能长此终古耶？"惟望"可敬之青年，多读古圣贤之遗书，方知何谓'国故'，方知国故之不尽毒人"。（雪樵：《吾不解何谓"国故毒"？》，《澄衷同学会季刊·国故毒问题之论战》，第6期，1924年夏季）

署名"拙"者在《以毒攻毒》一文讽刺说，仅闻中酒毒、中鸦片毒，未闻中"国故毒"，该说法无异于视国故如酒如鸦片害人。学生有略懂国故的必要性，否则尽将斥为"非中国人"，这是澄衷学校举行国文会考，以国学常识命题之目的。杨贤江以提倡国故为"国故毒"，"自必知国故之为毒，惟恐此毒之或中于其身"，其执笔为"国故毒"之文，却仍用中国文字。"文字之学，决不能脱离国故范围"，则以杨之论调，亦在"国故毒"之列。"吾固知杨君所中之毒不深，然杨君亦当自幸其略中此毒，得执笔为白话文，发表其自以为新颖之思想，非然者，舍借用外国文字外，当别无他法也。"（拙：《以毒攻毒》，《澄衷同学会季刊·国故毒问题之论战》，第6期，1924年夏季）

3月21日，澄衷学生陈允恭致函曹慕管，请教研究国学的目的、方法。3月22日，陆兆鳌亦致函曹慕管，极表支持澄衷国文会考的办法，称赞《智识旬刊》，咨询其内容和价格，以便购阅和学习国学时观摩。其致函澄衷教师王震公云："迩来学校颇重国学，知国故所涵匪尽国渣，尽有国粹在此，亦好现象也。国立大学国文入学试验，东大实视北大为难。而东大各项常识测验，尤以国文为最匪常识。（此犹太炎《白话文》内所列各种常识，亦太近专门也。）去年夏招考新生，规定每卷有两个分数。考卷中，二百余卷，归顾惕森先生阅看。结果有二百余个零分，即过半数得零分也。此则虽受同等之试验，而阅卷者眼光之高低，又有大不同者。"（《陈允恭先生致曹先生书》《陆兆鳌君致王震公先生书》，《澄衷同学会季刊·国故毒问题之论战》，第6期，1924年夏季）

△　顾颉刚致函冯友兰，谈在北京最宜研究国学的原因。

先是，顾颉刚在致友人函中多次谈到，上海无适合对象谈论国学。是日，辞谢冯友兰中州大学之邀请，婉言由不得已之故。"弟自问好学出于天性，而研究国故实以北京为最宜（1.京师图书馆藏书四十万册，2.北大中藏书十六万册，3.琉璃厂等处书铺多，4.历史博物馆及古物陈列所藏古物甚多，5.研究国故的人居北京者为多），故宁辞现钱之商务馆而就欠薪之研究所。"（顾颉刚：《顾颉刚全集·顾颉刚书信集》卷二，第225页）

　　3月20日　北京大学研究所国学门感谢章泥生惠赠《自鉴》一册，吴虞惠赠《闻妙香室词钞》一册、《海绡词》一册、《辨疑录》二册，何联奎惠赠《经解入门》二册、《白田草堂存稿》六册。（《研究所国学门通告》，《北京大学日刊》，第1425号，1924年3月21日，第1版）

　　3月22日　周作人作成《国学院不通》一文，批评顾实撰写的《国立东南大学国学院整理国学计画书》多处误解章太炎的话，是国文"不通"的表现。

　　东大国学院计划书设立"诗文部"，理由是"风雅指归万目共睹"，"诗文之设非以理董往籍也，将欲以衡量现代之作品"。"移风易俗责无旁贷，效在潜默渐而不顿，故揭橥标的，略示宗尚"，于是采取乐天、成仁两大主义。周作人指出："老实说，东南大学（而且又是国学院）发表这种言论，即使不是意表之内，至少也并非'意表之外'的事，所以不值得怎样大惊小怪。"杀身成仁的烈士文学古已有之，算不得新发明。计划书曾引用章太炎《菿汉微言》"观世盛衰者，读其文章辞赋，而足以知一代之性情……是故文辞刚柔，因世盛衰，虽才美之士，亡以自外"之语，借此发凡起例。然后说，"季唐以下之诗歌，有不堪卒读者矣……故岳武穆之杀，非秦桧杀之也，其社会杀之也，其国民文学杀之也，欲宋之不为元，何可得哉"。实则章之本意"明明说文学是时代的反映，国学院诸公先称赞他说的不错，而后末却说时代是文学的反映，说宋朝乃是被其孱弱的（即不乐天，不高喊成仁的）文学所亡"。国学院诸公"抄这一大节'章君'的话而终于看不懂，结果却说出正相反的话来"，"真是一个大笑话。或者太炎先生的古文真是难懂也未可知，怪不得国学院诸公；恰好上海坊间还印有一小本《太炎白话文》，诸公可以一读，一定要更容易了解些"。（陶然：《国学院之不通》，《晨报副刊》，第65号，1924年3月27日，第4版）

3月23日　陈望道在《民国日报·觉悟》发表《"老马"与"复辟"》一文，批评曹慕管致杨贤江函存在两处修辞问题，讽刺曹慕管学殖荒落。曹慕管有文反驳。

文谓曹慕管信函满幅多九公倚老卖老的口气，仅从两个修辞问题也看出其"学殖荒落"。如"老马"与"复辟"，都是譬喻格中的托喻。曹既然自己用隐语，自比国故中的"老马"，却不允许杨比喻澄衷学校国故考试题目为"复辟"。"复辟"本是一种譬喻格，与"十五年民间运动"的革新事业无关。如此明白之意，曹竟不理解。曹责问杨用"复辟"两字的第四个理由中，"小小私立中学"与"培植专门人材"是国故修辞学上的"病辞"。第二个理由中，"吾校不授白话而同学之善作者胜似足下"，也不知何意。（陈望道：《"老马"与"复辟"》，《民国日报·觉悟》，1924年3月23日，第6—7页）

同日，曹慕管致函邵力子，指责陈望道乃杨的"业师"，见弟子为人攻讦，投书臂助，可惜陷于枝节。同时力辟"复辟"，实缘二字与性不合，深恶痛绝，引用民间运动证明自己非不知尽力于革新事业。陈以"培植专门人材"见询，实因不知澄衷学校曾设师范、商科。同时承认致杨函之第二端理由，语意欠缺明显，强调："弟意吾校中学从来不授白话，而新文学巨子却出自敝校，其思想之新颖，颇为近今谈新文学者所信仰。可见中学教授文言，略究国故，不得称为束缚云尔。此节说得未透，在于未举某某姓氏以为左证，如果举出，陈先生又将认为吾短，弟故至今嘿尔而息也。"（《曹慕管君来函》，《民国日报》，1924年3月24日，第3张第11版）

△　报载上海昌世中学校长朱葆元增订中文科目，以期振兴国学。

上海狄思威路昌世中学校长朱葆元"近鉴于国学不振，特将中文科目，重行增订，注重经学、史学、子书、词章等"。并添聘"富有新旧学识经验"的吴鉴屏、李振公等担任。学生人数日渐增多，原有教室已不敷应用，故近日正纠集工人进行建设，月内即可落成。（《昌世中学校注重国学》，《申报》，1924年3月23日，本埠增刊第2版）

3月24日　曹慕管致函澄衷中学校董，附上杨贤江批评"国故毒"原文，及致杨贤江函，意在组织反驳。（《杨贤江君答覆曹校长书——讨论国故》，《澄衷同学会季刊·国故毒问题之论战》，第6期，1924年夏季）

文学研究会甚不齿曹慕管的言行，组织反驳文章。王伯祥在3月21日的日记中说："澄衷中学校长曹慕管顽强多事，忽而充代表，忽而做交易所，忽而提倡八股式的国故，本不足责，近日英甫因纠正他在校以尊经宗子的问题责学生，他便大放厥词，在《时事新报》上乱叫。散馆后，雁冰诸人在我家略商，预备这一期的《文学》要向他攻击了。"王以笔名"H"，于22日草成《策问式的国故》一文，"斥曹慕管之误人"。"此君好名过甚，或将从此引起笔墨官司也。但不说终不快，殆箭在弦上不得不发乎！"（张廷银、刘应梅整理：《王伯祥日记》第一册，中华书局，2020年，第36页）

王伯祥该文批评曹谈国故乃盲目跟风、跟人学样的通病。"其实国故的整理，自有他本身的时代性，并不是要把从前所有的一一光复过来重现于今日。""研究国故不是复古，不是吴稚晖先生说的'洋八股'，乃是真切研究中国历史的一切材料，确实地找出一

个逐渐演化的迹象来。"澄衷会考国文的三道策问，令人读了恍如
置身场屋中博功名，简直回到原来八股时代的老路，已经不止"洋
八股"，"似乎去真正的国故太远了"。中学生需要适切生活的知识
和技能，不是升学，也不能悉数驱而纳诸国故。"于此，我敢正告
曹先生，研究国故固然是学术界很紧要的一件事，但这不是责人人
以必然的事业。先生主持的是中学校，应当照顾学生们出校后的生
活，须知现在的时代早已不是'卖赋求荣'的时代了。"（H:《策问式
的国故》,《文学》, 第 114 期, 1924 年 3 月 24 日）

周作人也批评曹慕管误解杨贤江，不通白话。杨贤江原文仅
批评"国文会考"出一些策论题目，是"国文教育上的复辟行为"，
并未说澄衷校长是宗社党，而曹慕管竟然解作"意图复辟"。"不是
这样解，则上边的话没有来源；若是这样解，那么我们的这位老乡
亲的国文程度实在太差了。就常识上说，堂堂中学校长决不会连一
句白话都看不懂，然而证据具在，我不得不暂且假定一个欠通二字
的批语。"如"该校宗旨系在养成能够'升学于东大'之学生，而
该东南学府的最高机关'国学院'本有先例，诵古之人言而不懂
今人之文，那么这同曹校长之不懂国语"，"适足以表明衣钵真传"。
（陶然:《国故与复辟》,《晨报副刊》, 第 67 号, 1924 年 3 月 29 日, 第 4 版）

　　△　北京大学研究所国学门通告近期收到各处寄来的交换杂
志的目录。

中文有《清华周刊》《国学丛刊》《学艺》《教育杂志》《医事月
刊》《东方杂志》《新民国》《北京交通大学月刊》《太平洋》《心理》
《史地学报》。德文有《德文月刊》第一卷第一期一册，上海同济学
校德文月刊社。日文有《考古学杂志》第十四卷第四、五、六号三

册，日本考古学会；《艺文》第十五年第一、二号二册，日本京都帝国大学文学会；《东洋学报》第十三卷第三号一册，日本东洋协会学术调查部。(《研究所国学门通告》,《北京大学日刊》,第1428号,1924年3月25日,第1版)

3月25日　曹慕管致函《时事新报·学灯》主编张东荪,介绍"国故毒"论战的缘起、澄衷中学的态度及本人应对的文章,将矛头对准胡适。

曹函写于3月21日,内称：

> 我校主叶公澄衷,自以幼时孤露,未尝学问,设营教育,以宏造就。易箦之前,谆属注重国学。校董秉斯遗志,勒之于石；慕管守兹成规,未敢忘怀。近以鉴于学生国文程度,逐渐退化,采用球类竞技之法,励行会考,以图补救。分合六组,命题试验：有策问体,有测验式,讲法释言,填字造句。新旧兼施,劝惩并行。依此教学,自谓无咎。

杨贤江仅取一端（甲组考题）,遗却全体,侮辱丑诋,甚于村妪。"'复辟''革命',加之罪名,甚至鼓动破坏,掀起学潮,无理取闹,莫此为甚！""请不惮辞费,一与周旋；既以函致杨君,请其答复,复以文布于世,广征舆论。先成《论胡适与新文学》一章,预借贵报《学灯》余白以求教焉。过是以后,拟撰《白话利弊》《国文教学之目的及其方法》《评学生杂志》《理想的学生杂志》《评商务印书馆新学制教科书》等篇。"诸文大多揭示白话文利弊,如指胡适《最近五十年来之文学》所言文学入手八事,大都出于章实斋《文史通义》。(《致张东荪先生书》,《澄衷同学会季刊·国故毒问题之论战》, 第 6 期, 1924 年夏季;《国文教授问题》,《时事新报·学灯》, 1924 年 3 月 25 日, 第 4 版)

澄衷师生中, 朱次韩致函曹慕管, 呼应对胡适的批评。袁之浩致函葛锡祺, 也支持曹, 批评一般青年读几本《新青年》《尝试集》, 便自命社会改造家, 逞其方刚之血气, 肆意捣乱。杨贤江不详察中学之近状, 狂评国故之是非。中学生出校后多数转入职业界, 而职业界需求者不是新文学家或新文学。母校澄衷注重国故, 正顺应社会所需求。"彼等新文学家, 恒以思想陈旧, 为评论国学之武器, 然而思想为一事, 文字又为一事, 岂能混为一谈。况乎重国故者, 未必死读古书, 墨守成规也。苟于国学, 确有根底, 作白话文亦何难哉。窃谓母校所施行之会考, 不特不宜废止, 更宜联络旨趣相同之学校, 作大规模之会考, 庶几于剧烈竞争中, 获非常之进步。"(《朱次韩先生致曹先生书》,《澄衷同学会季刊·国故毒问题之论战》, 第 6 期, 1924 年夏季)

本日, 王伯祥见到《时事新报》所载曹慕管致张东荪函, 谓:"真无赖, 原不值一驳, 只不能任其猖獗, 致淆听闻耳, 因拟联同人痛驳之。"(张廷银、刘应梅整理:《王伯祥日记》第一册, 第 37 页)

△ 陈望道在《民国日报·觉悟》发表《答曹慕管先生》一文, 澄清"国故毒"论战中曹慕管讥评的两处问题。

一是杨贤江并不曾从陈望道听讲, 两人并非师徒关系。二是曹慕管所言陈文陷于枝节问题, 实则主旨只是责问其用"复辟"两字, 误把譬喻的"辞格"看作"常语"。把"复辟"两字与曹的"老马""鸿沟""界域"等词相比, 表明杨所用"复辟"只是明喻、隐喻、托喻三类譬喻中的托喻，并非说曹也像康有为一样，真的在政治上是一个复辟人物。（陈望道：《答曹慕管先生》，《民国日报·觉悟》，1924年3月25日，第2页）

3月26日　曹聚仁在《民国日报·觉悟》发表《为"国故"呼冤》一文，抨击遗老遗少不配研究国故。

曹慕管、杨贤江二人的辩驳表明，"国故"定义的模糊性，客观上给遗老遗少们创造了条件。

> "国故"一名词，学者各执一端以相譬应，从未有确当的定义；于是那班遗老遗少都想借此为护符，趁国内学者有研究国故倾向的机遇，来干"思想复辟"的事业，有虚字不通的大学教授，有修词学不讲的中学校长，他们居然也来提倡"国故"，还敢说什么"注重国学"，怎不令人齿冷！怎不令人为"国故"痛哭！

从国故的功能、内容和研究态度三个方面，告诫遗老遗少们："国故"从前是"智识强奸者的骗人利器"，现在只是"专门学者手中一部分原料"，不是圣贤经传，不能再用来升官发财、愚弄乡民。"国故"内容丰富，包括表现在纸面上的"东亚大陆五大民族所创造的文化"，可整理为政治学、教育学、人生哲学、社会学等，以及"分文不值"的"圣贤经传"。且只有具备"新文化"洗礼后的"新态度和新方法"，才有研究和谈"国故"的资格。"国故的新运命，也全在新态度和新方法上。""'国故'是一堆庞杂凌乱的遗产，其中牛尿马粪固是很多，即金玉锦绣也含有不少。"研究"国故"，首先要经过整理手续。即"以类分家"，"各部分自成系统地连缀起来"。"再用精明的眼光来观察来讨论，各自发展各自的途径。""经过十年二十年的长期研究，或者'国故'含有用处。"（曹聚仁：《为"国故"呼冤》，《民国日报·觉悟》，1924年3月26日，第2页）

△　署名"一声"者在《时事新报·学灯》发表《"国故毒"评论之我见》一文，认为曹慕管、杨贤江及陈望道的讨论陷于枝节，使阅者不能得其真谛，而杨贤江批评澄衷国文会考试题阻碍"新文化运动"，并未举出理由。

作者指出要解决争论问题，须先明确"国故"二字的领域，实"国家之旧事"，如故事、故府、故记、掌故官、故训等，皆包涵于其间。杨贤江所谓"国故毒"，细绎其义，则文中所举，必有贼害民性之表示，而无当于教育者，事实则未必。"盖其所命问题，确为研究故籍之门径，非高深艰奥不可解者，更非陈俗迂腐不可治者。受试者果能按条而答焉，则固无损于智力，亦无妨乎教育。而杨君竟判以毒字，似不足以赅题义，而未免言之过甚。"例如，第一题中开首几句"国学载籍，分经史子集四部，能言其分合之义欤？"乍看起来，似觉不切用，如果改易为"什么叫做经书？""什么叫做史书？""什么叫做子书？""什么叫做古集？""经史子集怎样分的？怎样合的？"则都是学者应备常识，也是所谓国学常识试验。"在杨君为革新文化起见，固不得不发此爽快之论调，以博阅者之注意。而不佞视之，则以为未免过于激烈。责善之道，古人相尚。杨君既以此种国文教学，为新文化运动之障碍，而欲纳入于正轨！理宜举出理由指摘之，不当妄言革命，以为蛊惑学生之口吻。"（一声：《"国故毒"评论之我见》，《时事新报·学

灯》，1924 年 3 月 26 日，《澄衷同学会季刊·国故毒问题之论战》，第 6 期，1924 年夏季）

　　△　澄衷学校学生陈晓钟致函《民国日报》编者邵力子，批评"国故毒"论战中陈望道没有彻底明了章句文法的构造，抹煞国故整理或阐扬的价值。陈望道有文批驳。

　　陈晓钟笔名"岘人"，自称"新青年"，"对于新文学有特殊的兴味，和不断的研究"，从文法方面质疑陈望道，"虽不免带些辩护色彩，而实在是推究真理"。"老马""复辟"的譬喻格，"老马"譬喻善于识途，而"复辟"却是譬喻"整理或阐扬国故在现代潮流中为复辟行为"。"姑无论国故和国文有无划然的分别，姑无论国故有无整理或阐扬的价值，而杨君一笔抹煞：不问历史上的关系，和现世潮流，中国国情实在的趋势和祈向，概斥之为'复辟行为'，那是绝对谬误的。""曹文的'老马'在文理上无语病，而杨文的'复辟'在理论上却没有通的可能性。"（岘人：《评评新文学家的作品》，《民国日报·觉悟》，1924 年 4 月 1 日，第 5—6 页）

　　陈望道反驳称，将"老马""鸿沟"等与"复辟"相比，目的是改正曹把"复辟"看作"常语"的观念。"复辟"只是与"老马"一样的譬喻，曹无需拿出"十五年民间运动"等等来证明自己不会"主张皇帝再坐龙庭"。曹"注意国故与复辟，尽有鸿沟，岂无界域"一句，实则"鸿沟"和"界域"属于媲配，两喻并用，犯了语病。陈晓钟以为"媲配在旧文学中是绝对容许的"，把它改为"注重国故和复辟，中间尽有鸿沟的分别，哪里会毫无界域呢？"这句白话，则非不通。陈望道反驳指出，说曹"媲配"并非是说"两喻并用"，"文则"是一部书的书名，曹却去了括弧，误作"文法"。

（陈望道：《一篇自称"研究新文学者"的文字》，《民国日报·觉悟》，1924 年
4 月 1 日，第 6—7 页）

3 月 27 日　汪震在《教育周报》发表《最低的国学书目是什么？》一文，批评梁启超、胡适所开国学书目程度太高或太专门，都不适合初中学生。主张高中开始学习国学，必须注意两事，一是不能列举"原料的书籍"，而应列举通论著作，二历史与国学独立分科教授，各成系统。

中学学习国学，首先"不可以用原料的书籍"。例如，拿胡适《中国哲学史大纲》上卷与上古中国哲学书籍《老子》《墨子》比较，后者则是"原料的书籍"。"因为太难，并且需要入门的知识。"其次，"历史应当与国学独立"。一方面不是"使历史与国学断绝关系，一无沟通之处"，而是"成为一种科目教授。因为最低的国学是在中学学的，历史是自高等小学便有的"。另一方面，"历史注重事迹之因果，国学注重灌输一般的常识，在心理的结合上，中国历史是与西洋历史结合成一个系统的，虽然与国学也有关系，但是没有与西洋历史结合得那样密切"。初学与老手不同。"一个国学的老手可以研究古代的学术，用古代的时代作背景，在初学国学的人是万万不能的，他们只能有一个粗略的知识，是不能使学术与政治文化彼此都吻合的。反而中国的发展的情形，朝代的变迁，与西洋有多少相似处。这一点相似处，便使中国历史与西洋历史结合成为一个系统了。"

最低限度的国学应从高中开始学习，根据教育原理，教授采取渐进方法，先得粗略知识，作为根柢，再得更精密的知识。第一步学普通的国学通论，附带几本参考书。第二步个别的国学通论，附

带几本专门参考书。第二步学完，才可看"原本的书籍"。例如，第一步读《国学通论》中的墨家，参考《中国哲学史大纲》上卷墨子部分。第二步读《中国哲学通论》墨家哲学，参考《墨子学案》。第三步读《墨子间诂》，参考《墨经新释》《墨经新诂》《墨学分科》《小取篇新诂》等。第一步在高中学，第二步在高中末年与大学第一年学，第三步在大学专修，绝对不能在初中学习。最低限度国学书籍只是一种国学通论，胡梁两家书目只有一本《中国哲学史大纲》可用作参考书。适合作课本的著作实在还没有，只有章太炎讲演《国学概论》，"才是真正的最低的独立的国学书籍"。且"章炳麟的书不满意的地方很多，有些地方觉得太专门，并且有许多偏见之处"。（汪震：《最低的国学书目是什么？》，《教育周报》，第2号，1924年3月27日）

　　△　桐英在《时报·教育世界》发表《"能见其大"之国学》一文，反驳陈晓钟发表在澄衷学校《每日新闻满三百号纪念刊》上的《研究国学之关键》。

　　陈晓钟认为："我国国学，一挫于科学教育之盛行，再挫于欧化新潮之输入（自由思想白话文学）……噫，国之无学，则亦已焉，有学而国人不之学，是国人已失其国民之本性，其痛实有甚于亡国者矣。我校素以国学特著声称，而主教诸先生，又多当今名彦。有其师必有其弟，趋尚所衍，遂有研究会之崛起。"桐英摘引其语后指出，《研究国学之关键》末尾有署名"一匡"者的批语"能见其大"，估计与陈晓钟是师弟关系。不明"能见其大"的"大"处何在，却"霍然大悟国学是科学教育，欧化新潮，自由思想，白话文学等等的冤家，而提倡国学非没（设）法大'挫'其科学教育，自由思想不可"，讽刺曹慕管"有其师必有其弟"。（桐英：《"能见其大"

之国学》，《时报·教育世界》，第24号，1924年3月27日；《澄衷同学会季刊·国故毒问题之论战》，第6期，1924年夏季）

3月28日，陈晓钟反驳桐英"不但冤枉了我个人，而且冤枉了国学的本身"。澄清前三句话意思，不是"科学教育和欧化新潮，果然足以致害于国学"，乃是"科学教育盛行以后，欧化新潮输入以后，国中青年，一方受了环境的压迫，一方中了'鹜新'的迷毒，便不能不遗弃了国学，而国学的前途，也就因此受挫不少了"。下文也"并未尝承认科学教育和欧化新潮是国学的冤家，而国学之所以衰挫，实在是因为一般人盲从鹜新忘却了'国学之可贵'的原故"。自己是"曾作过一番新文化运动"的新青年，觉悟到"纯粹的科学教育，实在不能供应'养成'一个完人的需求"。"一般人之所谓顺应所谓适应，完全着眼于来自'外铄'的潮流"，"他们对于中国社会所处的环境和民众一般的祈向，却毫不加以注意"，无异于"削足适履""强男生子"。（岷人：《为误解澄衷学校每日新闻满三百号纪念刊上面的"研究国学之关键"者进一解》，《时报·教育世界》，第27号，1924年4月3日）

△　王叶在《民国日报·觉悟》发表《老先生的解剖》一文，斥责"国学老马"曹慕管完全没有了解杨贤江的本意，胡乱批评，并列举其"老马文法"种种矛盾和不通之处，暴露"老先生"思想落后的真实面目。（王叶：《老先生的解剖》，《民国日报·觉悟》，1924年3月27日，第2—3页）

△　北京大学研究所国学门感谢永由仁助惠赠《论语义疏》六册。（《研究所国学门通告》，《北京大学日刊》，第1431号，1924年3月28日，第1版）

　　3月28日　澄衷学生陈楚材在《时事新报·学灯》发表《一个受国故教育者的自述》一文，批评杨贤江不了解澄衷中学的国故教育。

　　陈楚材已升至沪江大学，指出曹慕管、杨贤江及H（王伯祥）彼此都有误会之处。曹从来不满杨，指其蛊惑青年朋友，而杨确无鼓动澄衷学生风潮之意。陈倾向于新文学，却得益于澄衷的国文教育氛围，养成爱读古书的习惯。"回首思量，很感谢国故教育，给我不少的帮助。我是有志学文学的，假使不是进澄衷，做了浸润旧籍的第一步，现在看书就要感受大困难了。"从前终日以《国语文类选》《杜威五大演讲》《三大演讲》《新青年》《少年中国》《改造》《东方杂志》以及《学生》《妇女》《小说月报》等为密友，一看稍古的书，便嫌其老气横秋，弃之不读。"曹先生曾劝我要读点书，才能'胸中有物'。于是我每日下午总要在丙辰图书馆做点浏览的工夫。什么《左传》《汉书》《史记》《战国策》乃至诸子之文，四部中文集，《史通》《文史通义》《文心雕龙》，都曾力为研索。觉得颇有兴趣，不期而有'学乃在是'之叹。""平心而论，做一个中国人，做一个知识阶级的中国人，至少中国大部头的书，总得要看看。普通国学的常识，总不能一点没有。中学里毕了业，无论你进什么科，有了旧学的根柢，决不至有什么妨害的。"曹要杨调查澄衷内容，杨亦未调查。"澄衷的史地教员项远村先生的学识和教授法，实在任何中学校难找得出。至于中国情形，世界大势，无日不灌输给他所教授的学生"，所以澄衷毕业生的这些知识事实上"却不十分缺乏，只要他是肯留心的，出来比别校学生，总要高明一点"。杨"似乎疑澄衷学生，必定是一些顽固的遗少，专读死书，那可就太看不起后进了"。（陈楚材：《一个受国故教育者的自述》，《时事新报·学灯》，1924 年 3 月 28 日，《澄衷同学会季刊·国故毒问题之论战》，第 6 期，1924 年夏季）

本日，曹慕管公函致陈楚材，感谢明白告知"项远村先生的学识和教授法"。"至于兄致书杨君，要旨有二：其一为纠正批评家之态度，其二为要求名誉之赔偿。今幸已得《学生杂志》主任暨商务印书馆编辑长来函，正式道歉，业已和平解决，堪以告慰。""读《学生杂志》杨君文字有时，'期期以为不可'，诚亦有之。'说他是蛊惑青年的朋友'，则语气恐非如是。"（《曹慕管致陈楚材书》，《时事新报·学灯》，1924 年 3 月 31 日，第 1 版）

3 月 29 日　孙祖基在《时事新报·学灯》发表《国文与国故》一文，认为提倡国故与注重国文完全是两回事，国故不是中学教育的目的。

解决"国故毒"引发的国文会考问题，或中学应否教授国故问题，必须先观察国文会考在学校中的价值，再观察国文是否国故，国故究竟在目前的中等教育阶段占有怎样的地位。中学国文教学的目的，不过使学生能通解普通语言文字的意义和能自由发表思想，决计不能使人人有高深的文学知识，或造人人文学巨子，因此必须讲究方法。"若竟以策问式为教学，则必泄没个性，未必有何种成绩。""国文的解释，不过本国的语言文字而已，国故便不容易下个定义，勉强说来，只能道本国历史上所存在的精神和物质的文化，和我们祖先的社会，曾发生过若何影响的。或者遗留到现在，于学术界中犹占据一部分势力。""提倡国故与注重国文完全是两事。国故非人人有天才及兴趣去昌明他的，国文却人人须学习。所以注重国文，方法甚多，何必会考？"

中等教育阶段学生宜有一些国故常识，研究则当属于少数有兴趣者。然而现行的教育却不然，结果导致出现许多弊端。

> 设如一个人提起章实斋，人人注意章实斋；一个人撰一短篇颜习斋或戴东原的学案，便人人向故纸堆里去搜寻颜戴的著述。现在文人好谈国故，和六七年前稍有新思想的做白话文一样时髦。一个古人的谈片，动动便考证演绎，费上不少笔墨，做篇八股类似的文字。甚至劝留学生都应捆载国学书籍几大箱到外国去，而高级中学文科更订上奇奇怪怪的课程，尽管没人讲，尽管没有人学习，而刊印在章程上，给人家看看，以为真正提倡国故。某大学入学考试所谓国文常识测验，简直把四千年前从有竹帛起到现在，所有国粹国糟，都一个个提要钩玄，排成几十问题。那些问题，全是该校几位闭门不知天下事的文科教授所拟定的。记得去年夏季，我正服务南京暨南学校，有一个宴会，座上都是中等以上各校教职员。那时正值某大学入学考试期，有人以该大学国文试题为谈资，大家笑着说，像那样的常识测验，恐怕该大学教授全体中，还不能答出十之一二呢！

孙祖基认同丁福保的主张，即科学是青年学习的当务之急，国故只能交给老辈。"国故的范围太大，研究的工夫亦有深浅。乡先生丁福保仲祜常对我说，目前青年所应研究而且急需的，便是科学，至于国故，只能让我辈中年以上的文人，整年累月去搜讨研索，得些

成绩来报告给你们。"（孙祖基：《国文与国故》,《时事新报·学灯》, 1924 年
3 月 29 日,《澄衷同学会季刊·国故毒问题之论战》, 第 6 期, 1924 年夏季）

　　△　刘大白致函曹慕管, 批评其在"国故毒"论战中是精神
遗老。

　　刘大白强调与杨贤江、曹慕管仅见过两次面, 均没有友谊和
交情。且并非《星期评论》的健将, 和《向导》也绝无关系。讽刺
道："世界上尽有精神很老的'新著', 尽有'日读新著'而精神很
老的人。"（刘大白：《答少年老成的曹慕管老先生》,《民国日报·觉悟》,
1924 年 3 月 31 日, 第 5—6 页）

　　△　署名"华男"者在《中国青年》发表《受"国故毒"的学
生听者!》一文, 披露澄衷中学更多国文会考试题, 斥为反动黑暗
势力, 号召青年起来反抗, 强调拯救国家民族的急务是从事国民革
命和社会革命。

　　澄衷中学的国文会考试题不但形式"古气"重些, 而且内容
"古而且怪"。列举如下：中学甲商甲组（旧制中四三商四三）试
题, 除了第（二）题, 还有作文题："读《后汉书·桥玄传》论劫
质事。"中学甲商乙组（旧制中二商二）试题：第（十一）题："开
元天宝系何帝年号?"第（十六）题："宋太祖之后, 复即帝位者
何人?"第（二十）题："何谓汉学? 何谓宋学?"作文题："论
古代朋党与立宪国家政党之异同。"中学甲商丙组（新制中二中
一）试题：第（三）题："问两汉间忠于幼主者何人, 利用幼主者
何人?"第（六）题："问汉时贞孝女子有几, 能列举其姓氏否?"
第（八）题："问《史记》《汉书》均列《儒林传》, 何独《后汉书》
兼列《文苑传》?"作文题："我国文学不外韵文散文两大类, 以

何者为有兴趣，有价值？其与他种科学有无连带关系？试抒所见。"
澄衷小学国文会考试题中，甲组（小六甲乙级）试题：第一题试答
下列各问：1.何谓一夫？何谓巡狩？4.何谓泽水？何谓明堂？作文
题："文王之囿方七十里，民犹以为小，齐宣王之囿方四十里，民
犹以为大说。"

现在是二十世纪二十年代，中国处于半殖民地地位，外受国际
资本主义压迫，内受军阀剥削，学生求学目的是救国家、救民族，
所负责任是国民革命、社会革命，不应耗费在无用之地。澄衷国文
会考试题，并非青年必需，也非青年所能解答。除非真是对于"国
故毒"上瘾，否则只会有害。即使考得很好，也于"国故"无补，
于"学艺"无益，结果白费了宝贵时光，冤枉了宝贵精力。"这种
国文会考的背景，实在代表了一种反动黑暗的势力。中国国势已经
危急的了不得，而这般老学究们还在那里提倡'国故''国故'，这
简直是昏庸已极的事情。所以凡有血性有觉心的青年学生，应该
起来反抗这种考试。彻底些说，就是反抗黑暗的势力。"（华男：《受
"国故毒"的学生听者！》，《中国青年》，第1卷第24期，1924年3月29日）

3月30日　李茂生在《文学周报》发表《国故大家应负的责
任》一文，批评"国故毒"争论的根源是胡适、梁启超等国学大家
们，告诫不要误导青年。

李茂生批评"过时"的澄衷校长所发议论和会考题目，"自己
中了毒，还要当是一种唯一的补品"。"我不懂得国故，也不欢喜国
故，惟其不欢喜，所以终究不会有懂得的希望。然而我绝不觉得是
一种缺憾，犹之不懂得高深的数学，玄妙的哲学，唐焕章的宗教，
吴鉴光的星命一样，也不觉得是一种缺憾，我依然可以做个平平常

常正正当当的人。"治国故本是少数国故大家的权利和自由、兴趣，客观上却潜藏着贻害于人的机缘。

　　我尤其痛心的，就是你们侵占了教育上的权力，你们于中学的课程中涂上了国故的色彩；对于学生们作演讲，开书目，又复"笔锋常带感情"，是不是个个学生都要走上你们的路，才算得平平常常正正当当的人，这问题且不要论他（如要论一论，你们已当不起了）。只问你们自己为金针度人，到底能够承受你们的金针的有几？住在寄宿舍中，伏在图书室里，捧着线装书，看下去实在无聊，不看又觉得背时，因而闷闷不乐，只觉青年之就萎的，到底有多少人，我们是无从知道。我们可以看出版物上的青年作物，今天来一篇某某和尚的人生观，明天来一篇庄子的宇宙观，后天来一篇学记中的教育学说，大后天来一篇王阳明什么人的评传。他们忘了你们的金针，只是这么横穿瞎缝，莫说是鸳鸯，连乱柴把也不大像。这是谁的罪过——我在这里补说一句，那些青年发表尼采的人生观，什么外国哲学家（我举不出了）的宇宙观，什么外国教育家的教育学说，托尔斯泰的评传等等，但是连乱柴把也不大像的，也自有始作俑者该负相当责任的人，——坐令许多青年，在乱草中盲冲乱撞，治是治不来，只弄得迷了方向，自己不认得自己，甚且奉国故吃国故起来，以为只此以外，别无他美，别无至味。你们固然始料不及此，然而你们的祸等于洪水猛兽了！

　　希望国故大家"不要再吊青年的膀子"，"自去做你们的专门之业"，"自到大学的国学门中去当你们的教师（好在你们都已当了这职务了）"。"如有收获，结出某项某项的总账，我们也欢喜知道这些，作为我们的常识。如其编什么史什么史的时候，当然要采取你们的收获，作为饷与青年乃至非青年的粮食。惟有你们要有意地敲着鼓导引青年上你们的路是不对的，就是无意地引起一般青年的缠夹性也是不对的，所以我希望你们隐灭，像魔怪的倏尔消形一样。"（李茂生：《国故大家应负的责任》，《文学周报》，第115期，1924年3月30日）

△《民国日报》编者邵力子回答读者关于国故毒争论的问题，认为国故未必有毒，强令人从，则必受毒害。

读者"当归"致函邵力子，指出曹聚仁抨击澄衷国文会考"流毒天下"，自己却也在整理国故，证明整理国故的必要和权利。澄衷校长提示旧书存亡真伪的问题，则是下手的一种工夫。中学生固然和专门大学学生不同，"不能把他们无数驱而纳诸国故之中"（引用H先生语），也要晓得中学生未必统是研究理科一类，其中当然也有几个要研究国学常识的人。曹慕管顾及此层，先令他们在中学时代，略具国学常识，免得将来入文科大学时，毫无头绪，也是很正当的办法。"他们入了文科大学以后，说不定要发生和聚仁先生一样的思想，要去整理整理国故，那么使他们在中学时代，略为晓得些国故，更是必不可少的一件事（聚仁先生要晓得某中学并不是专重国故，把理科外国语一类的学问，一概摈诸门外的）。"（《国故与中学生》，《民国日报·觉悟》，1924年3月30日，第6页）

邵力子先就曹杨的辩论作答，指出"复辟""革命"问题，是曹误把譬喻的词语看做正用，又忘却这两字上面还有限制性词语。杨所谓"反叛"和"革命"，本意专门针对那种国学考试方法和试题，充其量使中学学生不再愿受，如果学校不因此施行无理压迫，就不会掀起学潮。曹尊重民治，恶闻复辟，而一遇稍涉及自身，便恶"革命"如蛇蝎，是"当局者迷"。至于"国故毒"问题，国故本身未必有"毒"，若强令一般人尽都服食，必有受其毒害。

> 澄衷校主遗嘱所谆谆提倡的，据我想，一定是国文，不是国故（在叶澄衷先生死时，没有"国故"这一个名词，所以我敢断定如此。）语体文当然也在国文范围之内，慕管先生果顺着时代潮流，在教学中注重语体文，也决不能说是违背校主遗嘱；若于中学应有的"国文"课程以外，更提倡所谓"国故"，或者反不是校主遗嘱的真意，也未可知——因为澄衷先生兴学的真意，必是注重实用，而国故决不是切于一般人实用的；即使为养成专门人才，专门科学亦岂只国故一端。现在，慕管先生竭力贬斥语体文，甚至于诋及胡适之先生，诋及一切白话小说；这样嫉视新机的心理，要推而灌输于一般青年的脑筋中，其结果确是可怕……我和慕管先生交谊不薄，君子爱人以德，我敢竭诚忠告慕管先生，勿薄视语体文，勿视"革命"如蛇蝎！

至于曹聚仁既主张整理国故，又批评曹慕管，其实并不矛盾，因为曹聚仁整理国故主要出自兴趣，不是有组织的号召。"前者是专门的自由研究，后者是普遍的勉强灌入：这里面大有分别。澄衷教员和学生对于国故有兴趣的不少，我们应让他们自由去研究，用不着学校来提倡；澄衷固然也有理科外国语等等学问，但并未用一种会考的方法作超过中等学生程度以上的提倡。"根本问题在于，

"关于中学生应如何教授"。如胡适所提"中学国文教授问题"，以及"最低的国学书目"，"都远超出于中学生程度以上"。"这也不仅国文方面如此"，"上海各中学对于外国文方面采用的课本，也似乎在那里竭力竞走，只想到课本用得越深，学校名誉越好，而忘却'一般学生是否都能领悟'这一个最重大的问题。我相信，凡超过相当程度以上的教材，施之于一般人，皆足以为'毒'的"。（《国故与中学生》，《民国日报·觉悟》，1924年3月30日，第6—7页）

　　△ 署名"天均"者在《晨报副刊》刊文批评东南大学整理国学"两观三支"的分类不符合逻辑，主张国故只有用科学方法整理才可，加入科学的材料就已不是国故，因而不能用国故来整理科学。

　　计划书的精神，在于"两观三支"的创造性分类，既未提供分类根据，也没提出各自做法，处处存在矛盾。

　　　　我们现在要问，"以科学理董国故"和"以国故理董国故"是怎么样分别？科学的理董国故和国故的理董国故，是从方法上分别还是从材料上分别呢？如果作方法讲，以科学理董国故是说得通，但是以国故理董国故是怎么样说呢？难道采用违背科学方法的原则么？如果作材料说，以国故理董国故是说得通，但是以科学理董国故是怎么样说呢？难道强把科学的材料，排入国故内么？如果一方从方法讲，一方从材料讲，则两者准有沟通的余地，何以强为区别呢？

　　所谓科学是不完全之学，应以国故理董科学，同样不知是指方法还是材料。就方法言，国故无补科学；就材料言，则不必将科学知识生吞活剥羼杂入国故。所谓以国故理董国故，目的是要明白过去中国人为古服华装、血统纯粹的中国人的话，看似有些道理，理由是：

> 国故的成为国故，无论如何是不能变相的。从历史家的眼光看，国故就是国故，用科学的方法整理出来的，不能说不是国故；用后来科学的材料加入去的，就不能是国故。如果理董的国故，是从科学方法上整理出来的，也不能不是古服华装成为血统纯粹的中国人。

而以此造就现在及未来中国人为变服西装或华洋合婚的中国人，则有逻辑不能一贯之误。"如果从因果的关系上说，国故理董的国故和科学理董的国故都是分不开的，都是有由过去以到现在未来的关系的。"

所谓以科学理董国故约分学说、图谱、器物三端，以国故理董国故约分疏证、校理、纂修三端，两方面都要应用科学方法整理，没有国故独立的成分。文化专史名目和太古史等名目的分列，无异于将科学和国故的方法，对应朝代的通史和部分文化的专史，使人"莫名其妙"。纂修一项提出，特纂之书由于上古、唐虞、夏、商、周、秦没有专史，仿照二十五朝正史之例，编为太古史、唐虞史、夏史、商史、周史、秦史，说来好听，但唐虞史根据的《尧典》《舜典》，是托古改制作品，不足征信；太古史难以得到正确材料，如果仍杂取《纬书》《路史》，则不必多此一举。诗文部征引章太炎《菿汉微言》的一段话，发出岳飞非秦桧所杀而乃社会所杀、国民文学所杀之语。"这种翻案的文字，是村学究教学生作论说的秘诀，不想他也随便的引用，绝不顾及是否与逻辑相冲突。"（天均：《评顾实〈东南大学国学院整理国学计画书〉》，《晨报副刊》，第68号，1924年3月30日，第3—4版）

3月31日　澄衷中学教员项远村致函张东荪，批评杨贤江对澄衷的国学了解太少。

函称：

> 或谓澄衷注重国学，有似科场旧习，或谓曹君宣究国华，以绵坠绪，事非得已。众口纷呶，莫非颛己守隅，虽病枝节，亦现讨论机会。从兹征求学者意见，或于彷徨中途；国故问题，以对方辩论，而获得良好之南针欤？愚虽澄衷校员一分子，但所任非国文，又非学校负责者，原可无言，静听舆论制裁。惟观今之论者，务肆辱骂，好寻枝节，而于国故毒三字，澄衷会考当否，无一语之道及，既无补于国故本题，亦有伤乎学者令德。

澄清争论，应解决何谓国故、澄衷国文会考是否现代中学生所需要、澄衷提倡国故的方法是否有毒三个问题。"国故之名，晚近始著。"故冠以国，指一国固有之故事。"凡属我族先民，用脑用手所惨淡经营之作品，无论其为有文字或无文字的，皆今之所谓国故也。"国故范围广泛，决非现代中学生所必需，亦非生于二十世纪者人所必习。中学教育旨在养成专门人才，适应现代生活。专门人才不仅指文科，现代生活不必博古。教学目的虽然不仅为文科准备，亦不必具考古素养，但既为中国人，最浅限度亦应略知国学流别。条比类析，分合异同，科学方法和国学都必须具备。专治文科，固应具备如此初步基础，即使谋社会生活，亦不可无此常识。中国传统载籍学术流别的论著，都是专门著录之学，不是中学生所需要。澄衷规定《汉书·艺文志》为课外读物，而遗漏《隋书·经籍志》以后诸家作品，不是不知道现代中学生所需要的国学常识为何物，而是惧怕学生思想或将泥于一书而为所束缚，故以著录学在时代上最后的作品张之洞《书目答问》为参考书，使知吾国学术流别系统，以及前后分合异同。及其命题，则更轶乎两书范围，多设比较推考的问题，允许选择一条回答，无非使学者读书善用思考，断不可为书本所役。学问与材料，新旧并宜容纳，思想与方法，则断不可旧。比较推考与超脱乎书本以外之问题，即所以引导学生从事于新的思想与方法。国文会考在课室规定教本之外，任择一种为课外自修阅读之物，平日既可为自动工作，学期终结，则以其阅读思考之心得，贡献之于教师与同学。其方法为自学辅导，其目的在养成阅读能力，故其命题尤不可拘于书本，致使学者受一种不可破除之束缚力。"是故《汉书·艺文志》之书名虽旧，而其分类之精神为新的；会考之名目虽旧，而其用意为新的；试题之字句虽旧，而其组织为新的。""国故有毒，谓一味盲从故旧，不容些微新思想之渗入，以致束缚青年之个性也。"中学生应具有爱护国故的素养，中学教师提示国故入门初阶，使之知道吾国学术梗概，不能说是束缚与无常识。澄衷一学期所规定课外阅读书籍，仅仅数十页《汉书·艺文志》，犹嫌太少太浅，所谓妨碍其他课业，亦属妄测之谈。若了解澄衷日常或学期科学试题、英文试题、史地试题等等，而怪其艰深宏博，在时流所定水平线上，岂不大声疾呼曰"科学毒，英文毒，史地毒"？"又如论者之所丑诋，或目为八股复兴，或目为博学鸿词科，则竟混八股国学于一谈，更不知博学鸿词科为何物，适足以自暴其未曾读书。"[①]（项衡方：《国故国文与会考》，《时事新报·学灯》，1924年3月31日；《澄衷同学会季刊·国故毒问题论战》，第6期，1924年夏季）

同日，朱旭撰成《关于国故的话》一文，以"这场国故毒的笔墨官司，总算打得落花流水，可是谁胜谁败，仍旧没有判明"，不偏向任何一方的"旁观者"立场，照"良心"指出："国故这个名字，能包括一国过去的一切事情。换一句话讲，就是自有文字以来，无论对于地理，历史，文学，诗词，歌曲，以及私人的学说著作和记录的一切文字，都叫做国故。"中学研究国故理由有二：一是加强研究学理。"中国人普通常患的毛病，就是缺少了研究，从前许多很好的学理，因为没有人继续研究，以致没传下来了。"最可怜的是一般得意洋洋的留学生，遇见外国人，言谈中不懂中国的历史和诸子的学说，损伤国体。"我以为研究国故在中学校最妥当，因为在小学里，儿童天资薄弱，着［正］好拿最浅近的灌注他们。在中学里，学生年龄较长，脑力充足，正可研究他的主要原理学说和历史。况且大半中学卒了业，就做事情了，没有研究的机会了。"二是"真正研究国故，便是明白其中的好坏，庶几可以知道改良之法"。（朱旭：《关于国故的话》，《时事新报·学灯》，1924年4月16日；《澄

---

① 《澄衷同学会季刊》"国故毒问题之论战"第25—28页收录项远村《致张东荪先生书》，未标时间。

衷同学会季刊·国故毒问题之论战》，第6期，1924年夏季）

3月　柳诒徵在《学衡》发表《中国文化西被之商榷》一文，主张坚强中国文化复兴的信心，应在西学东渐之外注重中学西传。中国文化即国学，比较中西最有特色而具有普遍性可能的人伦道德，理应成为中学西传的主体内容。

先是，柳诒徵已在《华化渐被史》一文中，提出中国文化有其独特和优越之处，对中西文化传播范围广狭不同的原因有所论略。（柳诒徵：《华化渐被史》，原载《学衡》第7、8、10、11、16期，1922—1923年，转引自柳曾符、柳定生选编：《柳诒徵史学论文续集》，上海古籍出版社，1991年，第41—42页）此文更详细说明中国文化西传的必要性和迫切性，称中国文化传播欧洲，远起元明，清代递演递进。欧战后研究东方文化之声高于前，原因有三：一是交通进步，渐合世界若一国；二是欧人国家主义、经济主义、侵略主义、社会主义、个人主义的实践存在缺点，亟思改弦更张；三是中国渐知提高国际地位，除武力、金钱外，还有文化一途。中国文化西被，不能依靠西方学者。

虽然，西方学者，固多好学深思旁搜博览之士，然其取求于吾国之文化者，实有数难。一则文字隔阂，非如彼之谐声易识。有志研索者，往往仅通浅易之文理，不能深造而博涉。小书零册，在吾等于刍狗，彼转视为上珍，而真正之中国文化，彼或未能了解焉。一则西人之来华者，以商人教士及外交官吏为多，而所接洽之华人，亦未易判断其学术之优劣。彼所凭以传译者，或占毕腐儒，或无赖名士，或鄙俗商贾，或不学教徒，展转传述，最易失真。彼以其言，认为华人自信之真义，则有差之毫厘，谬以千里者矣。一则中国学生，求学彼国者，多以吸受新学为志，而鲜以导扬国学自任。其在中土，既未有充分之预备，一涉彼境，益复此事便废。值其学者之咨询，则凭臆说以答复，甚至彼之知我，转较我之自知者为多，则益不敢操布鼓而过雷门，而惟听其自得焉。是故吾国之人苟不自勉于传播中国之文化，则彼我文化之交换，终不易相得益彰。吾闻美国某大学欲设中国学术讲座，无所得师，不得已而请一日本人承其乏。呜呼，是实吾民之大耻，抑亦吾国学者之大耻也。

中国学界存在不敢向外传播中国文化的殖民心理，而以新教育自炫进步，不免本末倒置。"虽然，此事亦匪甚难。再阅三数年，国交益密，学者益多，以时势之要求，亦可有相当之应付。如大学之交换教授也，西人之来华求学也，华人之自译国籍也，皆可预计其为必有之事，即亦无甚为难。"难在"何者为中国文化之要点，今日国内学者所预期传播于欧美者为何物"，不能以"中国文化"笼统混名。中国文化主脑是"人伦道德"，余为附属物。

今之治国学者，大别之可区为数类。讲求小学，一也。搜罗金石，二也。熟复目录，三也。专攻考据，四也。耽玩词章，五也。标举掌故，六也。六者之中，各有新旧。旧者墨守陈法，不善傅会；新者则有科学之方法，有文学之欣赏，有中外之参证，有系统之说明，其于学术，不可谓无进步，汇而观之，亦不可谓中国之文化不在于是。然吾尝反复思之，一国家一民族之进化，必有与他国家他民族所同经之阶级、同具之心理，亦必有其特殊于他民族他国家，或他民族他国家虽具有此性质，而不如其发展之大且久者。故论中国文化，必须着眼于此，否则吾之所有，亦无以异于人人。吾人精于训诂，彼未尝不讲声韵文字之变迁；吾人工于考据，彼未尝不讲历史制度之沿革；吾人搜罗金石，彼未尝不考陶土之牍、羊皮之书；吾人耽玩词章，彼未尝不工散行之文、有韵之语。所异者象形之字，骈偶之文，自今观之，即亦无甚关系。不识象形文字，不得谓之不文明，不为骈体之文，亦不得谓之无文学。苟仅持此以贡献于世界，至多不过备他人之一种参考，证明人类共同之心理、必经之阶级，然其所占文化之位置，亦不过世界史中三数页耳。夫欲贡献文化于世界，必须如丝茶豆麦之出口，为各国大多数人之所必需。若仅仅荒货摊古董店之钱、刀、珠、玉，或蒙古之鼋骨、鲜卑之象牙，纵或为人所矜奇，要之无补于现世也。

比较中西文化异同，中国文化特性在于人伦道德。世界各国，皆尚宗教，至今尚未尽脱离。吾国初民，亦信多神，而脱离宗教甚早，建立人伦道德，以为立国中心，绵绵数千年，皆不外此，此吾国独异于他国者。尚宗教，则认人类未圆满，多罪恶；不尚宗教，则认人类有圆满之境，非罪恶之薮，此其大本。其他支叶，更仆难数，更悉附丽于此。中国文化可持以西被，及在今日之世界具有研究之价值者均在此。"然而今之言学者，率以欧美晚近风尚为主，见其破坏激烈之论，恶吾国之不如是也，则务仿效之，举极中和之道德，极高尚之文学，一律视为土苴，深恶痛诋，若惟恐其或存者然。然苟反而自思，脱无此者，吾惟可自署生番野人，直陈其自明季以前未接哲人，毫无文化可言。"（柳诒徵：《中国文化西被之商榷》，《学衡》，第27期，1924年3月）

是年初　福建省福清私立国学专修馆成立，林伯翔任名誉馆长，林寿芝为馆长。1928年停办。

福清私立国学专修馆馆址设在前明德书院，名誉馆长林伯翔，馆长林寿芝，教务黄幼藻，均前清举人。教师有吴子莼，前清廪生。林文曾、詹仲谦、杨光前、刘玉笙、黄笃初，均前清秀才。林任居，学校毕业，担任珠算指导。课程有十三经、许氏说文解字注、澄衷蒙字学、袁了凡纲鉴、古唐诗合解、古文析义、大楷、小楷、作文、珠算，每周30节。平时考试，除每天均有背诵、默写外，还有临时考、月考、期考，要求极为严格。期考成绩列前三名，可得奖金。学生一百六十多人，设甲、乙、丙三班，要求不同，课程亦不同。甲班质量较高，乙班次之，丙班又次之。甲班学生四十人，乙班学生五十人，丙班学生七十多人（分两个教室授课）。学习气氛较浓，特别是甲班学生，学习主动，有一定的钻研精神。教学方法虽各有不同、各有特点，但其主张可分为两派。乙派以黄幼藻为代表，强调经、史、子、集无书不读，愈多愈好，才能广征博采，综合分析，从量求质，可以归纳一个"博"，同学们称为"主博派"。甲派以林寿芝为代表，强调不必多读，只要能精读《孟子》《左传》两部，并善于运用，写文章时，便能得心应手，操纵自如。尤其虚字钻得深，用得活，必能以少许胜人多许，篇篇佳妙，掷地作金石声，可以归纳一个字"精"，同学们称为"主精派"。两者各有所长，都能言之成理。

福清私立国学专修馆办了四年，1927年学生逐渐增多。1928年，教师中有的提倡改办两等学校（中小学），按照福建省教育厅规定课程设置，正式向有关部门立案。有的反对，坚持专修国学，与福建省私立国学专修学校衔接。两方互不相下，遂致解体。"黄幼藻迁金井园，继续向部分学生讲授课程；刘玉笙回小桥街设塾；杨光前回官驿巷设塾。与此同时，在福清城关设塾授徒的还有：楼锦霞王仿南、学后郑冕卿、何厝祠何若溪、官塘墘詹伯涵（塾师都是前清廪生、秀才），可谓桃李满园，极一时之盛。"（郑仲俊：《昙花一现——福清私立国学专修馆》，政协福清县文史资料工作委员会编：《福清文史资料》新第8期，1989年，第45—46页）

4月1日　刘大白在《民国日报·觉悟》发表《国故毒吗？——科举毒》一文，讥讽澄衷国文会考试题是腐朽的"科举毒"，不够资格是"国故毒"。（汉胄：《"国故毒"吗？——科举毒》，《民国日报·觉悟》，1924年4月1日，第7页）

△　钱振声在《时事新报·学灯》发表《我对于中等教育上的国故观》一文，认为国故是中国本来的学术思想，国故学是研究国故的部分学问，包括"汉学"。国故在中学与其他科目具有同等价值，至少提供基本的常识和门径。

澄衷国文会考试题论战反映了全国中等学校的大问题，本质上是"国故在中等教育上"的地位问题，须先辨明国故定义和中等教育目的。"考国故二字，据我所知道，最早见于章太炎氏的《国故论衡》。是后报章杂志上，多有所见。然对于国故，从未有何等严格的定义。大概凡是古人的著作，都指为国故。我以为国故，就是本国古来的学术思想。"中等教育目的一方面为预备升入大学，一方面又为养成健全国民。对于国故的态度，相应也分为两派，根据为升入大学的预备，主张相当的注重，根据养成健全的国民，而非尽为升入大学，主张无注重国故之必要，只要以本国文字，能自由发表思想够了。从学术平等角度看，国故为常识科目，在中等教育上与其他科目具有同等价值。否则，如哲学、伦理学等科，为做一个健全国民，固无须于此，就是考大学，简直也没大用。中等学校可"在绳之外"，让到大学里去研究。又若专以不尽入大学，而可以不注重国故，还有物理化生物学等，也没甚用处，中学校也可以不授。至于根据为升入大学之预备，而主张注重国故，在逻辑上难以全称肯定，不免要受不尽入大学的反问。

注重国故，自有价值。"国故不是国文"，重白话不等于须辟国故。白话和国故各有价值，不能互相取代。仅就文学而言，如果对"国故文学"没有了解，就会降低鉴赏能力，结果只会抄袭西洋学说。此外，中学要有"国故学"。"'国故学'不是'国故'，不过是国故中至少的一部份——国故学，是研究国故的一步学问。近人所说的'汉学'，便就是其中的一种。因为要研究国故，考据、疏证之学也省不了"。"倘若如宋儒的研究国故，用主观的方法，于是发生了勉强牵引。或者增字说经，望文生义，不免有许多的误解。"（钱振声：《我对于中等教育上的国故观》，《时事新报·学灯》，1924年4月1日，《澄衷同学会季刊·国故毒问题之论战》，第6期，1924年夏季）

△　北京大学研究所国学门感谢周作人惠赠《历代长术辑要》四册。（《研究所国学门通告》，《北京大学日刊》，第1435号，1924年4月2日，第1版）

4月2日　陈晓钟致函陈望道，延伸讨论"国故毒"论争中文言与白话的特点，依据桐城派的理念，认为中国语文重"气"，只要熟读，无须西方文法。陈望道复函，坚信文法与修辞法都必须用科学方法研究，不懂语法便会造句不清楚。（陈望道：《自称"研究新文学者"的文气谈》，池昌海主编：《陈望道全集》第一卷，浙江大学出版社，2011 年，第 64—66 页）

4月3日　袁敦甫在《时事新报·学灯》发表《国故研究问题》一文，认为国故有研究的必要，但中学生的时间安排决定了只能略知大概而不能专深研究，中学历史即国故。

解决"国故毒"论战的纠纷，必须厘清国故定义及其价值和中学是否研究国故的时代两个问题。"国故的详确定义很难下，大略说说，前人的学术，风俗，政治，伦理，种种活动的体相都是；再简单一点，就是将前人的经验遗留下来给我们研究，——就是一种历史。"历史既有研究价值，也有益人生，有助于考察文化的来源。然以自己学习时间安排紧凑，从早到晚根本没有课余闲暇为例，说明中学生才力或可研究国故，只是时间上有所不能。

> 如果还有人能于各种科学完全修好之后，再有余力去研究国故，那就是一种绝顶的天资，而非普通一班人所能及，但是无论那个学校，总多中人之资，绝顶的不过百分之二三，我们不能因为最少数人来提倡中学生研究国故。

若认为物理化学等科不要紧，或与自己性情不相近的科学就不去研究，而将剩余时间研究国故，则大错特错。中学各种课程是一种常识，中学生个个应该知道。若要预备进大学，或各专门学校，更不能不一一研究。"我之为此说，并不是说中学生完全不要研究国故，因为中学校的历史，就是一种国故，不过于往古的事迹不甚详备，然而可得个大概。我们既没有许多时间用在国故里，那就能明了一点大概，也就够了。如果有研究历史的兴趣，不妨在出学校以后，去作详细的研究，因为历史是可以自修的，不如物理化学数学等科学，一定要有实验，要经人教授也。"（袁敦甫：《国故研究问题》，《时事新报·学灯》，1924 年 4 月 3 日，《澄衷同学会季刊·国故毒问题之论战》，第 6 期，1924 年夏季）

△　董亦湘在《时报·教育世界》发表《现代文化上的"国故"问题》一文，秉持唯物史观，从现代"文化"本质由世界性工业化决定的角度出发，主张国故不可能在中国现代文化发展上产生积极影响，应当送进博物院陈列。

董亦湘超越清末民初仅从救亡图存保全国学、科学整理国学以再造文明的时代性和地域性，转从唯物史观角度阐明中国现代文化受资本主义世界性文化制约的普遍本质，进而剖析整理国故妨碍现代文化创造的消极影响。认为讨论"国故"问题的前提条件须先明了现代文化的本质，"文化"是"由人类在历史上经过悠久的变化，发明和改进其生产方法，因生产方法而孕育出来的优美的社会生活情状（包涵政治，经济，教育，风俗等）"。"所以文化是进步的，不是退守的；是优美的，不是拙劣的；是变化的，不是停滞的；是活的，不是死的；是现在的，不是过去的；是有社会普遍性的，不是特殊的；是由时代的生产技术决定的，不是由少数人的意志任意左右的。"现代文化产生于工业生产和资本主义全球扩张的背景下，已无国家、社会、民族的区别，成为具有普遍性的"世界的工业的文化"。

中国现在的时代和地位决定了现代中国文化也是世界性工业文化之一，不可能例外。而国故则是"中国数千年来的民族的一切生活情状之存留于历史上的痕迹"，不是现代文化的"正面问题"，而是"反面问题"，因其蚕蚀文化堵塞文化，需要下一服"消毒剂"。盖无论高明的"应用科学方法"研究，还是其次的保存发扬"东方文化"，亦或"最下等最末流的"复辟专制，本质上都不可能"在现代文化或将来的文化发生有益的影响"，不值得像曹聚仁一样为其"鸣冤"。"因为生产方法的进行方向，决不能转来向后走去，那就政治，社会，教育，风俗等也决不能退回来再走从前的'故道'。（不管这'故道'去是坦道，来是荒径，实在根本不要重走，所以着实用不着'老马'一笑！）现代有现代的文化，将来有将来的文化，无所藉于过去。并且我想稍有常识的人，都当承认文化是现代胜于过去，将来胜于现代的。所以我们至多也只能当（国故）仅仅是（骨董），优待些，就请他到博物院里陈列去；忍心些或爽快些，就是重兴（咸阳之火）。""所以在现代文化上却有一个安葬（国故）的问题。至于安葬的方法，容我有暇再讲。"（董亦湘：《现代文化上的"国故"问题》，《时报·教育世界》，第 25 号，1924 年 4 月 3 日）

4 月 4 日 潘文安在《时事新报·学灯》发表《中学生与国故》一文，赞成高中学生有必要研究国故，惟"国故"名词不通，只能取其精神。

高中学生应当研究国故，就公共必修课的国语课程目的而言，有培养欣赏中国文学名著的能力和增加使用古书的能力的要求，"并非强人必研究国故，而亦不禁人不得研究国故"。因此，中学生对于国故方面，不免要有相当的素养，以为他日专研国学之途径，此理极显。又读胡适之君起草之高级中学第一组必须〔需〕的特设国文课程纲要，一为文字学引论，一为中国文学史引论，则高级中学生之于国故，虽非必要，确亦不可不去问津，此理又甚明。

当然，必须注意程度问题，避免过于宽泛。

国故名词既不妥，范围又甚广，升堂入室，断非中学生所可能，而涉猎糟粕，稗贩皮毛，又非中学生所甚愿。所以国故一名词，实不适用于中学，而研究国故之精神，则应留于中学生之脑蒂，而治学方法，研究途径，则又有赖于教学问题。

中学国文教学的宗旨本不应偏颇，强分新旧，"使学生厌谈国学，一以新文化是趋，固所不可，奉国故为神圣，使学生埋头纸堆，钻入牛角尖，又万万不可"。然而，年来学校国文教学上有二种现状：一派"则五四以还新文化之运动，几有非白话文不读，非新问题不谈。新体诗风行于学校，而学生所发表者，又以婚姻问题，自由恋爱问题，社会问题，占多数"，一派"反动之所激，思想之剧变，又以好谈国故闻于时，曰整理，曰考证，曰诠释，多数学者，几非周秦之书不欲读，非经史子集不愿观，而碎杂之考证，琐屑之典故，又充满于篇幅间"。"学无论新旧，书无论古今，有研究价值，足以增进吾人读书之能力，而可安慰裨益于人生者，俱在研究之列。中学非专门性质，而实人生入世之要途，则所教学者，应依据课程原理为事实上之考究，作多方面之顾及，而不当专凭主观，以一隅自限，易使青年陷于偏隘之境。"（潘文安：《中学生与国故》，《时事新报·学灯》，1924 年 4 月 4 日，《澄衷同学会季刊·国故毒问题之论战》，第 6 期，1924 年夏季）

△ 沈作乾在北京大学撰成《曹先生怎么提倡国故》一文，认为曹慕管向澄衷学生提供国学常识，也是为学生升入大学和留学以后较少机会接触国学的客观形势和主观需要使然，其意义不是"国故毒"一语可涵盖。4 月 10 日，载《时事新报·学灯》。

澄衷学校甲商国文会考规程第五条规定，"如优良或恶劣之试卷过多时，得临时伸缩之"，证明纯系试行性质，非如邵力子所言，没有"商量余地"。若因此举暗合古制，即定为"复辟"，那么现在胡适等许多大教育家想法恢复"书院制"，同样不免有复辟嫌疑。中学造就的诚然是健全国民，不是专门人才，杨贤江却忽视了澄衷学校只是以国文会考作为教育手段，不是目的。"安知澄衷学生'不会用本国语文发表思想，不能懂得国情及世界大势'呢？"不懂得张之洞《书目答问》，不读《汉书·艺文志》，固然可以，懂了未必就有"毒"，未必"没有研究那种试题所包含的专门学识的能力"。

　　澄衷中学的程度，向来是比内地中学提高些的。高年级所用的教科书，大半采用大学预科所用的书籍；教员像何少林先生的英文，项远村先生的史地，朱觉卿先生的数学，其程度和教授法，多是中学校里难以请得到的。所以毕业生的程度，普通比内地一般中学要高些。据以前的经验，毕业后直接去投考英，美，德，各大学的，总算没有失败过；在国内投考，虽不敢说远胜于人，但也未必远不如人。自东大创办以来，声誉日高，而对于招考中学毕业生，又很趋重于国故，——其实何尝仅是东大，即南开的国文试题，又何尝不带国故性质？

澄衷每期毕业生上进人数，总在三分之二以上，而东大又因种种关系，投考者更形踊跃。曹慕管鉴于学生上进踊跃，又有奖励在先，为学生预防投考失败起见，自不能不与以相当之预备。这是环境、趋势所迫成，不是像邵力子批评的"邀誉"手段。"如果要说澄衷不应该注重国故，那末要先请东大、南开等大学，不要对于中学毕业生有这种要求！"况且，澄衷毕业生直接留学欧美年多一年，曹鉴于学生留学后，对于国学接触机会很少，为避免梁启超所说的"不能认为中国人"，故设法在国内给予国故常识。（沈作乾：《曹先生怎么提倡国故》，《时事新报·学灯》，1924年4月10日，《澄衷同学会季刊·国故毒问题之论战》，第6期，1924年夏季）

△　北京大学研究所国学门感谢邵启贤惠赠《说文群经正字》八册。（《研究所国学门〈通告〉》，《北京大学日刊》，第1438号，1924年4月7日，第1版）

4月9日　王伯祥痛斥整理国故的学术号召客观上引起复古思潮。

王伯祥在日记批评曹慕管倚老卖老，党徒继续在《学灯》呼号，"手段真卑劣"。"近来反动思潮真大，曹锟要截印《四库全书》，使商务不得着手。齐燮元创设金陵学院，征文给奖。这都是提倡国故的先生们喊出来的。"（张廷银、刘应梅整理：《王伯祥日记》第一册，第40、44—45页）

4月10日 刘大白在《民国日报·觉悟》发表《国故老头子的寿险》一文，认为经过西方科学方法整理，国故决不会灭亡，整理国故只需要极少数人，不需人人都去做。

刘大白以传统的巨大惯性决定了国故不会沦亡，故敢给"我们贵国的国故"保一个长寿险，只要世界文化不曾全灭，"国故老头子"决不会灭亡。

这并不是说现在有许多认为"彼可取而代也"的袁世凯式的文学革命家，在那里给国故老头子办筹安会，所以他的寿命延长；也不是说现在有像曹慕管老先生的连国故的真面目也不曾认清楚的一流中学校长，在那里用科举时代策问式的国文会考，注重国故，所以他老头子得了这种滋补品，一定能够越老越健。其实，这位老头子的不会灭亡，虽然他的本身，自然有他不会灭亡的本质，博得世界上人们不愿使他灭亡的欢心，而给他吃续命汤，延年酒，益寿丹的，决不是乌烟瘴气地闹什么阴阳五行的中医，一定是用科学方法的西医。自然，并不是不许我们贵国的西医来用药，而我们贵国的西医，如果手段高明的话，比较地能够懂得我们贵国的国故老头子的性格和体质，动起手来，或许格外妥当一点；但是有一个必要条件，就是能完全学会了舶来品西洋医学外，还得用科学的信条，把传统的脑筋里面乌烟瘴气的阴阳五行的观念，扫除净尽。

惟如四万万国民不是个个都能做医生，也不是个个都要做医生，"专门名家的给国故老头子配合续命汤，延年酒，益寿丹的事业，尽可以让那些有特别兴趣，而愿做他老头子的御用医生的去做，决乎不必勉强一般的人们，都成为国故的和缓卢扁"。（刘大白：《国故老头子的寿险》，《民国日报·觉悟》，1924年4月10日，第7页）

△　桐英在《时报》发表《再论"能见其大"之国学》一文，反驳陈晓钟关于国学和科学教育、欧化新潮可以并行不悖、互相发明的观点，坚持科学必须急切提倡，国学只需要极少数人研究。

陈晓钟曾在澄衷中学的《每日新闻》三百号纪念刊发表《研究国学之关键》一文，有以科学等盛行，或输入的缘故，致使国学衰颓，因而深致不满而发为感慨的论调，并主张："我们要晓得国学和科学教育欧化新潮是可以并行不悖的，是可以相互为用相互发明的。"桐英认为："在二十世纪的二十年代的中国，还讨论应该提倡国学抑或提倡科学，真有点像在通都大邑讨论女人们应该缠足或天足的样子。"科学有急切提倡并普及的必要，而"欧化新潮"的名词"太含糊"。"国学之所以有价值，在于既经整理之后，供世界学术界以一种新的材料，而完全不在于现今国粹，国糟混合未分的东西。整理国学的责任，只能让一班有国学修养的，或有志研究国学的人去负担，而不必责一般青年都过蠹鱼式的生活。"国学"只可让几个真有国学素养的人们去整理，或让一班寄生阶级吃饱饭无事干的老爷爷们去玩赏，在大多数的国民，实在不是一件绝不可缺的东西"。"如果由国家主义的立脚点，欲一般人民不要忘了的文化"，则"只须在中国历史中的文化方面，多加材料与注意，却不必把'十三经''廿四史''二十八子'让青年们囫囵吞枣的去研究"。

中国外受资本主义侵略，内受军阀宰割的环境，均非"国学所能救济"，相反急切需要的是"自由思想和白话文学"。至于国学与科学互相为用互相发明的话，"我也不承认"，因为"只有拿科学方法来整理国学的一条路，只有国学依赖科学的地方，没有科学依赖国学的地方。——至多不过国粹或国糟供某种科学以新材料，如中国语言之于语言学等"。赞同沈仲九"国学"名词不通之说，并谓："假使所谓新，就是指现在一般青年所作的肉麻的恋诗和颓废的短文，那不仅岘人君不满意，就是我也绝对而且愿意出全力去反对。但若是指一班沉挚的青年因为研究新的科学而遗弃国学，我不仅不反对，并且以为有提倡的必要。"（桐英：《再论"能见其大"之国学》，《时报》，1924 年 4 月 10 日，《澄衷同学会季刊·国故毒问题之论战》，第 6 期，1924 年夏季）

　　△　北京大学研究所国学门通告即将展览陈万里、顾颉刚最近旅行照片，并感谢小田内通敏、赵恩涵赠书。

　　展览定于星期五、六两日（4 月 11、12 日）下午一时至五时在研究所第二研究室陈列，内容包括开封、新郑出土古物一部分、开封名胜，洛阳龙门造像、白马寺，巩县石窟寺造像，正定大佛寺塑像，太原县天龙山石窟造像，南京栖霞山石刻，苏州邓尉山风景，北京玉泉山华岩洞造像。（《研究所国学门启事》，《北京大学日刊》，第 1442 号，1924 年 4 月 11 日，第 1 版）旋因参观者多，特再延长两日，即 4 月 14、15 两日。（《研究所国学门启事》，《北京大学日刊》，第 1444 号，1924 年 4 月 14 日，第 1 版）

　　小田内通敏惠赠《帝都の近郊》（日文）一册、《南葛饰郡志》（日文）一册、《朝鲜部落调查豫察报告》（日文）一册。赵恩涵惠赠《青草堂集》十六册。（《研究所国学门通告》，《北京大学日刊》，第 1442 号，第 1 版）

△　贵州省同善社社员严寅亮等捐资发起设立国学专修馆，呈请立案。贵州省教育厅复以"精研古学，阐扬文化"，"用意甚善，殊堪嘉许"。"惟查部定各学校规程，并无此项规定，尽可自行开办，不必由司备案。"（《批第七五号》，《贵州教育公报》，第1年第10期，1924年4月30日）

4月11日　《时事新报·学灯》编者呼吁停止"国故毒"国故国文的无谓论争。

"国故国文的讨论亦和五伦文化的讨论一样，除了笑骂的话能花样翻新以外，说理的论点依然是人云亦云。"讨论缘起，未必是问题本身，而是"竖起反叛之旗大喊一声革命"一语。经此讨论，"国故是否应教中学生与中学国文应至若何程度"的问题未得十分解决，只是明白了办学校是社会事业，总有人批评，只是批评不能太随便。

有人说不懂国故，亦可做正正当当的一个人，这句话是十分对的。但若是笔尖一转，而即连下来说，懂了国故即不是正正当当的人，把个"毒"字点题出来，似乎逻辑还不能这样迳直。在我们看来，中学生以看《尝试集》等的余暇，来看看《书目答问》等，原没有甚么要紧，好像吃饱了饭，再吃一点水果，但不吃亦是可以的。

曹慕管、杨贤江二人均有误解对方和意气用事之处，希望"无论在学问上或在政治上，总要把真正的敌人认清；凡有稍微可以疑惑而不能立即判定其为真正敌人的，则随感录式的快意文章宁可慢些做出来为是"。(《学灯》编辑者：《国故国文的讨论要停止了》，《时事新报·学灯》，1924 年 4 月 11 日，《澄衷同学会季刊·国故毒问题之论战》，第 6 期，1924 年夏季）

在这场论争中，杨贤江等人侧重从政治上、教育上把"国故毒"论争作为批判复古思潮的重要内容。5 月 5 日，杨贤江在《民国日报·觉悟》发表《今年的"五四"和第三期复古运动》一文，把民国以来的复古运动分为三期，第一期是孔教会的尊孔大戏，第二期是文学革命的新旧之争，第三期则以本年为最显著，又有九种具体表现，包括上海万年尊仓圣会、复辟派而兼同善社、萧耀南禁止女学生剪发、河南开封《新中州报》称扬烈女殉节、湖南教育司禁止男女同学、国内女教育家称赞"内则"的"家庭制度"、齐燮元创办金陵学院、"上海澄衷中学校长曹慕管所用策问式的国文会考以及曹慕管所奉为注重国故的标准的东南大学十二年度入学试验的国学常识试题"。"'玄学鬼'出头，最近讲学社又请太戈儿来华提倡'东方文化'，消磨青年革命精神"等一类东西，根源于"一脉相承"的东方玄学思想和专制时代的顽固头脑。"这种思想往往与腐败政治相关，若不扫净，便是中国革命前途的大障碍，怕竟会证实实庵所谓'杨贤江攻曹'（是曹慕管不是曹锟）文中所用'复辟'二字是预言不是讏词的预言。"(杨贤江：《今年的"五四"和第三期复古运动》，《民国日报·觉悟》，1924 年 5 月 5 日，第 2—3 页) 此外，还在《民国日报·觉悟》发表了《教育问题》等，在《学生杂志》上发表了《研究社会科学去救国》等"通讯""答问"，核心宗旨是阐述教育上反复辟倒退的意义及中学生学习国文的目的、方法。(宋恩荣：《杨贤江和国故派的斗争》，孙培青、郑登云编：《杨贤江教育思想研究》，华东师

范大学出版社，1989年，第312—328页）

张闻天接着杨贤江的批判思路指出："这种反动表现在尊孔社，同善社，悟社等的'妖言惑众'的中间，表现在前江苏省长齐耀琳禁止学生购买新出版物而主张'伦理文学系一国根本问题苟或废之是为无本'的训令中间，表现在东南大学所出版的《国学丛刊》中间。"（张闻天：《从梅雨时期到暴风雨时期》，《少年中国》，第4卷第12期，1924年5月）

△ 《清华周刊》介绍甘蛰仙的《最近二十年来中国学术蠡测》，称康有为、梁启超、林纾、严复、章太炎、胡适为"国学大师"，东南大学《国学丛刊》"别开生面"。

甘蛰仙的文章载于《东方杂志》第21卷第1号《二十周年纪念号上》，主要介绍二十年以前中国学术界之一瞥、近二十年中国学术源流及其背景、康南海之经学、梁任公之史学及儒家人生哲学、林琴南之小说译品、严几道之群学译品、章太炎之文字学及其唯识化的《庄子齐物论释》、胡适之之墨辩的名学。《清华周刊》称："此文对于中国二十年来康梁林严章胡六位国学大师之学说，及其对于中国学术之关系，俱一一加以评述，欲明二十年来中国学术大概者，不可不读。"（暗岚：《最近二十年来中国学术蠡测》，《清华周刊·书报介绍副刊》，第10期，1924年4月11日）

《清华周刊》编者仅见《国学丛刊》第一期目录，说："此丛刊出版甚新，起自民国十二年，现已出版四期。凡前人遗著，有裨国学的，或有海内外学者表示赞助，自由投稿的，此刊皆负登载或择要刊布的责任。""此刊别开生面，实在替中国国学多放一线光明，为中国杂志开一条生路。"（德：《国学丛刊》，《清华周刊·书报介绍副

刊》，第 10 期，1924 年 4 月 11 日）

本年春周予同撰成《儒家之精神的社会政策》一文，主张研究学术与现实态度是两回事，国故应该给予文化史上的地位，其研究有独立价值。为便利读者明了起见，在国故文字中须引用新名词。

目前对待国故研究的代表性态度，都离不开功利目的，必须批判。

> 三四年前，谁要说"保存国粹"这句话，几乎大家怒目斥为老顽固；近年来，因为一二人自己兴趣所近而加以提倡，于是"整理国故"等等的话又变成非常时髦；但最近大家因为国故和现社会太没有关系，又大声疾呼自称志士做的想把一切中华旧有的书籍全丢在毛厕里……"保存国粹"的呼声，不过是一部分人对于西洋学术之盲目的反抗；"整理国故"的高唱，除极少数人外，不过是想博得"学贯中西"的虚誉；而最近反对国学的论调，也不过是用拯救现社会一观念为出发点。这三种态度虽然不同，或者简直绝对的相反，但根本上不明了学术之独立的价值，而以功利的眼光做评判的标准，则完全犯了同一的毛病。

受刘复《四声实验录》序赘所言"四声虽然送进博物院，我还不免跟进博物院去研究……可是我并不以为青年有用的功夫太多，别种可以研究的东西太少，大家应当尽在这四声上闹得永远不了；我以为像我一样的宝贝，有了一二个也就很够了"的启发，主张：

国故自身，无论它是国粹抑或是国糟，总之，我们不能不给它一个文化史上的地位，而研究它也自有其独立的价值之存在。一个国故研究者，但同时也可以是社会主义者或无治主义者。我总认定研究学术是一件事，对于现世的态度或方略又是一件事；决不能因他研究国故，就想连他个人也丢在毛厕里。如果国人真能了解且给与国故之独立研究的价值，我想把古董装进中小学生脑经里的笑话，如澄衷学堂会试的策题和东南大学入学试的测验题等，自然也会减少。

国故研究离不开西方学术思想方法的影响，涉及新名词使用的当否问题。"国人对于这问题，可分两派：一派是专门喜欢附会，以为近代或西洋所有的学术思想以及其他一切，我们中国古代全已经有过或说过。"极端如王闿运，说墨家的巨子和耶稣的十字架一样。"一派又是矫枉过正，竭力反对上述的一派，他们偶然看见人家于国故文字中引用一二新名词，就斥为附会或荒谬。""专门附会固然不对，但是为行文明了起见，以今语释古语，也不见得不是一种便利。譬如梁启超在《先秦政治思想史》中以同情心一词来解释儒家的仁与忠恕，的确能使读者容易明了。所以我主张在相当的限度或范围内，国故文字引用新名词以助解说，是可以允许的。"（周予同：《儒家之精神的社会政策》，《民铎杂志》，第5卷第3号，1924年5月1日；朱维铮编：《周予同经学史论著选集》（增订版），上海人民出版社，1996年，第575—576页）

4月12日　北京大学研究所国学门感谢程郁庭惠赠《汉律考》四册。（《研究所国学门通告》，《北京大学日刊》，第1445号，1924年4月15

日，第1版）

4月16日　陈独秀在《向导周报》发表《三位一体的国故孔教帝制》一文，批评国故大家叶德辉附从北洋军阀，证明打倒旧思想、宗教与政体有不可分离的关系。

文谓"国故大家"叶德辉，过去曾经著《翼教丛编》，奉汤芗铭的命令为袁世凯"包办湖南筹安会"，现在又奉葛应龙、马济的命令，"为吴佩孚鼓吹统一"，公然"谩骂"湖南"省宪"。列名者，全为"孔道学校"教职员，表明"绅界"多为"前清状元""复辟派""王湘绮门徒与叶沅澧一气者"。"国故孔教帝制，本来是三位一体，叶德辉、康有为都是这三位一体之代表。"土耳其人欲巩固共和，不得不废逐教主。波斯首相宣称共和政体与伊斯兰教相抵触，不许国民谈改建共和问题，否则严惩。"土耳其人波斯人都懂得旧思想旧宗教和旧政体有不可分离的关系，独有我们糊涂的中国人，一面不赞成复辟，一面又要保存孔教，这种矛盾的思想，不但要见笑于土耳其波斯人，并且要见笑于康有为、叶德辉！"（独秀：《三位一体的国故孔教帝制》，《向导周报》，第2卷第61期，1924年4月16日）

4月17日　董亦湘在《时报·教育世界》发表《再论现代文化上的国故问题》一文，猛烈抨击"国学救国论"，强调现代世界性工业文化中没有"国故"立足余地。

人类生活情状决定了学术思想，现代资本主义文化具有世界普遍性，中国不能例外。从前的学术思想，纯粹是农业社会、家族制度的时代产物。在资本主义发达时代形成、代表未来的"世界的工业的文化"里面，"其主要的学术，就是自然科学和社会科学；其

主要的思想，就是实际的思想"。"科学乃世界化现代化"，不是
"欧化"。中国数千年来的学术思想，不论内容如何变迁，名目如何
变化，"其始终的根本的性质和精神，无论如何免不掉笼统的枯偏
的空疏的奴隶化的一类弊病"。

> 而现在竟有诞妄少年，要治汉宋学于一炉（其实他所谓
> 汉宋学尚是浅薄到无以复加的汉宋学），以为救国的惟一方策。
> 不知他也曾晓得自有清季世曾国藩以后当代的学者如陈兰甫、
> 张之洞之徒，莫不汉宋兼治而确又为治学的能者，他们也何曾
> 救得国来？就是举现在论，如王国维、梁启超等，兼治汉学宋
> 学的也正复不少，又何曾救得国来？他们还开口说着"国学可
> 贵"，闭口赞着"国学的价值"，岂尚欲这种蠹国殃民的国学去
> 完成他的"蠹"和"殃"的功能而后为快吗？

中国民族开化很早，能在数千年短时间内创造"一大堆庞杂的
国故"，其"智识程度虽及不来世界上更进化的民族，却也决非文
化极幼稚的民族所可比伦。所以他已能识别好歹，已能觉悟固有的
学术思想不能适应他进化上的要求，遂不得不'全盘承受'着现代
的世界的文化。这正是尚有希望的民族能够走上必然的历史正轨以
期达到他的要求之一种潮流"。因为人类学术思想由生活情状的变
动而改易，"所以在现代文化的区域内，决无'国故'立足的余地；
所以如'中学为体西学为用''国学与科学并行不悖'一类的'古
今合璧式'的学术思想，也决不会产生"。（董亦湘：《再论现代文化上
的"国故"问题》，《时报·教育世界》，第27号，1924年4月17日）

△ 北京大学研究所国学门感谢徐旭生赠瓦盘一件，瓦盂一件。影抄《说文声统一部》（番禺陈澧编）十六册。（《研究所国学门通告（一）（二）》，《北京大学日刊》，第1448号，1923年4月18日，第1版）

4月18日 北京大学研究所国学门通告林语堂"中国比较发音学"讲演时间改在星期一（4月21日）下午四点到六点。（《研究所国学门通告》，《北京大学日刊》，第1449号，1923年4月19日，第1版）

4月19日 督理江西军务善后事宜、江西省长蔡成勋训令保护江西同善社暨国学专修馆江西分馆。

先是，江西同善社代表罗兆栋、周贤甫、周仁龄"救正人心，先哲视为急务，保存国粹，当今良非缓图"，以北京总社发起"国学专修馆"，是为"尊重国学，阐扬圣教"，故于1922年10月间，在江西省属各县同善社相继创设分馆，"原为作育人材之一助，似无新学旧学之异同"。曾呈请恳予保护，准给讲员护照，业已具领。后又"素仰帅座提倡善社，眷怀国学，用敢谨呈颠末，恳准通令所属对于各同善社及已举办之国学分馆，一体出示保护，格外提倡，俾一般人民知所尊重，日趋正轨，不致稍涉疑义，致碍进行"。本日，蔡成勋训令镇守使、道尹、处长、旅长、团长，转饬所属，一体查照办理。（《督理江西军务善后事宜江西省长公署训令第六一五号》，《江西公报》，第90期，1924年4月26日）

4月20日 报载岑春煊购买无锡国学专修馆唐文治和陈柱的著作，捐款该馆。

本月初，岑春煊乘坐花车由沪赴宁，并在昆山、无锡两站停留游览。原定17日参观无锡国学专修馆，并访馆长唐文治，同乡陈柱尊，后以常州专车急于开行，不能如愿。"特购唐馆长所著《人格》

五十部，及教员陈柱尊所著《中庸通义》五十部，以分发族人为修身教科书之用，并捐该馆图书经费大洋一百元云。"（《岑西林与国学专修馆》,《无锡新报》，1924年4月20日，第3版）

4月21日　孙少仙报名北京大学研究所国学门研究生经国学门委员会审查合格。

孙少仙，云南昆明人，北京大学音乐传习所学生，题目是《云南风俗志》。（《研究所国学门通告》,《北京大学日刊》，第1451号，1924年4月22日，第1版）

4月22日　北京大学研究所国学门方言调查会通知中国发音学班听讲者于4月25日（星期五）下午五时，在第三院研究所国学门开会，讨论实习音标等问题。（《研究所国学门方言调查会启事》,《北京大学日刊》，第1452号，1924年4月23日，第1版）

4月23日　北京大学研究所国学门通告报名研究导师王国维提出题目的学生，请于4月26日（星期六）下午四时到国学门登录室一谈。（《研究所国学门通告》,《北京大学日刊》，第1453号，1924年4月24日，第1版）

△　梁启超致函张元济，商量在《东方杂志》刊登《清代学者整理旧学之总成绩》事。

先是，商务印书馆曾请梁启超发表"国学讲义"中的读书法。此文系梁在清华学校演讲中国近三百年学术史讲义的一部分，欲在《东方杂志》先行登出，因全书总需一年以后方能出版，原文太长，大约全篇在十万字，体例与杂志要求未必符合。所分门类有经学、小学及音韵学、校注古字、辨伪书、辑佚书、史学、方志、谱牒、目录学、地理、天算、音乐、金石、佛学、编类书、刻丛书、笔记、文集、官书、译书。每类首述清以前状况，中间举其成绩，末自述此后加工整理意见。搜集资料所费工夫真不少，对于各门学术的意见，大概都发表在里头，或可引起青年治学兴味，颇思在杂志上先发表，征求海内识者之批驳及补正，再渐为成书。"若杂志可登，欲要求每期登二万言以上，不审我兄及东方编辑诸君意见如何？今先寄上经学、小学、音韵学之一部分，若谓可登，请即复书，当别为小序一篇，冠于首也。"（丁文江、赵丰田编：《梁启超年谱长编》，第1016页）

4月24日　北京大学研究所国学门感谢陈垣惠赠《至顺镇江志》一部八册，金息侯惠赠《尚史》一部二十四册、《平湖县志》一部十三册。（《研究所国学门通告》，《北京大学日刊》，第1454号，1924年4月25日，第1版）

4月25日　《清华周刊》社向清华学校师生征集国学问题意见。

《清华周刊》社鉴于"国学问题为清华最重要最切迫各问题之一"，为促进解决起见，拟于5月16日出版专号（第314期）讨论，欢迎清华教职员及同学积极投稿。内容包括："国学课程之改革"，"对于国学教员、教材或教授法之意见"，"国学教授上之经验、感想或心得"，"鼓励同学研究国学之办法"，"提高清华国文程度之计划"，"清华学生自修国学的方法"，"阅书制之批评"。征集将于5月9日（星期五）晚饭前截稿。（《本刊新闻》，《清华周刊》，第311期，1924年4月25日）

4月26日　北京大学研究所国学门通告感谢陈百年惠赠日文《大东文化》第一卷第二号一册、《大东文化协会第一回报告》一册、《东洋文化之神髓》第一辑一册、《东洋》第二十七年第四号一册、《考古学教室标本绘书》十张、《大东文化学院学则》一份。(《研究所国学门通告》,《北京大学日刊》,第1456号,1924年4月28日,第1版)

4月28日　报载江苏省吴兴县狄港镇中锦两区公民蔡振绅召集学界人士筹组国学专修馆。吴兴县陈知事以事属"保存国粹",裨益社会,已允辅助进行。(《吴兴教育界近讯》,《申报》,1924年4月28日,第3张第10版)

4月　钱基博编《国学必读》上下两册由上海中华书局出版。

5月2日　北京大学研究所国学门通告近期收到各处寄来的交换杂志的目录。

中文有《太平洋》《地质汇报》(附《矿物岩石及地质名词辑要》一册)、《清华周刊》《新民国》《国学丛刊》《北京交通大学月刊》《气象月刊》《观象汇刊》《心理》《华国》、《学衡》(附《殷契钩沉》一册)、《教育杂志》。德文有《德文月刊》第一卷第二期一册。日文有《艺文》第十五年第三四号二册、《考古学杂志》第十四卷第七号一册、《东洋学报》第十三卷第四号一册。(《研究所国学门通告》,《北京大学日刊》,第1460号,1924年5月3日,第1版)

5月6日　北京大学研究所国学门近购《古筹算考释》一部六册、《山左汉魏六朝贞石目》一部二册。(《研究所国学门通告》,《北京大学日刊》,第1463号,1924年5月7日,第1版)

5月7日　报载郭寿生的《烟台调查》提及烟台同善社设立国学专修馆,馆长姚明仁。(郭寿生:《烟台调查》,《向导周报》,第2卷第64期,1924年5月7日)

袁世凯复辟期间,姚明仁和陈明远、谈国樑、张罗澄、郭怀桐、张旭初、姚明善发起设立孔圣堂,"择经书中精粹语,编成浅近

文词"。(《发起设立孔圣堂》,《申报》,1916年8月28日, 第3张第10—11版)

5月8日　北京大学研究所国学门感谢曾虞民惠赠墓志铭等。

计有汉残碑、北魏江阳王次妃石氏墓志铭、北魏杨范墓志铭、北魏安乐王元诊墓志铭、北魏济州刺史穆胤墓志铭、北魏敦煌镇将元倪墓志铭、北魏关中侯苏君神道、隋新郑县令萧瑾墓志铭、隋□彻墓志铭、唐郭通墓志铭、唐随仪同三司王护墓志铭、唐关英墓志铭、唐青州录事参军李良墓志铭、唐□药墓志铭、唐上仪同秦进墓志铭、唐折冲都尉段会墓志铭、唐饶阳男房基墓志铭、唐支怀墓志铭、唐上谷侯夫人谭氏墓志铭、唐□府索玄墓志铭、唐诸暨县主簿宫君夫人秦氏墓志铭、唐孟师墓志铭、唐泾阳县令梁秀墓志铭、唐王远墓志铭、唐王氏墓志铭、唐史信墓志铭、唐李表墓志铭、唐武骑尉张弘墓志铭、唐李子如墓志铭、唐王义（？）墓志铭、唐□寿墓志铭、唐史氏赵夫人墓志铭、唐上轻车都尉马怀墓志铭、唐武怀亮墓志、唐安神俨墓志铭、唐王夫人李氏墓志铭、唐罗山县令王素臣墓志铭、唐王屋县丞白知新妻郑氏墓志铭、唐上柱国萧贞亮墓志铭、唐燕诏墓志铭、唐史部常选蒋楚宾夫人于氏墓志铭、唐肥剡县丞田灵芝墓志铭、唐封丘县白知新墓志铭、唐上柱国苑玄亮墓志铭、唐刘府君夫人王氏墓志铭、唐朝散郎高岑墓志铭、唐王氏殇女墓志铭、莱州长史王府君妻桥氏墓志铭、北齐严寿等造象记、北周□□造象记、唐李万通造象记、唐君会等造象记、□□吴屯造象记、杨满藏造象记, 均各一份。(《研究所国学门通告》,《北京大学日刊》, 第1465号, 1924年5月9日, 第1版)

△ 署名"旭初"者在《时报》发表《国故学与国故菜》一文, 主张国故学的价值只是少数人研究清楚过去的旧迹, 以供后人

看清历史之用，不能做成人人须吃的"国故菜"，中国当务之急是解决内政外交困局。

整理国故起源于"中国固有文化"被"西方文化"打败后，中国人厚着老脸企图从垃圾堆里寻找宝贝，并得到几个西方人的同情和支持。可是，"出色的文化"不存在于故书堆，而在社会生活中。中国固有文化就像古董，"国故学"的意义是将其整理清楚，展览陈列，让后人认清历史来路。

现在国故专家，古董不当古董用。他们在那里处置残羹冷菜，误认自己是个烧菜厨子。他们把吃剩的东西，用了现代的化学药品回回锅，便像煞有介事地成了几样别致菜了。可是这种夹香夹臭的十景菜，到底只能看看，不能入胃。譬如千年桑树根，也只能陈列着看看。要是装在大菜台上，便是有些不相称。

奉劝国故专家"好好的地把国故作了一门专门学问，不要当作大家吃的便菜。你们好好地把它整理出一个头绪，开一个古董常［长］期展览会，使大家看看祖先情形，得知创业艰难；决不可一个一个地摆得像北京古物陈列所模样。（现在报章杂志上，摆出来的差不多已经乱得不得了了。）""现在考究国故学，便不是个个人的事。中等学校学生，决无再学文言文之理。譬如一份人家，终要先把开门七件事应付了了，然后再理他太太遗下的几包破布头。（破布头博士本是刘丰［半］农先生赠给中国女太太们的，不料现在一帆风顺，该博士竟雄飞了）现在中国房子里糟得一塌糊涂，债户坐了一门，强盗又不时来探头探脑，这些切身的实际问题请大家

先来应付吧。"（旭初：《国故学与国故菜》,《时报·教育世界》, 第30号,
1924年5月8日）

5月9日　应《清华周刊》国学问题专号征稿, 清华学校国学
部主任戴梦松寄来下学年国文课程科目说明书。

《清华周刊》提醒教职员、同学有关国学问题专号稿件, 本日
以前必须交至编辑部。(《国学问题》,《清华周刊》, 第313期, 1924年5月)

戴梦松以"惭不学, 且苦无文, 即偶有肤见, 亦雅不欲借纸
笔发表。以故周刊拟出国学问题号, 函予征文, 予竟无以应。现梅
君汝璈来, 仍要予投稿；且曰先生既不欲作文章, 倘将课程内国文
一部分计画示之亦得。当告以关于下学年国文课程, 曾按目略作说
明, 钞交教务主任处, 然至多亦不过可作一种参考耳, 殊不足以云
计画"。说明书总则谓：

> 国文教学, 技术知识, 二者并重。有充分之知识, 无相当
> 技术以驭之, 必感"章疣句玷"之苦, 有优越之技术, 无相当
> 知识以实之, 亦来"虚车徒饰"之诮。准此为的, 读书读文,
> 两有取焉。文者, 操练技术之工具也, 书者, 发达知识之工具
> 也。至为时间所限, 与其取文, 毋宁取书。以文类系技术的,
> 不含有充分之知识, 书则于知识外, 亦具有优越之技术。故各
> 目［自］取材, 书较多, 文次之。用本斯旨, 略事论列。倘研
> 讨书中义蕴, 则有新旧名著在, 当编概略, 供取资也。

科目有《普通文字选》《论语》《孟子》《荀子》《礼记》《左氏
春秋》《诗经》《楚辞》《应用文字选》《韩愈文集》《欧阳修文集》

《庄子》《韩非子》《史记》《周易》《尚书》《韵文》《文字学》《文学史》。（戴元龄：《国文科目说明书》，《清华周刊》，第318期，1924年6月13日）

5月11日　浙江省教育厅下令国学专修馆不得收学校学生，致碍学校教育。

先是，诸暨县教育会会长金绍闻致函县政府称，各处国学专修馆竟有招致附近学校学生入馆情势，请即出示布告，以维学校教育。县署即令国学专修馆馆长暨县视学，以后该馆如再收受学校学生，即便查明报候核办。（《诸暨县公署训令第五二九号（国学专修馆不得收受学校学生由）》，《诸暨教育月刊》第16期，1924年6月）5月，诸暨县教育会开会议决，呈请取缔同善社国学专修馆。（诸暨民报社编印：《诸暨民报五周纪念册》，崇文印书馆，1925年，第38页）

浙江省教育厅奉省令云："查该馆简章，曾有于京外各省埠县开设预备科之规定，经据该馆呈奉教育部批：自行开办，未便予以禁止。惟此项专修馆及预备科，本不在学校系统之内，现在学校学生，自不应转学收受，致碍学校教育，应即由厅令饬所属，转行遵照办理。"（《浙江教育厅训令第四八〇号》，《浙江教育月刊》，第7年第6期，1924年6月20日）5月16日，浙江省教育厅根据潜水等县教育局呈请，训令各县知事，国学专修馆虽经呈部立案，但不在学制系统，不应收受学校学生。（《浙江教育厅训令第四八〇号》，《浙江教育月刊》，第7年第6期，1924年6月20日，厅令）5月23日，浙江省教育厅饬令义乌县国学专修馆不得收受学校转学的学生。（《义乌县公署训令十三年第一七二号》，《义乌教育月刊》，第1年第3期，1924年9月）

5月12日　北京大学研究所国学门导师伊凤阁曾提出"西夏国文字与西夏国文化"研究题目，继以苏俄驻华代表团公务繁忙，迄未开课，本日致信告知下月上课时间。

函谓："鄙人公务忙碌，照常约在下月间有一星期余暇，每日可以上课一小时。且最好在下午四点钟后。"5 月 16 日，国学门通知听者到登录室报名。(《研究所国学门通告》，《北京大学日刊》，第 1472 号，1924 年 5 月 17 日，第 1 版)

△　宋孔显为高中文科未有门径的学生开列《关于中国学术思想的一个最低限度书目》。

为高中文科学生开具中国学术思想书目，必须顾及两个方面：一是高中只有二年时间，要求得到大概，必须顾及学生精力；二是求学时期的青年，学费尚要父兄负担，自然不能有许多钱购买别种参考书，必须顾及学生的财力。两种理由决定了书目的分量不能多，价钱要便宜，因而注定不能多开。大致分为二类：

一为应读之书。应当细读几次，重要地方还要熟读成诵，为了解我国学术思想大概的基础。包括：《易经》《系辞传》《文言传》必须熟读成诵；《卦象传》六十四条，随时省览。"四书"、《老子》《墨子间诂》《庄子集释》《荀子集解》《韩非子集解》《淮南鸿烈集解》《春秋繁露义证》《论衡》《抱朴子》《韩昌黎集》《李文公集》《宋元学案》《明儒学案》《王临川集》《朱子年谱（附〈论学要略〉）》《明夷待访录》《戴东原》《文史通义》《章实斋年谱》《大同书》《国故论衡》《清代学术概论》《中国伦理学史》《中国哲学史》《先秦政治思想史》《中国哲学史大纲》《东西文化及其哲学》《国学概论》《中国学术思想变迁论》，以时代为先后，但于六朝隋唐数百年，思想界最放光彩之佛学，二年高中学生无暇再读，故不举。韩李二部文集，略见唐代思想大概。

二为应备之书。虽不必尽读，但包含学术思想的材料很多，应当随时翻阅，参考所必不可少。包括：《十三经注疏》《二十二子》"四史"、"九通"、《困学纪闻》《日知录》《世界大事年表》《历代名人年谱》《历代纪元编》《史姓韵编》《中国人名大词典》《四库全书总目》《书目答问》《日知录》为参考性质。《世界大事年表》，为工具性质。"我这个书目的范围，只以学术思想为限。其他文学、史学、文字学等，自然另有一部分书。虽和学术思想不能毫无关系，但严格一点来讲，似乎不当并在一处的。"（宋孔显：《关于中国学术思想的一个最低限度书目》，《浙江一中周刊》，第25期，1924年5月12日）

△ 北京大学研究所国学门通告购入《戊戌履霜录》一册、《坚冰志》一册、《光宣签载》一册。（《研究所国学门通告》，《北京大学日刊》，第1468号，1924年5月13日，第1版）

5月15日 北京大学研究所国学门风俗调查会召开成立大会，制定简章。

到会者十余人，先由国学门主任沈兼士引导各会员参观风俗陈列室。下午四时半开会，张竞生为主席。关于该会名称，沈兼士认为沿用已久，亦无不当之处，似不必再为更改。众无异议，照原文通过。其余宗旨、会员、搜集、整理各条，略由徐炳昶、单不庵、张竞生、陈大齐、沈兼士、李世藩、董作宾诸先生讨论修改，全体通过。

次由沈兼士提议："本会收到之材料，除原定表格之外，尚有多人自动的调查一种民族（如浙江之畲民）的生活情形，汇编成册。并有在本会表格所列各项目之外，自行分类，作种种研究者。此类材料，非常之好，应将其赶速发表，一来可以鼓励投稿人之兴趣，使其继续工作，二来可以引起一般人的注意，以后收集材料，可望增多。请主席推定几人为审查员，从速审查发表。其材料较多者，不妨先选一种问题如婚姻之类发表之，以供比较研究之资。"张竞生表示："本人很愿早日发表，以对付投稿者。至于审查即请在座诸先在［生］担任之。表格材料较少，只可先为整理。并赞成沈先生主张，尽成册之材料发表。"

最后讨论经费问题。沈兼士认为："本会筹设风俗博物馆，关系重要，实为本会之基本事业，亟应设法筹集款项，使早日成立，希望大家帮忙。并谓从前收到之一切关于风俗之材料，即请欧阳先生类集、编目，一面登报公布，一面分送诸同人，以促进行。"七时半散会。(《研究所国学门风俗调查会开会记［纪］事》，《北京大学日刊》，第 1492 号，1924 月 6 月 12 日，第 3 版；《研究所国学门风俗调查会开会纪事》，《歌谣》，第 58 号，1924 年 6 月 8 日；《北大国学门各会章程及纪事录（三）》，《顺天时报》，1924 年 6 月 14 日，第 4 版)

△　王伯祥批评北京大学《国学季刊》像课艺杂志。

《国学季刊》第 2 卷第 1 号为戴东原专号，除了戴东原图像，论文有胡适《戴东原的哲学》、魏建功《戴东原年谱》、容肇祖《戴震说的理及求理的方法》三文。王伯祥此前惋惜《国学季刊》不能按期出版，本日阅读顾颉刚从北京寄来该刊，深致不满，谓"越出越像课艺"。"东南大学夙以守旧闻，其实连旧的实际也没有，守什么呢？他们最大的成绩，只是努力于反时代思想的宣传而已。譬如金陵学院的创行，全省中等学校国文教学研究会的发起，反而都含有此种毒素在内也。"(张廷银、刘应梅整理：《王伯祥日记》第一册，第 34、61 页)

5月16日 《清华周刊》通告国学专号出版计划因篇幅太多而延期。

"照本刊原定计画，国学问题号本应此期出版。兹因本期有书报介绍副刊，篇幅太多，故只得延至下次发表。闻同学如有是类稿件，本星期日前能投交本刊编辑部者，尚可加入云。"（《国学号延期》，《清华周刊》，第314期，1924年5月16日）

清华学生李惟果提议图书馆多买图书，包括中国的古书、新文化的书、欧洲书籍。"清华是研究中西文化的学堂，中国古书又是研究中国文化的资料。文化包含一种民族进化之各样的真象，自非一两种书所能代表的。我们图书馆的古书，不过是几套在从前所公认的重要典籍，其余有许多名著，本足代表一时思潮的，多付缺如。不说梁任公先生为了著部《三百年学术史》，非回府搜集不为功，就是我们后生小子，偶尔想在中文上作点用功，参考起来，也觉得有些困难。而欲以此供文化上研究的需要，那更说不上了。"（果：《对于图书馆的两个建议》，《清华周刊》，第314期，1924年5月16日）

5月17日 北京大学研究所国学门方言调查会开第二次常会，讨论会章及进行事宜。

下午三时开会，到者林语堂、董作宾、温晋韩、容庚、容肇祖、张鹏翘、杨世清、尚献生、郑孝观、陈懋治、汪怡、张煦、罗庸、顾颉刚、沈兼士等十六名会员。首由主席林语堂作报告，主要讨论会章、进行事宜，然后分散会章草案。

关于名称，容肇祖谓："简称可改为北大方言会。"沈兼士谓："正式名称，亦可作方言会。因为方言一事，实不仅调查而已，同时须有研究。"汪怡谓："不妨如调查或研究字样以限制之。"讨论结果，改名为"方言研究会"。林语堂认为："外国人对于中国方言，非常注意，应许其加入本会，共同研究。"沈兼士赞成，提出："本会章程，亦可译为英文，以广宣传。"林语堂建议，"似可定为'society for Languistic Research of China'"。

次讨论职员一条，结果改为设主席一人，由全体会员公推，书记若干员，随时酌定。沈兼士说明："本所分立各会，皆有主席一人，主持关于学术方面进行事宜。至于事务方面，则由研究所国学门主任派人负责办理，各会皆然，简章上不必详细规定云。"次复经容庚、汪怡、陈懋治诸人详细讨论，逐条修改，交付全体通过。北大研究所国学门方言研究会简称"北大方言研究会"。"以语言学方法调查及研究中国的方言"为宗旨，"凡方言的现象如语音，语汇，语法，俱当用历史的及比较的方法研究整理他。凡与中国语言之研究有关系的，都在研究范围之内。"会员分为二种：通常会员，凡赞同本会宗旨而愿协助本会进行事务者；特别会员，负有特别研究一问题的专责，须有能正确使用本会所公定方音字母的资格，应极力研究国际音标。职员设主席一人，由全体会员推定，书记临时筹定。每年发行报告一次，此外随时刊行有关学术的出版物。年会每年一次，临时会由主席招集。北京外有设立分会必要时，由本会议决设立。会章不完善之处，会员可以提议修改。

后由林语堂报告该会经过情形，略谓："在上次常会之后，本会已进行之事项，一为发表宣言书，说明本会调查的总旨，已经于京沪各报及《东方杂志》第二十一卷第七号揭载。二，为特开标音原则一班，讲授方音字母及国际音标，本班已将毕业。中国比较发音学一班，因讲听的人都在标音原则一班研究标音，今为期已近暑假，不及开讲，当待将来补授。三，方音字母已由兄弟拟定一个草案，不日在《歌谣周刊》言标音专号可以发表，此不过是我个人所拟定的，应请推出一委员会以审定此事。"讨论结果，委员会无须公众推定，只由林私人邀请在歌谣讨论应改良地方，将来实用标音能否通用，自可临时斟酌增删，一时无须审定。林认为："搜集方音地图材料一事，本拟分发各省地图以备填注，后因描印不便，拟改用表格式的调查表，依所得消息由方言研究会自己填成一方音地图，待条例拟定后便可分发"，"或由北京各会馆同乡会调查，亦是一法"。近六时半，主席宣告散会。（《研究所国学门方言研究会第一次常会纪事》，《北京大学日刊》，第1492号，1924年6月12日，第3—4版；《方言研究会简章及第二次常会纪事》，《歌谣周刊》，第55号；《北大国学门各会章程及纪事录》，《顺天时报》，1924年6月15、17日，第4版）

5月18日　国学研究社编辑《国学周刊》第五十二期出版，发布汇编第二集预约布告。

《国学周刊》第二集汇编已经付印，内容计有胡朴安著《文字学研究法》《史记汉书用字考证》《六书浅说》《中国政法史略》《荀子学说》《墨子经说浅释》《泾县方言考证》《朴学斋读书记》，蔡斗垣著《水经注之研究》，朱少滨著《史记补注》，黄宾虹著《画史馨香录》，胡怀琛著《中国文学史略》。"以上十余种，多者万余言，少亦数千字，皆为有条理有统系之著述。"其他杂俎文诗等，有杨树达、吴承仕、傅屯良、姚石子、柳亚子、汪精卫、于右任、叶楚伧、吕天民、陈去病、谢无量、吴昌硕、恽灵护、陶拙存、潘老兰、金松岑、高吹万、高介子、闻野鹤、曾云沛、梁众异、许静仁、陈柱尊、李洞庭、赵霞叟诸君之作，"题目繁多，兹不悉举"。

"全书二百数十页，用毛边纸印，分订四册，定价二元，预约一元，八月出版。预约期自即日起，至出版时截止。第一集存书无多，特价一元四角。预约第二集者，连购第一集，得照一元计算。预约处：上海山东路民国日报社，上海界路五号俭德储蓄会学术研究社，上海新闸路福康路福鑫里六三三号胡朴安。"（《国学汇编第二集预约特告》，《民国日报·国学周刊》，第 52 期，1924 年 5 月 18 日）

5 月 19 日　北京大学研究所国学门古物古迹调查会开会，改为考古学会。

下午四时开会，到会者叶瀚、李宗侗、陈万里、沈兼士、韦奋鹰、容庚、马衡、徐炳昶、董作宾、李煜瀛、铎尔孟、陈垣共十二名会员。马衡为主席，报告该会成立经过，并请讨论会章及进行事宜。报告毕，分散会章草案，经详细讨论，将名称修正为考古学会。宗旨："用科学的方法调查，保存，研究中国过去人类之物质遗迹及遗物。—— 一切人类之意识的制作物与无意识的遗迹，遗物，以及人类间接所遗留之家畜或食用之动物之骸骨，排泄物等均在调查，保存，研究范围之内。"会员"除考古学家外，应网罗地质学，人类学，金石学，文字学，美术史，宗教史，文明史，土俗学，动物学，化学等各项专门学者，与热心赞助本会会务者，协力合作"。实行方法，会员可本各有特长分组，以利会务进行。包括探险、发掘、鉴定、修理、保护、纪录、出版七个分组。对于特别捐款的承受，另由详则规定。与国内外各同志团体互相联络，另由详则规定。会章未尽事宜，得于开会时提出修改。（《研究所国学门考古学会开会纪事》，《北京大学日刊》，第 1492 号，1924 年 6 月 12 日，第 3 版；《北大国学门各会章程及纪事录（二）》，《顺天时报》，1924 年 6 月 13 日，第 4 版）

古物古迹调查会同仁"佥以调查一项，不足以包括本会之作业，始改名为考古学会，专致力于古器物之搜集与研究"。其时确定搜集资料的方法三种："一为普通调查与采集General Investigation and Collection；二为探检Exploration；三为发掘Excavation。"工作即以此为标准，筹商进行。至于调查范围，大致分古迹、古器物，及古美术品三类。调查方法则分记录、绘图、照像、造型与摹拓五种。凡收集物品、鉴定、类别、编目，妥为保存而陈列，并及时修理。研究成绩，专刊印行。并为研究便利计，与国内外文化机关及法团规定合作章程。（傅振伦：《北大国学研究所考古学会之过去与未来》，《北大学生周刊》，第1卷第2期，1930年）

△　沈雁冰在文学研究会机关刊物《文学》发表《进一步退两步》一文，为捍卫新文学运动成果、巩固白话文写作，反对提倡整理国故，号召新文学界牢记白话运动普遍宣传和根基巩固的使命，成立扑灭反动势力的联合战线。

"国故毒"论争等反映的复古思想，促使沈雁冰改变了此前有限度赞成整理国故的态度，提出："'文学界的反动运动'虽然是旧势力的反攻，但是假使新文学界本身巩固，没有裂缝，反动运动就极难蔓延。不幸新文学界在这两三年来，进了一步，却退了两步。"进一步"就是大家都承认白话也可以作为发表意见抒写情绪的工具"。退两步，一是在白话文势力尚未十分巩固时候，做白话文的朋友忽然自己谦逊起来，先怀疑白话文是否能独立担负发表意见抒写情绪的重任，甚至于怀疑到白话文要"做通"，是否先要文言文有根基，即"先做通文言文打底子"；二是在白话文尚未在广遍的社会里取得深切信仰，建立不拔根基时，忽然多数做白话文的朋友跟了几个专家的脚跟，埋头故纸堆，从事整理国故。"结果是上比专家则不足，国故并未能因多数人趋时的'整理'而得了头绪，社会上却引起了'乱翻古书'的流行病，攘夺了专家的所事，放弃了自己眼前能做而且必须做的事情。"如此，退一步，引起旧势力"到底还是文言好"的嚷声，退二步引起"复古运动"，形成"目前的颇占优势的反动运动"。

"整理旧的"诚是新文学运动应有之义，但白话文尚未在全社会形成信仰之时，新文学家"必须十分顽固，发誓不看古书"，乃至"要狂妄的说，古书对于我们无用，所以我们无须学习看古书的工具——文言文"。新文学运动成功主要体现有三：一是"说什么，写什么"；二是"把词曲歌谣白话小说升作文学正宗，请经史子另寻靠山自立门户"，即"改正中国数千年'文以载道'的观念"；三是"介绍西洋文艺思潮，研究西洋文艺作品"，反对"借了整理国故的光"，牛头不对马嘴地"大言西洋人的文艺思想乃中国古书里所固有"。（雁冰：《进一步退两步》，《文学》，第122期，1924年5月19日）

△　郑孝观报名北京大学研究所国学门文学研究生经国学门委员会审查合格。

郑孝观，四川西阳人，北大国文系二年级旁听生，题目是《说文解字羡异考》。（《研究所国学门通告》，《北京大学日刊》，第1474号，1924年5月20日，第1版）

△　北京大学研究所国学门通告购入《国朝画征录》一部四册、《瓯北诗钞》一部八册。（《研究所国学门通告》，《北京大学日刊》，第1474号，1924年5月20日，第1版）

5月20日　沈仲九在《教育杂志》发表《中学国文教授的一个

问题》一文，从初中国文教学角度论及国学与国文的关系，主张学术为人类共有，国学没有独立的价值，应该隶属各学科。初级中学国文教授的首要事情，是国文从国学中脱离独立，因初级中学生主要养成基本常识和基本学问，都不必通过读古书而能获得。

五四以来，中学国文教学出现取材内容突破古文，教学方法大有改革的共同趋向，且已由讨论时代进入实行时代，"现在所成为问题的，是初级中学兼教文言文和专教国语文的问题"。其目的，则如夏丏尊《初中兼教文言文的商榷》一文所总结的，是"适应现代生活"和"养成读书能力"两端。养成读古书能力，理由大约有两种，即从国家主义角度出发，认为中国人"应该具备所谓中国人的特性"，和从学术思想角度出发，认为"中国的学术思想"理应"和国外的现代的学术思想一样的了解"。国家主义在教育上的弊害在于，最容易在世界的人类中间，筑成无数藩篱，使互相隔离，互相猜忌，以致互相侵害，经过欧洲大战，这方面已经非常显著，决没有再维持扩充的价值。"所谓读古书以保存国性这种主张，似乎和一般抱'国粹沦亡国将不国'的思想的从事复古运动的先生们，一样中了国家主义的毒。"做人只须具备人性，不必问有没有国性。只要具备人的知识、德性、技能，无论在世界上任何国家，都可以成一个好人，决不是因为没有国性而受妨碍。"阅看古书以了解中国的历史和文化，以具备国性，是中国少数人的责任"，"只要教育能普及，在小学、中学加入一种外国语，使全国的大多数人，除了国语国文以外，有可以发表思想情感的一种工具"，不必"一定要执著汉文汉语以为非用他不可"。

从学术思想角度主张初中生养成看古书能力，则须首先审问国学名词及其学术地位。

国学两字，在现在的中国，似乎很通行了。研究国学的，提倡国学的，颇不乏人。论到出版物，北大有《国学季刊》，东南大学有《国学丛刊》，上海有《国学周刊》，其他出版物上常常有自称为整理国故的文字。"保存国粹"，在三四年前，几乎成为嘲笑顽固派的名词；而"整理国故"，"研究国学"，在现在却好像很时髦的样子。两者的性质固然不同，但中国人的在学术上不容易忘了"国"，从此也可见一斑了。不过在这国学、国学的声浪很高之中，我不懂所指国学究竟是什么东西；我不懂所谓国学非国学的区别的标准在那里。

"国学是一国的特殊学术的总称"的定义不通，因为"特殊的学术的意义"存在"一国所独有而他国所没有"和"发明那学术的人是在那一国"的区别。"如果指前者，世界上决没有一国人可以专有的学术。如指后者，那末，社会学自经法国的孔德的研究才成立为一种独立的科学，社会学只能算是法国的国学；经济学自经英国亚丹斯密的研究才成立为一种科学，经济学只能算是英国的国学。其他各种学术，都是一样。""国学是研究一国历史文化的学问"的定义也不通，因为"无论何国，都有一国的历史文化，就有所谓英国国学、法国国学以及其他种种国学发生。所谓学术，无非是各国的国学罢了"。学术是人类公共的东西，决不该为任何国所私有。任何国的特殊现象，都可作为无论哪一国人研究学问的材料。任何国人对于学术上特殊的发明发见，都可以供任何国人的应用。"学术是绝对不应分什么国界，有所谓国学的一种东西，以国家的界限来区别学术的。况且现在的学术界，分科日趋精密，现在所谓国学，其中实在包含许多学问，要把许多学问而加以综合的研究，成立所谓国学这一种学问，恐怕是不可不能的事。""不该为国家两字所迷惑，要巧立国学的名目，最好把现在所谓国学的内容，分隶于各科学而作为他的一部分"，"这样国学的名词虽然打破，但实际上对于现在所谓国学的内容，研究比较的不含糊不笼统而容易有进步"。

其次，厘清国学与国文的关系。从国文科范围而言，中国不曾和西洋通商以前，几乎以经史子集为全世界的学问，国学就含有一切学问之意义，研究国文非研究国学不可。和西洋通商以后，西洋学问渐渐输入，于是有所谓中学、西学的分别。中学即现在所谓国学，包括中国固有的一切学问，而研究国文的，当然须研究国学，所异在以国学为一切学问的主要部分。"但是都把国学和国文混合起来，将研究国学的责任归研究国文者去负担。近几年来，凡是关于中学国文教授的文章，他们所举列学生应看的书，都把所谓国学的内容，如历史，如地理，如哲学，以及其他种种，都归纳进去。"国学分隶各学科之后，中学的"历史地理应该隶史地科，伦理该隶伦理科"，"国文，只有文字、文词、文章、文史这几种东西了"。中学国文最重要的功用，是在"人与人的心的沟通联络"和"文明文化的遗传"，为此须养成发表能力和读书能力，只须看国语文即可。

从教育而言，中学生不该也不能读古书。中学教育的目的，一方面在养成人的德性、技能和知识，所谓知识只是辅助做人的常识，并不是专门的学问，另一方面是预备毕业后从事职业或研究学问需要的基本学问。我且把一切学问进行分类，即哲学，形式科学（数学），实质科学（分为自然科学和文化科学，自然科学包括矿物学、岩石学、记述星学、自然地理学、地质学、化学、物理学、植物学、动物学、生理学、社会学、心理学等，文化科学包括历史学、人文地理学、法律学、经济学、政治学、宗教学、言语学等），应用科学（医学、农学、工学、商学等）和艺术（图画、音乐、雕刻、建筑、文艺）五类为准。而中国古书的分类为经部（易类、书类、诗类、礼类、春秋类、孝经类、五经总义类、四书类、乐类、小学类），史部（正史类、编年类、纪事本末类、别史类、杂史类、诏令奏议类、传记类、史抄类、载记类、时令类、地理类、职官类、政书类、目录类、史评类），子部（儒家类、兵家类、法家类、农家类、医家类、天文算法类、术数类、艺术类、谱系类、杂家类、类书类、小说家类、释家类、道家类），集部（楚辞类、别集类、总集类、诗文评类、词曲类）。除了哲学、文化科学、艺术的一部分外，所谓数学、所谓自然科学、所谓应用科用，究竟有哪一科非参考中国古书不可？"所谓养成看古书的能力，仅仅对于将来专攻中国文学、中国历史、中国哲学这一类人有直接的效用；对于研究他各科学的，简直关系很少。""仅仅寻求点国故的常识，用不着直接看古书"，把"中国的历史、中国的古代思想"用白话叙述出来即可。"就中学国文一科的时间而论，专去看必要的国语书籍还恐怕来不及；就中学生的能力而论，他只经过小学的六年国语教育，国语还有继续研究的必要"，更无"余力去看古书"。中学生所看书籍须经审慎选择，程度要适合，内容要精当。而中国古书有"字义的解释不一致，文字的错误不校正，组织的少系统"等通病，

"只足以作专门家研究的材料，而不足以作为中学生的诵读之书"。"古书既然不必看，古文的不必教，自然不成问题了。"（沈仲九：《中学国文教授的一个问题》，《教育杂志》，第16卷第5号，1924年5月）

　　△　王鉴撰成《与一些朋友们谈国文》一文，主张国文教学应先读现代白话文，具有现代思潮和正确眼光以后再读国学，才不致中毒。12月30日，文章刊载于《学生杂志》。

　　王鉴还有十个月即将中学毕业，批评现在有一般国文教师或学者们，期望于学生"直然便要成功一个小国学家"。主张中等学校对于国文，应作广而浅的阅览，必须反对三种倾向：一是国文内容的泛化，如何仲英主张囊括语体文、文言文、翻译文。二是国文研究的考证化，如胡适之《中国哲学史大纲》论哲学史料和梁启超《中国历史研究法》论史料。三是窄而深的传统注疏。中学生要读的国文"不外纵的方面和横的方面两个原因，纵的方面是历史的，横的方面是应用的"。纵的方面"似乎仍然是要引导著［着］大家向故纸堆里钻，但在现在没有系统的著作的时代，诚然也没有旁的好方法了。假能有部完全的中国文化史，即便再出个秦始皇把这些东西完全付一炬，我觉得只有痛快没有可惜"。"国故是有毒的，但其中也含着点有菁华。我所说'怎样读国文'的方法，便是先锻炼得我们的思想能抵抗这种毒质，然后再去淘取其中的菁华。"亦即"先读现代的白话文——包涵着现代思潮的白话文，次读现代学者从国故中淘取出的真的国学，再次进而参考国故学的原文"。（王鉴：《与一些朋友们谈国文》，《学生杂志》，第11卷12号，1924年12月30日）

　　5月21日　北京大学研究所国学门档案整理会在国学门主任室召开第三届常会，议决继续整理档案之事件六项，并通过办事细则。

下午四时，在北大第三院研究所国学门主任室开会。依签名册顺序，到会者余文灿、陈汉章、单不庵、陈垣、王光玮、胡鸣盛、皮宗石（单不庵代）、沈兼士、王有德，沈兼士主席。议决今后继续整理档案之事件六项：（一）摘录明题行稿。此项文件自开始整理以来，即将摘由陆续登载北大日刊，并于1923年冬北大五十五周年纪念会时，编次年月，订成22册，原拟即行出版。嗣因又发见数百件，遂又摘由编号，大约暑假期中可以一律竣事。计一千三百余件，均署摘录者姓名，以示负责。俟摘录完毕后，先将原稿编号，然后与摘由对校。若摘由有误，或不扼要处，即据原稿校阅。此项审查，公推王有德初审，再由陈垣复审。俟编竣后，继续整理清代题本。（二）编报销册目录。概属清代，已将朝代分就，以后只须按朝代编次年月，区分地域，分别种类（如地丁、兵马、钱粮、盐课、漕运、织造、内府食物、外用吃食、给用火牌勘合，棚捐银数，大进大出等），编一样目，以备经济学系参考。大约暑假期中可以完竣。（三）汇集清代官印。清代官印，民国成立均已全行销毁，将来此项工作告成，不唯可以作考证清代官印之用，且可以供研究美术资料。此时第一步办法，先将各朝文武官贺表封套上印文剪下，以官职为经，地域为纬，黏次成帖，并注明年代月日及具印者姓名。第二步办法，将来或再采取不甚重要的题本、揭帖、呈堂稿等的印文，以补不足。（四）编制陈列要件及明题行稿的目录片。将陈列室的各项要件及已经摘由的明题行稿撮要填入表片，与要件并陈，以便检查。（五）装订重要稿册。暑假中须将陈列室各种重要稿件装订藏事。保存室所储藏下学年始能着手装订。又裱明题行稿（现已裱出四百余件），以后改手卷式为册叶式，合原稿二页为一页，以便陈设及检阅。（六）整理满文题本。有百余麻袋，拟由本会添请一谙满文者整理。此外，会议通过《整理档案会办事细则》五条。（《研究所国学门整理档案会第三届常年会纪事录》,《北京大学日刊》，第1492号，1924年6月12日，第2版；《北大国学门各会章程及纪事录》,《顺天时报》，1924年6月12日，第7版）

5月22日 北京述学社出版《国学月报》，年底出至第2卷第12期后停刊。

述学社以北京大学国文系师生为主，由陆侃如、杨鸿烈、卫聚贤、储皖峰、黄节、张为麒、徐嘉瑞、何联奎、林之棠、白之藩、黄优仕等人所组织。发行《国学月报》，为发表研究成果阵地。5月27日，发表宣言，表达继承前贤国学研究，继续整理国故的愿望。

> 近来"整理国故"的呼声虽是很高，但是整理的成绩却还不多。廿年来的种种刊物，如《国粹学报》,《中国学报》,《船山学报》,《国故》等等，都先后停刊了。所以我们不自量力的来办这个"月报"，想贡其一得之愚于读者诸君之前。而且我们默察这几年国学界的情形，尤其使我们忍不住要说几句话。

研究方法，反对"信古"和"媚古"。"最近楚辞之争及'古史'之争可给我们以莫大的教训。一方面有人极力打破旧说，以便发现事实的真相，一方面便有人来极力拥护旧说，顽固可哂。"中国伪书误书实在太多，"邢子才式"的读书人也太多，不能"保守着'信古'的态度来自误误人。""还有一般人，居然来做'学贯中西'的文字。还未懂得西洋哲学，居然来谈《易经》的社会主义'，还未懂得西洋文学，居然来谈《今古奇观》的写实主义'。"
同人"极恨这种'顽固的信古态度'及'浅薄的媚古态度'的"，
"宁可冒着'离经叛道'的罪名，却不敢随随便便的信古：宁可拆
下'学贯中西'的招牌，却不愿随随便便的媚古"。（《发刊引言》，《国
学月报汇刊》，第一集，1928年1月1日）

述学社《国学月报》创刊号于本年端午节出版，先后发行诗经
号、楚辞号、陶渊明号三个专刊。1924年年底，因编辑主任陆侃如
赴上海任教，副主任赴欧，其他成员供职南京，故而停刊。（齐家莹
编撰：《清华人文学科年谱》，清华大学出版社，1999年，第45—46页）

5月23日 《清华周刊》通告先调查清华学生国学程度，再出
国学专号。

本期原系国学问题专号，嗣因吴景超主张应用科学方法，作统
计研究，确查清华学生的国文程度，同人响应号召，众谓欲彻底研
究清华国学问题，非先调查清华学生之国学程度，并测验同学对于
国学之心理不可。遂决定先制定调查表格若干种，分发同学填写。
俟此项表格汇集后，再编成总集，在国学问题号上发表。"惟此种
工作，非二星期不能完竣。因是本刊遂决定将该号延期二周出版。
现已请定彭君文应专司此事。"（《国学号延期》，《清华周刊》，第315期，
1924年5月23日）

△ 北京大学研究所国学门通告感谢吴虞惠赠《四川省第二次
劝业会报告书》一册。（《研究所国学门通告》，《北京大学日刊》，第1478
号，1924年5月24日，第1版）

5月25日 胡朴安在《国学周刊》发表《论整理国学》一文，
强调须有坚忍志向，刻苦功夫，搜集、选择、排比等具体方法，全

面着手，才有整理国学的资格。

"整理国学一语，久已熟于学者之口耳。环顾国内之出版品，关于国学者，亦不寂寥。然而真能当整理国学之任者，颇不多见。"整理国学事业伟大，断非少数人所能胜任。

　　而国内深于国学者，大半为旧思想所囿，步趋维谨，不肯创作体裁，以开国学之新路。而少数英锐之士，于国学无柢底之研究，借国学之名目，以演一己之思想，其作品类皆浅陋不可读，于国学之真，更无富［当］焉。其稍进者，以欧美之学说为主观，以国学比附之。如言及墨经，必证之以西洋之名学，穿凿牵强，展转以求其吻合，是否果当于墨学之真不问也。或者抽一支一节，演为万言，以当某家之学说，而于某家学说之全体是否洽当不问也。以比附之谈，当整理国学之事业，与其谓之整理国学，不如谓之传播西洋学为之愈。以一偏之见，当整理国学之事业，与其谓之整理国学，不如谓之诬罔国学之为当。

整理国学应有"具体之方法，为全部之整理"。

　　关于一问题，其发生之情形若何，中间之变迁若何，最近之趋向若何，以博大之引微，为精密之审订，以归纳之方法，而得其结果，不以演绎之方法，而好事推论。此种整理方法，固非浅尝者所能从事，即深于此学者，亦非于最短之时间，可告成功。盖其整理之次序，第一步以搜集材料为事，第二步以

选择所搜集之材料为事，第三步以排比所选择之材料为事。排
比既定，凡一国学问题，即能得其终始，而有统系之可循。必
如此始有整理国学之实，然后可当整理国学之名。然必为日
久，用力勤而后可。今之人无坚忍之志，所以不能用刻苦之
功，无刻苦之功，而欲居整理国学之名，无怪夫以比附之谈，
一偏之说以弋之也。夫整理国学，固非少数人所能胜任，然亦
非人人必需之事业。惟负整理之责者，当以坚忍之志，刻苦之
功任之。设自问无此志与功者，无宁以此种事业，让之专家，
毋以一知半解，灭国学之价值也。（胡朴安：《论整理国学》，《民国
日报·国学周刊》，第 53 期，1924 年 5 月 15 日）

治国学者各就专业编辑专门的工具书，就是其中之一。针对
友人主张"著书不如钞书"，指出："钞书不如编书。著书者发挥自
己之思想，思想未纯熟，非敷浅即谬误，故创作未易言也。钞书所
以代读书之用，其有益视读书为倍，然而于人无与也。惟编书之
善，既有益于己，又有益于人，纵有漏略，而无敷浅，纵有杂乱，
而无谬误。其漏略也，后人可以补苴之，其杂乱也，后人可以整理
之。""编书之方法颇多，浅言之，如《史姓韵编》《说文检字》之
类，进之如辞典字典语典之类，凡可以供人参考之用者，分门别类
而编之，于己既获多识之益，于人又省检查之劳。再进之如政治
史、法制史、农业史、工商史、风俗史、哲学史、文字学史、文章
学史等，搜辑群籍，广征而博采之，汇萃众说，精审而详择之，互
参钩稽，排比成书，使深沉无统系之学术，皆有条理之可循，使散
漫无次序之书籍，皆有伦类之可指。初学之士，可由此而获旧识，

博雅之儒，亦可借此而启新知。"

中国书籍，只有类书编者稍多，次则字典词典，再次则如《九通》《宋元学案》《明儒学案》之类，其他则著者多编者少。近人间有编书，大多浅陋不成章，只有丁福保编《佛学大字典》，颇有益于读经典。又编有《一切经音义汇编》及《说文》等书，尚未告竣。两书对人皆极有益。"余日夜皇皇，亦悉为编书之事，魄力太弱，意志不坚，未能获巨大之成绩。惟有所撰述，皆以编书之方法行之。友人中往往喜言创作者，余则绝不敢为此。盖读书不多，而言创作，在吾人自以为创作，而不知古人早已有之也，叠床架屋，何贵此创作为。况今人之所谓创作，亦不过一诗一文。中国书籍最多者，在于集部，汗牛充栋，毫无归束，删节之不暇，何可更增益之也。惟是诗文之创作易，书籍之编辑难，人情喜易而畏难，故创作诗文者所在多有，编辑书籍者寂寥于世也。吾愿今之治国学者，各以肄业之所及，而以编辑一种专门之书为事，一诗一文，可无为也。"（胡朴安：《论编书》，《民国日报·国学周刊》，第54期，1924年6月1日）

5月29日　董秋芳在《民国日报·觉悟》发表《箧复辟式的国故运动》一文，认为整理国故须先推倒不合时代的纲常名教，具有和政治革命同步的重要意义。在中国学者中，周作人最具希望。

董秋芳毕业于北京大学预科，时为英文系学生。1923年曾经和徐钦文、龚宝贤等发起组织文学研究团体春光社，请周树人、周作人兄弟等指导。董秋芳注意到：

　　现在"国故"的声浪，已传遍了中国。一般国故学者所持的主要理由，不外乎中国民族历几千年之久，自有它那独立的思想和精神，把这种独立的思想和精神，整理而提倡之，是后学者的责任。这种理由，我们原不忍加以猛烈的非难，因为把先人的思想和精神，有系统地表露出来，也可以看到中国民族旧时的特性和它的流变，撷其英华而弃其糟粕，可以给研究世界民族性者的参考。但其功用却也尽在于此了。

且须"于国学确有根底而不为旧说所迷"，和"对于各国历来的思想流变有深切的研究，且明了现代的趋势，而有科学的智识"这两个基本条件。因为世界是进化的，各民族能否生存，全视其进化速率之缓急以为断，而其历来进行的痕迹，全在哲学、文学、科学三者之中。"现在一般人大胆地说中国的文化，远不及西洋，要救济这个巨大的缺陷，须多多介绍西洋的哲学、文学、科学进来。这种论调我们至少可以承认它不是故意地'数典忘祖'，是的确了解中国缺乏时代思想和时代精神。"

然而，偏有几个"聊自解嘲"的国故迷者，相与奔走呼号。远如晚清的西学中源说，缺乏科学常识，头脑顽固，流弊极多，令人喷饭。而近时整理国故的文章"牵强不通"，往往"把一个西方人和一个东方人牵连在一起"，实在"斯文扫地"。

我以为现代谈国故的人们，有最大一个毛病，就是把中国旧时的文人，抬了出来，给他加上几个最流行的新名词，什么这是他的实验主义，这是他的无抵抗主义，这是他的社会主义……把那文人的几段文字，浮光掠影地一看，便以为作者个人对于某人有深切的研究了。陶渊明是中国的托尔斯泰，白香山的诗充满着什么人生观和什么主义；笑话百出，不但不因此而抬高作者的身价，却因此而暴露他对于某人的根本思想没有深切的研究，不过藉此出风头罢了。

"中国无所谓文化，中国人的学说是笼统的含糊的"，文学和伦理学相混就是显著例子。其余诸子百家的思想言论，虽然有许多新颖可取，大概也是"散漫无绪，讳莫如深"。"所以我们如果要站在这个继续向上的世界里，非把旧时的不合时代的纲常名教全盘推翻，重新建设一番不可。这也是革命的工作，应该和政治革命相提并进，才有新中国新精神的希望。"国内学者最佩服周作人，原因是"别人都会趋时髦，忽而谈国学，忽而谈新学，没有贯彻的思想和精神，而对于现在最易有流弊最使人惑乱的旧思想，毫不注意；独周作人先生接续不断地在做攻击旧思想的工作，见识之远，可说首屈一指了"。（董秋芳：《箴复辟式的国故运动》，《民国日报·觉悟》，1924年5月29日，第2—3页）

5月30日　清华周刊社组织专门委员会，整理国学专号调查资料。

"本刊拟于六月六日出'国学问题'号，凡我教职员同学对于该题倘有高见，务请发表为鸿著，并于五月三十日晚饭前惠下。""上星期编辑部制就国学程度调查表及建议表四百余份，已分发与教职员及同学填答。闻填答是项表格者，颇形勇跃，同学近来之注意国学，于此可见一斑。"总编辑梅汝璈鉴于国学专号工作繁重，特组织一委员会专司汇集，统计表格，及其他一切事项。并请彭文应为主席，徐永煐、邹邦樑、温联忠、李惟果、陈铨、吴柳生

为委员。(《国学问题》,《清华周刊》, 第 316 期, 1924 年 5 月 30 日)

△　北京大学研究所国学门通告购入《王荆公诗笺注》一部八册。(《研究所国学门通告》,《北京大学日刊》, 第 1484 号, 1924 年 5 月 31 日, 第 1 版)

5 月 31 日　北京大学研究所国学门撰成本年元旦以迄本月底的工作报告。

顾颉刚 5 月 28 日致胡适函中称:"兼士先生见语, 谓下星期六开委员会, 须将所内各机关报告摘要在会场报告。"(《顾颉刚书信集》第一卷, 第 419 页)6 月 4 日, 顾到北京大学研究所国学门作报告, 用以提出国学门委员会。(顾颉刚:《顾颉刚日记》第一卷, 第 493 页)

△　北京大学研究所国学门通告感谢努力周报社赠书和近期各处寄来的交换杂志的目录。

努力周报社惠赠《读书杂志》共十八期二册。国学门近期收到各处寄来交换杂志有: 中文《华国》《清华周刊》《教育杂志》《国学丛刊》《史地学报》。德文《德文月刊》第一卷第四、五期二册。日文《东亚之光》第十九卷第五号一册;《艺文》第十五年第五号一册;《考古学杂志》第十四卷第八号一册。(《研究所国学门通告（一）（二）》,《北京大学日刊》, 第 1485 号, 1924 年 6 月 2 日, 第 1 版)

5 月　《浦东中学月刊》第 2 期发表胡颐年《"保存国粹"与"整理国故"》一文, 认为中国固有学术思想是金沙兼有的混合物, 称"国粹"不如叫"国故"。保存"国故"是危险的, 不如倡导用科学方法整理国故正当。(胡颐年:《"保存国粹"与"整理国故"》,《浦东中学月刊》, 第 2 期, 1924 年 5 月)

6 月 1 日　长沙张冥飞笔述, 湖州严伯樑加注的《章太炎的国

学演讲录》一书，由上海平民印务局再版，上海梁溪图书馆印刷和
发行。

6月2日　顾颉刚与黄文弼等谈北京大学研究所国学门发展计
划，但无结果。

本日，顾颉刚为北大研究所国学门检理应购书籍。黄文弼（字
仲良）招其至国学门考古学室，谈研究所发展计划。沈兼士亦来
谈。"与仲良等谈研究所发展计画，费时久而无结果，头胀欲裂
矣。"（顾颉刚：《顾颉刚日记》第一卷，第493页）

6月5日　报载江苏省阜宁县东坎学董董永铭、杨长年、朱允
生等倡办国学专修馆。

近来江苏阜宁东坎教育日渐发达，前有刘坤山、李倬云二人
在耶稣堂创设平民夜校，颇著成效。"顷又有学董董永铭、杨长年、
朱允生等，倡办国学专修馆一所，延聘教员数人，招收学生三十
名，并附设第二平民夜学，招收学生四十名，校址设在东坎红十字
分会内。新建校舍十余间，所用经费，为董君等自行筹募。"（《阜宁
东坎人士热心兴学之踵起》，《申报》，1924年6月5日，第3张第10版）

6月6日　清华周刊社发给教职员及同学各种国学调查表格，
大多数均已填答寄回。

"本社发与教职员及同学各种国学调查表格，大多数均已填答
寄回。国学专号委员会彭文应、徐永焕、邹邦樑、温联忠、吴柳
生、李惟果、陈铨诸君，近日正在从事编制统计，异常忙碌。该项
统计将在下期国学问题专号发表。又闻校中教职员及同学以讨论清
华国学问题之著作见投者颇形勇跃，惟本刊篇幅有限，恐又不免再
演'见憾遗珠'之惨剧矣。"（《"国学问题"消息》，《清华周刊》，第317

期，1924年6月6日）

6月7日　专以保存国学，阐扬道德为宗旨的扬州静社在沪开会纪念。

扬州静社为苏绅张啸尘等，于丁巳（1917）年秋组织成立，"专以保存国学，阐扬道德"为主旨，曾经黎元洪时期北京政府各部总长、各省军民官长先后题褒，并在省署立案，颇为社会推重。近因在沪社员众多，亟待联络，特于本日在上海会计专门学校开临时大会，到会社董社员如童诗闻、沈立人等共约百余人，主任张啸尘主席，报告近数年社务状况，继由到会社员讨论扩张进行各要案。（《扬州静社在沪开会纪》，《申报》，1924年6月8日，第4张第14版）

6月8日　北京大学研究所国学门委员会在龙树寺开会。

上午十点半开会，出席者有蒋梦麟、沈兼士、马裕藻、周作人、胡适、张凤举、朱希祖、单不庵、马衡、徐旭生，凡十人。顾颉刚"为研究所委员会书记"，下午三点半散会。（顾颉刚：《顾颉刚日记》第一卷，第495页；鲁迅博物馆藏：《周作人日记（影印本）》中册，第388页）

6月11日　北京大学研究所国学门感谢郭□熙惠赠《如话诗钞》一部二册。（《研究所国学门通告》，《北京大学日刊》，第1492号，1924年6月12日，第2版）

6月13日　《清华周刊》发行国学问题专号，发表清华国学调查统计结果，有针对性地提出改革清华国文教授的意见。

国学调查分成学生、教员两大部分，上下两篇。总共有230名清华学生填写调查表，其中九成写了改进建议。该刊在不违背受调查者原意情况下，择要公布，而有代表性的意见，则全文附录在后。"清华学生教员和当局都是担负了改革国学的责任的。清华的学生要只是鼓吹一下，就算了事，却没有诚意去从根本上把轻视国学的心理完全铲除，清华国学改革是没有成功的那一天。""清华的教员要还是敷衍塞责，自欺欺人，却没有诚意去竭志尽忠把学生学业的进步当做自己无上的目标，然后去研究并实现如何进行的方法，清华国学改革是没有成功的那一天。""清华的当局，要还是乐于敷衍度日，只知畏难苟安，却没有诚意去立志改革，大有作为，拿出精力去研究改革的办法，拿出胆量去实现研究的结果，清华的国学改革，更是没有成功那一天。"（应：《关于清华国学改革说几句干脆的话》，《清华周刊》，第318期，1924年6月13日）

清华学生改革国学的建议，由彭光钦整理。大致分类有课程、教材、教员、教授法、作文、自修、设备、鼓励措施及其他等方面，各分类包括的建议数量如下。

一、课程：注重中文，3件。英文方面减轻，31件。实行中英并重，14件。减少上课时间，8件。增加中文钟点，6件。中文课分为文言、白话两班，1件。中文课分经、史、子、集、近著五科，每科聘学识宏富之人作主任，指导学生，2件。恢复习字课，4件。学生中文程度高超者，可任其自由上课，成绩以研究学问为标准，1件。如梁任公一类长期学术讲演，定为选科之一，1件。减少中文钟点，3件。中文课改在上午，3件。中文课不定在下午，4件。中文研究时间要充分，3件。学校甄别学生程度，依程度高下，分为甲、乙、丙、丁等班，以便教授，4件。中文功课分两科分开教授，1件。中英文分数应当同样计算，11件。各科能用中文课本者即用中文课本，1件。中文课班次不随英文课班次而定，4件。学生中文程度差，应入特别班补习中文，1件。

二、教材：选文所选文章应有系统，4件。"以相当课本教授，不用零篇讲义"，1件。讲文时讨论，1件。教材要适合学习程度，5件。选择良好教材，4件。不可尽选古文，近代文也该选读，4件。用中国小说作教材，3件。用说理浅白的文集作教材，1件。选有趣味的文章，3件。多选时文杂志小说，1件。必修科宜用语体文，1件。选文宜文言白话并重，3件。教材宜注重应用文，2件。用国语教本，1件。

三、教员：聘请好教员，56件。淘汰不良教员，35件。教员应有以下之资格，包括应有现代潮流的思想，8件；博览古学，6件；应有良好的教授法，16件；会说官话，9件；博通群籍，2件；有教学方针，1件；有经验，5件；性情活泼，1件；脑精清楚，3件；年纪不要过老，3件；要懂新文化，3件；人要和气，2件；能维持课堂秩序，4件；能得学生信仰，1件；能引人兴趣，5件；人格高尚，1件。教员不宜聘国立大学毕业生或新文学家，3件。教员必须大学毕业，不要前清遗老如翰林、举人、秀才之类，5件。请名人担任教授，使学生增长研究国学趣味，3件。国学部应取消，对不好教员应考查其上课情形，1件。用重金聘请第一等国学教员，2件。教员宜由学生选择，1件。建议聘请教员，包括胡适之，5件；梁任公，4件；陈独秀，2件；章太炎，2件；王国维，1件；梁漱溟，1件；林琴南，1件；汪精卫，1件；康有为，1件；吴佩孚，1件。

四、教授法：背诵古文，3件。注重自由研究，1件。不上教室，由主任指定书籍，限学生自读，在一定时期内，由本科主任考查读书心得，1件。取消定期考试制度，1件。启发式和注入式的教授法两者不要偏用，1件。教员在课堂严厉管理学生，6件。国文堂上分组辩论，4件。教员提倡笔战，1件。不用自读法，1件。要有能引起学生兴味的教授法，无。不要像讨账一般地催笔记，1件。教员当作指导，不作呆板之讲演，4件。取消讲文制，1件。用西文教授法，4件。监督学生听讲，2件。教员应常因材施教，1件。用讨论式教授法，不用注入式教授法，1件。教员宜认真不可敷衍，3件。教员引导学生到图书馆参考书籍，每人每周作一短报告，1件。用科学方法整理国故，1件。记分宜严，9件。教员学生应有共同研究精神，1件。中文课堂禁读课外书，1件。选科书先生要讲解，1件。教员应严查不用心之学生，1件。提倡课外读书，1件。取消上课制度，每星期交论文，4件。教授法宜注意个性，无。不注重国文的人，不必强勉他上国文课，以免败坏全班的精神，1件。教员宜讲究讲演法，5件。废除自看书制，改由教员讲解，1件。取消阅书制，1件。中文课堂应有问答，1件。课堂上允许学生发表意见，1件。废除笔记制度，1件。要严厉，但不要自己不管，只是天天报告，1件。

五、作文：自选国文题目，1件。作文至少每月一次，4件。作读书报告，1件。作文当用白话，1件。作文每周一次并注重翻译，1件。作文不要出题目，由教员指定某问题，学生参考报告，1件。少出无意识之旧题目，如"诸葛亮论""业精于勤说"之类，1件。少作白话诗，1件。常作如书牍呈文一类应用文字，1件。

六、自修：多读多做，1件。自己多看近世著作，1件。用历史进化的眼光研究国故，1件。用艺术的眼光研究文学，1件。组织国学研究团，互相研究，1件。提倡写日记，无。

七、设备：图书馆多购中文书籍并制书目，11件。图书馆应多购新文化书籍，12件。购买中文参考书，1件。图书馆应聘有国学根底之管理人，以便学生咨询，2件。图书馆应购中国法帖，出借与学生摹临，无。

八、鼓励：学校应当奖励中文优美之学生，16件。提倡出版物，2件。提倡著作奖励，投稿周刊、学报、年报等，1件。学校设中文论文比赛奖金，1件。学校与美国大学交涉，中文算作第二外国语或第三外国语之一科，1件。组织一种出版物，专门发表幼年学生的著作及批评，无。

九、国学部：根本推翻国学部，1件。聘博学而懂教育之人为主任，10件。请胡适之为国学部主任，无。校长或教务主任应详细调查教员成绩，无。

十、其他方面：学校应多请人演讲国学，11件。毕业生于毕业时须作论文，观其程度之能否毕业，1件。改组国文科，1件。优待中文教员，9件。中西教员平等待遇，11件。提倡"文风"，1件。学校请国学有研究之人作长期讲演，1件。以后考查新生中文程度，不及中等者不收，1件。中文不好的不准留美，2件。学生与教员应多接触，4件。中文坏的学生与英文坏的学生一样看待，5件。设法使学生有机会多看中文书籍，4件。使学生对于国学发生兴趣，3件。提倡翻译西书，1件。严惩中文课堂上的捣乱分子，1件。屏除曹慕管式国故，1件。不可蹈东南（大学）复辟之覆辙，1件。(《改良清华国学建议集成（上）》，《清华周刊》，第318期，1924年6月13日）

编辑部整理《改良国学建议鳞爪——学生方面》一文，梳理学生改良国学的普遍意见。或主张清华组织一个中文论文委员会，此论文不是指平常空吹的论文，而是与在外国考博士的论文相同，不过范围小一点。或由学生自选题目，或由学校出题，所作论文由委员会裁评。如有价值，学校给以相当奖品。加入者不限人数，交稿期也不限制。如有价值的论文甚多，学校可以刊行。或谓教员所选文章务须要有统系。或批评今年一位先生所选文章杂乱无章，忽而六朝，忽而唐宋八大家，忽而诗词，也没有发过一篇有统系的学术文章，学生请其进行总说，他总说程度不够，实属可耻。或认为选科看书的办法极好，但必须请许多有学问的人将其排好具体年份和选书范围，这样有次序地做去，学生或许能够得点好处，否则与现在瞎选，不能得益无异。或主张毕业出"洋考试"，中文应该格外从严，不能通融。中文太坏，则不能勉强留美。或建议学校应当特别奖励一般国文特好的学生，以引起一般同学重视国文。良好的方法，包括时常征文，给予优胜者奖金牌等。有人主张学生应当设立国学研究团体，学生如有不懂的地方，尽可直接或间接请教团员，团员可以和大家讨论，假如讨论不起来，再去请教当代对国学有研究的学者。此外，团中应当有国学出版品。或以为清华学生中文程度不好，教员不孚人望是主要原因之一，因为一位国文先生实在能引起学生的兴味和尊敬的观念。所在年级三班中只有甲班比较好些，"其余二班都精到十二分的程度"。学校方面若是改革清华国学，非从这步入手不可。或主张中文教员必须具备以下资格：北方人或会说官话，博通群籍（非如新人物等只知新学，不知古籍），郑重所执之职，口音正切，年龄在四十以上（不要太老）。或主张选修中文课不应限以现在班级，因为有些中三学生，中文远胜大一学生。或主张学校图书馆应多买现代有价值的著作，譬如《东西文化及其哲学》，清华图书馆只有一本，每不够学生借用。又如，《梁任公学术演讲集》，馆中未备。或认为清华对于国文程度太坏的学生不注意，是学生国学不好的第二个原因。譬如，英文不及格便要开除或留级。国文则否，得个"P"，全无关系。因此，教员既不愿给学生"P"，学生亦不怕教员给"P"。学校要使学生注重国文，非同等看待国文不及格与英文不及格不可。或认为阅书法的通弊是"不懂的也就算了"。若仍用此法，学生必须得到教员一点指示及引导，否则学生会茫无头绪。或主张中文课的钟点要少些，多给学生自修机会，教员担负指导解释之责，不用口讲。或主张要有良好教师，否则不能引起学生兴趣，反使学生厌恶或轻忽那门功课。或主张良好教师的资格，是对新旧学问都有切实研究，并有适宜的教授法。或认为现在洋文课高压之下，国学难有改良可言。或认为所有选科书籍，教员应在课堂上讲解，不应木偶一般，在讲台上坐着。有人主张教员应具备以下各条资格：应有现在潮流的思想，博览古学，应有充分的教授法，允许学生有自由发表文章的权利。或主张要从根本上解决清华国学问题，学校必须除去饭桶教员。凡是靠面子关系在清华担任教授，并无学问，不懂教授法的，一齐辞退。还有人主张，图书馆应当多购中文书，并且编一册目录，或以时代排列，或以种类排列，目的是使人方便找到。(《改良清华国学建议集成（上）》，《清华周刊》，第318期，1924年6月13日)

职教员对于改良清华国学的建议，由彭文应整理。过去鼓吹改良国学最热烈的多半是清华学生，提出改良国学建议最多的，几乎全是学生。结果导致观察和批评难免存在偏见，所说办法难免有不周到之处。直接与改良清华国学发生关系的，除了学生，就是职教员，尤其是中文教员。他们与改良国学关系异常密切，观察异常重要，见识和学问比学生高远，意见异常可贵。此次征求改良国学意见，特别注重职教员方面。除了请他们多人作文外，还预备一种表格请他们不具名填写建议，最终收回的虽然只有13份，但许多建议是学生未必能够提出，即便提出也不会十分有力的。其中，陆懋德明确提及区分国学与国文，国学主要指文史哲专科。教员建议划分为课程、教授法、教员三类，细分为二十三项。

课程部分归纳有十项建议：（一）调查国学程度，以便因材施教。从前教员不甚注意学生国文程度，一班之内，程度不齐，往往强用同一教法。结果非失之过浅，即失之过深，不得恰当。今先调查程度，俾教员胸有把握，可除此弊。至于学生将来，拟学何科，作何职业，以及英文成绩如何，皆须设法令国文教员知悉，以免隔膜之弊。此举对于凡事注意学生行止的教员，固然是胸有成竹，不如调查一番，使更明了。（二）减轻西文钟点。（三）中西并重。（四）学生重视国学。学生方面，不可有自动轻视国学的心理。（五）国学特别考试。清华学生毕业一年或二年前，应受一次国学特别考试，在每科考试之外，特定时间举行。成绩应有最低限度，不及格者不得毕业，亦不能出洋留学。学生非经一种切当的国学试验，不得游美。（六）严督学生成绩。严核学生国文成绩，以免畸形发展。清华开办初期，注重游美，英文及格，便可出洋，国文方面，不甚留意，因此有学生因用力国文，转致妨碍英文，有时不免产生畸形人才。今则大势所趋，方针改变，非中西合冶，不足以称健全国民。以后注册部对于国文成绩，宜严加考核，国文教员给与分数，宜十分珍重，这样自能转移视线。上智之人，不扶自直，无须此等形式，中才以下，得此援助，亦可补偏救弊。（七）定国文标准，设国文专科。首先如美国所谓 Fresh-man English，此门功课不及格，不能毕业。至于国文成绩标准，及授课进行方法，美国高等学校及大学一年级最为认真，可供参考。其次凡高等科学生通过国文后，即不必再习国文。有愿习者，可入大学国文专科。再次大学设国文专科，不愿专攻此科的学生，亦可兼习国文专科内的文学。此专就国文一科而言，不得谓之国学。国学系之哲学、史学、文学，皆系专门科目，故不讨论，以免混淆。（八）国学分科办法。国学与国文似不可并作一谈。除国文科另作一科外，其余各门如史、地、哲学、政治等，应归入各该科内，为其一部分。课程应按学科划分，不必论教授语言为中文抑为英、法、德、日文。（九）国学钟点不必全部排列在下午，主要科目可在早晨教授。（十）教员与课程同时宣布。一切课程，教员讲解，学生听受，将来似应由教务处提前支配，并声明某种科学，系某某先生担任。如多数学生认为不满意，并有切实证据，准学生请求更换。每届暑假前，宜将各科目揭示，并于各科目下，假定所拟聘教员姓名，听学生自由选课。先得多数学生欢迎，然后正式聘定。续聘亦然。

教授法部分归纳有六项建议：（十一）预先指定功课——上课问答。教员选定给学生读，不必在课堂讲解，而是先发给学生自读，上课答问。（十二）注重研究。国学当注重自己研究，取消

"注入式"的教授法。（十三）整理古籍。应由教员督学生整理，叫学生自动研究。著作整理古籍文字，择优登入学报。同时，国学部亦应多备参考书，放在借书柜内。（十四）慎重给分。国文学教员给分数，应一律慎重，不应敷衍学生。（十五）多备参考书。清华即便聘得富有国学的旧派教员，亦当由校多购教育书籍，供其参考，俾得研究心理学及教室管理等。（十六）演讲教授法——奖励著书。改良教员待遇，是治标非治本的办法。对于现任国文教员，应请教务主任，或其他对于教育有研究有经验者，演讲科学的教授法。或奖励著书立说。现在国内国文教员，明晓科学教授法的既已甚少，清华学生应注重各教员的学识人格，择其所长，不得因噎废食，有误终身学业。

教员方面归纳有七项建议：（十七）教员须有教授研究或专门特长。国文教员须先有教授国文的研究，国学教员（指哲学、史学、文学）须具有专门学问的特长，聘用教员时不可不分别注意。（十八）慎选教员并予优待。学生勤惰，动机在学生，但其原动力，则根于教员。演说有兴会，则勤于诵读、改笔，有精神，则勤于记述。欲学生日勤于学，必非慎选并优待教员不为功。（十九）教员优待平等。国学与国文教员，待遇当与他科相同，选择亦当注重。（二十）教员薪俸平等。现在清华给予初聘教员，中文百元，西文二百元。三年加薪一次，西文加四十元，中文只加二十元。似宜一律待遇。（二十一）优待良好教员。中文教员是产生国学的主体，其资格以品学兼优、热心教授者为上选。此种人才，非经五年以上或十年以上试验不可，年份愈多，试验愈确，要为多数学生所称道，不能遽认为是令人满意的教育专家。若有其人，当局应有特别待遇。如优给薪水，减少钟点，维系身心，断不令其舍去他就。如今清华对于后来的教员，往往不加重视。如某教员文理不通，虽作一批语，且前后矛盾。而对于任事既久，又为学生所服从的教员，则惑于一二人私见，随意辞退。蔑视教员之咎犹小，而自今以后，有品有学的老师宿儒，永不肯应聘，则国学前途，必然愈趋愈下。（二十二）恢复教员固有尊严，以便尽心讲授。所谓尊严，非一味凶猛之意。我国师道素严，否则道不尊。从前书院山长，学生无不敬爱，山长亦能以身作则，与学生以人格感化，收效极大，此即为"尊严"缘故。教员好坏是另一问题，学生对待教员，必先彻底取消诸如"谩骂""嘲笑""轻视"等陋习，教育乃有转机。教员亦宜"淬励智德"示以"做人模范"。（二十三）培养国学教授人才。调查现在在校及留美清华学生中，对于国文有根底和有兴味者，尽力鼓励，预备返国后来校教授国文。选择学生中有志国学者数人，专门助其研究国学。结业之后，再派游学国外一二年，俾得考察他国文学实际，归国后再令负笈从今时名流，以资深造。照此办法，清华或能培养完美的国学师资。（《改良清华国学建议集成（下）》，《清华周刊》，第318期，1924年6月13日）

清华学生国学调查方面，由彭文应拟定表格，徐永煐、吴柳生、李惟果、温联忠、邹邦梁五人担任统计计算。调查记载的主体文字，由彭文应草定。统计在校学生共375人，填答调查表的共有230人，约占全体人数的61%。填答者详见表7，可知各级学生对于国学改良的兴趣。

表7 清华国学调查学生填表情况①

年级	共有人数	填答人数	百分比
中四级	55	43	78%
中三级	45	31	69%
高一级	54	30	55%
高二级	75	41	54%
高三级	75	36	48%
大一级	69	24	35%
填答时不具级次者		25	
共计	375	230	61.2%

　　大一和高三两级学生交表最少，原因可能是预备出洋忙碌。由此不难知道，距离出洋时间愈近的学生，对于国学改革兴趣愈少。即对于西方学问兴趣增多以后，对于中国学问的兴趣就不免减少。调查报告大约分为分级成绩和全校成绩两类，根据分级成绩，可以比较各级程度高下，由此推断清华历年的国学进步，据此规定以后各级国学课程。根据全校成绩，可以拿来与国内其他学校比较，并且答复校内外对于清华学生国学程度的各种批评。

　　有关清华中文课堂状况及秩序，详见表8。

---

　　① 本表个别数据有缺失或者可能不够准确，但这里依尊原貌不作修改。后面诸表亦作同样处理。

表8　清华学生国学课堂状况调查表

级别	填答人数	用心听讲	看课外中文	看英文	写信作杂事	说笑捣乱睡觉之类	常迟到
大一级	24	10（41%）	7	8	9	4	0
高三级	36	23（67%）	18	9	5	3	3
高二级	41	18（44%）	31	16	13	10（25%）	7
高一级	30	15（50%）	19	11	11	5	9
中四级	43	6（14%）	28（65%）	20（50%）	24（55%）	5（12%）	9
中三级	31	17（55%）	17	7	18	7	1
总数	205	89	120	71	74	34	29
百分比	100%	43%	59%	34%	31%	19%	14%

　　这说明一个学生在课堂里，有时用心听讲，有时作点杂事，所以各项总数，超过填答总数。课堂本来是先生讲书，学生听讲的地方。学生在课堂里，如不用心听讲，便没有上课的必要。先生讲书，如果学生不听讲，也便没有讲书的必要。原因总不外两种，不是先生讲得不好，便是学生懒惰不用心。清华学生在中文课堂，用心听讲的，平均只有43%，其中还有不是常常如此的。严格计算，用心听讲的平均大约不过20%。而在英文课堂，推测平均至少也

有98%的学生用心听讲。一个30名学生的国学课堂，只有6个用心听讲，不知成何体统。那些不用心听讲的学生，不见得就是坏学生，也许觉得还有更具价值的事情要做。譬如中四级学生，用心听讲的比例最少，并不是因此去说笑捣乱睡觉，而是有50%～65%的学生，利用国学课时间来看课外中英文书和作写信等其他事项。可见，清华国学教员讲书不能引起多数学生的注意和兴趣。最占多数而最自重的学生，是在课堂看课外中文书。其次便是不注重国学的学生，看英文书、写信、作杂事。还有一小部分不自重的学生，在课堂睡觉，或者说笑捣乱，妨碍其他同学。

清华国学课本讲义调查，详见表9。

表9　清华学生国学课本讲义调查表

填答人数	买了课本	没有买课本	讲义随发随散	讲义保存至大考	讲义永远保存
205	161	44	33	88	84
百分比	78%	22%	16%	43%	41%

清华英文功课（除一二门外）是用课本，不发讲义，学生强迫自买课本。有不少学生，读了一年《史记》，却没有一本书，上课只是借人家的书摆在自己讲桌上，鬼混一下。希望学校以后国学功课少发讲义，把心放硬一点，多用课本，并强迫学生买书，不要怕学生买不起。

课外看中国书时间调查，详见表10。

表10　清华学生课外看中国书时间调查表（每周计算）

	填答人数	完全没有	1小时	2小时	3小时	4小时	5小时	6小时	7小时	7小时以上	平均小时
大一级	24	9	6	2	1	2	2	1	1	0	1.4
高三级	36	9	7	3	7	3	1	2	1	3	2.3
高二级	41	4	12	7	9	4	2	1	0	2	2.5
高一级	30	4	5	7	2	8	1	1	1	1	2.8
中四级	43	3	8	7	4	8	4	3	2	4	3.8
中三级	31	7	1	4	2	5	2	4	1	5	4.0
总计	205	36	39	30	25	30	12	12	5	5	2.5
百分比	100%	18%	19%	15%	12%	15%	6%	6%	3%	3%	

该表说明清华学生除上课外，读书时间比其余学校学生多。然而，若到图书馆，或者自修室，看或高声朗读的，不是课内英文，便是课外英文，不是作英文授课的算学物理，便是看英文授课的《世界地理》《欧洲历史》。推测平均每个清华学生每日上课看英文书（含预备英文功课在内），至少3小时。看中文书方面，上课之外，每日用1小时的，205人中只有11人。只有约三分之一的每周能看4小时以上，有三分之一每周看2至3小时。此外，每周只看1小时或完全没有的，竟也占三分之一多，可能他们还在中文课堂看英文。

清华学生的作文通与不通，写白字与否，很不容易调查。只能想法调查作文的文体、次数、快慢和经验，由此粗略推测作文程度，详见表11。

表11　清华学生作文文体调查表（写信在内）

	填答人数	完全用白话	多半用白话	多半用文言	完全用文言
大一级	24	0	7（22%）	12（50%）	5
高三级	36	0	7（20%）	18（50%）	11
高二级	41	0	11（26%）	17（42%）	13
高一级	30	2	10（33%）	16（53%）	2
中四级	43	1	9（21%）	24（53%）	9
中三级	31	1	9（29%）	14（48%）	6
级次不明	25	1	5	8	11
总计	230	6	62	109	57
百分比	100%	2%	27%	46%	25%

　　该表说明现在文言用处还很大，虽然不反对白话，但是应该保存并提倡文言作文训练。从表11看出，注重文言的事实令人满意。

　　学生每月作文次数，不限于国文课所交课卷，而是包括周刊投稿，学报投稿等，详见表12。

表12　清华学生每月中文作文次数调查表

级次	填答人数	1次及不到1次	每月2次	每月3次	4次以上	平均次数
大一级	24	12（50%）	4	4	4	1.5
高三级	36	15（42%）	15	3	3	1.8
高二级	41	4（10%）	20	14	3	2.4
高一级	30	5（17%）	10	4	11	2.7

级次	填答人数	1次及不到1次	每月2次	每月3次	4次以上	平均次数
中四级	43	2（4%）	24	6	11	2.6
中三级	31	0（0%）	19	5	7	2.6
级次不明	25	5	8	7	5	2.4
总计	230	43	99	44	44	2.5
百分比	100%	19%	43%	19%	19%	

该表说明学生国文作文的速度快慢，反映了清华学生的作文能力，大概训练少、程度浅，作文就慢，反之则快。调查不十分精确，因为一个人作文有时快，有时慢，速度很难精确计算。但无论何人，对于自己的作文效率，总可大约估量，详见表13。

表13　清华学生中文作文效率调查表（以每小时计算）

	填答人数	100字以下	100—200字	200—400字	400—600字	600字以上	各级平均效率
大一级	24	2	3	9	9	1	323
高三级	36	2	18（50%）	13（36%）	2	1	230
高二级	41	2	12	14（34%）	13	0	283
高一级	30	2	11	15（50%）	1	1	225
中四级	43	2	11	21（50%）	9	3	412

	填答人数	100字以下	100—200字	200—400字	400—600字	600字以上	各级平均效率
中三级	31	2	16（50%）	12（40%）	1	0	170
级次未明	25	0	11	8	5	1	
全校总计	230	12	82	92	40	7	288
百分比	100%	5%	35%	40%	17%	3%	

该表说明清华学生作文效率情况，令人不满意。其中，高三级远不及中四。高三、高一又不及大一、高二。清华学生作文训练表面上有年级的区别，训练结果却毫无区别可言。某一年级或一个学生的作文能力，几乎完全由未入清华以前所受训练决定，来了清华以后很少增加，甚至有许多同学说，来清华后国文退步。因此，令人十二分怀疑清华七八年的训练对于学生作文能力实际训练的效果，这殊为可耻。

在学生国文作文经验调查中，文章篇幅、文体种类等特异之处，可以帮助估算清华学生的作文能力，详见表14。

表14　清华学生作文经验调查表

种类	大一级	高三级	高二级	高一级	中四级	中三级	级次不明	总计	百分比
作过一万字以上的文章	9	4	6	7	3	1	0	30	13%
作过五千字以上的文章	16	12	9	16	12	4	3	12	32%

种类		大一级	高三级	高二级	高一级	中四级	中三级	级次不明	总计	百分比
作过一千字以上的文章		22	30	18	28	31	13	8	154	67%
作过的文章在《清华周刊》上发表过（新闻不算）		13	6	13	9	11	5	4	61	26%
作过的文章或翻译过的文章在杂志上或报纸上发表过		5	6	7	3	15	4	1	41	17%
有翻译的书籍出版		0	2	0	0	0	1	0	3	11%
有著作的大册或小册的书籍出版		0	0	1	0	0	0	0	1	0%
作过诗	文言	9	24	19	19	11	5	6	93	40%
	白话	5	10	9	11	10	9	2	56	24%
作过词		4	12	5	10	5	3	1	40	17%
作过小说		3	8	11	15	15	7	1	60	26%
作过戏剧		1	1	5	4	2	1	0	14	6%
作过对子挽联		6	9	4	5	7	2	1	34	15%
作过有韵或骈体的祝词寿文祭文等		2	7	5	8	4	2	0	28	12%

　　该表中曾在校外杂志或报纸发表过文章和翻译作品的，230人中只有41人，约占17%。41人中，中四级约占36%，高三级约占

14%，大一级约占12%。翻译书籍的，仅区区三人，两个高三级的，一个中三级的。有著作的更少，只有高二级的一人。比较而言，北大、东南大学学生，不管程度如何，对于学问的研究和心得的发表，更为热心。就清华学生所处地位而言，本来应该担任翻译这一项，可是成绩却对不起自己。

学生阅书成绩，因为篇幅有限，只能以经史子集中等几部最重要的书籍进行调查。书籍及其数量共分经书七部、子书七部、中国历史四部、散文整集六部、散文零篇、诗七部、小说戏剧八部、新著述五部等八类，总共四十四部。每一部书分"看过全部""看过五分之一"和"没有看过"三种。此外，有几部书像《论语》《孟子》《唐诗三百首》之类，则列为"全部背过"一种。填答人数显示，对于《论语》《孟子》，全校有大约50%的学生背诵过，大约30%的学生看过全部，令人比较满意。背诵过《论语》《孟子》的学生中，比例最多的是高三、中四、高一3个年级，而中三最少。65%的学生完全没有看过《书经》，83%的学生完全没有看过《易经》，50%的学生完全没有看过《诗经》，57%的学生完全没有看过《礼记》，26%的学生完全没有看过《左传》。中三级31人中，只有2人看过《老子》，大一级24人中，有18人没有看过《老子》，实为大怪事。看过全部《庄子》的学生只有12%，看过全部《墨子》的只有7%。完全没有看过《老子》的有69%，完全没有看过《庄子》的有57%，完全没有看过《墨子》的有72%。看过《荀子》《韩非子》的数量之少，和老庄墨差不多，遑论代表宋明哲学的《近思录》《传习录》。看子书的学生中，最好的是高三级，最不好的是中三级。清华当年设立了七个《史记》班，上课学生大约200人以上，看过全部

《史记》的却只有41人，过半学生只是看过一部分，四分之一简直没
有看过。此外，只有9人看过全部《汉书》。本来，"任何通史"（如
《资治通鉴》《御批通鉴辑成》或《纲鉴易知录》之类）和"任何清
史"（如《清朝全史》《清史纲要》之类）两种加起来，便是中国历
史，每一个清华学生毕业前都应该读过。然而，调查结果令人大大
失望。只有17%的学生，看过全部通史，45%只看过一部分，38%
没有看过。其中，129人没有看过任何清史。只有由学校设立强有
力的中国通史科，强迫学生每人学习，才能挽救这种悲惨情形。大
一级24人中只有3人看过《文选》，21人完全没有看过。背诵和看
过《东莱博议》的分别占10%和17%。有六至八成学生没有看过韩
愈、苏轼、王安石的文集，看过这三个文集中任何一个的只有30
人，其余的看过便半途而废。看过全部《说文》的，中四有5人，
大多数人不曾问津。看过古文五十篇以下的只占12%，五十篇至
一百篇的有26%，一百篇以上的50%以上，其中较好的是中四级。
背过的古文数目，41%在五十篇以下。杜甫、李白、白居易的诗和
韩愈等人的文集所受欢迎程度相差不多，大一级和中三级没有人看
过这三人的诗集，其余各级平均看过的不过五六人。《唐诗三百首》
背过的只有10%，大多数人看过，完全没有看过的有31%。70%
以上没有看过《楚辞》《陶渊明集》。《红楼梦》《水浒传》《三国演
义》《西游记》四部小说，看过五分之一以上的平均占10%。五部
小说中，看过全部的人数最多的是《三国演义》（163人），其次是
《水浒传》（151），其次是《西游记》（137人），其次是《红楼梦》
（132人），最少是《儒林外史》（101人）。近人新著述中，过半的
没有看过胡适的《中国哲学史大纲》及梁漱溟的《中［东］西文

化及其哲学》，41%的没有看过梁启超的著作，可知清华学生不十分注重学术潮流。《胡适文存》《独秀文存》被浏览的也不多，读新著述最多的，仍是热心国学的中四级学生，但中四级却不好运动和课外作业。

至于参考书，清华学生几乎离不开一本英文字典，尤其是高二以下各级。参考书使用的勤惰，也能看出学生对于国学研究用力的多少，详见表15。

表15　清华学生国学参考书使用调查表

	自己买有	常参考	不参考
《康熙字典》	68	46（20%）	184（80%）
《学生字典》	99	84（37%）	146（63%）
《辞源》	41	83（36%）	147（64%）
《中国地图》	78	59（26%）	171（74%）
《诗韵》	45	35（15%）	195（85%）

编者希望清华当局根据这次调查结果，"订定各级适当的教材"，"聘请良好适当的教员"，根据美好的理想"立定远大的国学的计划和实际的步骤"。清华教员据此"订定良好适当的教材和教法"。此外，希望全国学校能作同样或更好的学生国学程度调查。（《清华学生国学调查》，《清华周刊》，第318期，1924年6月13日）

清华学生施滉毕业前再次撰文建议清华学校培养的中国领袖人才应该懂得中国国情，提高国学程度须从"拟定出洋前必需的国学程度"着手。

清华本是预备留美学校，向来仅以培养预备留美的人才入美国大学，应付美国环境为宗旨，错误地把手段当做目的。近来学生渐渐觉悟自己是中国国民，已经稍稍注意国情，虽然仍把留美当作入清华的目的，可是已经知道留美不是最终的目的。学校已确定为中国造就领袖人才为清华教育的方针，并且鼓励学生研究国情，诚为良好现象。"自从清华觉悟不应轻视国学后，天天高唱提高国学，但是事实上与从前无大差异。教员的敷衍态度，课堂里的腐败情形，依然如故。这是由于学校未曾拟定出洋前必需的国学程度，以及关于国学课程，无决心认真办理的原故。"如大一学生若无高三级英文程度，就不得毕业。至于国学方面虽无中四的程度，亦不要紧。不学通欧洲上古史的学生，不得毕业，不懂中国历史的学生，倒可出洋。"这真是不通的现象。我以为提高国学程度，必自拟定毕业必需国学程度始，程度不够的，不得出洋。"（施滉：《对于清华各方面之建言》，《清华周刊》，第十次增刊，1924 年 6 月）

△ 《清华周刊》国学问题专号登载清华教员陆懋德、汪鸾翔、贺麟、李道煊、林毓德等人提出的国学改革建议文章。

陆懋德参照西学分科标准，批评国学二字欠妥。

近年北京大学设国学门，东南大学设国学院，世人对于国学二字，盖认为已成立之名词矣。余则以为国学二字，终不成为名词。此名词如译为英文，则为 National Learning，其义实为笼统已极。欧美各国有所谓希腊哲学，印度哲学者，有所谓英国文学，法国文学者，未有对于本国之各种学术，而总谓之国学者也。西人对于东方学术，谓之东方学 Oriental Study，对于研究东方学术之人，谓之东方学者 Orientalist。夫西人对于东方学术，不知其详，故立此笼统之名词。本国之人，素悉本国学术门类众多，岂可不知区别乎？

"国故"二字如译为英文，则为National antiquity，其事与古物古玩无异，亦为不通。实则"中国之哲学文学，至今仍为活的，仍为继续的，与希腊罗马哲学文学之为死的，为断止的，迥然不同。是则希腊罗马哲学文学可谓之故，中国哲学文学则不可谓之故也"。"英人称研究埃及之学为Egyptology，称研究中国之学为Sinology，此则视研究埃及中国为一种考古之学，此即视为国故。夫中国虽弱，而至今尚存，中国之哲学、文学、史学，虽有分期的区别，而仍为继续的蜕化，岂可自谓之故，以同于希腊罗马之列也？"

从内容和研究能力上看，中国学术只有分为文学、哲学、史学等类，澄清误解，才能找到适当教员，并有利于学生分门别类，把握入门途径。

盖今人绝无一人能尽通中国各种学术，而学校亦绝不可期望学生尽通中国各种学术也。今人通中国哲学者，未必通中国文学，通中国文学者，又未必通中国史学。如有人敢言能尽通中国哲学、文学、史学等，而以国学家自命，是则西人所谓"Jack of all trades"之类矣。今人因好用极笼统之国学名词，于是青年学子不知其内容为何物，或畏难而苟安，或望洋而兴叹。如真知其内容如何，即知中国学术亦是分门别类，通其大略，即足以应用，通其一门，亦足以立身。欲入而不得其门之忧，吾知免矣。

中国旧有学术可分为中国文学、中国哲学、中国史学、中国考古学、中国美术学共五门。中国文学包括古今诗体文及词曲，常以识字为要，又分字形、字义、字音三门。中国哲学可分周秦、宋明二门及中国化之佛学。中国史学书籍繁重，世无其匹，然材料虽多，而组织方法太粗，至今尚无一人为之整理。宜先读最单简的通史，以知古今治乱大概。然后再取各代专史一二种，详细研究。地理学以前附于史学，因现时尚缺精确测绘，亦未易言。中国考古学应当占有重要地位，旧有考古学分为金、石、玉三门，可惜前人多注意于美术，而不注意于历史。自今以后，考古学宜以历史价值为重。中国美术学旧分字、画、音乐、雕刻、铸造、建筑等门。（陆懋德：《国学之分析》，《清华周刊》，第 318 期，1924 年 6 月 13 日）

汪鸾翔将清华国学问题分成学生、教员、学校三个方面分析，相对又侧重强调学校管理和学生自主。清华学生方面，渐知注意国文，本来是好现象。然而，清华学生除了读中国书，还要读外国书，由此产生四个问题：究竟应该读哪些中国书？指定的中国书如何读？强迫读中国书的好处在哪？教员应该具备哪些资格？解决方法依次是：一是中国书难以遍读，各自选择有用的去读。中国学问分为普通和专门两大类，中等科读普通类，高等科增加专门类。国文系包括文、学两个方面，文有普通文学（语体、文言、读本书），为普通学，和高等文学（古文、韵文、读本书），有哲学、史学两专门学。选读方法，大约有志教育或哲学，宜选读哲学；有志法政及经济，宜选史学；有志文艺类，宜选古文或韵文或哲学或史学。学实科的人对于文学根本无重大关系，可在中等科修完普通文学之后，入高等科时选读文学、哲学、史学，略知国学面目。二是读书方法问题。文字难解之处，宜用考据方法，义理精深之处，宜用亲证方法，文章优美之处，宜用审美方法。关键在于个人，或兼用数个方法，或以某种方法遍治数种书籍。三是读中国书的益处问题。作为中国人，自应当对中国家有财产略知一二，否则不算中国的主人翁，纵然于己无益，也应该读。以分数好坏引诱学生，或以文笔通顺与否的做法恐吓学生，都是错误的。四是教员资格问题。未必是最重要的，盖三人行，必有我师。（汪鸾翔：《对于国学问题再略表我的意见》，《清华周刊》，第318期，1924年6月13日）

贺麟更强调清华国文问题归根结底是"人的问题"，即国文教员问题。清华学生对于国文教员的最低要求，是不积极要求国文教员尽"传道授业解惑"的师道，只是消极要求不要耽误学生的光阴，扰乱学生的精神，打消学生对于国学的兴趣，具体包括维持课堂秩序、勿作学生不听的演讲、详尽答复学生的问题、尽心批改作文和笔记四项。对国学比较有兴趣的学生质疑教员时，教员应该诲人不倦，委曲详尽答复，解释疑惑，打开茅塞。堂上即能解答的问题，便立刻在堂上解答。堂上不能解答的问题，下课后另约时间作私人谈话解答。一时不能解答的问题，不妨回去查参考书或访问别人以求圆满解答。千万不可支吾了事，含糊敷衍。否则，将减杀学生的兴趣，打消学生对于教员的信心。凡是不符合上述最低限度要求的国文教员，请努力加勉，百尺竿头，更进一步，否则请洁身引退，另寻高就，以免尸位素餐。学校当局将来以此最低限度要求作为聘请教员的标准。清华学生对不合最低限度标准的国文教员要有相当的表示。（贺麟：《最低限度的要求》，《清华周刊》，第318期，1924年6月13日）

　　李道煊严厉批评清华实行的阅书制、国文教员不良等现象，提出三大建议。一是行政建设。清华国文科主任及职员，必须由国内教育界对于课程及国文有研究且有资望者组织，最低限度应具有此项资格者一人。二是课程建设。清华国文课程改革困难，原因除了学生程度极其不齐，不能确定分级标准，还有留美问题与大学问题的根本方向没有确定。学校组织课程委员会讨论，结果对于国文科，始终未见具体课程计划。现行高三大一级选习国文课程，范围既狭，取材亦隘，没有伸缩余地，缺乏活力。课程应适应处世做事之需要，包括对于普通言语文字，能运用自如，对于社会习用的文章法式，能了解并应用；能自由发表个人思想；能贯彻了解中国历史；能自由读书等标准。三是教学法建设。教师指示工具及门径，诱发学生自动学习兴趣。学生互相讨论，教师应给予学生质疑的机会，训练其评判的能力。（李道煊：《清华国学问题杂论》，《清华周刊》，第318期，1924年6月13日）

　　早在本年4月，清华教务长张彭春在与清华某级同学茶会的时候，"曾以很沉痛的言论批评现在学校里机械式课本的教育，为使教授者学问人格缩小的制度"，连带表示"希望在二三年招收大学新生以后预备办一个大学研究院。专聘中外与某门学术有特高造就的名师，来充教授。每个名师只限收纳二十余生徒日常跟他一同研究著述。教师因此可以尽量地向上发展他自己的学问。同时做学生的标榜，并且指导学生怎样协同作学问的工夫"。而学生亦可因名师的精神与方法自由地努力研究。"张先生这个理想的提高师生人格的研究院，虽然不是眼前就能试行筹办得到，但是他这个计划的骨骼，却恰恰就是眼前与未来的研究院之外的清华国学教育，所必凭依着为改革的张本的。纵使我们不是要抄仿这研究院的规模。"
（《关于创办大学研究院的意见》，原载《清华周刊》，第318期，1924年6月13日，转引自崔国良、崔红编，董秀桦英文编译：《张彭春论教育与戏剧艺术》，南开大学出版社，2003年，第220页）

  曹云祥中西学问融通的办学理念，以及张彭春的研究院计划与清华改办大学、本科学生不出洋等改革相配合，开始影响教员思考清华国学改革方向。后来赴美学社会学的林毓德，便批评自清末以来革新家趸买式地把外国学校教授法拿来推翻传授国学的本来衣钵，喧宾夺主，唐突无状，以致发生许多弱点。最大问题在于，多数教员不娴习课堂教授法，学生国学程度与研究兴趣庞杂不同。林毓德根据张彭春所说"大学研究院"的思路，建议应顺应国学教师最适惯的讲学规式和方法，使师生切实尽力讲究；依据学生各人的程度与兴趣、需要，按其个性，指导其诚心自动攻究，使各于国学工夫有相当的实质成就；特别注重养成学生自修国学的方法与精神；采用合作的研究法，师生同学中间形成互相砥砺进取的精神。清华国学教育有些方面是按照第二项原则而设，但国学教法带有调和色彩，不能根本芟除全国公犯的痼疾。林建议：一、师长方面。尊重我国几千年来大师传授学术的法式和精神，使清华下学年的国学教师，各人提出自己平生最精谙、有心得的一二门中国学问，不论范围广狭，让学生自由选择，各教师选定他那一门的学生，以便协同研究。每个教师在他所开定的那门学问研究范围以内，所收纳学生以二十五人为准则。除领导此二十余人切实攻究以外，各教师要时常将研究心得作普通的全校演讲。二、学生方面。学生每人除在选定的学问研究范围内，尽量得老师指教用功以外，按照相当程度，每月必须选听几次国学演讲。三、师生授受的方法方面。各教师每周应有半小时以上时间，与每一学生作个人讲授，审查学生的研究工夫，有何疑难，给以适宜的解释或指导。各学生既选定加入某一研究范围，则负责指导的教师，应即按各学生的兴趣和程度，指导他在本门学问内，或依照一部书的题材，规定各人研究的题纲，或做部分考究，分头按步进行。四、设备方面。只需要十位教师就已足够。此外，在普通教师之外，再请两位国故学者。一位任全校总教授，时常为全校演讲并答解学生疑问或难题。各教师也必须时常与之协商各种学问难题。另一位任全校总助教，职责是在研究学问的方法和各种良好材料的来源两方面帮助全校师生。因此，总助教要谙熟中西学者各种做学问的方法，指导各人拣用与他个性适宜的方法，又要时常向国学各门学生介绍各种参考名著，及其他的有用资料。总助教要请谙练学问方法的学者，最好是曾经留学外国的。至于总教授，今年既有梁启超在校，只要再请他明年继续担任即可。（林毓德：《今后清华国学教育所应取之方针》，《清华周刊》，第318期，1924年6月13日）

6月14日　北京大学研究所国学门通告感谢陈垣惠赠云冈造象记拓片一张。（《研究所国学门通告》，《北京大学日刊》，第1496号，1924年6月16日，第1版）

6月15日　北京大学研究所国学门在北京宣武门外达智桥松筠庵杨树山故宅召开第二次恳亲会。

松筠庵"为杨椒山先生故宅，亭榭轩敞，奇石嶙峋，虽近市尘，而别具山林风味，亦都中之一胜地"。出席者有委员、导师、职员、研究生及整理档案会、歌谣研究会、考古学会、方言研究会、风俗调查会各会会员，共计六十五人。主要内容是散发中国学术年表表格，以及对于明人手稿保存一事组织委员会两事。下午二时齐集谏草堂开会，蒋梦麟请假，由国学门主任沈兼士起立发言，总结国学门近一年来的成绩，说：

> 去年秋季本学门曾开恳亲会于龙树寺之抱冰堂。尔时发出之通知书不足百份，今年则达一百六十余份，是人数方面已较去年发展。又去年开会时，本学门地址，犹在第一院四层楼上之一角，档案、古物均不能陈列妥帖，且档案会办公地点隔在三院，办事亦颇感困难。今幸得移至第三院工字楼，局面较大。同人等经营部署，半年以来规模亦已粗具。此皆可为纪念者。

具体到各个附属组织，大致是歌谣会之成绩，有周刊可以考见。档案会则已将六十余箱及三千余麻袋杂乱之材料，大略整理完毕。现正编纂要件总目、明代题稿题要、清代报销册分类目录三个，约计暑假后均可出版。其余新成立之风俗调查会、方言研究会、考古学会，经张竞生、林语堂、马衡三人极力提倡，均有相当成绩。编辑方面，重要之古代类书，辑纂将次完毕。此后工作，拟趋重于著作方面。（董作宾记：《国立北京大学研究所国学门第二次恳亲会纪事》，《北京大学日刊》，第1506号，1924年6月27日，第1—2版）

各部分进展已经汇集书面报告，大致是研究生本届缴成绩者四人（1923年6月—1924年5月）。姓名及题目：段颐《黄河变迁考》，商承祚《殷墟甲骨文字》，蒋善国《三百篇演论》，容庚《金文编》。自定缴成绩日期已过，尚未缴成绩者七人。姓名及题目：高荣魁

《西北民族对中国之关系》，自定1922年10月1日缴成绩；曾载峤《中日交涉地理》，自定1922年7月15日缴成绩；杨定宇《陶渊明研究》，自定1923年5月31日缴成绩；冯沅君《楚辞的研究》，自定1923年6月15日缴成绩；蔡人龙《老子义证》，自定1923年6月30日缴成绩；张煦《广韵理董》，自定1924年3月22日缴成绩。未研究完毕者九人（即未满其自定缴成绩日期者）：陈锡襄《中国伦理学史》，自定1924年10月26日缴成绩；周怡然《中国刑罚思想之变迁》，自定1924年8月1日缴成绩；董作宾《历代名人生卒年表》，自定1924年5月缴成绩；王有德《元曲发达史》，自定1924年5月31日缴成绩；张鹏翘《古琴曲谱系统的研究》，自定1924年6月30日缴成绩；陆侃如《宋玉研究》，自定1924年10月8日缴成绩；方勇《说文读若考》，自定1924年10月1日缴成绩；张辅铨《中国刑法之沿革》，自定1924年12月3日缴成绩；孙少仙《云南风俗志》，自定1926年7月1日缴成绩；郑孝观《说文解字羡异考》，自定1926年5月31日缴成绩。未定缴成绩日期者四人：罗庸《清代小学家书目提要及其治学之方法》，郑天挺《音义起源考》，章维燮《晋二俊诗学》，王道昌《清代文学家年表》。正在审查中者三人：黄继文《中国谷价通考》，丁丁山《中国原始象形文字考》，刘嘉镕《诗经的研究》。

编辑室对《太平御览》《太平广记》《艺文类聚》三书，均经剪裁排比，装订成册。慧琳《一切经音义》，全书勾点已毕，引用书及诸家说细目亦已编完。已录出者，计750余种。除《说文》一部分外，暑假内可纂辑完竣。李善《文选注》，近正着手辑录。

歌谣研究会之《歌谣周刊》已出至57号，销售每期在1000份左右。1923年年底，因北大周年纪念，发行《特刊》一次。自1922年12月至1923年5月，收到歌谣、谚语、谜语、歇后语，共计11991首。

整理档案会两年以来，所发见各种文件，现在第一步整理手续（分朝代，分种类，陈列架上）大致业已告竣。设立陈列室凡十五间，题本占五间，报销册占二间，杂件占一间，要件陈列室及要件保存室共占五间。重要文件随时付裱或装订。明题行稿则自去年以来随时摘由编号，登载《北京大学日刊》，现在已经摘1300余件，大约暑假期内可以编摘告竣，题为《明季兵部题行汇稿》，单行出版。报销册现正分类编目。分类时先分年代，次分地域，再次分项目（如地丁，兵马，钱粮等），拟于暑假内编完。御玺官印亦正着手辑集，以官职为经，地域为纬，题为《清代官印谱》，今年内或可编成。

考古学会自成立古迹古物调查会以来，开始逐渐预备调查保存及研究。去年8月间河南新郑、孟津掘获周代器物甚多，为自宋以来最大发见，曾请马衡前往考查，编有详细报告。新郑所出，现归河南省保存。孟津所出，旋即散佚，只由马衡购得车饰四百余件。墓志可证史传异同，铭器可考器物制度，均为历史上重要材料。近年来发见不少，购买尚易，考古学室以此为多。墓志自北魏至宋计14方，铭器计200余件。限于经费，尚未能充分设备。所藏古物分类有：金类，861；石类，774；甲骨类，547；陶类，1216；砖类，66；杂类，38，总计3502。其余金石拓本，计250余种，以外界赠赠为多。所藏甲骨文字及墓志铭器之属，已陆续摄景、椎拓，拟于下学年印行。

风俗调查会限于经费，书籍及器物均未能搜集略备。调查表发出3000份，仅收回41份。旧历新年风俗物品（如神纸、年画之类），购备若干，并请校内外同志就地搜集，成绩较为可观。所藏物品总数如下：神纸，242；花纸，26；符箓，7；红笺，5；杂件，6，共计286。俟将来物品收集较多，拟即设立风俗陈列馆，统系布置。（《国立北京大学研究所国学门报告》，《国学季刊》，第2卷第1号，1925年12月）

　　我想国学门所以有这一点成绩，固然是由于二年来所长委员的注意提倡和同事诸君的热心努力，而其间惟一一致的精神，尤在于同人对于国学门的事情，都不当他是公家相迫的工作，而认为自己志愿的事业；所以团结愈固，进步亦速，本学门之基础亦因之而深固，此同人之所共当忻慰者也。上礼拜委员会开会，胡适之先生提议修改奖学金章程，不限于本校毕业生；又为研究生设顾问导师，并拟俟相当之时期，扩充研究所为大学院；经全体委员可决。加以近来国内外的学者，注于中国学术的程度，一日甚似一日，我们应当应着这时势的要求，大家努力为北大建设一伟大基础，并以促成研究所其他三个学门之早日实现。

此次恳亲会共有三个目的："一、在同人前报告一年来的经过；二、各会同人平时不常会面，借此可以谈谈以后各会联络的方法，及应当进行的事项；三、对于校内向来帮助我们的各位先生，略表谢忱。"

接着，向到会各人散发预先印成的中国学术年表稿纸，每人10份，由沈兼士说明：

今有一事奉托诸位先生，去年曾提议编辑学术年表，以为作中国文化史之预备。前人所作年谱年表等，对于文化事业，多未注意，而仅罗列各种政治事项，今拟作此年表，以弥其缺。惟兹事体大，本所同人，力有未逮；因关于学纪载，正史通鉴之外，尚须旁求于各家文集笔记之中，亦非少数人所能办到者。故现在请诸位先生于读书时见到有关学术者，即按年表格式填列，寄交本所顾颉刚先生。虽各人所研究者不同，而涉猎所见，只要有关学术，即可随时抄出。在诸位不过一举手之劳，而集腋成裘，贡献学术界已非浅鲜。将来编辑成书，仍列采录者姓字，一以酬答雅意，一以表明负责。

顾颉刚现场说明年表填法，用完时可随时向研究所索取。并云："将破数年工夫，从事此案。日内再为详细说明，并举例登日刊公布。"（董作宾记：《国立北京大学研究所国学门第二次恳亲会纪事》，《北京大学日刊》，第1506号，1924年6月27日，第1—2版）

6月25日，顾颉刚又在"说明"中指出："现在人研究中国史，或是研究一种学问而涉及中国史的方面，最苦的是材料的不凑手。要找一个人名、地名、书名，要寻一段事实，要知道这一段事实的由来和它同时的事物的情状，无往而不困难。"现在研究历史的态度与前不同，不能仅作局部的研究，"必须先知道了全体，然后可以明白局部"。学者应当花费精力，把原料细细分类、排列，加标题，以便使用者只用很简单的方法就可寻到，凡欲领略全体与研究局部的，都可得到相当辅助，而不致耗费无谓的考索精力。"去年秋间，沈兼士先生拟定国学门编纂方面的进行计划，其中学术年表一项，招我回校编纂。我来京后半年，因为初到不免有许多杂事，尚未能专力进行。自本年下学期起，誓必按日程功，一步一步的向前走去。我希望以十年之力，为国学门编成年表、地表、人表、书表四种。"学术之事，千端万绪，况且中国的旧史对于学术向不注重，尤有赖于特殊的搜查。我们不但希望博览家供给我们以隐僻的材料；尤希望各种的专门家供给我们以系统的专门材料。我们不但希望把学术的本身的情状弄明白，并希望把凡与学术有关的各种社会情状也弄明白。"（顾颉刚：《中国学术年表及说明》，《北京大学日刊》，第1506号，1924年6月27日，第2—4版）

出席者发表对于中国学术年表的看法。卫礼贤提议："西国编纂之年表，纪载全世界名人之生卒，远如希腊、罗马，亦皆有人，独中国名人，未曾列入。我对于此事，很为关念，应如何设法加入，请大家讨论。"魏建功说："以前中央观象台之历书，列入世界及中国名人生卒，不过较少。"沈兼士提道："关于中国名人生卒之考定，本学门曾有此项计画，由董作宾先生研究整理。刻拟先就疑年录七种，另行编纂，合为一书，体例较为完美，俟出版，即当送请卫先生参考。"林语堂提议仿照英国伦敦图书馆先例，搜罗名人手稿，妥为保存。前在胡适处得见《四松堂诗抄稿本》，据云同时虽由他处又觅来刻本，而终在稿本中有所发现。又如戴东原二百年纪念时，竟发现戴氏手稿。此次《国学季刊》将来发表一文，为王静安先生所得王念孙之遗稿，谓其中有许多重要材料。"可知中国学者，未刊行之稿本犹甚多。此种稿本，多不过一二十年，即残毁漫灭，亟宜设法保存。鄙意应由国学门特设一'名人手稿保存委员会'，定立章程，积极进行云。"沈兼士赞成，说："本学门对于此项手稿亦异常注意。如陈澧之《说文声统》，龚橙之《理董许书》，或已借钞，或已购置。不过中国人对于名人手稿多作古董看得［待］，价值异常昂贵，自非筹有的款，不易收买。现在惟有对于不能收买之物当设法传钞或照像，收买一层亦当量力为之。务望同人多为介绍。"周作人也附议，补充说："今报告一事，陶方琦先生手稿，其家珍藏犹多，倘能设法与其后人接洽，并非难事。因其家人颇愿由北大代为出版，而以版权归之。"沈士远也附议："浙江孙仲容先生手稿甚富，应设法保存之。前在浙江时曾建议省政府，请其收藏于浙图书馆，迄未办理。又宋平子先生之著述，常散见于残简破纸中，其初不过兴之所至，率笔纪录，非有传世之意。此种手稿，散失极多。闻《六斋平议》之外，尚有《六斋亮议》，惜不得见。两先生著作为余生平极注意者，宜设法收辑，以免散遗。先决问题，即组织一'临时委员会'，专理此事。"最后沈兼士对于林、周、沈三先生之意，均极赞成，于是并为一案，提出于国学门委员会。

此次恳亲会四时半结束，全体在南院迎晖亭畔合影。此后还座、用茶点，五时许散会。（董作宾记：《国立北京大学研究所国学门第二次恳亲会纪事》，《北京大学日刊》，第1506号，1924年6月27日，第1—2版；《北大研究所国学门近讯》，《顺天时报》，1924年6月28日，第7版；顾颉刚：《顾颉刚日记》第一卷，第497页）

《晨报》谓"北大研究所为大学院基础"，"恳亲会虽无如何正式讨论，而如该所主任沈兼士报告整理类书已告完竣，此后工作，将趋于编辑印刷诸方面。林语堂提议仿照欧美博物馆先例，搜罗名人著述之原稿。沈士远附议，并举孙仲容、宋平子二人著作，为彼生平所最留意者。第当著述之时，初无传世之意，故虽在报纸行间，历书眉上，亦均见有著录，散佚既多，搜求不易，若不从速整理，恐无复存留之望。周作人附议，并举清末越中学者陶方琦著作，谓其子孙尚有保存者，此时如欲搜求，并非难事，将来恐亦有散失之虞。主席沈兼士均非常赞成，并谓此后当在各方面尽力进行。而顾颉刚特备学术年表一种，当场分散，每人十页，托为填注学术上故实，阅书时随便记录，而将来汇为巨册，可供学者抚查之用。德国学者卫礼贤提议，将中国学者生卒年月及重要学说报告美[欧]美学者，编入世界学术史。此均中国学术界重要新闻也。该所国学门，闻共有会员一百六十人，分头进行，孜孜不懈，国学前途，甚有希望。"（《北大研究所国学门恳亲会》，《晨报》，1924 年 6 月 16 日，第 6 版）

6月16日　吴承仕致信钱玄同，请求速办章太炎向吴承仕探询北京大学研究所国学门明清档案有关清世系及明清交涉一事。（《研究所国学门通信——钱玄同先生致研究所国学门主任函》，《北京大学日刊》，第 1507 号，1924 年 6 月 28 日，第 1 版）

本月25日，北京大学研究所国学门复信吴承仕转章太炎，言及档案整理进展。函称：国学门所存档案约十万件左右，除清代题本报销、贺表外，实录、起居注等重要文件，档案保存室已编有目录，载在研究所国学门临时特刊中，临时特刊已由档案会赠送吴承仕。明季兵科题行稿，档案整理室亦编有详细目录，逐日在北大日刊上发表。档案保存室目录完全载于临时特刊中，勿须另行抄录；明季兵科题行稿细目，卷帙繁多，实难抄录，最好请吴承仕往北大日刊课定购 1922 年 9 月至 1924 年 6 月底之日刊。细目全在其中，如日刊课有残缺之页，不能检齐，可以函商敝处补抄。实录、起居注等重要文件，按照特刊中目录选抄亦可。明季兵科题行稿细目，本年暑假内可以编成。一俟编辑告竣，即再审校付印。其余重要文件亦拟陆续出版。明季题行稿细目，乃按照题行稿原件之内容摘要编辑；其他重要各件，某者宜影印，某者应选录，此时尚未议定具体办法。(《研究所国学门通信——钱玄同先生致研究所国学门主任函》,《北京大学日刊》，第1507号，1924年6月28日，第1—2版)

6月17日 北京大学研究所国学门导师伊凤阁原定6月中旬讲演"西夏国文字与西夏国文化"，现因暑假在即，报名听讲学生多归故里，国学门与其通信商定，改在下学年讲演。(《研究所国学门通告》,《北京大学日刊》，第1498号，1924年6月18日，第2版)

6月19日 北京大学研究所国学门通告近期购入古物、拓片目录，及感谢蔡哲夫、金息侯二人赠书。

购入古物有盘一件、镦一件、觯一件、敦盖一件、温斗一件、戈一件、弩机一件、戈内一件、矢镞二个、銮一件、铃二件、确当（辖）三件、衔勒五件、车饰二百九十五件、軶饰一件、带钩一件、石磬一件、碎玉四件、贝二十八件、牙一件、刘敬葬父母刘全高氏朱书墓券（砖）一块、女乐俑四个。影片及拓片有天龙山石窟佛像影片六十一张、云冈石窟佛像影片五十五张、玉泉山等处古迹古物影片一百二十九张、大兴冯氏玉敦斋所藏吉金拓片二十四张。蔡哲夫惠赠《北宋木刻造像记》一册。金息侯惠赠散氏盘拓片一张。(《研究所国学门通告（一）（二）》,《北京大学日刊》，第1500号，1924年6月20日，第1版)

6月20日 北京大学研究所国学门通告感谢卫礼贤惠赠《清朝

名人墨迹二十四种》八册，曾公英惠赠曾伯隅著《元书》一部二十册、《元史考订》一部一册、《禹贡九州今地考》一部一册、《牂柯客谈》四册，王纮仙惠赠三体石经拓片一份六张。（《研究所国学门通告》，《北京大学日刊》，第1501号，1924年6月21日，第1版）

　　△　因北京大学女学生谭惕吾等请求教授国文，顾颉刚拟编《国故的常识》为讲义。

　　顾颉刚初以不会讲书为由拒绝，私下则设想明年暑假如替她们编一种《国故的常识》讲义，可以出版。与潘介泉谈及此事，潘主张演讲。本日，顾与谭惕吾、彭道真等提及，指定6月29日要顾讲演。顾因不擅长讲课，"夜中自度，遂不成眠。此事为我生平第一次，不知要否出丑耳"。（顾颉刚：《顾颉刚日记》第一卷，第499页）6月26—27日，顾曾作《经是什么》的演讲稿，因潘介泉认为太专门，演讲必失败，故而拟不用。6月28日，改作《国故的大意》《近人研究国故的成绩》。6月29日，为四人"演讲国学大意一小时，此予生平第一次演讲，极可纪念"。"今日予尚说得出，但方音太多，恐她们不懂。介泉等批我九十分，这自然是过誉。予所求者，不要十分出丑耳，这一个限度或尚能做到。几位女士中，国学根底以谭女士为最。从她的问话中，可以知道她曾看许多书。"谭惕吾"真用功，英文算学都好。假中看中文书，有《史记》《三国志》《诗经》《古诗源》等。问予研究国学门径，予因嘱其略览目录学书。以其勇往，将来必可有成就。予愿尽力助之"。（顾颉刚：《顾颉刚日记》第一卷，第501—503页）

　　"国学大意"演讲内容有：十三经的真相；现今国学的趋势；整理国学与保存国粹之别。"十三经没有什么神秘，也没有什么神圣……这十三种书性质既不同，称经的先后也不同。我们去研究它，只因它是中国学术的发源地，并不是为它是圣贤的法则。"

现今国学的趋势有五派。一是考古学，用古代的宝物和文字来解释古史……罗振玉、王国维是这一派的代表。二是东方古言语学及史学，研究亚洲汉族以外的各民族的文化，他们在甘肃、新疆、中央亚细亚等处发掘，有巨大的发见。法人伯希和、英人斯坦因、中国罗福成、张星烺、陈寅恪、陈垣等都是这一派的代表。三是地质学……因发掘地层而得有铜器时代以前之古物，可助古史之研究，因到处实地调查而对历史地理学发生新解释。丁文江、翁文灏、章鸿钊等都是这一派的代表。四是学术史……要求把文化的进程做一个系统的排列。胡适、章炳麟、梁启超等都是这一派的代表。五是民俗学……北大国学门中的风俗调查会和歌谣研究会，都是向这方面进行的表示。周作人、常惠等是这一派的代表。这五派学问都是二十年来的新进展，旧式学者梦想不到的。

整理国故与保存国粹的大别，乃是态度一个求知，一个实用。"整理国故，即是整理本国的文化史，即是做世界史中的一部分的研究。"（顾潮编著：《顾颉刚年谱（增订本）》，第103—104页）

顾颉刚把陈寅恪与西方汉学家归入东方古语言学家，很可能是基于本年北大留德学生姚从吾对陈的认识和赞誉。本年3月12日，姚从德国柏林大学致信北京大学史学系主任朱希祖，谈及在德学生习历史者，有施学济、陈枢（江苏人，习西洋近代史）、孔繁霱

（山东人，习西洋中古史与通史）、罗家伦（去年10月初来柏林，志愿习历史哲学）、陈寅恪五人。对陈寅恪的介绍内容最多：

> 习语言学，能畅读英法德文，并通希伯来，拉丁，土耳其，西夏，蒙古，西藏，满洲等十余国文字。近专攻毗邻中国各民族之语言，尤致力于西藏文。印度古经典，中土未全译或未译者，西藏文多已译出。印度经典散亡，西洋学者治印度学者，多依据中国人之记载。实在重要部分，多存西藏文书中，就中关涉文学美术者亦甚多；陈君欲依据西人最近编著之西藏文书目录，从事翻译。此实学术界之伟业。陈先生志趣纯洁，强识多闻，他日之成就当不可限量也。

其人"博学多识，于援庵先生所著之《元也里可温考》《摩尼教入中国考》《火祆教考》；张亮丞先生新译之《马哥孛罗游记》等，均有极中肯之批评。容商之陈寅恪先生，录记全文与援庵、亮丞两先生或《史学杂志》"。（《史学系派遣留德学生姚士鳌致朱遏先先生书》，《北京大学日刊》，第1465号，1924年5月9日，第3版）

6月22日　胡朴安在《国学周刊》发表《再论读古书法》一文，提出读古书简便方法在于养成根基知识和分类抉择研究两端。

胡朴安"前所举读古书方法，约其要有二：一则得其声韵训诂，一则得其微言大义。此种方法，为读古书极正当之方法，然而非穷年累月，极深研几，无由卒业。近今学问之门类颇多，士子从事于学，必不能限于一隅，若以毕生之精力，研究古书，其势亦有所不能。然因古书艰于研究，即一切吐弃之，亦未免因噎废食，于是有简便之方法"。

其一，"根基知识之养成"。任何一种学问，必有一种根基知识。"古书之所以难读者，以其文字声音训诂之递变，因之而有语气之殊，文法之异，在古人当日，原为浅显之言语。至于今日，因种种递变之故，遂成为深奥之文章。"此类书颇多，也不能一一研究。最低限度的必要书，是《说文解字注》《经传释词》和《古书疑义举例》。

其二，"分类抉择之必要"。"中国书籍，义类不一，虽精意之包括，无系统之可寻，而古书尤甚。譬如易为哲理，而上古社会之情形具焉。诗为文章，而草木鸟兽鱼虫之名称在焉。读古书者既苦深沉而难识，又苦浩瀚而无涯，故无缜密之心思者，不能汲绠于深井，无强毅之魄力者，每致辍业于半途。"以前分中国学术为哲理类、礼教类、史地类、语言文字类、文章类、艺术类和博物类共七类，因古代书籍繁多，而学者精力有限，断不能就七类学问兼营并进。学者当本其性情所近，学力所习，于七类之中，择一类或二类而专精。

"以上二例，系经验之所得，非凭空结撰者，而第二例尤为有成绩之试验。此种读古书方法，理至浅显，事至单简，虽卑之无甚高论，然行之必获实效。今之学生，必不能专力读古书，苟有欲从事于古书者，允宜以此法行之也。"（胡朴安：《再论读古书法》，《民国日报·国学周刊》，第57期，1924年6月22日）

6月24日 北京大学研究所国学门通告感谢服部宇之吉、卢慎之、徐积余三人赠书，及最近收到的杂志目录。

服部宇之吉惠赠《老子河上公注》（旧抄本）一卷。卢慎之惠赠《湖北先正遗书》一部一百八十册、《四库湖北先正遗书提要》二册、《四库湖北先正遗书存目》二册。徐积余惠赠《随庵丛书正续编》一部二十四册、《小檀乐室汇刻百家词》（附《闺秀词钞》）一部三十册、《积学斋丛书》一部十六册、《鄦斋丛书》一部十六册。各处寄来交换的杂志：中文有《华国》《清华周刊》《教育杂志》。日文有《东亚之光》第十九卷第六号一册（附重要目录，朝鲜及满洲等宗教风俗），《考古学杂志》第十四卷第九号一册，《艺文》第十五年第六号一册（附重要目录，实隆の源氏物语系图）。（《研究所国学门通告（一）（二）》，《北京大学日刊》，第1504号，1924年6月25日，第1版）

　　△　湖北省教育厅召集各专门学校校长及国学馆馆长开会，商量合组武昌大学事。

　　先是，署名"仲雯"者在《民国日报》撰文批评湖北督军萧耀南设立国学馆。内称文谓湖北教育经费，自王占元督鄂时逐渐提充军饷，遂由百余万减至四十万，教育界生活既不安定，廉耻亦渐沦丧。萧耀南对教育经费既不扩充，对久据教育界之老朽败类，反极提倡褒扬之能事，鄂省教育沦于破产地位。最为黑暗的是校长团、国学馆和佛教会。

　　　　去岁萧耀南为安置久困鄂城之大批古董计，创办国学馆，一时八股妖孽，词赋名流，几至搜罗殆尽。并将久困乡壤之失意童生，蒙馆教师，大批招致，全照科举书院之方式，考课给奖，评定甲乙。举凡宋元蓄版之儒教丛书，一时价腾数倍，市肆为空。同时别校之不肖教员，无知学生，亦尤而效之，拼命组织国学研究会等团体，大倡国学。（仲雯：《湖北教育界之腐败》，

《民国日报》，1924年6月21日，第2张第6版）

湖北巨绅名流，拟开一大规模大学，宣传甚久，均因厄于经济，或建议者之言不顾行，始终未克实现。顷因鄂籍政客前教育总长傅岳棻，拟借教育入手而从事于未来之省长活动，数年无成之湖北或武昌大学，遂又成为一般人士集中注意之问题。

傅为老官僚，性迂缓而善灌米汤。且与萧耀南芙蓉同好，两次接见，即已说得十分入港。傅向老萧说明渠之大学计划后，深得老萧之赞许，并允年拨某项捐款数十万元常年经费。此讯一出，鄂中校长团中之流氓败种为之哗然，争先恐后，群思染指。如科举余孽之国学馆，在教育定章绝无根据，遂自号为文科大学，而高唱与未来大学合并之论。高商、外专、师大自亦各占未来大学之某一系。

师大校长张继煦既不得志于教育厅长，遂偕主任李步青出与傅岳棻拼命拉拢，企图宰割未来大学各学系学长。彼辈公然在师大召集外专校长胡钧和、模范小学校长王滋生、中华大学校长陈时、省立高级中学校长梅经言、教育厅长程鸿书，及张继煦、李步青，举行筹备湖北大学会议。"其会议之内容，外间虽不得而知，但其重要议决案当为瓜分未来大学之重要职员，必为无疑之事也。"（仲雯：《鄂省筹设大学之逐鹿》，《民国日报》，1924年7月14日，第2张第6版）本次会议决将湖北省外国语专科学校及国学馆合组文科，公法改法科，农业改农科，医外为医科，暂于教厅设筹备处。（《国内专电》，《申

报》，1924 年 6 月 25 日，第 2 张第 7 版）

据《民国日报》7 月 12 日讯："自新学制颁布以后，各省之专门学校，皆次第改办大学，但其中除少数经费充足办理得人者能改为名实相符之大学外，余均或进取无门而自行倒闭，或竟换汤不换药而改为虚名大学。武汉各专门学校，近亦受纷纷改大之影响而群起作改办大学之活动。"

国学馆原为萧耀南设以安置八股余孽，玄学人妖之机关。开办以后，教员则物色鄂垣声名略著之腐儒老朽充之，学生则罗致数百乡壤失意之童生及顽固不堪之冬烘教师，考课阅卷，俨然一道光时代之八股书院。且萧耀南亦恬不知耻，不时亲临考试，大出其"治平""忠孝"之题目，而深咏其"军阀宗师"之滋味。军阀既为之提倡，彼辈之气焰，公然以"孔道不坠，责在吾人"相标榜。但国学馆北教育部并无此规定，故彼辈近亦感不能在教育部立案之痛苦，而急起作改办大学之运动。现彼辈此种运动之方法有二：一、自号曰"文科大学"，以淆社会之观听。二、要求军阀应允将国学馆改成文科大学，或与其他专门学校合并，改组为大学，彼则于其中占中国文学之一系，以保存八股文化而固老朽饭碗。（《湖北之大学狂》，《民国日报》，1924 年 7 月 16 日，第 2 张第 6 版）

《时报》则谓"国学馆因不合部章，决改为文科大学，仍专研究国故"。（《教育消息》，《时报》，1924 年 7 月 14 日，第 1 版）

《申报》谓"武昌高专已实行改大外，罗致古董教育，保存八股文化之国学馆，近亦自感在教育部不能立案之痛苦，急起作改大之运动。前次傅岳棻与鄂中政客七头包办之湖北大学国学馆，亦暗中奔走，希图在此未来之大学中，占一文学系。所谓文科大学之名词，近已成为国学馆教员学生梦寐求之之常语"。（《武昌教育界之大学热》，《申报》，1924年7月23日，第3张第11版）继载"改大学中之别开途径"的湖北国学馆近况，内称：

> 湖北著名之宿旧名流，鉴于近年来斯文道丧，非极力提倡国学，不足以保国粹而挽颓风，曾于去岁蒙萧使极力赞助，开办国学馆，指拨汉阳铁沙捐，充作经费。开学之后，诸凡鄂垣著名之经心旧宿、八股文豪，几至搜罗殆尽。至于学生方面，各县穷乡僻壤之失意童生、蒙馆教师，亦纷至沓来，大有山阴道上之势。且萧使亦不时躬亲驾临，出题主试，俨然以军阀宗师自居。自此以往，国学馆竟成鄂省之兴隆机关。现该馆蒸蒸日上，发展不已，并由当局指拨外国语专门学校旧址，为该馆校址。闻外专指日搬至南湖，一俟外专迁移后，该馆即行迁入。又据该馆教员某君云，该馆在教育部实无立案之根据，非极力改大，不足以延长寿命，现正四出奔走，作改大之运动。（屏：《武昌国学馆之改大运动》，《申报》，1924年7月27日，第3张第10版）

湖北国学馆的确吸引了不受贫寒子弟。如籍隶湖北大悟县的李琰出生于贫困农民家庭，家里竭力供他念了几年书。十八岁时，读完了《资治通鉴》"十三经"，并涉猎了一些集子。脑子里虽然装了不少旧东西，但心里所向往的是《礼运篇》中的"大同世界"。为了追求理想，从家乡挣脱出来，情景十分坎坷。在亲友帮助下，凑了些盘费，便奔赴武汉，上了武汉中学。"一九二四年，因为家境贫困，我无法继续读书，在武汉中学只念了半年，又考入了'国学馆'，念了几个月，就回到了家乡。"（陈光旭：《爱国爱乡的李琰先生》，中国人民政治协商会议大悟县委员会文史资料委员会编：《大悟县文史资料》第 3 辑，1987 年，第 17 页）

湖北国学馆改大牵涉校址、校名、经费等复杂问题，争议很多。公立法专、私立法专也企图改为文科大学。湖北教育厅前曾召集各专门校长会议，曾经长时间讨论，仍无圆满结果。"此外，外国语专门，已改为文科大学，而国学馆亦欲改为文科大学。此两文科大学之名称，不免冲突，亦不易解决之一难题也。"（召：《鄂省各专校改组大学之难题》，《申报》，1924 年 7 月 28 日，第 3 张第 11 版）

至 8 月中旬，湖北国学馆拟具改组章程，呈请教厅备案。"教育界闻而大哗，颇加反对，因该馆为新学制系统所无，未曾呈部备案。且该馆招收学生，亦未限定资格，年龄大者，约四五十岁，而程度除国文外，其他科学，一无所长。已联合多人，拟呈请教厅，否准该馆备案。"（屏：《鄂国学馆改文大之难关》，《申报》，1924 年 8 月 14 日，第 3 张第 11 版）

6 月 25 日　北京大学研究所国学门开内部会议，讨论暑假中行政事项。（顾颉刚：《顾颉刚日记》第一卷，第 500 页）

顾颉刚拟于下半年，与研究所国学门第二编辑室同人着手编纂《中国学术年表》，将二十四史本纪及年表、《资治通鉴》等加注公元，并续征填表格。目前收回者百余份。（顾潮编著：《顾颉刚年谱（增订本）》，第 102—103 页）

6月26日　广州陆海军大元帅府内政部长徐绍桢准予广东商务印书馆经理高讲呈请该馆所编《国学小丛书》一种出版。（《陆海军大元帅大本营公报》第18期，1924年6月30日）

6月28日　北京大学研究所国学门方言调查会方音地图调查表推迟至7月中旬印发。

方言调查会"关于方音地图的调查表，本拟于暑假前分发，使各同学得在暑假期内按表填注各本地方音现象。现因假期太迫，一时未能印就"，"定于七月中旬印出，凡诸位同志愿协力帮助的，请约于七月中旬寄信来第三院本会函索，或是先在研究所国学门登录室留下通信处，以便印出时寄去不误"。"此种调查表填注极易，不费时力，希望各同学不但能填关于自己乡音的问题，并且能多带几分，请朋友填上关于他县他城的方音"。（《方言调查会启事》，《北京大学日刊》，第1508号，1924年6月30日，第2版）

国学门纪事称："十三年暑假，本会拟方音地图调查表，分发校内外人士分省调查，备编方言地图，以考求中国语音分布情形。又于《歌谣周刊》第八十九期，发行'方言研究专号'一次。"（《研究所国学门纪事》，《国立北京大学研究所国学门概略》，第21页）

△　金毓黻认为开国学书目以示后学为此前罕见之举，李笠《国学用书撰要》有许多精当之言。

金毓黻日记写道："近顷国内名流，喜以研治国学途径开示后学，诚前此所罕见也。"张之洞《书目答问》，本已足以示人治学之准的。然衡以今日情势，已不甚合，所举书名至多，又非一人之力所能尽购，故有待后贤之订正。"去岁胡适之始作《国学书目》，梁任公继之，彼此互有出入，以所见不同也。嗣见同学陈钟凡及《小说月报》编辑某君，亦皆有是作，所见亦不尽同，余尝有所论正之。今复有李笠辑《国学用书撰要》，其持论与前人不同者。"如李笠论《礼记》云：读书欲成名家，最忌读选本删本书籍。明代士大夫好节删古籍，其学不振。清代朴学大放异彩，全从烦琐中得来。盖书无重轻，有用则沙砾尽为至宝。人之性情各有所近，程才分工，断难一律，有用无用，虽有通硕，不能定也。且群经为前修所重，即甚无用者，其名物训诂，亦可作读书之南针。则读《礼记》者，纵极畏其烦琐，亦宜先行遍读，然后视其兴趣所在、目的所近者而采择之。此读书之法，不独《礼记》然。梁启超以文学目光，妄删古籍，始终无当学者，幸无盲从。李笠论诸子，则反对梁启超读先秦经部、子部书，宜先读胡适《中国哲学史大纲》及梁《先秦政治思想史》，以引起兴味的做法，因"先读政治史与哲学史，则梁胡之观念蟠结胸中。其于古籍，二氏所轻者，虽未经自己存鄙薄之心，邻子为盗，蓄疑不解，武断空疏，何益之有？且未读经书、子书者，视孔、墨如路人，闻人评论，了无感情，何趣之有？"初学读经书、古子，所以无趣者，以文辞艰深，版本脱讹。如得善注释本，则疑障既除，欢乐自生。故本编注意善本与参考书，欲学者自求真理，不受偏激之同化。

普通教育的初学或业余爱好可读国学概论性质书，治学则不宜读节选本，或先读后人著作再读经典。李笠持论皆当，盖天下无便宜事，读书想占便宜尤不可能。读书不窥全录，善阅节本，或不阅本书，先读通论，忘本逐末，徒驰口说，凡朴学之士，必不出此。近人谭献教其子读《文史通义》，遂侈言六经皆史，右郑渔仲而讥马贵与，而于群经诸史，实未遍读，识者莫不悼笑之。

依梁启超之说，亦不出谭氏教子之见。寻梁氏之意，以谓方今西学东渐，科条万端，一人精力岂能遍览，故主去滓存液，取精用宏，处心良苦。不知学有专门，致力宜深，涉览不博，终难成家。欲为治科学者，别辟捷径，即为梁氏所说，已觉繁而不杀，但使略窥大意，为数卷《国学概论》，斯亦足矣。如为治国学者示之准绳，则又无舍难就易之理，通论之书固不可废，而本书亦不可不尽读。惟年长之人，欲治国学者，而限于职业，无暇遍读群籍者，姑读节本经传及通论之书，以窥门径，则不能不有需于此。"故梁氏之论，实未尽融，而李氏之论，约有见地。学问以商量而加邃密，不其然乎！"（金毓黻著，《金毓黻文集》编辑整理组校点：《静晤室日记》第2册，第1143—1144页）

　　△　　北京大学研究所国学门通告购入陈乃乾编《魏正始石经残字》一部二册，王肯堂汇辑《医统正脉全书》一部八十册，薛居正等撰、钦定四库全书本《旧五代史》一部六十册。（《研究所国学门通告》，《北京大学日刊》，第1508号，1924年6月30日，第2版）

　　6月　厦门大学国文系改称国学系，先后聘请陈衍、沈兼士、杨树达、李笠主持系务，持续约六年时间。

　　先是，厦门大学仅设师范科和商科，本月并入文科，设立八系。文科主任先后是黄开宗（1924年）、林语堂（1926年）、张颐（1927年）、徐声金（1929年）。上年9月，校长林文庆聘请陈衍为国文教授，陈以叶长青为助教。《侯官陈石遗先生年谱》卷七载："厦门大学校长林文庆，是闽清黄绂丞乃赏女夫也，由绂臣知公，聘主大学文科教授。书中以公办学数十年，不能不为乡邦服务。且厦地亦世外桃源，既避兵在沪，不如来厦要之。乃遣眷归里，自于九月初应聘至厦。荐门人龚惕庵先生乾义为国文讲师。"（陈衍撰，陈步编：《陈石遗集》下册，福建人民出版社，2001年，第2043页）

　　国学系由国文部改设，与历史社会学系并列，主要是讲授国文。据厦门大学校史资料，国学系主任先后有沈兼士（1926年），杨树达（1927年），李笠（1928—1930年）。（厦门大学校史编委会：《厦门大学校史资料》第5辑，厦门大学出版社，1990年，第5页）忽略了1926年之前，国学系主任一直由陈衍担任的事实。厦门大学国文系、国学系与北京大学国文系关系密切。陈衍为前清举人，清末曾任京师大学堂经史教习，民国初年继续在北大文科任教。厦门大学国学研究院成立，未获任用。据《侯官陈石遗先生年谱》卷七载，本年正月，"厦门大学校长林文庆电催开学，公亦拟一往结束校事，行装已发，意不乐而止"。（陈衍撰，陈步编：《陈石遗集》下册，第2049页）陈衍不往厦大，乃因后者聘请北京大学研究所新进学人，摒弃在先。在沈兼士之前，厦大国学系教员除陈衍外，还有毛常、郝立权、缪篆等。毛常民国初年曾入北大文科学习，后又任北大预科讲师。郝立权毕业于北大国文系，为刘师培弟子。缪篆则为章太炎弟子，江苏泰县人。（尚小明：《"五四"以后"国学"热的一个新动向》，牛大勇、欧阳哲生主编：《五四的历史与历史中的五四——北京大学纪念五四运动90周年国际学术研讨会论文集》，北京大学出版社，2010年，第550页）

　　厦大设立国学系，既是国内国学研究的风气推动使然，也与第二任校长林文庆推崇国学密切相关。林文庆，字梦琴，祖籍福建海澄，出生于英属新加坡，自幼接受英文教育，毕业于英国爱丁堡大学医科，获医学学士和外科硕士学位。作为海峡侨生，林一直在探究文化认同问题。在留学英国时并不懂华文，师生尤其是中国留学生对此感到十分诧异，令他十分难堪。回到新加坡后，娶清朝举人黄乃裳的女儿端琼为妻，获得学习中国传统文化的环境。在研读中国经书过程中，被儒家思想所强烈吸引，从笃信基督教转变为改信儒教，成为当年星马华族社会儒家思想复兴运动的推动者之一。厦门大学首任校长邓萃英辞职后，林接任，在《厦门大学校旨》开宗明义提出："本大学之主要目的，在博集东西各国之学术及其精神，以研究一切现象之底蕴与功用，同时并阐发中国固有学艺之美质，使之融会贯通，成为一种最新最完善之文化。"强调大学的研究功能，聘请教师采取人才主义，希望厦门大学成为中国南部的文化中心。全校教材，"拟用国文编撰各种教科书及参考书，使我国青年子弟将来得以本国文字直接研究各种高深学问，不必专仰给予西国书籍，庶几吾国数千年之文化赖以不堕，而近世各国之学术思想亦得彼此沟通"。重点学科是养成人才的师范科，重点课程则"本校首重国文，而英文一科亦极重要"。（洪永宏编著：《厦门大学校史·第1卷（1921—1949）》，厦门大学出版社，1990年，第23—26页）

陈独秀极不以林文庆的尊孔言行为然，批评陈嘉庚出资兴办厦门大学，一时颇博得社会称赞，其实完全是个"市侩"，"不知教育为何物"，不但把学生当"奴隶"，而且连教职员也都是其"雇用"人，故汪精卫、杜威都曾说厦门大学将来"必糟"。后来"又雇了一位孔教国学大家（其实是一个识字不多的华侨）林文庆当校长（陈嘉庚向来自称校主），自然更大糟而特糟"，成为驱林学潮的原因。（独秀：《厦门大学学生也有今日》，《向导周报》，第68期，1924年6月）

△　上海南方大学在北京设立分校，暑假招收国学专修科等科

学生。

上海南方大学成立于1922年，最初设有文科、商科、社会科学科及国学专修科、英文专修科，社会科学科与国学专修科隶属于函授部。大学部设立了"国学系"和"英文系"，甚至"国学系"和国学专修科学生联合组织过国学研究会。（《南大筹备一周纪念会》，《申报》，1923 年 10 月 10 日，第 5 张第 18 版；《演讲新讯》，《申报》，1923 年 12 月 8 日，第 5 张第 18 版；《南大组织各科研究会》，《申报》，1923 年 11 月 6 日，第 5 张第 18 版）国学专修科学生招收一百名。（《北京新发起之五大学》，天津《大公报》，1924 年 6 月 12 日，第 2 版）本年，南方大学立分校于北京，亦有国学专修科。1926 年秋，校长江亢虎赴美讲学。上海本校交由胡仁源接办，北京分校交由万兆芝接办。校务废弛，时局剧变，遂于 1927 年先后停办。（《校史》，南方大学国学专修科编：《南方大学复校国学专修科首届毕业纪念刊》，第 3 页）

南方大学校长江亢虎曾在该校章程内的"特别预约"标明："本校注意国学，尊重东方文化；凡醉心欧风，鄙弃国学者，请勿来学。"有学生表示质疑：

　　注意国学，尊重东方文化；这固然也无可厚非。试问何以有国学？何以有东方文化？还不都是西方学术和文化的背景吗？在现今文化极流动的时代，蔽耳塞目，能研究出什么国学？什么东方文化？闭门造车，恐怕不能合辙吧。且他们醉心欧风，当然有醉心的好处；鄙弃国学，也当然有鄙弃的坏处。进一步说：倘使江君是真正注意国学的，把国学的好处说出，那怕不能将鄙弃化为研究；能真正尊重东方文化的，把东方文化的优点表出，那怕不能把醉心欧风感为醉心东风呢？乃竟能提到请勿求学！像这种口吻，无异前年姚明晖所提倡的国学专修馆。

实质意思即"凡醉心东方文化，鄙弃外国国粹者请都来学"。（周钧：《看了南方大学的"特别预约"以后》，《时事新报·学灯》，1923年7月19日）

当时北京国立八校正在罢课索薪，故北大国文教员吴虞有暇到南方大学北京分校兼课。8月12日，其日记载吴君毅来信称，"江西车盘尘（名乘华）任南方大学京校教务，校长为江亢虎。觅国学教员，请予讲诗赋，予引北大例，诗赋分任，允每周文选中诗一小时"。（中国革命博物馆整理，荣孟源审校：《吴虞日记》下册，第201页）9月7日，江亢虎送教授聘约二纸给吴。9月10日，吴参加南方大学北京分校举行开学礼，会晤江亢虎、车盘尘、陆徵麒（号凤初）、罗文彬（号枕颖）、曾载熇（号劭子）、唐有恒诸人。"学生数十人，教员无甚出色者，而有杨寿璧，亦妙也。学生到者不及百人。"（中国革命博物馆整理，荣孟源审校：《吴虞日记》下册，第206—207页）吴要求排课在周末，该校迟不决定，遂以本科教授改为每小时送车费一元，薪金菲薄为由，拒绝前往上课。经车盘尘来函及该校学生代表王焕儒、傅次郎、韩炳德三人亲来请求，最终同意上课。因与北大课程冲突，要求诗学功课排在星期三。（中国革命博物馆整理，荣孟源审校：《吴虞日记》下册，第209—213页）

上半年　钱基博在江苏省立第三师范学校连续三次演讲国学，分别就国学的内容分科、国学的历史演变和国学的研究方法展开阐述。

是年上半年，钱基博仍在江苏省立第三师范学校任教，秋季出任上海圣约翰大学国文教授。（傅宏星编著：《钱基博年谱》，第63—64页）

本年4月，钱基博为邑中"某社"草定存古小学学程及教学法。曾谓："自新文化盛唱以来，而保存国粹之呼声，亦随之日高，国学专修馆、存古学校，一时风起云涌。博以为此中国教育之病理的现象也。夫古之存，必不能外于今。今有不适，即古亦奚以存为？而欧化之输入，亦无妨于国之有粹。""国之有粹无粹，壹视今人之奋发自力如何？匪可藉古人以撑门面！"然而，"某社"所欲保存的，是"怪力乱神"之神怪，非真如孔子之好古敏求，故钱基博之说"卒不能用"。（钱基博：《某社存古小学教学意见书》，傅宏星主编、校订：《国学文选类纂》，华中师范大学出版社，2013年，第8—12页）

国学演讲第一次题目是《国学的分科问题》，主旨是"国学平面的解剖"，即从横向上分析其性质和内容。强调中国人即使留学得到西洋学士、博士头衔回来，如果不懂本国学问，就没有资格做中国人。国学内容复杂，分科前提是学术分裂的自然趋势：

> 中国学术史上的趋势，和政治史全然不同。中国政治史，是统一其常，分裂是病态。中国学术史，是分裂其常，统一是病态。所以中国政治的清明，在政治史上统一的时候。中国学术的昌明，则在学术史上分裂的时候。固为学术这件东西，派别愈分，专攻愈精。

　　总述国学分科的沿革，即周朝太学分诗书礼乐四术，孔门分德行言语政事文学四科，战国分家，汉朝分博士，刘向父子分略，荀勖分四部，刘宋分玄学史学文学儒学四学，清儒分义理辞章考据，章太炎分经学哲学文学三门，梁启超分文献的学问和德性的学问两条道路。除掉乐正四术，汉朝十四博士不遍不赅，战国分家和刘向父子分略太琐碎之外，清儒的三途、章太炎的三门和梁启超的两条大路，都依照国学性质分科，时间愈近愈适用。故斟酌古今，分国学为四科：（一）文献科。旧隶经部的《尚书》《周礼》《仪礼》《春秋》、小学和《通鉴》"二十四史""九通""六典""会典"及《二十一省通志》并《郡县志》，都归入此科研究。（二）性理科。旧隶经部之《易》《礼记》《四书》，和周秦诸子、隋唐佛学、宋元明理学等，都归入此科研究。（三）文学科。旧隶经部之《诗》，子部之小说，和集部之《楚辞》、总集及各家别集，不论散文韵文，并词曲等，都归入此科研究。（四）艺术科。旧隶经部之《乐书》，和书画、琴谱、篆刻等，都归到此科研究。其实，就是在考据、义理、词章变成文献科、性理科、文学科之外，加上艺术科。把章太炎的经学、哲学、文学三门之中，删掉经学，散入四科。在梁启超的文献、德性之外，加上文学、艺术两科。如此打破经、史、子、集旧窠臼，散入分科，有利于中等学校学生学习国学，既可避免国文教员包办，好高骛远，力不能逮，使各科教员能够分工，通力合作，又可做到细分，做狭而深的研究，养成专科的精神，培养专门人才。（钱基博：《国学的分科问题》，傅宏星主编、校订：《国学文选类纂》，第13—19页）

　　第二次演讲"国学历代变异的问题"，讨论"国学的代殊"，着重"国学纵断的视察"。打破新文化运动中的轻薄少年视"国学"为"中国几千年藏在家里的一件老古董"，以为一成不变的僵化观念，指出中国从黄帝迄清，朝代换了近三十个，不是代代都能产生一种"特殊的国学"。归纳起来，只有西周之学、东周之学、汉学、魏晋之学、唐学、宋学、清学七种。国学起源于伏羲画八卦，只是符号运用。西周之学就是文王、周公之学，一个是"礼"，一个是"易"，社会的有条不紊和变动不居相推变化。东周之学是西周之学的分裂，变为儒、墨、阴阳、名、法、道德六家。秦汉统一，经学有今文、古文两派。魏晋佛法传入，取佛法和老庄释儒，是国学的第一次门户开放，成了国学的"印度化"。唐学的特点是继往开来，一方面注意整理西周之学，一方面尽量输入印度佛学。宋代理学阳儒阴释，替国学开辟一个新的领域。清儒实事求是，结合宋儒求是的精神，运用汉儒考据的方法。

　　从国学历史流变的长程和吸收外来文化的角度着眼，坚信最近东西文化调和的前途乐观。现在人讲"国学的时间性"，总说汉学、宋学的错误。"真正就国学的时间性而论：只有西周之学、东周之学和宋学三种。汉学不过抱残守缺，把西周之学，掇拾整理一番罢了，并没有多大的时间性；倒不如宋学能把西周之学，和印度之学接合起来，成功一代特殊的国学。""现在欧化东渐，又有个西方美人，要来和我这个东方古国举行一种学术结婚了。或者'枯杨生稊，老夫得其女妻'，竟会诞育一位宁馨儿，像从前宋学一样？或者也许因'老夫耄矣'，血气已衰，终至流胎？这且看罢！"（钱基博：《国学历代变异的问题》，傅宏星主编、校订：《国学文选类纂》，第20—26页）

第三次演讲《中国古代学者治学的方法》，主张客观和主观方法并重，宋儒的主观读书法尤其重要。"有人主张用西洋的科学方法来研究国学，自然给我们许多便利。不过西洋的科学方法，太重客观，适于惟物的研究，而我们国学有时须用着惟心的悟证，万非客观的科学方法所能研究得尽。"古代学者治学方法以老子、孔子和宋儒为代表。老子主张"超象而观玄"和"执古以御今"，孔子则"温故而知新"和"多学而贯一"。孔学都是"形而下之谓器"的工夫，真正讲到"形而上之谓道"的工夫，还得用老子的方法。

到了汉朝而后，学者除掉书本，没有学问。所以胡适之讲清代学者治学的方法，很赞他有科学精神。其实清代称做朴学的文字、训诂、校勘、考订四部，还不过是做读书的工夫。不过一样做读书的工夫，汉儒重客观的外证，宋儒重主观的内证。现在一般新汉学家，要想应用西洋的科学精神来读书，自然主张做客观的外证工夫。

新汉学家提倡"客观读书法"，只是读书第一步，不能解决第二步读书目的问题，即"主观的读书法"。所谓"外铄"而非"自得"，汉儒易犯此毛病。不想做第一步就要做第二步，就是"躐等"，读书意见等于武断，以我诬古，宋儒易犯此毛病。不过，宋儒"切己体察"的主观读书法很重要。"己"有"空间之己"和"时间之己"的分别。"西洋化"者没有切定"空间之己"，"国粹老先生"没有切定"时间之己"，皆因不明了"主观的读书法"，结果不免"生于其心，害于其政，发于其政，害于其事"。（钱基博：《中国古代学者治学的方法》，傅宏星主编、校订：《国学文选类纂》，第27—31页）

7月4日　北京大学研究所国学门通告感谢卫礼贤赠书 *Georg Hirth-Biderbueh*《第三世纪的历史图画》、*George A Auden And Haroed Prearvation of Antgnities*《古物保存法》一册、*Luduig Diehl-Alterumer-Sammler*《古物学》一册。（《研究所国学门通告》，《北京大学日刊》，第1509号，1924年7月5日，第1版）

7月5日　报载上海群治大学国学主任由章太炎担任。

群治大学于民国元年创设于长沙，校址在旧长沙县署，学生卒业已有千余人。因提高程度，扩充教育起见，由罗睡荪、章太炎、李登辉、范源濂、徐季龙、张相文、郭任远、黄膺白、于右任、邵仲辉诸人，发起上海群治大学，由曹东庄、黄稷丞的开拓西北实业公司议定按每年纯利之比例为经费，已经得到司法、教育两部立案。除由校董郭任远，以及章太炎，罗睡荪，邵仲辉等自行担任教科外，聘有何世桢、何葆仁、吴冕、胡宣明、余楠秋、胡朴安、刘肇隅、邓峙冰、何宪琦、毕静谦、章鼎峙、邹安众、王兑园主任为各部教员。初设文、法、商三科。（《群治大学近讯》，《申报》，1924年6月30日，第4张第14版）

校长罗睡荪因筹划经费，前往北京，定一星期内外来沪，到沪后即开董事会及教职员会议，并增订详章等。"该校文科中英文并重，国学主任系章太炎担任。"（《群治大学近讯》，《申报》，1924年7月5日，第4张第15版）

7月8日　北京大学研究所国学门考古学会派员前往青岛运回

卫礼贤所赠古器物。

7月13日　饶纯钧、蔡心觉在潮州设立瀛社，以研究国故为宗旨，发行《国故月刊》。

蔡心觉为佛教居士，曾参与创办潮汕新文学杂志，但对于国故、国学的主张则接近《学衡》。东南大学史地研究会出版《史地学报》第一期后，蔡于1922年1月8日致函史地研究会，称柳诒徵《论近人讲论诸子学者之失》，"尤为独具隻眼，道人之所未道。近人评论诸子，每多武断，后辈学子，尤骛新忘返。斯篇一出，吾知国中学术界当呈一大变化也"。张其昀之《柏拉图理想国与周官》，"堪称有整理国故之功"。"鄙人每疑国中旧籍，多未发之精义，檃引推证，实学者分内事。"此外，还向史地学会求赐柳诒徵《中国文化史》。史地研究会自编完善历史书、东南大学出版史地丛书，并自告奋勇原意承担调查全国方土地理的"潮梅一方"之责。1月19日，史地研究会复函称："柳著《中国文化史》系本校所用讲义，现仅印至中古，因力求精审，不欲率尔出版。先生如必欲得此，俟印齐后向讲义处代购一份寄上，费约三元，请先交。"（《汕头蔡心觉君来函》，《史地学报》，第1卷第2期，1922年4月）

饶、蔡两人联合在潮州"设立瀛社，研究国故，发行《国故月刊》，内容分为通论、专著、商榷、文苑、记载、介绍、杂俎、附录八门。临时通讯处：潮州东门头潮安银庄饶君，及潮州广源街一号蔡君"。发表宣言云：

> 学之不讲，尼父所忧，小雅废弃，诗人用愁。自秦燔书，文武道丧，汉黜百家，六艺斯亮。今文古文，师承口说，齐鲁

抗衡，如枘于凿。刘志七略，班述艺文，阐源溯流，学派乃分。魏重辞藻，普扬厥波，萧选赅备，玉律金科。昌黎崛兴，力矫绣绮，骈古分途，崇尚互异。亦有诗赋，嗣响风骚，研声究律，推敲毫毛。有宋五子，剔开道学，穷理致知，肇端濂洛。曰诗与词，极盛中兴，辨名析物，正发深宁。胡元一代，历祀短促，正学湮微，擅长唯曲。明儒疏陋，近阔空言，顾黄王外，余不足论。满清入关，四库著录，饰文治，禁书兴狱。乾嘉之际，笃生英者，吴惠皖戴，称二大师。实事求是，覃思考据，勘经校史，懋绩昭著。六书奥衍，曲证旁通，殷心汲古，振彼瞆瞀。虽云雕虫，文章尔雅，桐城阳湖，难判高下。品格属辞，撷精咀华，范围唐宋，不名一家。儒林文苑，递兴继起，震古迈今，懿钦盛矣。光宣季世，迄于共和，异说披猖，诡言日多。新潮澎湃，黑白淆乱，果嬴速化，盲从者半。三坟五典，尽委灰尘，金版六弢，视同爨薪。国故纶纪，千钧一发，震旦文明，于焉斩绝。风雨如晦，坠绪茫茫，素王之灵，泣于帝旁。畴起扶轮，廓而根之，风微未沫，岂不在兹。爰启瀛膏社，保国以学，刮垢磨光，言慕先觉。核纂往，补苴缺文，沈虚孟晋，敢张一军。泥滓既弃，腴斯得，合炉熔冶，沟通儒黑。如雷启蛰，如牒剑吐铓，庶几国魂，熠焉后彰。人亦有言，登高自迩，瀛难僻坏，讵无贞士。黄冠草服，臭味倘同，放怀天末，招以角弓。（《国学消息》，《民国日报·国学周刊》，第 60 期，1924 年 7 月 13 日）

《国学周刊》发行不久，蔡心觉致函胡朴安称："近读《国学周刊》，受益不浅。而尊著再论读古书法，分根基知识之养成，及分类抉择之必要，允为研究古学者不二法门。"蔡建议在《说文解字注》《经传释词》《古书疑义举例》这三本根本要籍外，加入《尔雅》。"因《尔雅》为六艺之钤健，诗书之襟带，所以训释五经，辨章异同。不通《尔雅》，即不足以通五经。"（蔡心觉:《与胡朴安书》，《民国日报·国学周刊》，第69期，1924年9月16日）

7月16日 郑兆晋发表《国学杂志》宣言。

内称自来政治得失，国家兴衰，无不与学术人心相推挽。学术明，则人心正、政治良、国家治，学术晦，则人心邪、政治坏、国家衰。欲图国家兴隆，必先正学术以正人心。

> 自欧风东渐，我国莘莘学子，遂诋排固有之文化，而推崇欧西之文明，使数千年之国粹，直等于何有而何亡，声明文物之邦，顿沦为蛮夷禽兽之域。然其说有欧西之名，而无欧西之实，徒以自欺欺人而已。皮之不存，毛将安傅。故邪说诐行作，而人心亡，不至于覆国灭种不止也。

《国学杂志》同人专以"阐扬圣道，矫正人心"为目的，"冀当局之采择，挽颓风于万一"。（郑兆晋:《国学杂志发起宣言》，《顺天时报》，1924年7月16日，第4版）

7月20日 东南大学国文系教授陈钟凡应国立西北大学校长傅铜暨陕西省教育厅长马凌甫邀请，任陕西暑期学校国学讲席。

此次暑期学校讲师有北京师大王桐龄、李干臣，南开大学李济之、陈定谟、蒋廷黻，北京大学夏元瑮、周树人，东南大学陈钟凡①、刘文海、王来亭。陈钟凡《陕西纪游》云："民国十有三年夏，国立西北大学及陕西教育厅合组暑期学校，校长傅佩青暨厅长马凌甫函聘任国学讲席，遂有西安之行。往返凡四十有九日……"（陈钟凡：《陕西纪游》，南京《国学丛刊》，第2卷第3期，1924年9月）鲁迅讲《中国小说之历史的变迁》，王桐龄讲《陕西在中国史上之位置》，陈钟凡讲《中学国文教学法》《中国文字演进的顺序》《读古书的途径》。（姚柯夫编著：《陈中凡年谱》，书目文献出版社，1989年，第19页）

7月20日上午十时，在西北大学大礼堂举行开学式。到者有省长代表郭涵、督军代表范滋泽、教育厅长马凌甫、实业厅长刘宝濂、警察厅长马浩、西北大学校长傅铜以及其他军政界要人、讲师、职员约二百余人。（《暑期学校举行开学式》，单演义：《鲁迅在西安》，陕西人民出版社，1981年，第215—216页）暑期学校演讲者均为知名之士，且学费免收，凡中学毕业及各县教育界办事人，皆可听讲。陈钟凡于7月21日开讲"中学国文教学之要旨"。"听众二百余人，少数聆予口音，未能悉憭，不得已以笔代口，故讲演较缓。"23日，讲"中学国文教材问题"。"本日阻雨，听众锐减，不及百人"。28日，续讲"国文教学之方法"。29日，到储才馆讲"西北诗人的思想"。讲毕后，8月4日改讲"中国文学演进之顺叙"。8月17日出东关游览，后便返回东南。（陈钟凡：《陕西纪游》，南京《国学丛刊》，第2卷第3期，1924年9月）另据《申报》载，学员六百余人，以本省人为多。"彼等从未出关一步，讲义缮写不及，上堂时全靠听讲，但言语不通，故所得甚少。加以人数太多，不

---

① 陈钟凡又名陈中凡。

能住校，连日大雨绵绵，故近日听者甚少。刘兼长有鉴于斯，特通令各机关人员，都往听讲，以鼓励听众兴趣。"（锡福：《西北大学校务汇闻》，《申报》，1924年8月18日，第3张第10版）

7月21日 北京华北大学在沪招收大学专门部预科生，考试科目中国文科包括作文和国学概论。（《华北大学在沪试新生》，《申报》，1924年7月21日，本埠增刊第2版）

7月22日 北京大学研究所国学门考古学会开会讨论古物保存问题。

先是，各界曾为保存北京古物提出各种建议，国会议员王凤翥等人亦曾联名呈请北京政府速订专章，但保管权限问题颇起争执。内务部拟定古籍古物及古迹保存法草案，及说明书，呈请国务院。教育部咨呈国务院，强调事归教部负责，内务部不能越俎代庖。北京大学研究所国学门考古学会为此事开会，讨论结果，一致反对内务部包办，主张"由教育部会同有关系之学术机关协商，另订一古籍古物及古迹之保存法，并规定各行政机关协助保存之权限，日内将此项宣言在各报发表"。（《保存古物之争议》，《申报》，1924年7月30日，第3张第10版）

本日特别会议，李煜瀛提议"本会成立之始，事务繁冗，宜设临时常务干事五人，主持会务"。全体赞成，推举沈兼士、马衡、李宗侗、陈垣、顾孟余五人为常务委员。（《国立北京大学研究所国学门报告》，1924年）推定顾颉刚起草反对内务部意见书，其日记载："考古学会予以怕事不入，今日乃见招，并挽作文，逃名避世之难如此。"7月23日，草成《保存古物案意见书》一千二百言。7月24日，北京大学研究所国学门考古学会开会，顾颉刚加入讨论

意见书，修改后函送国学门主任沈兼士。（顾颉刚：《顾颉刚日记》第一卷，第510—511页）

意见书指出：吾国古代文物，自来漫不收拾，近今散佚尤夥。国学门同人忧心如捣，方且日求保存之道，希其永远流传。起草保存法，并非内务部职权。"夫保存文献之责，言非一端。所以知其当保存者，所以解释而纪述之者，所以运用科学智识以为保存之法者，为从事研索之学人。故学人常负指导保存之责。关于学术之行政，教育部为最高机关，故教育部应负主管保存之责。物品所在非一地，事务之任非一类，故内务农商交通诸部莫不有协助保存之责。证之世界各国之行政制度，内务部协助教育部及教育机关以从事于保存之业，诚为通例，若排斥教育部而独揽保存之权，则旷世所未闻也。今内务部忽视学者之研索，蔑弃教育部之职权，欲以一指赅全体，在部内设立各种保存机关及审议会，其越权垄断之心业已昭然若揭。使果遂其愿，其为祸于文献将有不可言者。夫内务部原有保管古物之事矣。如坛庙保存所，如古物陈列所，何莫非该部职权所在。乃坛庙之中，日坛则拆卖，先农坛则出赁，安置礼器之所则终岁尘封，数年之内已有礼坏乐崩之叹。所谓保存，如斯而已乎。古物陈列所中所藏物品，无档册目录可见；参观者摄影固不许，铅椠写记亦不容，俨入禁地，屏息而行。所谓陈列，又如斯而已乎。使其严于防守，物无失坠，虽仅许以瞬息之窥观，不任为细密之研究，同人犹将以其不知学问但知监护而恕之。乃风闻陈列所自民国初年设立之后，迄于今日，潜移默换，所更已多；各种贵重物件，为显宦所提取者亦复不少。吾人无纪录之权，愧不能为监督之事，诚不知所闻之确否，然观其訑訑然距［拒］人于千里之外，空穴来风，自非无故，同人亦不能为之谅也。文献之保存固非易言，彼辈肯以保存之责自任，尚伤于智浅，若竟以之为酬酢献纳之资，则所以破坏而滥用之者庸知其所底止耶。试以近事举一例。西山大觉寺南，有地曰大工，相传为明阉刘瑾葬地，台广数亩，其上有塔，其下有穴；近为清室载洵擅行占夺，建造坟墓，呼匠毁塔，京兆尹竟为之饬宛平知事出示保护拆卸。故以保存古物之权完全寄之于内务部，将来此种事实正恐层出不穷。何也，好古之心薄而宦达之情浓，考索之业无所知，而交结朋比之事则所优为也。谓果如草案二十九条，古迹必不得为赠与之标的物，谁其信之。夫内务部自民国五年以来，何尝无保存古物暂行办法，顾其成绩如何，曾有懰截小善之足供纪念者乎？此数年中，尚幸有各种学术机关之努力，文献粗有所归，不致随政治波澜而废坠，斯犹为幸也。今内务部乃欲以不直之躬攘之于单一职权之下，使各机关之努力无所施，而彼辈懵不知学者得滥用权威；其至谓'非直接负维持社会安宁之责者不能行使其保存之职权，若改隶他部或以一部分划归他部均不能完全执行无碍'，方寸之木，高于岑楼，其语将谁欺，其心讵可问，推此以往，文献之不至碎为蜜粉者几希矣。同人不敏，以为筑室不可道谋，慢藏易于诲盗，内务部非保管古物之机关，该部所拟保存法草案根本上无存在之价值，故特提出意见书，表示反对。邦人君子，尚其助我建言，以取消内务部不合法之条例，更由合法起草机关会同有关之学术机关合商保存古籍古物古迹之法，规定各行政机关协助保存之权限，俾继今以往古代遗留之文物有确实之保障，学术幸甚。"（《研究所国学门考古学会对于内务部古籍古物暨古迹保存法草案意见书》，《北京大学日刊》，第1512

号，1924年7月26日，第2版；摭：《北大拟掘京西大宫密窟（续）》，《申报》，1924年8月4日，第3张第10版；《内务部擅订保存古籍古物暨古迹法草案之反响》，天津《大公报》，1924年7月29—30日，第1张第2页）

7月30日　奉天省教育厅长明令省立各小学以国学及常识教育为主，停授英文。

本年5月13日，奉天省教育厅长谢演苍奉到省令，谓"各校舍本求末，于孔孟之言行，茫然莫辨，于童子军、新字母、语体文，则加意讲求，军鼓军号，务求完备，所厚者薄，所薄者厚，卒至学无根柢，基础难固，殊非作育人材之至意，宜迅即通令禁止，对于所编新论孟，应饬省县视学，切实考查，能否力行不息，倘因循敷衍，不明缓急，一经查出，定即严予惩处不贷"，通令省校暨各县一体遵照。速办事宜，包括"各校添设经学科，所授之分编论孟，夷考其教授者是否称职，能否使受教育者了然贯通"。（《奉天教育界之复古》，《顺天时报》，1924年5月17日，第7版）报载该省教育厅迭开会议，"讨论教育上一切新设施，凡属新奇者，一概除去"。（《奉天教育复古之又一消息》，《申报》，1924年6月1日，第3张第10版）《顺天时报》斥为复古守旧，分析原因有二："（一）东三省仍对与北京政府独立，脱离关系。（二）省长不晓新教育为何，染古派学者余毒。此种变更，实属可惜。"（《奉天教育之复古守旧》，《顺天时报》，1924年6月28日，第7版）

报载奉天全省小学校停授英语一事，系王永江代省长主张，早有是说，唯未实行。7月30日，教育厅祁彦树厅长下令省立各小学及各县教育公所："案查本厅前以小学为国民教育，原以教授国学及常识为主，英语一科，无学习之必要，业经呈准省长公署，自本年下学期起，各小学校英语一律停授，仰即遵照。"（《奉天教厅令小学停授英语》，《申报》，1924年8月4日，第3张第11版；《奉天全省各小学废除英文》，天津《大公报》，1924年8月2日，第1张第4版）

7月　章太炎在中华教育改进社演讲，主张教育以保存国性，发扬志趣为根本宗旨，国学重点不在词章、诸子、经学，而在读史，学校教育应以史学维持和发扬国民性。

演讲重点，在针砭新教育的办学宗旨和学校过于注重外国文的弊端，教育改进之道甚多，但"独提史学者，诚以史学乃对症发药，为补救时弊之良法"。中国学校，各科俱备，独于史学徒有虚名，浮浅之讥，在所难免。辛亥革命以来，学校林立，究其实际，每多不能保存国性，发扬志趣，二者实为教育之根本。发扬志趣，未必能与智识双方并进，读书有时反足以贻害。因智识发达，而志趣卑下者有之。教育之善者，志趣与智识，可以平均发展。否则如英之于印度，法之于安南，以英、法文施教而消灭其国民性。

乃近世教育，不痛不痒，志趣消磨，竟成为吃鸦片式之教育矣。所谓保存国性者，则吾国教育固非安南、印度可比。然溯学校设立之始，则为敷衍外人，在外交危岌之时，养成外交人才，其目的不过尔尔。近则外人已不复如前此之歧视吾国，惟其流毒则模仿外人。除少数学校外，其余一律重视外国文。束发之童，口诵耳习者，即为外国文，欲国性之不沦亡不可得也。

　　学校教育要保存国性，必须注重经史。欲保存国性，则不能处处同化于外人。匈奴人之在华者，为汉人所同化，而匈奴之种性即沦灭。其人欧洲之一部分，至今犹为匈牙利人，保持其野蛮民性。金清自入关后，起居饮食，礼乐法制，同化于汉，勇敢之风灭。而今则东三省女真与爱新觉罗民族之遗风，已荡然无存。有消灭后，不能退守关外者。蒙古人不喜全学汉人，除一部分语言文字外，当其据有中原时，岁常一至漠北，度其冰天雪地中之帐幕生活，故元亡犹得退蒙古，自明清迄今，外蒙仍崛然自立。

　　　　吾国人之学欧美，比诸元、清之学汉，其情形是否全同，姑置不问。即使中国之民性，如野蛮民族，亦有保存之价值。况中国尚不能征服外人而徒模仿其文化，国性沦亡，盖无疑矣。国性沦亡，志趣堕落，教育之流弊如此。国中学者提倡国学，有重词章者，词章为用至少。即谈墨子、经学，亦索然乏味，徒供士大夫之清谈耳。至于能发扬志趣，保存国性之教育，其要点则重在读史。

　　"无史之国，每易沦亡。国家之建立也愈远，史乘所载，其足以激发志趣，影响国民性力之势力，至为伟大。""近今学校，对于史学，多未精求，若究其弊，厥有五端，前人所述者姑不论。"一是"取文舍事"，如桐城派归有光、方苞等。二是"详上古而略近代"，实则"近代典籍流传即富，治史学既有所依据，而其为用又自不同。盖时代愈近者，与今世国民性愈接近，则其激发吾人志趣，亦愈易"。三是"详于域外而略于内政"，如晚清以来的西北史地研究和世界史。四是"详于文化而略于政治"，如受日本东方史学影响者。五是"因古籍之疏漏而疑为伪造"，如疑古辨伪。前四者为"治史学者之通病"，第五点为"一部分学者所独有"。"能去此五弊，则史学之功用可见。"（《劝治史学并论史学利弊》，马勇编：《章太炎讲演集》，河北人民出版社，2004年，第84—88页）

8月，章太炎在《华国月刊》发表《救学弊论》一文，批评学校教育重耳学而不重眼学的诸多弊端，主张学校制度根本改造。文科更应彻底改革，国学包括文辞、哲学、诸子等，亦当有所抉择，唯有史学可以省功而易进，多识而发志。当前研究历史存在五弊：一曰尚文辞而忽事实，二曰因疏陋而疑伪造，三曰详远古而略近代，四曰审边塞而遗内治，五曰重文学而轻政事。"扬榷五弊，则知昔人治史，寻其根株；今人治史，摭其枝叶。其所以致此者，以学校务于耳学，为师者不可直说事状以告人，是以遁而为此。能除耳学之制，则五弊可息，而史可兴也。吾所以致人于高明光大之域，使日进而有志者，不出此道。"（章太炎：《救学弊论》，《华国月刊》，第1卷第12期，1924年8月）

不久，章太炎续撰《中学国文书目》，"引"谓："余既为《救学弊论》，或言专务失学，亦恐主张太过，求为中学作国文书目，意取博泛，不专以史部为主。于是勉作斯目，顾终不以自夺前论。穷研六书，括囊九流，余素殚精于此，而前论皆以为不急。盖乱世之学，不能与承平同贯也。是目但为中学引导，知者当识其旨趣。""目"谓："凡习国文，贵在知本达用，发越志趣，空理不足矜，浮文不足尚也。中学诸生，年在成童以上，记诵之力方强，博学笃志，将从此始。若导以佻奇，则终身无就。今列应习书目如左，或诵或阅，或由教师选授，虽非旧术，以限于时序，有不得已而为之尔。"计有《尚书孔传》《诗毛传郑笺》《周礼郑注》《春秋左传杜解》《史记》《资治通鉴》《续通鉴》《明通鉴》《清五朝东华录》《老子王弼注》《庄子郭象注》《荀子杨倞注》《韩非子》《吕氏春秋高诱注》《中论》《申鉴》《颜氏家训》《文中子》《二程遗书》《王文成公全书》《颜氏学记》《古文辞类纂》《续古文辞类纂》《古诗源》《唐诗别裁》《说文句读》《说文解字注》《尔雅义疏》《广韵》《经传释词》《世说新语》《梦溪笔谈》《困学纪闻翁注》《日知录黄释》《十驾斋养新录》《中华民国宪法》《中华民国刑律》《仪礼·丧服篇》《清服制图》。（章炳麟：《中学国文书目》，《华国月刊》，第2期第2册，1924年12月）

金毓黻谓："近日章氏之论渐趋平实，前作《救学弊论》，教人专务史学，即是此旨。此目所列，以知本达用发越志趣为主。故经部如《易》《小戴礼》《公》《穀》，史部如前后《汉书》《三国志》，子部如《荀》《扬》，集部如《文选》《八代诗选》，皆屏而不录，以为中学诸生年在成童以上者说法，所谓宁卑之勿高论也。"（金毓黻著，《金毓黻文集》编辑整理组校点：《静晤室日记》第2册，第1335—1336页）

鲁迅讥评说："太炎先生忽然在教育改进社年会的讲坛上，'劝治史学'，以保存国性，真是慨乎言之。但他漏举了一条益处，就是一治史学，就可以知道'古已有之'的事。"（汤志钧编：《章太炎年谱长编（增订版）》上册，中华书局，2013年，第438页）

△　钱基博编《国学必读》上下两册由上海中华书局再版。

△　上海万年尊仓会发行《金粟报》，主张昌明国故。

主任为筐慕尧，副主任为秦采南、陈时新，编辑包天壶。弁言提出尊仓圣会的计划，开宗明义第一事，为尊重中国文字。"民国成立以后，欧风东渐之势日盛，知识愈进步，道德愈退化，此实最可痛心之事也。而实则所谓知识者，亦无他，不过推翻中国一切旧有之文化，而代之以新者而已。自新文化之势力，弥漫于国中，国人之视旧文化，几如无物，甚至有昌言废弃汉文，毁灭汉字者，此其丧心病狂，大逆不道，实自绝于人类之甚者也。""良以中国之文化，悉根据文字以生，而文字之发源，则端自仓圣始，尊仓实所以挽回文字之浩劫，而保持中国旧有之文化于无穷。"（《弁言》,《金粟报》，第1期，1924年7月）

国学传承，国家才能永久，而文字是道统传承的基础。凡人莫不有国，莫不以爱国为务。欲知其国可爱，必先求通其国文学。厌弃文字的极端结果，必至人人不衣冠而处，直同人道于牛马，将驱中国人类，尽为灭绝而后快。"乃自新学盛倡，国人厌故喜新，咸以他国文字简易，故其开化也速，中国文字繁复，故其开化也难，欲进吾国于文明，非舍己从人不可。于是一唱百和，甚至有欲推翻中国一切旧有之文化，而全代以新者。"巴黎《新世纪报》"诋毁中国文字，用象形为最野蛮。国内学者，与一二报界，亦附和其说，有昌言用万国新语者，有昌言别创符号以括之者，又有主张用同音之简字者，光怪陆离，不可殚述"。（《尊仓所以保存国学说》,《金粟报》，第2期，1924年10月）

8月3日　署名"君立"者在《民国日报·觉悟》刊文，从学与术两分的角度主张注重基本科学，批评中国学术界离此而言文化，包括名流倡导整理国故的诸多弊病。

中国学术界存在三个主要病症，都与脱离基本科学有关。一是欧美留学生。表面上富有专门学说，其实只知袭取西洋学说皮毛，而不能吸取精华，只是短暂的智识"掮客""买办"。二是东方文化派。"自诩于国学具有根底者，每喜高谈东方文化如何优美，如何卓越，而不知文化之基，总不外乎科学，舍科学而言文化，则文化总不能谓为完美。""目下所谓名流，所谓大教育家，莫不侈谈佛学，大倡鬼说，实足令人杞忧不已"。三是"西学为用"说。只知应用科学的重要。青年俊秀之士，只多猎取富贵之人，独少笃实朴学之士。留学生中十之八九喜欢学习商业与法政，国内大学法商两科学生较其他科目为多。为挽救之计，应从努力"基本科学"的研究和提倡入手，"重纯粹学理的研究，而不尚一时的功利；重宇宙真理的探索，而不尚须臾的得失"。"基本科学一方面为一国文化之源，一方尤为各项应用科学之母，所谓'学'与'术'之别，盖即'基本'与'应用'之别"。学术界的新希望"当然不是国内大学的如潮涌起；当然不是整理国故者的大卖气力；当然不是讨论玄学与人生观的文章日益增多"，而是如复旦大学心理学院创设一样，增加基本科学。（君立：《对于中国学术界的新希望》，《民国日报·觉悟》，1924 年 8 月 3 日，第 2—3 页）

8 月 7 日　西北大学开始第二轮招生，包括国学专修科。

先是，西北大学于本年 3 月正式开学上课。据其组织大纲，筹办阶段分别建立大学预科和本科，有预科毕业学生之后，再办本科。本科设哲学科、历史学科、中国文学科、外国文学科等十三个科别。后来正式决定本科分四院，文学院分中国文学系和外国文学系，社会科学院分史学系、哲学系、教育学系、法学系。预科分文理两部。在实践过程中，因本科缺乏合格的招生对象，只好先按实际情况设立专门部。还由于傅桐在北京无目的、无计划地拉聘教师，所聘的对象和学校原定课程的需要对不上口径，被聘者远道来陕，不好退聘，只好因人设科，成立了国学、蒙藏文两个专修科。国学专修科主任是吴芳吉。当时，在校任教国文的教授有胡小石（前北京女高师国文系主任）、吴芳吉（五四时期曾以长篇抒情诗《婉容词》而蜚声诗坛、闻名一时的著名诗人）、吴敬轩、罗常培、胡文豹、穆济波、段绍岩、王儒卿、曾人杰等。其中，傅桐是校长，与罗常培同为评议会成员。（西北大学校史编写组：《西北大学校史稿（解放前部分）》，西北大学出版社，1987年，第13—15页）

　　本年暑假在西安第一次招生，第二次于北京、兰州、开封设点招考。除招收预科文理部各一班外，并招国学专修科一班。（锡福：《西北大学校务汇闻》，《申报》，1924年8月18日，第3张第10—11版）国学专修科专门教授中国固有之文学、史学、哲学及与之有关系之各种科学，期造就初高级中学前后期师范之师资，及整理国学之人才。本科修业期定为四年，第一年学程分必修、选修两类，必修包括国文6学分、英文6学分、论理学3学分、科学概论6学分、道德学3学分、心理学3学分，选修包括哲学概论4学分、史学概论4学分、文学概论4学分、公民学3学分、社会学3学分；学生运习，第一年最少30学分，最多40学分。第二年以后学程分文学、史学、哲学三组，学生以一组为主课，其他二组为辅课。主课至少须修15学分，辅课至少修15学分。第二年以后学程须修满110学分方得毕业，学程名目如表16。（《西北大学之特色》，《京报》，

1924 年 8 月 15 日，第 5 版）

表 16　西北大学国学专修科学程名目表

组别	学程名目	学分	每周教授时数	教授年级
哲学组	中国哲学史	6	3	1
	中国各家哲学	18	3	3
	印度哲学	6	3	1
	佛学	6	3	1
	西洋哲学史	6	3	1
	西洋哲学	6	3	1
	道德哲学	3	3	半
	教育哲学	3	3	半
	英文	12	3	2
	体育	6	3	3
史学组	中国史籍讲读	18	3	3
	东洋史	6	3	1
	西洋史	6	3	1
	中国地理	6	3	1
	世界地理	6	3	1
	考古学	3	3	半
	史学研究法	4	4	半
	史地教学法	2	2	半
	英文	12	3	2
	体育	6	3	3

续表

组别	学程名目	学分	每周教授时数	教授年级
文学组	中国文学史	6	3	1
	中国散文选	12	3	2
	中国韵文选	12	3	2
	目录学	3	3	半
	中国文字学	6	3	1
	中国音韵学	6	3	1
	文学批评	6	3	1
	散文作法及练习	3	3	半
	韵文作法及练习	3	3	半
	国文教学法	3	3	半
	英文	12	3	2
	体育	6	3	3

8月9日　北京大学研究所国学门考古学会发表保存大宫山古迹宣言，斥责清室出卖产业，散失文物。

去秋，李石曾提倡往探，北大研究所国学门遂派顾颉刚、容庚往探，得其大约。上月，清贝勒载洵，借口该地系宣统所赐，擅毁碑塔，在大宫附近乱掘。宛平县因其私毁古迹，一面出示禁止，一面函告北大研究所。考古学会本亦欲考定大宫真情，以保古迹，而释群疑，乃互约派徐旭生、李宗侗，往见宛平县代理县长欧阳某，拟再往探一次，并调查地势，然后筹发掘之法。（《开掘京西大宫密窟之动机》，天津《大公报》，1924年8月9日，第1张第4版）

宣言指出："欲视人类进化之迹，必取材于史料。史料大别有二：一为载记；一为古人直接遗留的作品。载记展转传写，易生错误。更有好事者造伪乱真，其足以证史之价值，乃因之而愈减。至于古人直接遗留的作品，虽不免受天然损伤，然古人造型犹可于此直接考见，远非易于伪造讹传之载记所可比拟。故文明各邦，争宝贵之；建博物院以备藏储；立考古学院以资研究；盖所以保存古迹，诏来学，若是其至也。我国文化，素号古远，然历代史家，每多偏重载记，忽视直接遗留的作品。而此种作品，存留地上，藏埋土中者比比皆是，既不为学者所重视，又易受无识者之握笈，重要史材，渐就湮没，此近代学者，所为之痛心疾首者也。乃亡清遗孽，既擅将历代相传之古器物，据为己〔己〕有，甚且押售外人，罔恤舆论。近更有强占官产，毁坏大宫山古迹之一事。大宫山在京西大觉寺南偏，旧传为明刘瑾自营生坟。上有砖塔七级，颜曰玄同宝塔，为崇祯五年古燕高时明所建。下有人造石洞二，俗传与十数里外辛庄之玄同道院内暗井相通，口耳相传，历有年所。乃溥仪竟于民国时代，擅将此官产据为己有，私给载洵。载洵又妄造九龙山名目，派人拆毁古塔。复捏呈步军统领，谓该地有残废破塔，现拟拆去，以便建筑园寝，并请出示弹压。而数百年古塔，遂将铲夷矣。兹事起后，本会曾派会员顾颉刚、容庚、李宗侗、徐炳昶先后调查。考求地形，推寻情势，知土人所传，虽多附会，而建造属于刘瑾，事颇可信。如一面保存古塔，一面探索古洞，倘有所得，实足以补正史之缺遗。但该地现被载洵占有，且已开始拆毁古塔，苟国人不急起阻止，则今日失一古迹，异日即缺一史料，其事似微，而所关甚大。长此以往，西山古建筑，将积渐受其摧残。史料缺遗，后来学子，考索无从，我国文化，将有沦亡之惧，不亦悲哉。本会有志考古，无力挽救，瞻企文化，怒焉兴忧，所望邦人君子，群起力争，则庆幸者非徒考古界矣。至溥仪私占官产古迹，侵夺民田，更有关于法律者，尤望法学专家，切实讨论，合力争持，则又本会所致祷者也。"（《研究所国学门考古学会保存大宫山古迹宣言》，《北京大学日刊》，第1514号，1924年8月9日，第1版；《北大掘京西大宫密窟（续）》，《申报》，1924年8月7日，第3张第10版）

8月11日　王国维致函北京大学研究所国学门主任沈兼士和考古学会主席马衡，以考古学会批评"亡清余孽盗卖古物"，怒辞国学门导师职务，并要求停止排印胡适、容庚索去的《国学季刊》文稿。

王国维虽"以考古学者之资格敬告我同治此学之友，非以皇室侍从之资格先大学中之一团体"，但曰宣统皇上，明显带有清室大臣口吻。函称："昨阅报纸，见北京大学考古学会《保存大宫山古迹宣言》，不胜骇异。"大宫山古迹所在地是否官产，抑系皇室私产，又是否由皇室赏与洵贝勒，抑系洵贝勒自行购置，或竟如《宣言书》所谓强占，均有研究之余地。因洵贝勒之毁坏砖塔，而即谓其占据官产，已无根据。更因此而牵涉皇室，则尤不知学会诸君何所据。至谓"亡清遗孽将历代相传之古器物据为己有"，此语尤为不解。有明一代学术至为简陋，其中叶以后诸帝尤不悦学，故明代内府殆无收藏可言。至珍异玩好，甲申之变已为闯贼搜刮殆尽。明亡于是年三月，而大清世祖章皇帝始于十月自盛京入居大内，宫廷空虚垂六阅月，其间明之遗物闯贼劫掠之所剩者又经内监之隐匿、宵小攘窃，殆无孑遗，顺治初年故宫遗物阗溢都市。故本朝入关以后，未尝得明代之宝器。其可谓历代相传之古器物者，近如国学之石鼓，稍远者如房山之石经，远者如长安之碑洞，皇室未尝据为己有。其可谓历代相传之古籍者，惟内阁大库之书籍多明文渊阁之遗，此于宣统初年皇上即以之立京师图书馆，其支流为今之历史博物馆，皇室未尝据为己有。今日内府之所藏，皆本朝二百余年之所搜集，其大半购自民间，其小半得于臣工之所进奉，《高宗纯皇帝御制文集》题跋一类，与《御制诗集注》中历纪其事，可覆按。故今日宫中储藏与夫文华、武英诸殿陈列诸物，（此二殿物民国尚未缴价以前）以古今中外之法律言之，固无一非皇室之私产，此民国优待皇室条件之所规定、法律之所保护、历任政府之所曾以公文承认者。以如此明白之私产而谓之占据，是皇室于实际上并未占据任何之财产，而学会诸君于文字上已侵犯明白之私产。不考内府收藏之历史与优待条件，是为不智；知之而故为是言，是为不仁；又考古学会反对内务部《古籍古物古迹保存法草案意见书》，于民国当道提取古物陈列所古器作疑似之辞，而对皇室事无论有无不恤加以诬谤且作断定之语，吐刚茹柔，是为无勇；不识学会诸君于此将何居。又优待条件载民国人民待大清皇帝以外国君主之礼，今《宣言》中指斥御名至于再三，不审世界何国对外国君主用此礼。诸君苟已取消民国而别建一新国家则已，若犹是中华民国之国立大学，则于民国所以成立之条件与其保护财产之法律，必有遵守之义务。况大学为全国最高学府，诸君又以学术为己任，立言之顷不容卤莽灭裂如是。学术固然为人类最高事业之一，然非与道德法律互为维持，则万无独存之理。而保存古物不过学术中之一条目，若为是故而侵犯道德法律所公认为社会国家根本之所有权，则社会国家行且解体，学术将无所附丽。即不然，强有力者将以学术为名，而行掠夺侵占之实，以自盈其囊橐，诸君所谓文献将全为齑粉，于学术和诸君皆无所利。怒气之下，以"近来身体孱弱，又心绪甚为恶劣"为由，要求"所有二兄前所属研究生至敝寓咨询一事，乞饬知停止。又研究所国学门导师名义，亦乞取消。又前胡君适之索取弟所作《书戴校水经注后》一篇，又容君希白钞去金石文跋尾若干篇，均拟登大学《国学季刊》，此数文弟尚拟修正，乞饬主者停止排印"。（吴泽主编，刘寅生、袁英光编：《王国维全集·书信》，中华书局，1989年，第405—407页）

同日，应马衡电约，钱玄同至中央公园相谈。"叔平谓王国维因研究所对于大宫的事件之宣言中有'亡清遗孽盗卖古物'之语，且直称溥仪之名，大怒，于是致书沈、马，大办其国际交涉。信中有'大清世祖章皇帝'、'我皇上'等语，阅之甚愤，拟迳书责之。因偕叔平同至其家阅之，果然。王并且大掼其纱帽，说研究所导师不干了，前送登《国学季刊》之文亦非收回不可。但马意似主挽留，将于明日开会讨论此事，我姑缓之。"（杨天石主编：《钱玄同日记（整理本）》中册，第597页）

8月12日，国学门考古学会开会，顾颉刚加入，商量王国维为保存大宫宣言而辞职一事。（顾颉刚：《顾颉刚日记》第一卷，第519页）

△　崔适病逝于北京，衣衾棺椁均由北京大学预科"国学部"制办。

崔适于是日下午七时病逝，弟子钱玄同参加崔适丧事。"所幸衣衾棺椁均由"国学部"制办，故临时极不匆促，即行入殓，至十一时半毕事，为位而祭，人人都磕头，惟我一人鞠躬而已。"（杨天石主编：《钱玄同日记（整理本）》中册，第598页）吴虞8月19日日记载："高福云，崔适先生，数日前去世，旧学界又少一人。"（中国革命博物馆整理，荣孟源审校：《吴虞日记》下册，第 203 页）

8 月 15 日　王长公致函胡朴安，质疑整理国故的价值，但肯定胡适等以西方治学方法整理中国语言文字的必要。

函称："吾国所谓国故学者，在原始民族文明史上，未尝无回顾之价值。若以今日科学眼光观之，则昙花一现鳞爪不完之陈迹，是否有探讨之必要，殊觉不无疑问。"唯独文字为语言符号，而语言又为增加人类社会本能之机关。吾人既有久远之历史，则吾国文字之功用，自不容磨灭。因此，无论考求既往之文明，与发展将来之学术，皆当先将吾国文字加一番整理，使成为适用之工具。国故不足称学术，病在治学方法不良。欲完成吾国文字学，尤非借助西方治学方法不可。"偶从儿童书案，见胡适之文集中，有《诗三百篇言字解》一文，以外国文法，说明言字有三种意义，其说当否，不佞无中国文字学之知识，不敢妄加臆断。惟对于此文末段数语，如谓以新文法读吾国旧籍，以西方文法施诸吾国古籍，审思明辨，以成一成文之文法，俾后之学子，能以文法读书，以文法作文，则神州古学，庶有大昌之一日云云，辄复首肯心折，低回不已。"（王长公：《与胡朴安书》，《民国日报·国学周刊》，第 65 期，1924 年 8 月 19 日）

8 月 22 日，胡朴安复函称："窃思治学方法，西方实胜。尊函所云，如研究字音，必须参考外国之发音学，如研究字义，必须参考外国之文法学，先生此言，示治国学之径途，当为全国学者顿首。"文法学参考书如《马氏文通》之类，虽不甚深，然胡适据文法学以求《诗经》"言"字，除根据《经传释词》外，方法悉在马氏书中，证明马氏之书尚可参考。关于发音学参考书，坊间新字典仅为注音，而无发音学理。如仅以注音而言，西文字母注音之准，尚不及注音字母之善。如以发音学而言，诚宜假用西方之书，以为学理证明。以西方发音学家对于发音分析等为例，说明西方发音学对于研究中国字音实有重大价值。"至于胡适之诗三篇言字解，不佞另造一篇呈览。适之之所根据者，《经传释词》及西方文法学而已。不佞则求全诗之言，排列以观结果，更以训诂，以求其通。"（《民国日报·国学周刊》，第66期，1924年8月26日）

9月2日，王长公复函胡朴安称："惟是前函所谓采用外国发音学，方能收读音统一之效云云，实注重读音统一四字，语焉未详，原意转晦。""胡适之一流，思想极为新颖，国学尚非深造，老师宿儒偶出绪余，便如江海汪洋，河伯望而惊叹。窃谓国学著作，自非酝蓄较深者不足胜任。吾师平日盛称段氏《就〔说〕文注》，王氏《经传释词》，俞氏《古书疑义举要》诸书，何不采用西方治学方法，贯通荟萃，勒为一帙，以成不朽之作。马建忠何足专美于前，文通亦可以覆酱瓿矣。"（《民国日报·国学周刊》，第67期，1924年9月2日）

△ 北京大学研究所国学门通告近期收到各处寄来的交换杂志的目录。

中文有《清华学报》《华国》《太平洋》《教育杂志》《交通大学月刊》。德文有《德文月刊》第一卷第六、七期一册。日文有《艺文》第十五年第七八号二册、《东亚之光》第十九卷第七八号二册、《考古学杂志》第十四卷第十号一册、《东洋学报》第十四卷第一号一册。（《研究所国学门通告》，《北京大学日刊》，第1517号，1924年8月30日，第1版）

△《国学周刊》称高吹万《国学丛选》为"研究国学良好之书籍"。

"金山高吹万，于民国元年，创立国学商兑会于金山之张堰镇，承学之士，入会者数百人，汇集商兑国学之作，刊为《国学丛选》，内容分通论、经类、子类、史类、文类，及商兑通信录。已刊至十六集，前数集悉已售罄，现又重付排印，十六集皆全，诚研究国学良好之书籍也。""国学者必不可少之书。此据王氏改定断句本影印，连史纸一元五角，特价一元，有光纸定价一元，特价六角，发行处上海筱花园古书流通处。"（《国学消息》，《民国日报·国学周刊》，第 64 期，1924 年 8 月 13 日）

8 月 17 日　报载明明英华学校聘请"前广东国学研究社"社长李石埠为国文科主任。

上海北四川路清云里冯心海硕士创办的明明英华学校，本年附设暑期班将于阳历 8 月 25 日结束，秋季学期定阳历 9 月 5 日开学，新生报名投考者现已达五十余人。为谋扩充，除聘请梁树棠、卢炜昌、郑灼辰等为校董外，并添聘"前广东国学研究社"社长李石埠为国文科主任。（《明明英华新教员聘妥》，《申报》，1924 年 8 月 17 日，本埠增刊第 2 版）

8 月 18、25 日　魏建功在中等教育协进社编辑的《青年之友》，即《申报·教育与人生周刊》上发表《青年与国故》一文，主张改造社会必先从学术下手，青年研究国故为改造工作所必需。

魏建功认为，"近年以来，学术界趋势大都总倾向到'整理国故'的方面"，姑且不论这种现象的好坏，"但是所谓国故究竟是什么"，"却要先有个研究"。国故"不是'主敬存诚'的'义理之学'”，“不是'中体西用'的'格致经济之学'”，“不是咬文嚼字的'文章义法'之学”，“不是形音义的文字训诂之学”，而是“以上诸种集合而成的一种科学，而以上诸种可算是国故的一部分，或是治国故的工具”。由于内容庞杂，所以国故的特点是“淆乱”，包罗万象，界限不明。“一个文学家，往往同时是哲学家，一个哲学家又往往是个政治家，如此纠缠，例子也不胜枚举。譬如一位国学家，他必定要懂典章制度，又要通文字训诂，更要精术数天算，并且还要知道水地草木鸟兽虫鱼之学，简直把外个［国］各种专家的智识总汇在一起的了。”包罗万象的材料是“国故”，研究国故的专门工夫叫“国学”。

　　我们的国故是别于非中华民族的些可以分门别类的专门科学；就是特别指中华民族历史上流传下来的些相当于新的科学价值的材料。这些材料要待相当的整理，然后才能显出真价值；因为他是民族的过往思想学术的精粹和糟粕所荟萃。所以，我们要相信国故是我们民族的国粹与国渣的总名。国粹自然要发扬，国渣也得要洗刷。

处理国故与青年之关系，必须重新估定国故之意义。整理国故从思想革命而来，“简直是一件最时髦的工作”。民族、政治、经济等种种思想，学术、生活的改进，决不是突然发生的，也不是任何强有力的人专制胁迫所致的，乃是根源于一切环境的变迁。一个时代的学术思想生活经过一番的实验，利害可否，自然分出。后一个时代便据此实验，再看环境的情形是否适宜，逐渐改进。中国社会上无一处不是国故的势力，中华民族现在的衰落原因就在于国故弄得思想混乱，学术窳败。挽救这种危险，当然无望于脑筋单纯的"老朽"，更无望于精神颠倒的"少朽"。最热烈希望的，是只有缜密脑筋、清晰眼光的青年。"我们相信救济中华民族现在的危机，固然不是单单整理国故可以成功的。我们相信救济中华民族现在的危机，整理国故却也是一件切要的事！"今日"作祟的鬼，造福的神"，都不能离开国故的范围。改造、革命、社会，都要先从学术下手。若分不清国故里面的国粹和国渣，只是输入外国学术，无法根本解决问题，思想依然混乱。（魏建功：《青年与国故》，《申报·教育与人生周刊》，第 44 期，1924 年 8 月 18 日）

魏建功以为整理国故包含"打鬼"的观念，或受胡适启发。既然国学亦为青年所当研究，则须知研究的态度。整理国故做法存在述学与考据两种偏弊，都难免好名利的通病。既要避免附和博士先生、图谋私利的"媚今"，或者净说对象好话、不允许别人批评的"媚古"。慎之又慎，成果宁缺毋滥，不能勉强。"这两种工夫——述学，考据，——其实一样：一个在许多纷乱材料中找出各个系统，把那些东西一样一样表现出来；一个在许多琐碎材料中找出某一专件的条理，定其是非真伪，都要不失原来面目，肥纤媸妍不容分毫增减，找不出，宁可阙。工夫浅，宁可不做，不能勉强做！勉强做，也只好自己私下里做研究，不能轻易作为信谳，问世误人！这样误人直是国故界最不幸的事！"方法是"把基础的治国学的工具科学稍稍探求一下，好免除今日一班不知义字训诂的人开口讲校勘音韵的笑话"，"多读点书，少下些笔，好改正今日一班看了不上四五部书的人便能做出些新发明的著作的狂热病"。总之，"今日国故界的青年应该做的工作是学力的培养——便是潜修的预备工夫"，做到"大器晚成"。（魏建功：《青年与国故》，《申报·教育与人生周刊》，第45期，1924年8月25日）

8月18日　东北大学调整院系和专业设置，"新招国学系，定为文科一年级预甲"。（《国内专电》，《申报》，1924年8月21日，第2张第7版）

△　北京大学研究所国学门感谢卫礼贤、马叙伦赠送古物、拓片一批，罗振玉、周少仆、徐森玉、朱谦之赠书。

卫礼贤惠赠古器物有鼎（失盖）一件、破觚一件、铜镜碎片二十二块、清封邱县印一件、墓门画像石三件、陶器九件、瓦马一件、磁灯一件、动物化石二件、兽骨刻辞一块、六经图拓本一册。

马叙伦惠赠：一、古泉。汉朝时期的半两一品、榆荚钱一品、五铢一品（与本始元康等钱范同）；王莽时期的大泉五十一品、货泉三品、小泉直一四品；东汉以后（年代不能定）的五铢六品、剪边五铢一品；蜀汉先主时期的直百五铢一品；魏孝庄帝时期的永安五铢一品；北齐时期的常平五铢一品；唐朝时期的开元通宝六品（其中三品背文曰润曰昌曰宣），肃宗时期的乾元重宝二品；五代周时期的周元通宝二品；宋朝时期的宋元通宝一品，太平通宝二品，淳化元宝二品，至道元宝一品，咸平元宝一品，景德元宝一品，祥符元宝一品，祥符通宝一品，天禧通宝一品（西辽直鲁古同），天圣元宝一品，明道元宝一品，皇宋通宝一品，至和元宝一品，景祐元宝一品，嘉祐元宝一品，嘉祐通宝二品，治平元宝一品，治平通宝二品（篆书一），治平圣宝一品，熙宁元宝七品（篆书三），熙宁重宝三品，元丰通宝七品（篆书一），元祐通宝五品（篆书二，四体书），绍圣元宝四品，元符通宝二品（篆书一），圣宋元宝二品，崇宁重宝三品，崇宁通宝一品，大观通宝三品，致和通宝三品（篆书一），宣和通宝七品（篆书二），建炎通宝三品，绍兴元宝四品（篆书一）（西辽仁宗同号），绍兴元宝一品，乾道元宝二品（篆书一），淳熙元宝五品，绍圣元宝四品，庆元通宝四品，嘉泰通宝一品，开禧通宝一品，嘉定通宝二品，大宋元宝一品，绍定通宝三品，端平通宝一品，嘉熙通宝二品，嘉熙重宝一品，淳祐元宝二品，淳祐通宝（常百）一品，皇宋元宝一品，开庆通宝一品，景定元宝四品，咸淳元宝二品，临安府行用钱牌一品；齐刘豫时期的阜昌元宝二品；金朝时期的正隆元宝一品，大定通宝二品（其中一品背文曰申）；元朝时期的至大通宝二品，大元通宝（蒙文）一品，至正通宝三品（蒙文）一品；周张士诚时期的天祐通宝（背文曰五）。明朝时期的大中通宝四品（其一背文曰浙），大中通宝一品（背文曰十），洪武通宝一品（背文曰三福），洪武通宝五品（其一背文曰福），永乐通宝二品，宣德通宝四品，弘治通宝二品，正德通宝一品，嘉靖通宝二品，隆庆通宝二品，万历通宝二品，泰昌通宝二品，天启通宝三品，天启通宝（十一两）二品（一品背文多一密字），崇祯通宝五品（其一背文曰二，其一曰新，其一桢字，示旁作示，不作兀），弘光通宝二品，永历通宝四品（篆书一，行书一，背文曰敕者一），隆武通宝一品；张献忠时期的大顺通宝一品；清朝时期的天命通宝一品，顺治通宝三品，康熙通宝二品，乾隆通宝二品（一品背文曰台），乾隆通宝十一品，嘉庆通宝，道光通宝六品，咸丰通宝三品，祺祥重宝一品（背文曰当十），同治重宝一品（背文曰当十），光绪通宝十二品（其一背文曰当五），宣统通宝二品；吴三桂时期的利用通宝五品（其一背文曰五厘，其二曰厘，其一曰贵）；吴世璠时期的洪化通宝一品；耿精忠时期的裕民通宝一品；郑成功时期的昭武通宝二品；洪秀全时期的太平天国三品；朝鲜的常平通宝三品（背文一曰户一当五，一曰平二，一曰训千三）；日本的龟山（第八十九代），文永久宝二品；安南的绍平圣宝一品，绍平通宝一品，大和通宝二品，光顺通宝一品，洪德通宝一品，景兴泉宝一品，景兴巨宝一品，景兴通宝四品（其一篆书），景兴永宝一品，景兴口宝一品（右一字不可辨），嘉隆通宝四品，泰德通宝一品，光中通宝四品，圣元通宝一品，昭统通宝三品（背文一系中字，一系正字），景盛通宝一品，明命通宝一品；时间和来源不可考的有福建二文一品，元隆宝通一品，安法元宝二品，永盛通宝一品，绍治通宝一品（明世祖拟议不用）、永寿通宝二品（汉桓帝，道经，均有此号，《古泉汇》列入无考正品），功高泰岱（山西）一品。此外还有金朝的奉御从人铜牌一品。二、抄本书。《邓析子校本稿本》一册、《庄子逸文辑录稿本》一册、《校太平御览引庄子》一册、《校北堂书钞引庄子》一册。（《研究所国学门通告》，《北京大学日刊》，第1516号，1924年8月23日，第1—2版）

　　罗振玉惠赠《雪堂藏古器目录》一册、《魏书宗室传注》四册、《史料丛刊》十册。

　　周少仆惠赠《胡石庄先生诗集》六册。徐森玉惠赠汉石经残字拓片四纸。朱谦之惠赠《周易哲学》上卷一册、《无元哲学》一册、《革命哲学》一册、《一个唯情论者的宇宙观及人生观》一册。（《研究所国学门通告》，《北京大学日刊》，第1517号，1924年8月30日，第1版）

　　8月25日　湘军总司令赵恒锡勉励学生注重科学的同时，仍宜注重国学。

湖南省"选优会考"在省署给奖，教育司长报告成绩，英文最佳，算术、国文反有退步。原因是昔日办学者以英文程度低，加意训练，疏忽国文、算术。赵恒锡致训词，提出要注意三点："（一）教育虽赖政府提倡，尤贵人民自动。私校坚苦卓绝，予学者以至深印象；（二）诸生固宜研精科学，仍宜注重国学；（三）新学矫枉过正，试行后得失参半，应负矫正之责。"（《国内专电二》，《申报》，1924年8月29日，第2张第6版）

△　顾颉刚为北京大学研究所捐款起草说明书，并为争取庚子赔款做募款意见书，约三千言。次日修改，抄毕。（顾颉刚：《顾颉刚日记》第一卷，第524—525页）

8月27日　报载上海宏才大学拟增设国学系。

上海北四川路横浜桥宏才大学原设文、商二科，文科设英文学、社会学、经济学等系。"兹更鉴于国学有发扬之必要，特增设国学系，以隶文科，并续招新生云。"（《学务丛载》，《申报》，1924年8月27日，本埠增刊第2版）

8月　《直隶省立第十一中学校汇刊》第1期开设"国学研究"栏目。

第1期载有学校训育主任、国文教员兼理文牍李时《四库全书考》《古文辞类纂考》，三年级学生姚士奥《历代书法家考略》，三年级学生王士林《读书宜重本国文字》，三年级学生魏锡瑞《我对于国文的研究》，二年级学生李鸾声《司马通鉴不以蜀汉为正统之误》，二年级学生郭海清《经学之我见》，二年级学生李雪堂《新文化运动》。

是年暑假　清华学校校长曹云祥撰写中英文意见书，阐述清华申请第二批美国庚子赔款以设立研究院等，是改变晚清以来粗疏输入西学，用精细研究以求抉择，解决中西文化沟通的难题。

曹云祥从中外文化的接触和关系演变的宏观角度，论述研究院设立的意义。指出中国周秦以前，没有外来文化输入。佛教是中国承受的第一种外来文化，经过儒佛融和，已成本国文化。景教是第二种外来文化，唐代微露其端，影响甚微，世人亦不注意。明清之际是亲密接触的第一界线，个别士人对西方天文、地理、几何、历算书籍有所翻译，为世人称道者仅及天文历算。且西人自由传之，中人自由受之，未尝列诸学校，定为专科。晚清则是第二界线，群趋欧化，如醉如狂。

> 而最近数十年来之政界、学界、军界种种最大改革，遂无不以此种文化为根据。时至今日，虽欲谓之为未尝输入文化，殆不可矣。然而还视我国现状，其果承受此等文化，而能一一融洽否耶？且其所输入之文化，果皆西人精华，而非徒具形式否耶？是不能不生疑问。若徒具形式，而无精神，则植诸中华断不能得完全之美果。准斯以谈，则吾人今日所汲汲者，不在输入文化，而在将所输入之文化，如何融和，如何承受，令其有实用于国家。然则吾人今日之责任，比输文化时期更繁难，而且重大。欲其融和承受，而无不妥善，此事决非少数之人所能武断，亦非苟简手续所能成功。则研究之问题，须继输入之问题而起，乃势所必至，理有固然也。但以本校棉力，安能肩此重任。最适宜之办法，则莫如以美国第二次退还庚子赔款，为研究院之基金是矣。凡事须有正确之研究，然后乃有真正之

效果，补助于国民。西方各国，莫不循此先例。此事与中国之前途，有非常重要之关系。凡关心中国文化之士，不可不三致意也。

设立研究院，则须先辨明守旧者和新文化均有不及的学术情势。其意义，一是集中通才研究中西学术，免除晚清以来中西隔阂之弊。"方当输入之初，学者急不暇择，竹头木屑，并蓄兼收。既输入后，与中国数千年历史上之旧风俗、旧习惯，是否龃龉不合，不暇问也。甚有至令守旧之士，一闻新学二字，而疾首蹙额者"，原因不是"西方之文化与东方人士之心理，有不能适合"，而是"传达者之未得其道"。"今日之所谓新文化者"，亦类如是。准斯以谈，则研究改良之事，殆已刻不容缓，非特设机关如研究院不可。凡事须经研究，然后才有真理之发现。学术之事，更属不可忽略，否则盲人瞎马，夜半深池，其不致贻误也几希。孟子所谓"以其昏昏，决不能使人之昭昭"。"吾所欲设之研究院，即本斯义。无论何种学术，皆须先明其研究之法，然后用之以研究中国问题。凡对于国计民生，有直接关系，或对于世界文化，有间接影响者，皆广集通才，详加研究。待其明白解决，不但国家真得学术之用，即东西两文明之真象，亦可因之而表明。"二是便利中西学者研究高深学问。"此院一设，则不特欲研究高尚学术者，不必远赴欧美，而学成致用，且更合于中国之国情。即西人之欲研究中国学术者，亦可于此间得相当之机会，化散漫为坚实，变粗浅为精深。一转移间，数善皆备。""总而言之，在数十年前，吾人为输入文化计，其手续尚不妨粗疏，今日为利用文化计，其抉择决须精细……即将来西方文化之果否能畅行于中国，中国之文化，是否能永久存在，或挹注于西洋，皆视此琢磨之精否为凭。"

而清华设立研究院，相较其他学校还有三个优势：一是"地点之优胜"，"清华地处西郊，无城市之嚣，无政潮之扰。地基空阔，设备佳良。其图书馆及试验室，与欧美小规模之大学，不相上下"。二是"人事之阅历"，"清华历年派送学生出洋，迄今十五载，为数不下千人。在美时入研究院者甚为不少，回国后在教育界继续研究者，亦不乏人。总之无论在国外国内，皆曾一从事于研究"。"此种经验与阅历，非他机关一旦所能组织。"三是"清华对于第一次之美国退还赔款，保管与分配，匀极得宜，环海内外，信用昭著"。曹号召："识时俊杰，合力助成其事。勿使天下后世之读中国文化史者，笑我辈今日所主张者之无远识也。"（曹云祥：《西方文化与中国前途之关系》，《清华周刊》，第326期，1924年11月14日）

9月1日　廖立勋在湖北省筹备国语统一会《国语季刊》发表《国语与国学》一文，主张国语与国学互为需要，国语为时代的国学，国学为国语的依据，应该兼顾研究。

学术界常有国语很新，国学很旧，不能相提并论的"误解"。

湖北老早成立了一个筹备国语统一会，去年又成立了一个国学馆，有好多人一定以为国语会虽是新的，可是新的站不住；不能持久，还是旧的好些，所以去年又成立了一个国学馆，研究绝学，补偏救弊，好像张文襄公先奏定开办五路高小，文普通，武普通，两湖师范，博物同理化等学堂，后又奏定开办存古学堂一样！

　　"国语"和"国学"存在联系，又有区别。"国"字的"内包"，同指"中国"，但"外延"不同。国语是指"全中国公共之语"，不但横向方面包括"汉、满、蒙、回、藏、苗各民族的方言方音"及其"公同之点"，而且纵向方面包括原始人类以下，"唐、虞、夏、商、周、秦、汉、晋、南北朝、隋、唐、宋、元、明、清各时代的方言方音"。国学是指"全中国所有的学问"。所谓"国语"的界说，遵照黎锦熙"语言统一"和"文言一致"的观点，意思是："文字完全是语言的符号，语言不能达到异地了，就拿文字代表他行远；语言不能传到异时了，就拿文字代表他持久。文字代表语言行远，书信文告就是左证。文字代表语言持久，古时遗传下来的书籍也就是左证。"所谓"国学"的界说，借鉴《国学季刊》发刊宣言，即"中国一切过去的文化历史"为"国故学"，省称"国学"。

　　国学既然是研究中国过去一切的学问，不用现时的语言就不能行，而国语是全国人公共的语言，不讲全国的学问也不行，因而国语与国学互为需要，实质上是合二为一。为了解决"纸上的国语"（白话）和书上的文字之矛盾关系，使国语走上文言一致之"正轨"，必须从"国语的国学"和"国学的国语"两个问题来理解。关于"国语的国学"，为了使现时的语言行远持久，必须用现时的文字白话文发表，具体方法仿照《国学季刊》发刊宣言。研究"国语"和"白话文"成立及变迁的原因和道理，如胡仰曾《国语学草创》，黎劭西《国语学讲义》《高元国音学序》，钱玄同《文字革命》，胡适之《国语的进化》，沈兼士《国语问题历史的研究》等，"也可以算的国语的国学——研究国语方面的国学"。关于"国学的国语"，既然"中国一切过去的文化历史的文字，就是代表中国各时代一切过去的文化历史的语言，这种语言，当然是当时的国语，这种文字，当然是当时的国语文"。

在形式上，则以《国学季刊》为模范，用白话文发表，横排格式，并加标点符号。当然，《广韵》《尔雅》《国文典》等，"虽说是国学，却与国语方面有绝大的关系，固然可以算国学的国语——国学中有关国语的国语"。研究这些"国学"，意义就是梳理"语言成立变迁的历史，文字成立变迁的历史，语言和文字的关系，以及汉满蒙回藏苗各民族的语言文字的差异之点和共同之点"。总之，"凡研究国语的人所应取资于国学中的，都可以算国学的国语——国学中有关国语的国语。""非国语的国学，就是不踏实地与时代无关的国学，就是芜学——无用的学。非国学的国语，就是无所依据的国语，就是废语——无用的语。"故"一方面向研究国学的人说一句国语的国学；再一方面向研究国语的人说一句国学的国语"。（廖立勋：《国语与国学》，《国语季刊》，第1期，1924年9月1日）

9月3日　浙江齐卢军阀战争爆发，无锡国学专修馆受到影响。

本年秋，苏齐浙卢战事起，无锡为沪宁孔道，全境骚然。唐文治与教授督率诸生读书不辍。当时汇兑不通，几至绝粮。迨溧阳吴溉亭持二百金来，为同乡周敬甫属唐著《人格》千部，因得移用，勉继饔飧。冬，卢军虽退，则苏奉战事又起，齐军以无锡为根据地，道途梗塞，城门昼闭，投考诸生隔离城外，进退狼狈。唐文治适奉先君讳，赖孙鹤卿殚力维持，教授陈柱尊、职员沈健生坚定不去。"十四年二月初，诸生始齐集开学，此可悲而可纪念者一也。"（唐文治：《国学专修学校十五周之过去与未来》，转引自陆阳：《唐文治年谱》，上海三联书店，2013年，第363页）

9月6日　南方大学各科主任会议议决国学系课程。

南方大学召开各科主任第三次会议，教务主任殷芝龄博士后主席，列席者有王西神、夏晋麟、陈德恒、王耀三。议决内容包括国学系英文必修科、英文系国学必修科，这些皆可依学生程度，允许选修。（《南大之各科主任会议》，《申报》，1924年9月7日，本埠增刊第2版）

9月8、19日　清华学校教务主任张彭春召集国文科教员会议，回应清华学生的国学调查，议决清华国文教学改革事项，为研究院设立之前改设大学国文系作铺垫。

张彭春仅从教学管理从严的角度，回应《清华周刊》的国学调查。新学期开始后，清华国文科全体教员开过两次会议，均由张担任主席。议决内容包括，学生在国文各班均须严守秩序。改选功课截止后，如仍有上课时无书者，即认为缺课，不再宽假。作文每星期一次。如作长篇，得有许可，准两星期一次。阅书札记以两星期交一次为标准。如作长篇，每月至少亦须交一次。阅书班不得全部时间由学生自阅，须至少有一半时间由教员讲说，或全班讨论。学生在讲室外每一小时之课至少应有半小时之预备。10月5日以前学生必须交阅书第一次札记，作文至少须作过两次。作文班第一个月成绩评定后，每班可择最优者二三人，经国文教员会议通过，准令作特别研究功夫。但此项特别研究生，每星期至少须用与上课及预备功课相等之时间，从事研究。（《国文科教员会议议决事件》，原载《清华周刊》，第320期，1924年9月26日，转引自崔国良、崔红编，董秀桦英文编译：《张彭春论教育与戏剧艺术》，第222页）

该刊记者采访时，张彭春特别强调："本年最重要之改革即中文部之刷新。校中特聘比较多通新学之教师，庶几足以引起学生之兴趣。"国文分阅书与作文二项。作文须每星期一次。每月或每二月将举行甄别一次，擢最优者数名，酌给奖品，并可许其自作专门研究，不必上课。然此等学生亦必呈交其著述或研究，以证明曾致力于某项工作，否则取消特别待遇。至于阅书方面，亦与往时略为不同。教师每堂至少须用半小时，用以讲解及讨论，不似昔时静坐漫无活气。课堂上之秩序，最当注意。"教务主任将常来中文课堂巡视，以免昔日携带英文上课之通弊。现已组织二委员会研究关于中文部之改革，结果可随时宣布。"（《应重视国文教学及其革新》，未见原载出处，引自崔国良、崔红编，董秀桦英文编译：《张彭春论教育与戏剧艺术》，第221页）

　　因研究院的计划未定，所谓中文部的刷新和改革，当为聘请吴宓前来，初衷即办理国文系。9月10日，清华学校举行开学典礼，曹云祥校长致辞时谈到以美国庚款设立研究院一事，与清华筹备大学关系密切。孟禄主张组织中美委员会，将各方面意见书审查讨论，再决定如何用款。清华申请以该款在校设立研究院，作为全国学界研究之所，若不归清华办理，也可另设机关。此款究竟作何用度，必须在半年或十月以后，始能确定。因此，清华大学的发展，尚不能切实定夺。（《秋季开学演说辞》，《清华周刊》，第319期，1924年9月19日，转引自蔡德贵：《清华之父曹云祥·文献篇》，第51页）

　　9月19、26两日，张彭春邀请清华大一级学生二次茶叙。"张先生谈话，最令人注意者，厥惟所谓'中国人的……'。盖中华有数千年之历史，其人民之'魂'由数百世遗传而来，受历代风俗之陶冶，必有所以异于他国人者。中国学生工作之时，刻苦耐劳，无异外人，而其虽结果未必较劣于外人，却总与外人之所得，稍有不同。其故安在？即所谓'中国人的……'。至于中国人的什么，张先生正在研究中，尚未发明云。"（《师生欢聚》，《清华周刊》，第324期，1924年10月31日）

9月14日　范皕诲答读者黄纯甫请教国学研究方法、邬云石请教读书法问题，阐明非汉非宋、亦汉亦宋的"新国学"观，批评整理国故之后就可以不读古书的主张。

黄纯甫来函称："鄙人有志于国学久矣。于研究之方法，茫无所知。如近人入手，先以鉴别伪书为主，是否扼要？吾人为学，究竟目的若何？汉学宋学，何者有益？"

复函称："研究学问之方法，大约有两种。第一种，吾无以名之，名之曰专制式。第二种为专制式之反，吾即从其反而名之，名之曰共和式。"专制式是指：

> 方其研究之始，心中即先怀有一成见，而姑求于学问以为其成见之佐证；此成见或传自古人，或为当代名人之主张，或本人一己之所杜撰。而既先入为主，遂自视永永不磨之真理，深据其主观之地位；于是，用此主张以衡量一切，合者是之，违者非之。合者更尊之为天经地义，当绝对无诤之服从。违者即斥之为异端邪说，当惟力是视的排黜。盖学问上之专制，其威权固无以异于政治也。其流弊之极，曰盲从，曰武断，曰党私。

共和式是指"德谟克拉西"：

知学问之广博，不可以一端尽也。故必遍历其途，而某径之可由，某路之当从，不以故步自封，不以畛域自画。于纷纭蓄变之中，逐一考求，而得其系统与条理；然后执简御繁，有涣然冰释怡然理顺之至乐。不厌故喜新，而识力所到，新机自动。不见异思迁，而见解既别，异境自开。学问至此，是之谓通。研究至此，是之谓达。不盲从，不武断，不党私，其对于古人，对于今人，对于自己，一出之以公平之判断。

中国学者从来都是专制式与共和式二者恒兼用，利弊俱存。"惟其常用共和式，故国学颇有开新之功；惟其并用专制式，故一方面开新，一方面即呈停滞不进之现象。而以人类心术上，有奴性与守旧之通病，故专制式常能战胜共和式而出其上。国学之忽盛忽衰，吾国文化之一起一落，其原因皆由于此。"研究国学方法不可不慎，要在博学约礼，由博返约。"至于批评一二古书之真伪，沾沾自喜，亦浅且劣矣。要之，孔门之学，从博文言之，似汉学为近。从约礼言之，则宋学为得，而二者未尝偏废，亦不容执一。非汉非宋，亦汉亦宋，是二十世纪吾侪之新国学，亦即唯一之真孔学，愿与同志共勉之耳。"（丽诲：《吾国研究学问之方法答黄纯甫》，《青年进步》，第76册，1924年10月）

邬云石来函称："读贵杂志，发起国学研究社，生非常赞成。从前亦读过几部梁任公的书，如《先秦政治思想史》《清代学术概论》等等。然读毕之后，返诸己心，觉得仍旧茫无把握。所谓中国文化，是否再有内面的。"

此函涉及国学研究的方法与读书的关系问题。9月14日，范丽诲复函称，浩如烟海的四部书绝非"读几本兔园册子"可比。

> 近人多有以中国古书太多，欲为一种有系统的叙述，使人容易贯通。梁任公此数书之动机，皆由于此。但是青年误认，以为此种书已将国学包举无遗，研究国学者，读此已足。至多再加上胡适、谢无量之大作，则更充满有余矣。实则此非国学也，不过国学之索引耳。

国学与索引的关系，如同"有钱"与"钱串子"，得"钱串子"不等于"有钱"。"梁任公之书，梁任公所读之书之一本总账簿也，不读梁氏所读之书，而仅有其账簿，是何益其人学问之贫富哉？画饼不可以充饥。坐拥百城，非只开列一本书目之谓也。""研究国学，要有把握，要寻中国文化之内面，还请埋头于故纸堆中！坟墓内古人之著作，多读几本，舞台上现代人之著作，少读几本！或不读亦无害也。"

明确方法后，驳斥"四部书既是浩如烟海，吾人尽毕生之力，尚读不完。青年应求的学问尚多，光阴甚短，所以不得不望洋兴叹。国学之废置，大概为此"的说法，强调人只苦无志。"要读多少科学书与试验，方可算一科学家；要读多少哲学书与研究，方可以算一哲学家。而吾人已将全副精力专注于其他，却剩些余力垂顾到国学，想容容易易，不费事不劳力而得。其实世界上岂有此种便宜之事？所以买得数本梁任公、胡适之之书随手翻过，便欲从中掠取国学全部，讵料等于拾汁捞空耶？至于真求学者，则中国书籍固多，而吾人读之，自有次序。""积学如积钱，朝夕孳孳，十年二十年三十年，以至于终身。吾人要钱，是不为时间限止的；吾人读书，亦是无时间限止。能如是，则中国书籍尚嫌其少，何至畏多乎？"（醢诲：《读书法答邬云石》，《青年进步》，第76册，1924年10月）

9月15日 王治心为自编《中国学术源流》作序，阐明该书为初学者学习国学之用的宗旨。

是书由王治心吴兴同邑人严以政、嘉兴沈嗣庄校订，上海义利印刷公司印刷1924年9月出版，1925年3月再版，金陵神学院发行。王治心"从二十年来历充中学——及中学以上国文教授的经验，深觉得国学的饥荒，不仅是缺乏高深的指导，尤其是缺乏普遍的入门研究，不患无高深研究的作品，特患无简明的入门书籍"，是以从梁启超《中国学术思想变迁之大势》取材，加以扩充，重新整理历来所编讲义，就正于《青年进步》主撰范醢诲，"文社"干事沈嗣庄，承二公怂恿出版，以为梁著之"介绍品"。（王治心编辑：《中国学术源流》，卷首语，上海义利印刷公司，1925年3月）王治心秉承了范醢诲东西文化调和说，批评学界各走极端。

　　近来提倡国学，整理国故的声音，一天紧张一天，因为觉得我们既是中国人，不应当把自己家里祖宗所遗留下来的宝贝丢弃了，一味地欢迎舶来品。果然西洋文化有西洋文化的好处，我们应当取其所长补我之短，不应当绝端的崇拜。可惜有多数学者趋向各走极端，在欢迎西洋学术的，把中国的固有学术，弃若敝屣，如吴稚辉[晖]那一般人，充其量数，最好做个秦始皇第二，把中国一切的书籍都烧了！处处摹仿西洋人去。在唱保存国粹论调的，如柳翼谋那样的人，以为中国文化

的结晶，就是儒家的五伦，竭力地捧出不合时宜的骨董。这两
种人的态度，我认都是偏的；我们应当用公开的态度，一面发
扬我国固有的文化，一面欢迎外来学术，互相调和。

如曹聚仁在章太炎演讲《国学概论》序中，主张对于西方文化
作合理的迎纳。按照生理学"异性相合"的"公例"，结合后必有
良好结果。如同欧洲的希腊思想和希伯来思想，绝对相反，中世纪
后一度结合，产生了西方文化。中国春秋时代北孔南老，两种思想
结合后，就有先秦学派的发扬。隋唐间儒家思想与印度思想结合，
产生宋明理学，都是学术思想调和以后"青出于蓝"的例证。西方
文化日渐进步，都是按着这螺旋式的公例，由此递嬗，愈演愈精。
"现当我们中国学术衰落的时候，必须欢迎西洋学术来做奋兴剂。
所以我们的使命，就是要把中国的学术，理出个简明的系统来，介
绍给国人做研究的材料。"

至于参考有关中国学术史的重要作品，则有胡适《中国哲学史
大纲》，蔡孑民《中国伦理学史》，谢无量的《中国哲学史》及《中
国大文学史》，林传甲、黄摩西、曾毅、胡怀琛等的《文学史》，朱
谦之的《古学卮言》及《周易哲学》，胡朴安《国学汇编》，章太炎
《国故论衡》及《国学概论》，东南大学国学研究会出版的不少书
籍，梁启超《中国历史研究法》及《饮冰室文集》中的《中国学术
思想的变迁》《先秦政治思想史》《墨子学案》《清代学术概论》《墨
经校释》，伍非百《墨辩解故》，梁漱溟《东西文化及其哲学》，顾
康伯《中国文化史》。（王治心编辑：《中国学术源流》，绪言，第1—3页）

本年12月16日，张亦镜为《中国学术源流》作序，称为"简

明的入门书籍"和"普遍的入门研究"。"虽他只是救国学的饥荒，不是传基督的教义；然救人须先效人，不懂中国的国学，而贸然负传道中国的责任，实有很多行不去的地方。故欲效中国人救中国人，一定不能忽略中国的国学。王先生此编，于传道士及一般学传道者所裨甚大，（指未经受过此种教育者）不独适合于中学课本用而已。"（张亦镜：《中国学术源流·序》，第1页，王治心编辑：《中国学术源流》）

9月16日　北京大学研究所国学门通告研究生报名时间为9月17日至10月17日，地点在北京大学第三院研究所国学门登录室。（《研究所国学门通告》，《北京大学日刊》，第1520号，1924年9月17日，第1版）

9月17日　四川省长邓锡侯指令四川省立国学专门学校，呈送政报邮费银洋陆元陆角捌仙已如数核收。（《四川省长行署指令总字第三八〇号》，《四川政报》，第3卷第1期，1924年10月1日）

9月19日　署名"W.P."者在《清华周刊》发表《国学分类研究之一种的见解》一文，言及教育界和清华国学教学情形，主张国学研究实行分科和分类研究。

教育界和清华国学教学情形代表国内教育新趋势，即中等学校大半试行道尔顿制，大学校自由研究的机会更多，带来希望、提高和兴趣。清华同学对于国学的感情，一天一天地变浓厚。一是"因为'广义的留学'，有了解国学的需要"；二是"因为中国人研究学问，有发挥东方文化的责任"。因此，"最近清华国学教学上的趋势，都带有重大的使命"。南京东大、天津南开、上海圣约翰等几个努力的学校，国学课程施行道尔顿制，除讲文外，多设阅书一课。因讲文嫌单调，而分量上不加重，国学科非加阅书不可。自己研究的好处在于，一方面自然提高国学的程度，另一方面在文学上也得到多方面的陶冶，一箭双雕。清华最近"课外有梁任公先生之学术的讲演，而课内又有各种古书选阅"。此外，还有好的图书馆供学生使用。

> 听说有一位同学，天天到图书馆，查"三通"，查《图书集成》，要做一篇《中国古代社会状况的变迁》。还有一位同学，自己做了一篇《朱舜水的年谱》。还有一位，做了一篇《孟子内万章篇之质疑》。还有一位，做了一篇《明清之际西学输入中国史略》。还有一位，按照编学术史的方法，把清代具有科学精神的学者，把他们汇齐，编成一种学案。如此种种，我以为很可代表国学研究上，一种好结果。

中国国学材料非常丰富，清华学生责任重大，时间有限，研究国学不能漫无系统。方法分为"分科的研究"和"分类的研究"两种。"分科的研究，是对于中国所有一切的国学，把他分一分科，使学者便于研究；分类的研究，是把一种国学一类一类的分开，使学者便于探讨。"具体途径：甲、从学术史角度总结国学分科。纵观国学分科历史，可以看到从《礼记·王制》的分诗书礼乐开始，《论语·先进》的分四科，汉朝太学博七分科《易》《尚书》《诗》《礼》《春秋》，刘向父子将图书分类为六略，晋荀勖的四部之分，刘宋时期《宋书》中的四学之分，清儒姚鼐分国学为义理、词章、考据，曾国藩又在这三门基础上增加一门训诂，俞樾分国学为微言大义、典章制度、词章训诂，到最近章太炎的《国学概论》分国学为经学（含史学）、哲学（周秦诸子以及佛学）、文学，梁启超在东南大学演讲分国学为文献的学问和德性的学问。"以上所举之例总括可以成为四科：一，文献科；二，哲学科；三，文学科；四，艺术科。"乙、从读书方法角度观察国学分类。"不可拘于一面"，"不可拘于本文"，"不可不颠倒次序"，"不可不统括类别"，"不可不鉴别真假"，"不可不注意系统"。"一类是将来研究中国文学，或西洋文学的，至少，要照梁任公所定的目录，大概的流览一过；一类是将来非研究中国文学，或西洋文学的，就志趣上，职业上讲，至少也要知道如本校所定的几种国学书，索性就几部上，精通一下。我想比较泛滥无得，或不看本国书的好。"（W.P.：《国学分类研究之一种的见解》，《清华周刊》，第319期，1924年9月19日）

9月21日　群治大学校长罗傑在开学典礼上报告言及沪校设立国学科目的目的。

群治大学在京沪湘等地设立文法农商等科，并将长沙法专归入，分文法二科。沪校因交通发达，增加商科，并附设国学、哲学、英文各专修科及高初二级中学。罗傑报告指出，群治设学之意，在物质与精神发展，解决世界纠纷，得到真的自由平等幸福。各科约分六类，实为国学、哲学、法律、政治、经济、商科，"大半注重物质，其余专注精神，而法律、政治、经济为精神之形式，国学、哲学为精神之精神，吸收西洋文化与输出东方文化，其责任全在诸生努力研究云云"。（《群治大学开学纪》，《申报》，1924年9月22日，第3张第11版）

9月24日　周子美在《晨报副刊》发表《晚出之国学书目》一文，从书目编辑角度点评李笠编《国学用书概要》。

周子美认为："请国学书目家外顾大势，内审国情，暂停字纸的钞写，而从事于机关枪的制造，大约不惟不可能，而且觉得滑稽。无已我们且退一步就书目而论书目。"《国学用书撰要》"继胡梁而开"，"不惟把已刊行的书开上，并且著录了许多未刊行的正在著作中的书。这一着却是后来居上，——虽然许多只是李先生自己想著，或正在著的书"。

李的国学书目存在两个问题：一是分类标准模糊。仍有尊经观念，既认为经书名称迂腐，又把经和诸子分开，同列于哲学部。在儒家伦理观中，定名分的《春秋》，比《易经》重要得多，却又不列。孟荀同属儒家宗传，孟属群经哲学，荀却为诸子哲学。二是书目排列混乱。

> 书目虽是无句读文，但无句读文也自有文理，正如排一张课表，列一个秩序单，都需要精心结构，惨淡经营，不是可以无意识的乱抄一起完事的。不幸我看李先生的音韵学书目，实在没什么系统条理可言。既不案书所讲音的前后排列，又不案作者前后排列。想起一书，写上一书，似这样乱抄成功的书目，似乎不必国学家始能开罢！

小说戏曲，现在有明了的分类，但李笠却在小说项下将《琵琶记》《桃花扇》《长生殿》等一概开入，毫无理由。至于曲本次序，也只是用排比音韵学书的方法。"除了几段乱抄的以外"，"似乎也取时代排比法"，但"对于一个书的时代，也弄不明白"。如将《列子》排在庄子、墨子之间。关于书籍的作者，也不甚考求，只是顺手抄来。如将《新论》题为梁刘勰著，实则"读过《文心雕龙》和

《新论》的人，必定可以看出绝不是一个人的作品"。（子美：《晚出之国学书目》，《晨报副刊》，第226号，1924年9月24日，第4页）

9月25日 北京大学研究所国学门档案整理会改为明清史料整理会。

下午四时，档案整理会在国学门主任室开会，讨论开学以后进行办法。到会者依签名有陈垣、程树德、李泰棻、朱希祖、王有德、张伯根、胡鸣盛、王光玮、潘传霖、单不庵、沈兼士。议决今后拟趋重档案内容之整理及出版，故将会名改定为明清史料整理会。明代天启、崇祯两朝之兵科题行稿，依其年月日先后，先编一号数，即将原稿付排印（四号铅字），并附载目录及题要。清代报销册之目录，以及各要件目录片，本学年统须编就，再付审察，陆续付印。要件中如上谕底册、实录、圣训等，自本学期起，着手整理付印（或影印或排印）。（《研究所国学门明清史料整理会开会纪事》，《北京大学日刊》，第1533号，1924年10月2日，第1版）

△ 国学研究社出版《国学周刊》第七十一期，改为两星期出版一张。

"本周刊以时局影响，暂改为两星期出一张，候时局恢复原状，即照常发行。凡预定周刊者，仍照期数计算，以二十六期为半年。五十二期为一年，于定阅诸君固无影响也。"（《国学周刊紧急广告》，《民国日报·国学周刊》，第71期，1924年10月1日）

是年秋 金陵大学国文系改称国学系，先后由胡小石、陈钟凡主持，存在三年半时间，至1928年年初改为中国文学系。

金陵大学设有历史学系和哲学心理学系，均长期被外籍教授贝德士等把持，教授科目主要限于西洋史和西洋哲学。（《文学院之事业与现状》，《私立金陵大学六十周年校庆纪念册》，第18—23页）本年5月，设立国文系。5月26日，校董会通过程湘帆拟具的扩建本校文理科国文系之建议。程提出，建立国文系的目的，具有满足传教工作、培养基督教教会中学师资、学生毕业就业需要和争取中国政府承认以便学生留学四个方面的需要。此外，也因应学生日益增长的学习需求。"依我所见，教师的教学质量的提高进展很慢，相反地学生的学习国文的兴趣却越来越浓。在这样的情况下，如果不提高国文教学的水平，学生就会失望的。所以，形势迫使我急需取得你们的支持，扩建一个师资力量雄厚的国文系。"一直与学界有势力的人物有所接触，"幸运地发现了两个人"。（南京大学高教研究所校史编写组编：《金陵大学史料集》，南京大学出版社，1989年，第23—25页）

　　金大国文系最初只有主任一人，教员二人。预算只有二千余元。课程方面："旧学程遵照部章，以经史，古文等为主课，词章为辅课。"金大国文系第一次改组是在本年秋季。程湘帆所谓"两个人"，或指胡小石、陈钟凡。陈钟凡后来回顾国文系历史沿革时曾说："至十三年秋季，前主任程湘帆先生顺时代潮流，和我详细斟酌，提出改革计划书，经校董会过通［通过］。这是本系第一次大改革，也是本校历史上一个最可纪念的事。"成绩最显著的约有三点。（一）预算。增至每学年8160元，外加讲义费1000元。具体是：本科主任兼教授一人，1584元；专任教授一人，1660元；专任教员一人，900元；专任教员一人，780元，助教一人，420元，共5244元。预科主任兼教授一人，1056元；专任教授一人，840元；专任教员一人，300元；专任教员一人，420元；助教一人，420元，共3036元。讲义费，本科600元，预科400元。（二）教员。改组后增聘教授二人，助教一人。（三）学程。改组后设预科学程五课：各体文选，文字学大纲，文学史略，近百年史，读书法。凡15学分，为预科及本科一年级学生所必修。本科学程分三组：文学组，有中国韵文、散文、专家诗、专家散文、修辞学、文学评论、训诂、声韵、诗学和诗史，及专家研究等课。史学组，有中国通史、文化史、法制史、古物学、古文字学，及专家研究等课。哲学组有中国哲学史、周秦诸子哲学、魏晋玄学、宋元理学，及专门研究等课，总计学程三十余种。"当时因为内容包括文学、史学、哲学三种，故名为国学系，不叫国文系。"（仲凡：《本校国文系的过去和将来》，《金陵周刊》，第5期元旦特刊，1928年1月1日）

金大国文系范围较广，深受东南大学及中央大学国文系影响。胡小石为李瑞清弟子，与章太炎弟子黄侃等关系密切。（尚小明：《"五四"以后"国学热"的一个新动向》，牛大勇、欧阳哲生主编：《五四的历史和历史中的五四——北京大学纪念五四运动90周年国际学术研讨会论文集》，第550—551页）国文系改组的计划得到金陵大学校方支持。校长包文常语人曰："金陵之所造就者专门人才也，英语不过其工具耳，后数〔熟〕稔当知之，然不可不一新国人耳目，使知非偏重英文也。乃筹设国文系，继又成立国文专修科，益增国文必修课，大购国学典籍。其后各地教会学校之重国文，皆步趋先生之所为。"（《金陵大学60周年校庆纪念册》，南京大学高教研究所校史编写组编：《金陵大学史料集》，第14—15页）不过，金陵大学校内外有时亦称国学系为国文系。1926年5月13日，教育部对全国专科以上学校调查一览表中显示，金陵大学国文系主任是陈钟凡。（南京大学高教研究所校史编写组编：《金陵大学史料集》，第26页）

10月4日　北京大学研究所国学门感谢刘承幹、罗正纬、庞缙、金轩民、廉南湖、闵元召、刘半农，日本东洋文化学会、地质调查所图书馆、中法大学图书馆等赠书和其他物品。

刘翰怡（承幹）惠赠《章氏遗书》一部三十二册、《郑堂读书记》一部二十四册、《句余土音补注》一部五册、《阆风部》一部二册、《松隐集》一部四册、《董若雨诗文集》一部八册、《弁山小隐吟稿》一部一册、《诗筏》一部一册、《吴太史遗稿》一部一册、《温忠烈公遗稿》一部一册、《礼记正义》一部一册、《蜕石文钞》一部一册、《查他山年谱》一部一册、《查东山年谱》一部一册、《徐寿臧年谱》一部一册、《瞿木夫年谱》一部一册、《李申耆年谱》一部、《言旧录》一部一册、《说文校议》一部四册、《孔堂文集》一部一册、《周易通解》一部三册、《吴兴备志》一部十册、《同岑集》一部六册、《闲渔闲闲录》一部一册、《味水轩日记》一部六册、《易小传》一部四册、《两山墨谈》一部二册、《枫江草堂诗文集》一部四册、《爨桐庐算胜》一部一册、《虞氏逸象考正》一部一册、《嘉泰吴兴志》一部六册、《春秋正义残本》一部五册、《春秋正义校勘记》一部一册、《吴兴掌故集》一部四册、《宝前两溪志略》一部二册、《周易本义辨证补订》一部一册、《东山外纪》一部一册、《汉儒传易源流》一部一册、《欧余山房文集》一部一册、《五代史记纂误补》一部一册、《耐俗轩新乐府》一部一册、《谢程山先生日录》一部一册、《司马温公家范》一部一册、《庭训格言》一部一册、《圣学入门》一部一册、《横阳札记》一部四册、《渤海国志》一部一册、《庚子西行纪事》一部一册、《汉书地理志水道图说补正》一部一册、《今水经注》一部一册、《山海经地理今释》一部六册、《唐贾耽记边州入四夷道里考实》一部五册、《丧服郑氏学》一部十四册、《王文敏公集》一部二册。罗正纬惠赠《东方文化和现在中国及世界的关系》一册。庞绪惠赠《字学》两部二册。金轩民惠赠《劬书室遗集》一部五册、《理学庸言》一部一册。廉南湖惠赠《蓼园诗钞》一部一册。闵元召惠赠《一勺集》一部一册、《正声集》一部一册。刘半农惠赠《四声实验录》一部一册。日本东洋文化学会惠赠《东洋文化》第一号至第八号八册。地质调查所图书馆惠赠《地质汇报》一册、《煤之检样法》一册。中法大学图书馆惠赠《圆通法师造塔题铭》二份二张。魏建功惠赠《金陵名胜景片》五张。董燕堂惠赠《明故宫残砖》一件。(《研究所国学门通告（一）》,《北京大学日刊》,第1536号,1924年10月6日,第2版)

10月6日　北京大学研究所国学门通告暑假前购入古物的目录。

计有破鼎一件、汉铜盉一件、鐎斗一件、勺二件、铜温器（？）一件、矢镞三件、残戈九件、矛一件、矛（？）二件、和三件、鋬三件、小刀一件、带钩一件、宋夏津县官造镜一件、新乡县官造镜一件、西夏印一件、封泥十九件（内五件破）、玉戚一件、残玉三件、贝六十件、珧残器十件、铠甲上金鍱十件、女银耳环十件、车饰四百二十六件、瓦鼎一件、瓦鬲四件、瓦登三件、汉太学瓦当一件、瓦当（安世）一件、宋豆盘一件、魏俑四件、瓦砚二件。(《研究所国学门通告（二）》,《北京大学日刊》,第1536号,1924年10月6日,第2版)

△《申报》介绍胡朴安编辑的《国学汇刊》第二集,实为《国学周刊》汇编而成。(《国学汇刊》,《申报》,1924年10月6日,本埠增

刊第1版）

10月9日　北京大学研究所国学门感谢木村泰贤惠赠《原始佛教思想论》一部一册、《阿思达磨论の研究》一部一册，黎稚鹤惠赠《俄国农奴史略》一册，容庚惠赠《明季东莞五忠传》一部一册，容肇祖惠赠《广州修城残砖》一块。（《研究所国学门通告》，《北京大学日刊》，第1540号，1924年10月11日，第2版）

10月14日　北京大学研究所国学门感谢易培基、熊谷直之惠赠拓片和书籍。

易培基惠赠吴季子子造钊拓片一种一张、孟哉父壶拓片一种一张、白太师簠拓片一种一张、汉青盖镜拓片一种一张、汉日光镜拓片一种一张、安明镜（？）拓片一种一张、宋湖州镜拓片一种一张、吴天纪专拓片一种一张、吴九江太守碑拓片一种一张、宋元嘉专拓片一种一张、怀素残石研拓片一种一张、徐健庵传是楼砚拓片一种一张、颜鲁公中兴颂碑拓片一种一张、元盘拓片一种一张。熊谷直之惠赠《影印古钞本南海寄归内法传》一册。（《研究所国学门通告》，《北京大学日刊》，第1543号，1924年10月15日，第2版）

10月15日　李笠组织成立籀庼学会，以研究孙诒让学问并整理其遗著，设立籀庼图书馆，提供国学稽讨为主要职责。

本年阴历二月间，李笠与同宗黄士先生谈及孙诒让遗著之散失，玉海楼藏书之蟫损，不胜浩叹。致函孙诒让哲嗣孙孟晋称："因念瑞安文献，自清季咸同以来，素为邻邦推仰。不惟有老成典型，亦以孙、黄二氏藏书，实足雄视瓯括也。近黄氏叁绥阁书籍，元明板本既已运归杭垣，其余书籍，亦悉存永嘉旧温属图书馆中，则本邑所恃者，厥惟尊府藏书而已，如不急图保存，历久恐难收拾。抵校之后，与同志计划，遂拟发起籀颀学会，集合群力，庶易举事。"草定宣言书内称，图书馆为研究学术机关，教育价值，尽人皆知，而专门图书馆尤为学者所注意。孙诒让继承乃父玉海楼"古人读书之法及藏书之意"，保存乡邦文献不遗余力，征集前哲遗书至为繁富。尤为治校雠训诂之学，见海内孤本及名人批校本，必多方假递，饰首迻录，逐卷手校，丹黄灿然，以是孙氏藏书更加珍异。唯历久约弛，管理不周，时有遗失，遂以禁锢。"今欲宣扬孙氏学术，校刊孙氏遗书，非重将此楼开放不可。开放之后，案部整理，更设法增加重要新书，较之国学专门图书馆殆无多让矣。"（《李雁晴致孙孟晋书》，梅冷生著、潘国存编：《梅冷生集》，上海社会科学院出版社，2006年，第268页）

筹备处暂设瑞安第一巷李笠家，发起人有项廷珍、伍倜、李骥、王释、李苣、周予同、何辅幹、洪焕津、杨诏廉、宋慈抱、李杲、戴家祥、金嵘、李翘、林熹、陈准、梅雨清、陈骏、洪瑞昭、李笠等。李笠撰《发起籀颀学会宣言书》，内称："瑞安先生籀颀，清代之巨师，汉学之后劲也。治经之外，撰《墨子间诂》十五卷，使先秦名哲之学，借以贡献于今日社会，其识力岂寻常经生所能及哉。其斠诠群书，精审逾王石臞父子。《札迻》十二卷，于汉魏古籍，多所逴正。惜生丁旧文歇绝之秋，其学不传弟子，为可惜也。孙先生之殁，迄今已十余稔，孙先生之名，中外学者莫不闻矣，独其遗著尚未出世者，在孙先生固无损其盛名，而前贤之心力不彰，后来之收效自寡，其影响学术前途，岂浅鲜哉。顾孙氏著述宏富，刊资浩大，加以文字艰深，校雠不易，以私家任其责，乌能蒇事哉。同人等与孙先生谊属同乡，情殷私淑，謦欬久疏，钦迟殊切，爰萃同志发起籀庼学会。其设施有二：一则研求孙氏所学，以整理其遗书，以发挥其余绪；一则开放玉海楼藏书，设籀庼图书馆，以供研究国学者之稽讨。"（《发起籀庼学会宣言书》，《民国日报·国学周刊》，第72期，1924年10月15日）

10月21日　北京大学研究所国学门即将展出陈万里山西大同搜集的云冈石窟拓片等物图片。

计有云冈石窟拓片十六帧、照片六十三帧、画片二帧，定于本月23日至25日下午一时至五时，在研究所楼上展览。（《研究所国学门通告》，《北京大学日刊》，第1549号，1924年10月22日，第1版）10月27日至29日（星期三），云冈图片继续展览三天。（《国学门云冈图片继续展览》，《北京大学日刊》，第1553号，1924年10月27日，第1版）

10月26日　报载山西大学文科学生弓祥芝、张子和、孙礼堂等拟成立国学研究社。

该社旨在"研究文学，保存国粹"。约定社员三十余人，缮就章程，并选定张、孙两人为临时理事，一俟组织妥善，即行正式成立。（《成立国学研究社预闻》，《来复》，第319号，1924年10月26日）

10月　陆费逵在《进德季刊》发表《最低限度当读之国学书》一文。

陆费逵鉴于"近来青年颇注意国学，但是应该读些什么书却是一个问题。梁任公、胡适之两先生各有一种书目发表，但是各有数千册，不但读不了，而且买不起"，"读书也不多，然而我的读书力、买书力，恐怕一般青年已经不能人人做到"，所以"再降格以求，定一个最低限度"的国学书目，分为经史子集四部，指示次序。具体如下：

经部：四书最重要，当熟读。先《论语》，次《孟子》，次《学》《庸》。《诗经》选择了解而喜欢的熟读。《易经》文言系辞当熟读。《礼记》可选读《檀弓》《学记》《乐记》等篇。《左传》可选读若干篇。《说文解字》《文字蒙求》《文字通诠》三书，任读一种，《文字通诠》尤精而易读。史部：《史记》宜全阅，并选读二三十篇。《正续通鉴辑览》《清朝全史》，其中不能免误，但较完备清史，只此一种。近代史事应该详知，此书不得不读。《中外地理大全》，在现在各地理书中最详。如有余力可读《国语》《国策》、前后《汉书》、《三国志》《资治通鉴》《文献通考》等。子部：《老子》为子部最要之书，当熟读。胡适《中国哲学史大纲》上册叙孔子不佳，但叙墨子等等极佳，可当诸子思想史读。读此一书，可窥诸子大略。此外如有余力，可读《庄子》《墨子》《荀子》《韩非子》《淮南子》等。更或读《管子》《孙子》《吕氏春秋》《春秋繁露》等。宋明理学之书，太多不易读。欲稍知宋儒理学，可读《近思录》。欲稍知明儒理学，可读《阳明先生传纂》。佛书多而难读，如欲知大概，可读《佛学大纲》。集部：《古文辞类纂》《经史百家杂钞》，可就此两书选读一二百篇。如尚嫌宽泛，则读《古文释义》《古文观止》，亦无不可。《古诗选》《今体诗选》可就此两书选读三四百首，如嫌宽泛，则读《唐诗三百首》《宋元明诗三百首》亦可。《宋词三百首》《花间集》《绝妙好词笺》，词选此三书最佳，可浏览一过，就喜欢的熟诵。《陶渊明集》《王临川集》《曾文正公诗文集》《曾文正公家书》《饮冰室全集》，专集浩如烟海，无从读起。此四人五书均文从字顺，而陶之恬淡，王之深刻，曾之集大成，梁之代表近二十余年思想，均为现代青年所必读。且陶王二家著作，选本不多载，故必读专集。如有余力，则韩柳欧苏李杜白陆等专集，以及《唐文粹》《宋文鉴》《南宋文范》《元文类》《明文在》等，不妨涉猎。（原载《进德季刊》，第3卷第2号，1924年10月，转引自吕达主编：《陆费逵教育论著选》，人民教育出版社，2000年，第323—326页）

国学入门书有钱基博《国学必读》、张之洞《书目答问》、梁启超《清代学术概论》。"读此三书，国学门径已得梗概。欲从事深造，尽可自定目的了。"小说则有《西游记》《封神榜》《水浒传》《三国演义》《红楼梦》《镜花缘》《儒林外史》《今古奇观》《老残游记》。中华书局小小说，已出百余种，均取材于各著名小说。诲淫诲盗之材料，均不取。十五六岁以下之子弟，以读小小说为宜。以上所开各书，必读不过三十余种（如不读词和小说，不过二十余种），所费不满百元，中等天资青年以课余或业余读之，少则二三年，多则四五年，没有不能毕业的。至于再求高深，尽可由各人分道扬镳地去做，不在最低限度。（陆费逵：《国学入门书》，吕达主编：《陆费逵教育论著选》，第326—327页）

11月7日　北京大学研究所国学门主任沈兼士参加清室善后委员会，清点清宫文物和整理档案。

本月5日，冯玉祥派出国民军包围紫禁城，将溥仪及其小朝廷驱逐出宫。7日，北京政府旋即下令组织清室善后委员会，清点清宫文物。筹备委员基本上是由政府各部部长的代表助理员、社会名流及北大教授组成，主任是易培基。干事28人，大部分皆北大教授。而这些人中，又以国学门委员会及其下明清史料整理会成员为主体，包括蒋梦麟、胡适、钱玄同、马裕藻、沈尹默、陈垣、马衡、皮宗石、朱希祖、单不庵、徐旭生、李宗侗、顾颉刚、罗庸、黄文弼。（陈以爱：《中国现代学术研究机构的兴起——以北大研究所国学门为中心的探讨》，第226页）顾颉刚6日到北大研究所，得沈兼士邀请加入。"清室宣统帝于昨日被迫出宫，去帝号，此事系石曾先生向政府建议者。所遗下之物件，拟组织委员会清理保存之。此事手段太辣，予心甚不忍。开会之际，众人称快，予独凄然。但我亦知此事非如此不可，我非作事之材于此益可证明。"（顾颉刚：《顾颉刚日记》第一卷，第550页）

北大国学门整理内阁大库档案，"此为学术机关研究档案之始"。"北大所收档案均为外庭内阁大库之物，清代内庭宫中之档案，则仍存于故宫。迨民国十三年（一九二四）十一月溥仪出宫，政府方组织清室善后委员会，会同内政部及地方官署人员接收故宫，点查宫中物品，先生与陈援庵、李石曾诸先生同为委员。翌年十月成立故宫博物院，设古物图书二馆，图书馆复分图书文献两部，文献部即由先生主持，因而集中精力，整齐宫中档案，于外东路开辟陈列室，摘要展览。是后又接收宗人府军机处清史馆各处旧档，皆依次整理之。十八年（一九二九）二月故宫改组，分立古物、图书、文献三馆，张溥泉先生任文献馆馆长，而先生副之。是时除将档案分别整理编目外，并择录要件，刊为《掌故丛编》，后又易名《文献丛编》。至于性质类似者，则编为专刊，分别印行，如三藩史料，文字狱档案皆是。而所编嘉庆朝外交史料，道光朝外交史料，光绪朝中日交涉史料，中法交涉史料，宣统朝中日外交史料等尤为重要。"沈兼士以为整理档案方法仍有缺失，主要是太重形式、只知区分名物排比时代，忽略档案内容；仅注意档案本身，忽略衙门职司文书手续的研究，遂使各类档案失去联络；过于注重搜求珍贵史料，忽略多数平凡资料的整理。于是重拟计划，革除旧弊，以全力注重于普遍之整理，并取分藏各处之档案互相参稽，注意档案历史沿革之探讨。沈分现存之史料为若干组，先因名以立类，而后依类以编目，且拟订细则，舍去旧日平列式之立类法，而别创有系统之分类法。当时除编印各种史料外，并出版《军机处档案目录》《内阁库贮旧档辑刊》《雍正朱批谕旨不录奏折总目》《内务府造办处舆图房图目》等书，以便学者检索。（周祖谟：《沈兼士与近年史学》，《申报·文史》，第11期，1948年2月21日，第2张第8版）

11月8日 北京大学研究所国学门方言研究会发布方言地图调查表。

方言研究会发布启事称，方言地图调查表刻已印就，分存北大一、二、三院号房及该会，凡校内同学及校外同志，均可就近向各该号房或本会领取，每人限领一至五张。外埠可向北京大学第三院研究所国学门方言研究会函索，填注后请交由各号房收转，或迳寄该会，以便按表制图。（《方言研究会启事》，《歌谣周刊》，第67号，1924年11月9日）

11月15日 报载中华基督教教育会组织国学课程标准委员会，为全国教会学校草拟国学课程标准。

中华基督教教育会"鉴于全国各教会学校，对于国学课程，无一定标准，且多轻视国学，殊与中国国情不合，为特组织一国学课程标准委员会。现已请定程湘帆、朱经农、孟宪承、周作人、陈守一五人为委员，将起草一国学课程标准，以便各大学采取"。据说一个星期内，将开会决定。（《基督教教育会近讯》，《时报》，1924年11月15日，第2张第4版）

11月24日 北京大学研究所国学门感谢尹奭公惠赠《淮南集

证》一部十册、黄文弼惠赠《二程子哲学方法论》一册。(《研究所国学门通告》,《北京大学日刊》, 第1577号, 1924年11月25日, 第1版)

11月29日 江苏省立第二师范学校国学研究社请佛学家胡蒙子讲演"国学与佛学"。

该社除每星期由教务主任朱香晚讲授经学一次外, 并请名人讲演。"昨日, 该社请佛学家胡蒙子在大礼堂讲国学与佛学, 听者二百余人。"校长曹季英旁听, 该社总理事丁宜孝介绍演讲情形。胡蒙子先指示以下问题: 佛学是什么; 佛字怎样解法; 佛学的来历; 佛学是否国学; 佛与儒之比较; 佛法可否包括科学; 我们对于佛学, 应具什么态度; 为什么研究国学, 须研究佛学。"横而中外, 纵引古今, 约历一小时。"最后丁宜孝"归纳复述, 并代表道谢"。(《第二师范之国学演讲》,《新闻报》, 1924年11月30日, 第2张第3版)

11月 陈钟凡离开东南大学, 改任广东大学文科学长, 东南大学国学研究会《国学丛刊》出至第2卷第4期后难以继续, 第3卷起改为不定期, 约每年出一期。

上月10日,《国学丛刊》出至第2卷第4期。该刊先由教授陈钟凡、顾实、吴梅、陈去病四人轮主编辑。第2卷第1期后, 改由国学研究会职员收回自办, 除请指导员陈钟凡指导外, 概由研究会职员负责。稿件多系本校师生文字, 间征求名宿遗著, 及专家之作。"编辑者, 固不免主观之异同, 而本校师生之投稿, 尤难靳不登载; 以是瑕瑜互见, 而国内人士, 亦时有所评骘(一卷四期)。然其中不乏高深之研究, 精确之考证。"例如, 第1卷第1期所载陈钟凡《秦汉经师之方士化》一文, "详征汉儒经解, 分类证明"。范希曾《屈子生卒年月及流放地考》, "抽绎原文, 征实屈子流放地域,至为精确"。第 1 卷第 2 期所载陈钟凡《从文字学上所见初民之习性》及《文字学上之中国人种起原考》，"一则根据金石甲骨，分析诠释；一则取材文物遗迹，归纳证明；皆具特识"。而顾实《华夏考原》，"亦足互相发明"。第 1 卷第 3 期所载吴梅《南北戏曲概言》，"总论元明以来作家，洋洋大观，而多独到之言"。陈钟凡《周代南北文学之比较》，"从渊源，背景，体制，音律各方面，辨其异同，尤为精心之构"。第 1 卷第 4 期所载陈钟凡《尚书泰誓年月今古文异说考》，"详考今古文所以异同之点，揭其症结，永成谳论；固久为国内人士所称许"。第 2 卷第 1 期所载陈旦《列子杨朱篇伪书新证》，"从小乘阿含寻出张氏抄袭原本，人赃齐获，其功厥伟"。陈登元《荀子传略》，"考证荀子生卒年月，亦颇详尽"。第 2 卷第 2 期所载薄成名《孟荀以前之儒家思想》，杨筠如《孔子仁说》等，"总论一家学说内容，条贯列举，具见整理之劳"。第 2 卷第 3 期所载胡小石演讲之《李杜诗比较》，"亦多发前人所未发"。第 2 卷第 4 期所载陈钟凡《论汉魏以来讫隋唐古诗》，"分析综合，两美并具"。商承祚《殷墟文字考》，胡小石《离骚文例》，"各有专门发明"。此外，若刘师培《西汉州官师说考》《楚词考异》《墨子拾补》《古本字考》《古重文考》，陶鸿庆《老子札记》《庄子札记》《墨子札记》《孙卿子札记》，易培基《楚辞校补》，胡小石《中国修辞学史略》，顾实《老子道德经解诂》，"均将有专书出世，故未及毕登"。"要皆精深宏博，对于国学一途，未尝无所裨益；是则本会二年以来之所供献于诸君子之前者也。兹此以后，拟改为不定期刊，故就此告一段落，另编一简要总目，以便诸君之检阅。"（《本刊两卷总目并叙旨》，南京《国学丛刊》，第 2 卷第 4 期，1925 年 10 月 10 日）

王伯祥1926年1月25日日记写道："夜读《国学丛刊》二卷四期。首揭广告，谓将暂止于此，以后拟改为不定期刊也。此刊本不十分餍人，今且失据，可知东大之不振，实一落千丈矣。"（张廷银、刘应梅整理：《王伯祥日记》第二册，第378页）

12月4日　顾颉刚致函胡适，推荐王国维入清华国文系任教。

函称："静安先生清室俸既停，研究所薪亦欠，月入五十元，何以度日。曾与幼渔先生谈及，他说北大功课静安先生不会肯担任，惟有俟北京书局成立时，以友谊请其主持编辑事务。然北京书局不知何日能成立，即使成立，而资本有限，亦不能供给较多之薪水。我意，清华学校既要组织大学国文系，而又托先生主持其事，未知可将静安先生介绍进去否？他如能去，则国文系已有中坚，可以办得有精彩。想先生亦以为然也。"（顾颉刚：《顾颉刚全集·顾颉刚书信集》卷一，第421页）

顾函可资说明清华请吴宓，本是办理国文系。另据顾颉刚回忆于本年12月初写信给胡适，"请他去见清华大学校长曹某，延聘王国维到国学研究院任教。胡适跟这校长都是留美学生，王国维又有实在本领，当然一说便成。在几年里他写出几部民族史、疆域史等著作，又造就了像徐中舒、吴其昌、余永梁等一批学术水平很高的专家来"。（顾颉刚：《我是怎样编写〈古史辨〉的》，顾颉刚编著：《古史辨》第1册，第16页）此言与史实有些出入。且以顾颉刚当时的学术地位及与清华的关系，只能表示态度，难以起到决定性作用。胡适的推荐及溥仪的旨意，才是王国维入清华的关键。

△　浙江省宁海县教育会在全浙教育联合会提案，限制国学专修馆馆徒年龄，会议修正为取缔同善社所设国学专修馆。

全浙教育联合会在绍兴开会，是日常会第四日，午后开议，姚寅恭为主席，代表出席者十二人。是日讨论提案共计八件，第一件为宁海县教育会所提"为应行限制国学专修馆馆徒年龄案"，经众决议，发交原提案会代表修正后再提出。5日，修正通过"取缔同善社所设国学专修馆案"。（《全浙教联会四五两日并纪》，《申报》，1924年12月7日，第3张第11版）

12月5日　鲁迅给顾颉刚寄去《国学季刊》封面图案一枚。该刊第一、二两卷曾采用此封面。（鲁迅博物馆、鲁迅研究室编：《鲁迅年谱（增订本）》第二卷，第163页）

12月6—7日　北京大学研究所国学门教授刘半农致信沈兼士，谈聘伯希和为导师、沈兼士6月初交办与法国学术机构交换杂志，以及扩展《国学季刊》在欧影响等事。

主要谈聘请伯希和一事。6日，刘半农函称："伯希和君已于前星期六同他正式谈过，他的聘书已经接受，且写了一封正式信与我，声明受聘，今录附呈。"关于待遇一层，刘半农问过蔡元培，可依罗王诸公之例，月送百金，本此接洽通过。关于期限一层，伯希和问是否逐年通知。刘半农说不甚清楚，请沈斟酌。如觉逐年通知太麻烦，即以暂定期限告知，但逐年通知有伸缩余地，办法颇好。此外尚有一事，伯希和昨天来信，说明年四月埃及开罗地方要开一地理学大会，主会的是埃及王。此会虽名地理学会，但因开在埃及，主要事项仍在考古，故各国考古学者、历史学者、地理学者，以及此等诸学之团体代表，无不到会，他自己颇有到会的意思，但此行需费甚大，一时尚犹豫。假使去，极愿同时兼做北大研究所国学门的代表。此事对于北大可增不少之声价，愿极力为之。

如北大决意要他去，请先用电报通知，以便决定，随后补一正式委派信。此事如何办法，希用电复。

此外，则是与欧洲学术界交换杂志。研究所国学门之法文正式译名，刘半农与伯希和商译为：Institut de Sinologie de L'Université Nationale de Péikin。如有不妥，改正示知，否则作为定译。欧洲已答应交换之杂志有《亚洲杂志》《通报》《琪眉博物院年报》及琪眉博物院出版之《宗教史年报》共四种。希将《国学季刊》第一、二、三号各四份寄来，以交换此四种杂志之一九二四年号。将来如何交换法，办妥后奉闻。《通报》是伯希和主持，彼允将最近四年各号寄赠。此报尚有全份留存荷兰出版人处。但此出版人只肯卖，不肯交换。全份约价一千六百法郎。《亚洲杂志》是法国研究东方学的官书，研究所中不可不备全份。亚洲学会中已无全份，即便最近出版各号亦多卖缺，如一九二二年全年卖完。其尚存者，自然可以出卖，而且可以交换。若要到坊间去找全份的，价值至少在二万法郎以上，而且即使有二万法郎在手，也未必能立刻找到。《通报》亦是重要书。全份价只一千六百法郎。由伯希和去交涉，或尚可减价。如研究所中能筹一百五十元，大约即可办到。但此等书印刷甚少，极易卖缺，尚望速即着手。琪眉博物院所出两种年报，比较不甚重要，可不必设法买全。琪眉博物院尚有丛书三种，一种四开，一种八开，一种十二开，以四开者为最重要。总价约八千万。其中卖缺者尚多，当详为研究其尚未卖完之各种，以便将来用出版品交换。以上所说亚洲学会及琪眉博物院出版品，均可以研究所出版品交换，求其价值相当。此间所注意者为大部书，如《艺文类聚》《太平广记》等，不是零碎印本，望示知此数种书何时可以出版，价值大致若干，以便接洽定下一个交换之计划，如有将要绝版之书籍，可嘱其留下一份，免得卖完后无办法。俟将来国学门出书之后，实行交换。董康说唐刻本《切韵》，确有之，但疑是五代，至早亦是唐末，不全，只有十余残卷，大小不等。如要照相，望早早示知。价值以半打计算，约是一千余法郎。研究所只能得四份，因照章须以二份赠与国家图书馆。如须收回底片，当与照像人特别交涉。巴黎国家图书馆汉文书目可以买，计两本，价不出三百万。又有一补目，亦已印，伯希和可赠一份。敦煌写本目尚未正式编订，而且不知何时可以编出，现在只有一份全无条理之临时目录，且只有一份，伯希和家中亦无副本。如要抄，唯有按照看书规则，天天进馆抄写，需时约一月左右。

　　7 日晨，刘半农补写致沈兼士信，称北大研究所出版品目录中有《叙里亚文景教经》及《希伯来文刻石》二种，其影片及打本已由钢和泰寄与伯希和考查。伯希和谓前一种的是叙里亚文景教经，大约是十四世纪的叙里亚文。后一种不知是何文字，但绝不是希伯来文。阿脑而特女士研究歌谣的报告，已定题目有民歌通论、圣诞歌、民歌与神话、民歌与戏剧四种。大约 1 月底 2 月初可寄出两编。"再，《国学季刊》所登文章，每期均由伯希和君在《通报》中作介绍文，因此欧洲学术团体近中颇有知《国学季刊》者。照此做去，十年后我研究所必为世界学问团体中一重要会员，此则我兄努力之结果，我辈应一致致谢。第四期已集稿否？急欲先一睹其题目于日刊中也。"至于交办事尚剩《永乐大典》一条，容后再探。希即逐条细阅，并随即作复。（《研究所国学门通信》，《北京大学日刊》，第 1627号，1925 年 2 月 20 日，第 1—2 版）

12月8日　胡适偕清华学校校长曹云祥往访王国维，请其担任清华研究院院长。次日曹云祥致函胡适，并致王国维聘书。

曹云祥函称："昨承偕访王静庵先生，晤谈之后，曷胜钦佩。敝校拟添设研究院，即请王君为该院院长。兹将致王君一函并聘书送请察阅。如蒙同意，即祈转致，并恳玉成是荷。"11日，又致函胡适，请其约同王国维，于本月20日或27日星期六，驾临清华午餐，借以畅谈。（耿云志主编：《胡适遗稿及秘藏书信》，转引自蔡德贵：《清华之父曹云祥·文献篇》，第29页）

12月20日，胡适陪同王国维、陈宝琛到清华参观。"校中当局拟请王国维先生，担任大学研究院院长；王先生为前清太傅，学问渊博，道德高尚，肯任此席，清华学子之幸也。"（《名师来校》，《清华周刊》，第331期，1924年12月19日）"上礼拜六（即二十号）下午三时许，图书馆中忽然出现来宾数人。一位戴玳瑁边大眼镜者，则鼎鼎大名之胡适之博士也。其他均系国学博通之士，观其举止、服装、年纪，即一望而知。闻内中有明年将来本校主教之王静安先生（即王国维），及宣统太傅陈宝琛云。"（《名人来校》，《清华周刊》，第332期，1924年12月26日）赵万里《王静安先生年谱》亦称："时清华学校当局，拟创办研究院，欲聘海内名宿为院长，绩溪胡适之（适）先生以先生荐。主其事者，亲往致辞，先生以时变方亟，婉辞谢之。"（赵万里：《王静安先生年谱》，《国学论丛》，第1卷第3号，1928年4月）

不过，均未明言办"国学研究院"。蓝文徵《清华大学国学研究院始末》说，曹云祥于本年秋计划改制，设大学各学系及国学研究院，并遂开始筹备。曹想把研究院办好，特请胡适代为设计。胡略仿昔日书院及英国大学制，为研究院绘一蓝图，其特点，如置导师数人（不称教授），常川住院，主讲国学重要科目指导研究生专题研究，并共同治院；置特别讲师，讲授专门学科。后来研究院的规章，大致即本此蓝图。曹敦请胡为导师，胡很谦逊地说："非第一流学者，不配作研究院的导师。我实在不敢当。你最好去请梁任公、王静安、章太炎三位大师，方能把研究院办好。"（张杰、杨燕丽选编：《追忆陈寅恪》，社会科学文献出版社，1999年，第78—79页）

本年10月21—22日，清华学校筹备大学委员会通过工作及组织纲要草案，决定在筹建大学部的同时，开始筹备设立研究院，先设国学一科。草案拟定了清华学制包括试读期（一年）、大学普通科（两年）、大学职业训练（一两年或两年以上）和研究院四个单位。关于研究院，草案规定："本院备清华大学或他校之毕业生，对特种问题为高深之研究；其研究由专家指导之。具体计划当视本校之财力、人力与所选择之问题而定。"各单位准备次序，研究院事宜放在前三个单位之后，规定："关于研究院及他种教育设施之计划，应视需要与机会之有无，随时拟定。"（《清华大学筹备委员会报告草案》，清华大学校史研究室编：《清华大学史料选编·第一卷清华学校时期（1911—1928）》，第289—290页）

然而，12月3日由教务长张彭春担任主席的清华课程计划组通过《清华研究院简章》，第一项"科目"规定："本院于民国十四年至十五年就左列需要最急之科目中先设两科或三科：甲、中国历史研究科；乙、中国语言研究科；丙、中国文学研究科；丁、中国哲学研究科。"每科聘主任讲师一位，主持该科事务。聘普通讲师一位或数位，协助主任讲师。国内学者于各该科素有研究者，由院随时聘为短期讲员。（《清华研究院简章》，《清华周刊》，第332期，1924年12

月26日）冯友兰撰写的《清华历史》评论道："自曹云祥校长，张彭春主教务以来，清华教育宗旨，一时刷新。提倡中西学并重，改良课程及教授方法，同时积极创办大学及研究院。校制与校风为之一变。"（《清华历史》，清华大学校史研究室编：《清华大学史料选编·第一卷清华学校时期（1911—1928）》，第34页）在筹划改办大学之初，清华研究院按照西方大学制度设计，研究院为研究生教育机构，研究科目暂以西式人文学科为限，不以"国学"为名。（朱洪斌：《清华国学研究院的存废之争及其现代启示》，《天津社会科学》，第4期，2014年7月）

12月14日　民国大学学生余煐等以课暇相约同仁切磋琢磨，以科学方法研究国学，成立国学研究会。导师胡春林、张煦受邀演讲，指定研究步趋和方法。

本月5日，民国大学国学研究会通过简章草案，定名为民大国学研究会，以研究国学为宗旨。（《民大国学研究会简章草案》，《民大周刊》，第7期，1924年12月17日）民大国学研究会系由该校文预科生自动组织，酝酿已久，遂于12月14日在该校大礼堂开成立大会。请该校教职员莅会演说，计到会会员约十余人，公推余煐主席，报告筹备经过情形。次为教员胡春林、张怡孙以及总务长马鹤天、代理校长雷殷演说，大旨乃勖勉之辞。演说毕，摄影及讨论会章，选举职员而散会。"该会会员虽不多，但对于国学颇为热心研究云。"（《民大国学研究会》，《社会日报》，1924年12月20日，第4版）

余煐1925年5月6日所撰国学研究会沿革称，该会于去年11月底，由文预科几个同学发起成立。

他们觉悟到在大学里求学，决不能单靠教师的讲解，自己必定要有研究的精神，最好和同学互相的磋磨，同时又觉得文科的学生，对于国学应有相当的了解，扩而言之，将来使东方文化，最高的，自然是我中国，发扬于世界上，这是何等重大的事业！

发起后，加入的人很多。"十二月十四日，在本校的大礼堂开成立大会。""本会原来是研究学问的团体，在这数个月的短时期，并没有什么沿革可言。有几位会员做了几篇研究专家的文字，大家都会看见，不用多说了。"（余燠：《国学研究会的沿革》，民国大学编印：《北京民国大学十周纪念册》，1925 年，第 27—28 页）职员有，编辑股王炳乾、陈彰衡、唐惠民、欧阳振，总务股余燠、郝广盛，文书股陈邦达、欧阳昇，会计股徐景贤、成希菊，庶务股姚大鸿、丁庆龙，交际股周清缉、蒙启泰，图书股王国贤、贾业修，出版股聂鸿炳、程光瑛。（《民大国学研究会职员题名》，《民大周刊》，第 8 期，1924 年 12 月 24 日）

胡春林演讲指出："予昨接诸君来函，述及本校经，法各科，均有学会，文科亦应设一国学研究会，以互相研究云云，予对此无任忻喜。盖国学本极重要，诸君既有若是之兴趣，作关联之研究，予自乐参加，予深望诸君，切勿以此会替你们的文科当做一块门面招牌看。第一对于国学，应有切实的研究。"胡提出几点注意事项：一是必备笔记。"予昔年对于国学分门研究，皆备有笔记本，如研究经史子集，各就其中，寻出统系录而出之。又看一书，必求得一书主义之所在。"二是分类记载。初学笔记，为增养学力起见，最好分类记载。比如书中关于教学等项甚多，因重视教学，即将教学点一一录出。其他关于制度方面，抑或道德方面，及一切政治、法律、文艺种种方面，均可分门记载，久之心得必多，自获实用。本学术为文章，见诸事业，成己成人。三是入手门径。以国学包括数千年文化，范围太大，研究不易，可先研究秦汉以前诸书入手。"盖秦汉以前诸书，其内容与近代科学颇多吻合。自秦汉以逮，则学述多为各时代功令所限，真谛不传。"四是参考外国学说。"参考之益，每以比较而愈见国学真价值所在。"如达尔文进化论，言人自下等动物进化成人，证之吾国古学，则可言人物同时进化，不可言人由物来。此种证据，正自甚多。其他类此者，不一而足。"如吾国人注意国学之真正研究，则于外国学术研究，自不至为其奴隶。"

夫国学范围既大，要从那条路着手去下功夫，真不可不辨。诸君组织本会，今日开成立大会，临时要我演说，予特将以上四项介绍诸君，供诸君研究之参考。诸君如努力前进，能于旧有之国学，发扬光大，使全世界明于吾国文化之有真谛，则此国学会之有功于国，有功于世界，夫岂有既。诸君在今日，须知于国学要求刷新，于世界学说要求创新，不可为功令化之旧所误，尤不可为时装之新所误。此吾所以有新新教育之提倡也。诸君如不始勤终怠，余俟天时较长时，极愿选整个的一二部专书，或《周易》，或《春秋》三传，为接续的讲演。其他研究所得，亦愿分期定题讲演。（余燨、欧阳昇笔记：《胡春林先生演说词》，《民大周刊》，第8期，1924年12月24日）

张煦（怡荪）演说则主张区别国文与国学，分别求取次序。

国文专在文字辞句上研求，而国学之范围甚广，举凡中国
学术思想，即中医、中算等，亦皆在国学之列；大抵由国文以
求国文［学］其成就小，由国学以求国文其成就大。良由蕴于
中者愈厚，则发于外者愈觉光辉，其理甚明。

对于国学研究会希望甚大，会中切要之图，不在章程条文，而
在入手办法。一须指导员指导研究国学门径方法。二须研究员各本
其学历，依其性情，分别选择一法，并坚苦从事，成绩不难立见。
适合诸君的方法有二：其一，选择重要根柢书十余种，分期彻底研
讨，如每半年读一部，学生自始业至毕业凡经六年，即可读十二
部。"无论何人，只要对于国学能彻底读毕重要根柢书十余种，绝
不至有俭腹之患。非惟无俭腹之患，即博学称号亦足当之而不愧，
诸君何惮而不为此。本校教员，深于国学者甚多，假定每位担任指
导一种书籍，或二种，此法自可畅行无阻。"其二，"即将各书中抽
出部分研究，如地理，历数，等等，依次搜讨，结果亦能将各书彻
底明白，与前法殊途而同归。愿诸君择一以行，国学虽深邃，亦不
难观厥成，是在诸君蹈实做去"。（余燠、欧阳振笔记：《张怡荪先生演说
词》，《民大周刊》，第 8 期，1924 年 12 月 24 日）

12 月 14 日　中国大学国文系学生筹备成立国学研究会，期与
东南、北京两大学的国学研究机构竞争。

报载北京顺城街中国大学墙上，贴有提倡组织国学研究会的启
事，乃该校国文系全体学生自动创设。现在正事筹备，定于下星期
六日召开成立大会，届期作大规模讲演，发行纪念刊物，各教授及
同学皆踊跃从事，担任讲稿。指导员已经延聘周作人兄弟及刘文典

（叔雅）、杨树达等十余人。据该校李教授云：

> 中国大学国文系各同学，因感近年来国内诸大学者倡整理
> 国故以应潮流之呼声，南京方面有东南大学，北京方面有北京
> 大学，然皆系教授之告奋勇，非学生之自动。且国学之门径繁
> 多，非一二国立学校之教授所可完全整理毕事。本校同学国文
> 系诸人，抱光大发扬国学之热心，起与东南北大二校作长足竞
> 走，故有此会之创设。（《中大之国学研究会》，《顺天时报》，1924年
> 12月14日，第7版）

指导员包括吴虞。12月11日（星期四），吴日记载："中国大
学学生刘德甫诸人来，言该校国文系，拟请予作导师，彼等为先
容，星期六再正式来请。"16日，"中国大学国学研究会送请任导师
函来"。20日，"刘德甫昨来请赴中国大学研究会。作函复之，言今
日午后有课，兼有他事，不克到。"（中国革命博物馆整理，荣孟源审校：
《吴虞日记》下册，第224—226页）

12月20日午后一点，中国大学国学研究会举行成立典礼，请
该会导师林损、刘文典、陈映璜、吴虞、周作人诸先生讲演，临场
发行《国学特刊》一种。（《中大国学研究会》，《京报》，1924年12月20日，
第7版；《中大国学研究会》，《顺天时报》，1924年12月21日，第7版）

△　张星烺自山东青岛致函陈垣询问北京大学研究所国学门
情形。

函称："前接先生寄来大学国学研究所学术年表，烺因忙碌自
己之书，故至今尚未得暇填送也。该研究所内中外学者现在几人，

皆为何许人？已有出版物否？《国学季刊》是否该所所出季刊？现有新出者乎？"（刘乃和等：《陈垣年谱配图长编》，辽海出版社，2000年，第162页）

12月17日　北京大学研究所国学门考古学室公布出售的一批藏器拓本价目。

计有卢编钟（有铭十二字）六角，长宜子孙镜四角，家常富贵镜四角，位至三公镜四角，上方镜四角，白虎在右镜四角，青羊镜四角，三羊镜四角，见日之光镜四角，明镜四角，天马葡萄镜四角，李儒起造方镜四角，五言绝句镜四角，湖州方镜四角，新郑县官造镜四角，夏津县官造镜四角，西夏印二角，张未央印二角，骑部曲将印二角，交河县僧会司印（明洪武十五年）二角，黄肠石一（汉永建二年四月）一元，黄肠石二（汉永建二年六月）一元，黄肠石三（汉永建三年四月）一元，黄肠石四（汉永建三年四月），黄肠石五（汉永建三年十二月）一元，黄肠石六（汉永建三年十二月）一元，黄肠石七（无年月）一元，穆绍墓志（北魏普泰元年十月二十四日）六元，郭休墓志并盖（隋仁寿二年）一元，潘卿墓志（唐永徽二年）四角，王素墓志（唐永徽五年）四角，杨逸墓志（唐永徽四年）四角，桓彦墓志（唐永徽六年）四角，皇甫相贵墓志（唐龙朔二年）四角，王素妻姜氏墓志（唐咸亨五年）四角，张守素墓志（周久视元年）四角，泉男生墓志并盖（周长安二年）八角，李詥墓志（唐元和十五年）四角，赵日诚妻宗氏墓志（唐元和十二年）四角，陀罗尼经幢（后唐长兴三年）一元，吴君妻杜氏墓志（宋皇祐三年）四角。（《研究所国学门考古学室藏器拓本价目》，《北京大学日刊》，第1596号，1924年12月17日，第2版）

　　△　沈兼士与胡适商议，以陈垣代替李大钊担任《国学季刊》编辑委员。

　　顾颉刚致胡适函称："明日研究所中开委员会，想先生必能到会。兼士先生拟请先生于下星期中召集《国学季刊》编辑委员会，请先生酌定一期，明日公布。又兼士先生意，李守常先生久不到京，且不为《季刊》撰稿，可否易以陈援庵先生，亦请先生斟酌。"（顾颉刚：《顾颉刚全集·顾颉刚书信集》卷一，第422页）翌日，北京大学研究所国学门委员会开会，顾为速记。（顾颉刚：《顾颉刚日记》第一卷，第562页）

　　12月21日　中华职业教育社受上海某大学委托聘请国学教授。

　　上海西门外中华职业教育社介绍部受本埠某大学委托，聘请国学主任、教授一位，月薪一百五十元。现正在物色，尚未得人，如有愿任此项职务者，请往接洽。（《中华职业教育社介绍部消息》，《申报》，1924年12月21日，第3张第12版）

　　12月24日　报载上海春申大学添设国学专修科。

　　上海闸北青云路春申大学为法学博士马景行四年前所创设，据说在美国立案，现将法政、文艺、商学、谭学四院大加扩充，每院各级添招插班生十名，又添设英文及国学专修班。（《春申大学消息》，《申报》，1924年12月24日，第3张第10版）

　　12月28日　报载东南大学派遣国学教员柳诒徵、陈去病、顾实三人进京请求北京政府从速妥善处理清宫古物。

　　此前北京国立八校已经呈请段祺瑞执政府饬令清宫文物清理委员会迅速清理公布清宫文物，以便妥为保存中国文化珍宝。"兹闻国立东南大学为此事亦派国学教员柳翼谋、陈佩忍、顾惕生三人赴

京，晋谒段执政，请其从速处理。"(《北京清宫古物》,《申报》,1924年
12月28日，第6版）

12月30日　北京大学《国学季刊》编辑委员会在研究所国学
门召开。

从11月8日起，北京大学研究所加入清室善后委员会，帮同检
查。顾颉刚"虽愿往一观，不欲又以此分功，因此愿避之心更比愿
见之心为切"。11月9日，以汪缉熙、潘介泉"要求同往，只得陪
之"。顾颉刚"已向研究所乞假"，而12月27日开委员会，两次来
招作记录之事，"因却去之"。顾颉刚负责编辑事务颇重，会上沈兼
士转述钱玄同之语，"你用颉刚不可这样用"，令顾非常感动。下午
六时半结束。（顾颉刚:《顾颉刚日记》第一卷，第551、565页）

12月31日　清华学校校长曹云祥致函王国维，再次奉呈研究
院聘书。

函称:"前奉聘书，因系印刷品，表明本校聘请教员事同一
律，所以先填送览。兹以添注涂改，殊欠敬意，特另缮一份，肃
函奉送。"聘书写明，"聘请王静庵先生为本校研究院主任，担任
国学研究事务"。具体内容包括:每星期内授课十点钟以内;每
月薪金银币四百元，按月照送;一切待遇照本校规定研究院教
员任用规则办理;此项聘约以三年为期（自民国十四年一月起至
十六年十二月底止），期满若得双方同意，再行续订。（耿云志主
编:《胡适遗稿及秘藏书信》,转引自蔡德贵:《清华之父曹云祥·文献篇》,
第30页）

为了打消对于上课颇多的疑虑，胡适致函王国维解释称:"清
华学校曹君已将聘约送来，今特转呈，以供参考。约中所谓'授课

十时'，系指谈话式的研究，不必是讲演考试式的上课。"（耿云志、欧阳哲生编：《胡适书信集》上册，北京大学出版社，1999年，第353—354页）

　　△《国立北京大学研究所国学门报告》（十三年七月一日至十三年十二月三十一日）出版。

　　（甲）登录室。聘请导师柯绍忞一人，通信员阿脑而特、卫礼贤、田边尚雄三人。本届研究生报告成绩二人，分别是：《楚辞研究》，冯淑兰报告；《说文读若考》，方勇报告。

　　（乙）编辑室。第一编辑室：《慧琳一切经音义引用书》已辑抄完毕。《慧琳一切经音义引用书细目》已辑成，待审查后付印。辑抄引书已校勘者，有《小尔雅》《释名》两种。现正编纂慧琳音义通检，更将继续辑抄此书中之"慧琳音"。待通检编就，及"慧琳音"辑完，即继续辑抄希麟《续一切经音义》。《希麟续一切经音义引用书细目》现已着手编纂。第二编辑室：自本年7月起，着手编纂学术年表。此事头绪纷繁，未遽急就。现在已进行者有二：1.旧史加公元。已加者有下列诸书：二十四史本纪及年表、《资治通鉴》及目录、通志年谱、历代帝王年表、历代长术辑要、纪元篇。2.征填表格。学术年表，因范围广漠，除由本编辑室自行搜集材料外，并发出学术年表表格多份，征求国内学者遇见适当材料时填写寄还，以求详备。此项表格现已收回者，计一百十七份。第三编辑室：《文选》李善注引用书、《水经》郦道元注引用书、《世说新语》刘孝标注引用书，以上三种引用书抄辑均已就绪，尚须详细校对，方能编引用书目。《太平御览》《艺文类聚》《太平广记》三书所引群籍，其中有同一姓名而人不同者，有同一书名而著作人不同者，有同为一书而书名不同者，有书名相似而莫辨同异者，若非详细考核经籍、艺文诸志，易致错误。故《太平御览》等引用书及引用书目虽已编就，尚须将各书目在各著录中考核一遍，始能确定。因此，于既编引用书目后，即继续编辑三书引用书详解。以后计划辑抄《十三经注疏》引用书，预计后年暑假前，定可蒇事。编辑室书记之担任工作一览表：吴德远，现校《广韵》，一俟校毕，仍同胡鸣盛编辑各目录详解，详解编就，印行校对，辑抄引用书。李开先，现拟着手辑抄《书经》注疏引用书。连荫元，现拟着手辑抄《左传》注疏引用书。萧盛岳，现拟着手辑抄《诗经》注疏引用书。万朴诚，现拟着手辑抄《礼记》注疏引用书。

（丙）考古学会。组织常务干事会，发布对于内务部古物保存法之意见，保存大宫山古迹，赴青岛搬运古物。作业一是古物之增益。国学门近年来古物之购入与外界之捐赠不下数百种。详见表17、表18。此次购入之车饰，为洛阳最近出土，形制与孟津略相彷佛，而颜色碧莹如玉，声音清洁，则非孟津可比。有一车辖，中含大轴，上裹以布，尤为珍贵。详见马衡《洛阳仿古记》。至于拓片，则有福开森所赠之铜禁全图十六纸，亦属珍品。二是古物之墨拓。国学门藏汉封泥一百七十七件，也已墨拓成册，拟付影印。又，今夏由易培基处借来古泉约一千余品，墨拓告竣。又派员至云岗摹拓石刻，约共五十余纸。此三事皆半年来较大之工作。

表17　北京大学研究所国学门购置古物数量表

种类	数量	时代	出土地
铜器	20	周—清	
车饰	422	周	洛阳

续表

种类	数量	时代	出土地
封泥	177	汉	山东
陶器	18	汉—宋	洛阳
印	1	西夏	

表18　北京大学研究所国学门获捐古物数量表

种类	数量	时代	捐赠者
铜器	7	周—清	卫礼贤
陶器	10	汉	卫礼贤
石门	3	汉	卫礼贤
古泉	约300	汉—金	马夷初
砖	2	明	董作宾

进行预计则有：一、墨拓甲骨。北大所藏甲骨刻辞约五百余片，旧拓存二份，皆不精美，拟重付摹拓，仿殷墟书契例，依类辑比成册，以付影印。二、拟编古匋集存。国学门所藏洛阳故宫残瓦约千余片，每片皆刻画有字，拟陆续付拓，分类编辑，汇为古匋集存一书。三、拟影印汉封泥集存真。国学门所藏封泥一百七十余件，业已墨拓成册并附封泥影片正反两面，用珂罗版影印。四、拟影印明器图录片。国学门所藏明器较多，现已择要照相，拟仿罗振玉古明器图录式样，用珂罗版影印。

（丁）明清史料整理会。已完成摘明题行稿由、编明题行稿号数、编报销册目录、编官印谱、编要件目录片、校雍正上谕底册。

以后进行计划有：一是出版物。印明季兵部题行稿摘要、印明题行稿原文、印要件目录片、影印清太宗圣训底册、影印本所所藏清朱批谕。二是登记杂件名片。最近参与人员，编报销册目录有王光玮、李振郑、张伯根，摘编明题行稿报告有赵冠青，抄明题行稿报告有潘传霖、赵仲滨，编明题行稿号数有傅榆元，编官印谱有吴德溁，摘编要件目录片有周宪章，校雍正上谕底册有胡鸣盛。

（戊）歌谣研究会。《歌谣周刊》自49期起，改直行为横行，并扩充登载范围，兼收关于风俗、方言材料。暑假前出至61期。本学期由刘复介绍，特聘法国巴黎大学助教阿脑而特女士为通信员。编辑会议决自62期起，进行方针：一是扩充采集范围。每期内容分载论文、选录、专集、杂件、征题各门。除谣谚谜语外，对于方言，风俗、童话、故事等材料，亦广事搜求。二是改良征求方法。每期标"征题"，选母题一种，分类征求，并举例说明。同时仍分地搜集，双方进行。三是附带出版丛书。前拟发刊之各地歌谣专集，限于经济，不能出版。刻拟变通办法，将各地专集陆续登入《周刊》，一面另印成册，作为"歌谣丛书"。四是随时发刊专号。关于歌谣、风俗、方言各部，有充分材料时，即特出"专号"。并拟每次"专号"，另印单行本，作为"歌谣小丛书"。现《歌谣周刊》已出至72期；小丛书已出《看见她》一种；《孟姜女》正印刷中；丛书《吴歌》亦正印刷，不日出版。

（己）风俗调查会。收到各省区填送调查表23份。采集风俗物品，已编号有神纸类338件、花纸类125件、红笺类74件、符箓类10件、杂类10件。未编号神纸类约百余件，模型类约三百件。进行计划：一是拟定调查之风俗，分衣、食、住、器具、宗教、仪制、货币、娱乐、儿童玩具、其他一切风俗共十项。二是调查方法分为实物、模型、照片、文字四种。三是以风俗为经，方法为纬，对于某种风俗之调查应用某种方法，视调查时之便利而定。四是刊物分在周刊发表短篇调查录及调查方法的讨论和民俗学说的研究，以及丛书两种。后者为一地或一国风俗之有系统的叙述，民俗学的译述与著作，中国旧籍之整理与校释。

（庚）方言研究会。暑假后拟定《方言地图调查表》，印刷二千份，一面分送校内外同志分别调查，一面由会员担任分省调查。一俟调查完竣，即便着手编制《方言地图》。

（辛）国学季刊编辑委员会。第1卷第4号于本年4月中发稿，因京华印书局排印过缓，至本月始行竣工。现在4号已出版，一卷合装本亦可同时出售。第2卷第1号为戴东原二百年纪念专号，现已集稿，预备付印。添聘陈垣及钢和泰为编辑委员。

△ 王先强编辑《国学入门书目汇编》，翌年3月由合肥官纸印刷局印刷。

该书汇辑胡适《一个最低限度的国学书目》、周予同《几部重要的书籍》、梁启超《国学入门书要目及其读法》（附最低限度之必读书目）、李笠《国学用书撰要》、吴汝纶《与陆伯奎学使书》（附学堂书目），及附录胡适《研究国故的方法》、梁启超《治国学杂话》两文。因篇幅有限，近人所著书目未能尽量采入。此外还有陈钟凡编《古书读校法》，颇为赅洽。子汶著《中国文学研究的重要书籍介绍》，专录历代文学书籍。沈恩孚编《国文自修书辑要》，首录说文部首，次录《汉书·艺文志》及《四库书目》，亦颇精审。（王先强编：《国学入门书目汇编》，合肥官纸印刷局，1925年，例言，第1—2页）

本年12月，王先强在安庆职工学校撰写序言，叙述了编辑缘起、经过，主旨在"指示学者门径，便于自修"，"列举各家书目，以供教者之参考"。"吾国古籍，浩如烟海，有志之人，往往不得其门而入，或人而至于歧途者，不可胜数。余早年涉学，亦深感此痛苦。中经服务，荒废逾年，公职之际，偶有披阅，辄复罢手。去年见胡适之在《读书杂志》发表国学书目，心甚爱之。踵后梁任公等各有专篇著述，虽其意旨不尽相同，要皆经过一番提炼功夫，实为我辈学者省却气力不少。"该书付梓之初，在北大的"揆如""宗宇"二友来信反对，理由一是质疑将彼此有互相冲突的国学书目，汇编成册，将使读者怀疑莫决，无所适从。二是认为"现在之国学，已成为一种最专门最困难之学问，不但无普及之必要，亦无普及之可能"。两人与王先强往复辩论至万余言而莫能定。王先强认为，第一项理由不足据。人各有所好向，古籍删定，纵使孔子复生，亦难一致从同，倒不如兼收并蓄，以供学者采择。如胡适书目但注意思想及文学两部分，而于史学独阙；梁启超书目则置重史学，而略文学，兼有读法；李笠务求洽博，不分轻重；吴汝纶复按年龄程度区分，不以时代为标准。凡此诸家，各具特点，虽有出入，亦相成而不相害。学者可就性之所近，加以研究。而且并列各家书目，以存其真，复标识各家相同，以考其异。一目了然，不患无所适从。第二项理由颇有讨论必要。印此书目的初衷在于增加学者研究国学兴趣：

　　试观现代大中小各学校之学生，往往极精疲神，以从事于外国文字之研究；而考其结果，能用以直接吸收西方文化者，殆寥如晨星。吾人对于此辈盲目读外国书，从未闻加以反对，而独反对一般人研究国学，轻重之分，何其刺谬如此？且吾国学术，于世界文明史中，实占有极重要之地位；近闻欧西各国，经大战后，感受物质文明之痛苦，有识之士，群起而研究东方文化，思有以调剂之，彼且如此，而我反弃置不顾，宁不可惜？窃以为生当今日之中国，应一面提倡科学，谋物质之发展；一面阐扬国学，求精神之浣慰。至于外国文化有足补我之偏救我之失者，我亦不拒绝而酌量吸收之。此余对于中西学术所持之态度，亦即余编印此书之微旨。

至于古书难读，诚然有待整理，但整理大业决非少数人短时间所能竣事。"存国学于将亡，而又使学者粗明其指归，则此数篇书目，其效用固甚大也。"（王先强编：《国学入门书目汇编》，序言，第1—4页）

△ 无锡国学专修馆刊印《高忠宪别集》和《周易传义合阐》。

"设理学社，刻印无锡《高忠宪别集》，太仓陈安道《周易传义合阐》二书。甫刻成，齐卢之战起，理学社余款拨归急振刘河灾民费，社事遂中止。"（《本校大事记》，《国专校友会集刊》，第1集，1931年6月）

是年 川东师范十三班中文组国学论文纂辑委员会编辑《现代国学论文汇纂》。

出版者不详，可能是自印。前册封面写着"一九二四年"，"曹旻曦手置于川师"。指出："现代'整理国故'的出产品多散见于各种报章和杂志，读者颇感精力时间和经济的不划算"，纂辑国学论文，可以自利利人，"至少可促进吾人之国学常识"。内容分文、史、哲、杂文四部。"本书所辑以用科学方法并随时代思潮发为难能可贵之论文为限，但遇旧式论文饶有价值，且不易见者，亦得变通选辑。"原拟至少出前后两大专册，前册概选国学内容，包含时间较长，空间较广的非论个人国学学问的论文。后册则偏重个人方面，借此以期统系完成，体制赅备，义例分明。次序以各论文范围之广狭比较排列。本冷静之头脑，先估价值，继酌采选，无唐突从事及偶像崇拜之劣习。（川东师范十三班中文组国学论文纂辑委员会纂辑：《现代国学论文汇纂》前册，纂辑弁言，1924年）

实际出版，分为前中后三册。前册选录文学、史学、哲学三部，中、后册选录文学、史学、杂文部。前册文学部有刘永济《中国文学通论》（《文学论》），胡适《论短篇小说》（《短篇小说》），梁启超《中国韵文里所表见的情感》（《改造》）；史学部有刘焱藜《史法通论》（《史地学报》）；哲学部有梁启超《先秦政治思想》（《学灯》），柳翼谋《论近人言诸子之学者之失》（《史地学报》）。中册文学部有邵祖平《唐诗通论》（《学衡》），胡适《五十年来中国之文学》（《申报五十周年纪念号》），梁启超《屈原研究》（《国学研究会讲演录》）、《情圣杜甫》（《梁任公学术讲演集》）；史学部有梁启超《评胡适之〈中国哲学史大纲〉》（《梁任公学术讲演集》），杂文部有马承堃《国学撷谈》（《学衡》），胡适《国学季刊宣言》（《国学季刊》）。后册部别、出处及部分作者不详，有贵觉天《从文学革命与社会革命上所见的革命的文学》，周作人《新文学的要求（一九二〇年一月六日在北京少年学会讲演）》《人的文学》《许慎〈说文解字〉序》《靡不兼裁厥谊不昭爰明以论》，鲁迅《药》《〈师范学校新教科书〉中国文学史》卷上。

图书在版编目（CIP）数据

近代中国国学编年史 . 第四卷，1923—1924 / 桑兵，
关晓红主编；杨思机著 . -- 北京：北京师范大学出版
社，2025.4. -- ISBN 978-7-303-30556-8

Ⅰ. Z126.275

中国国家版本馆 CIP 数据核字第 2025BD3406 号

JINDAI ZHONGGUO GUOXUE BIANNIANSHI. DISIJUAN

出版发行：北京师范大学出版社 https://www.bnupg.com
　　　　　北京市西城区新街口外大街 12-3 号
　　　　　邮政编码：100088
印　　刷：北京盛通印刷股份有限公司
经　　销：全国新华书店
开　　本：787mm×1092mm　1/32
印　　张：18.375
字　　数：411 千字
版　　次：2025 年 4 月第 1 版
印　　次：2025 年 4 月第 1 次印刷
定　　价：188.00 元

策划编辑：宋旭景　　　　　　　　　责任编辑：李春生
美术编辑：书妆文化　　　　　　　　装帧设计：王齐云
责任校对：段立超　王丽芳　包冀萌　责任印制：赵　龙